本书获桂林理工大学出版基金资助

李星沅评传

蒋勇军 ／ 著

湖南师范大学出版社

图书在版编目（CIP）数据

李星沅评传／蒋勇军著．—长沙：湖南师范大学出版社，2018.10
ISBN 978 - 7 - 5648 - 2892 - 9

Ⅰ．①李…　Ⅱ．①蒋…　Ⅲ．①李星沅（1797—1851）—评传　Ⅳ．①
K827 = 49

中国版本图书馆 CIP 数据核字（2017）第 149138 号

李星沅评传

Lixingyuan Pingzhuan

蒋勇军　著

◇组稿编辑：李　阳
◇责任编辑：李红霞　李　阳
◇责任校对：张晓芳　李　涓
◇出版发行：湖南师范大学出版社
　　　　　　地址／长沙市岳麓山　邮编／410081
　　　　　　电话／0731 - 88873071　88873070　传真／0731 - 88872636
　　　　　　网址／http：//press. hunnu. edu. cn
◇经销：新华书店
◇印刷：天津画中画印刷有限公司
◇开本：710mm×1000mm　1/16
◇印张：20. 5
◇字数：380 千字
◇版次：2018 年 10 月第 1 版
◇印次：2024 年 8 月第 2 次印刷
◇书号：ISBN 978 - 7 - 5648 - 2892 - 9
◇定价：79. 00 元

凡购本书，如有缺页、倒页、脱页，由本社发行部调换。

本社购书热线：0731 - 88872256　88872636

投稿热线：0731 - 88872256　13975805626　QQ：1349748847

前 言

李星沅（1797—1851），字子湘，号石梧，湖南湘阴县高坊（今属汨罗市）人，道光十二年（1832）进士，晚清重臣，地主阶级政治家、改革家，经世致用思想的积极倡导者。历任翰林院庶吉士、翰林院编修、四川乡试正考官、广东学政、陕西汉中知府、河南粮储盐法道、陕川苏按察使、陕西巡抚署陕甘总督、江苏巡抚、云贵总督、两江总督兼署河道总督、钦差大臣，被授兵部尚书，加赐太子太保衔，成为道光朝显赫一时的封疆大吏。李星沅为官19年，在地方治理方面颇有建树，具体表现在：政治上，查办积案冤狱、严禁鸦片泛滥、整顿吏治、惩治盗匪、倡办公益事业、赈济灾民、整肃治安、整治盐政、改革漕运、倡行海运、整饬河政；经济上，清查钱粮、反铸回钱、查禁私钱、兴修水利、改革财政；军事上，探讨御夷之法、领导抗英斗争、整顿水师、筹建海防、督造战船；外交上，拒绝沙俄商船驶进上海，捍卫海疆；文化上，主持地方科举考试、大力发展地方教育、旌表节孝、严禁邪说。他一生著述颇丰，主要有《李文恭公全集》《李星沅日记》《李文恭公诗文集》《梧笙唱和初集》（与其夫人合著）等，开创了芋园文化，丰富了湖湘文化的内涵，推动了湖湘文化向近代社会转型。

李星沅生活在中国由传统社会向近代社会转型的重要

时期，既是一位颇具影响的封疆大吏，亦是一位值得研究的重要人物。近年来，李星沅研究逐渐引起了学界的关注，学界一方面，整理和刊行了一些相关史料；另一方面，公开发表了一些学术论文。具体言之，在史料整理方面，学者们广泛搜罗、披沙拣金，并条分缕析整理出版了《李文恭公遗集》（上海古籍出版社，2002 年版）、王继平校点的《李星沅集》（湖湘文库编辑出版委员会，岳麓书社，2013 年版）、袁英光与童浩整理的《李星沅日记》（中华书局，1987 年版）；刊印了道光、咸丰时期李概的《李文恭公行述》（清同治四年刻本），为史学研究者与文学爱好者提供了第一手资料。论文方面，包括倪玉平发表的《李星沅与“青浦教案”》（《史学月刊》2003 年第 5 期）、郑元撰写的《李星沅的经济思想及其实践》（河北师范大学 2010 年硕士学位论文）、许莉的《陶澍致李星沅信札考释》（《文献季刊》2010 年第 3 期）、邢沛的《近代称职边官模板的肇始——评李星沅的为政地位》（《时代文学》2015 年第 3 期）、田竞的《李星沅诗作中的夫妻情谊》（《城市学刊》2015 年第 5 期），以及拙文《试析李星沅平定 1847 年云南回民起义》（《云梦学刊》第 35 卷第 5 期）及《李星沅与晚清两江赈灾》（《求索》2014 年第 10 期）。这些论文材料翔实、结构合理、视野开阔、观点鲜明、论述精当，既尊重学术既成，亦不乏创新。但目前学者的学术研究亦存在着一些不足之处，归纳起来主要体现在以下三个方面：一是研究成果总体不多，仅整理史料汇编 4 部、刊行行述 1 部、发表论文 7 篇；二是研究视角较窄，大都从微观的视角来切入，缺乏综合考察与比较分析的视角；三是研究内容不够宽泛，学者的研究侧重于阶级斗争、经济思想、社会赈灾等层面，对其伦理思想、政治活动、社会治理、主要著述等方面的研究涉猎不多，尚存在着广阔的研究空间，仍有不少内容亟须补充。

基于此，笔者以李星沅为研究对象，以时间为经，以重大历史事件为纬，运用档案、史料、文集、日记、地方志、家谱及李氏后人提供的书札手迹等原始资料，采用纵横交叉、总分结合的方式进行逻辑建构，微观分析与宏观诠释相结合的模式进行科学论证，系统地阐述了李星沅生活的时代背景、家庭状况、人脉关系；全面地梳理了李星沅一生的发展轨迹及其重大活动；详细地论述了他的主要政绩和重要著述，最后对其一生作了简短而又不失公允的评价。

第一章系统地论述了李星沅所处的时代背景，包括土地兼并现象严重、钱粮亏损数目庞大、官吏贪腐层出不穷、武装起义风起云涌、清政府军事实力一落千丈五个方面，展现了他生活的大致历史图景，简要地回顾了李星沅家族的迁移历史及基本情况，大体上勾勒了李星沅人脉关系的总体轮廓。

第二章简要地介绍了李星沅求学生涯的基本情况，以时间为序，主要从父母启蒙、伯乐襄助、金榜题名三个阶段对其进行初步的考察。

第三章详细地论述了李星沅仕途历练的基本情况，并对其仕途的重要节点如翰林院庶吉士、翰林院编修、四川乡试正考官、广东学政、豫陕苏按察使进行了条分缕析的考察，并运用唯物史观、现代化史观对这一时期李星沅查办积案冤狱、严禁鸦片泛滥、探讨御夷之法、领导抗英斗争的历史作用进行了较为客观公正的评价。

第四章运用史论结合、论从史出的马克思主义史学原则，采用横向比较和纵向考察的研究方法，从政治、经济、军事、外交和文化教育五个层面全面系统地论述了李星沅在担任地方督抚期间的社会治理情况，并对其治理特点、历史作用和经验教训进行了深入的分析和探讨。

第五章从时间角度和逻辑顺序出发，简略地探讨了李星沅英年早逝的情况，主要包括积劳成疾、因病请辞、危难受命、病逝军中、魂归故里五个方面。

第六章运用历史学、政治学、经济学、管理学和生态学等学科知识，采用定量分析和定性描述相结合的方法，从整顿盐务、改良漕运、倡行海运、整饬河政、整顿财政五个视角全面系统地探讨了李星沅一生的主要政绩，并对其进行了实事求是的评价。

第七章运用计量史学和统计学等相关学科的知识，从"李星沅日记""李文恭公遗集""李文恭公诗文集""李文恭公墨宝""李文恭公家谱"五个方面对李星沅一生的文艺成就进行详细系统的论述和较为客观公正的评价。

结语部分在综合考察李星沅波澜壮阔的历史基础上，从为官清廉、政绩斐然、勤于政事、关心民瘼四个层面对李星沅的一生给予了充分的肯定，力求在文章撰写过程中持论公允而中肯，不作随意的虚夸或任意的抹消。

在本书撰写过程中，由于本人学识浅陋、学术贫瘠、功底单薄、视野狭窄，经常浅尝辄止，缺乏深入细致的研究和探讨，书中还有不少内容需进一步充实和斟酌。舛漏之处在所难免，敬请各位同仁斧正。

感谢李氏后人李崧峻、李再民两位先生为本书的撰写提供了大量的原始资料和参考性意见，感谢湖南师范大学出版社何海龙、李阳两位领导为本书的出版提供了鼎力支持，感谢桂林理工大学马克思主义学院王青山、邱杰、肖祥、梁英等领导为本书的出版提供了大力支持和精神鼓励。一言以蔽之，感谢所有曾经给过我支持和帮助的人。

蒋勇军

于桂林理工大学青年教师公寓楼

目　录

第一章
时代、家世、人缘

　　李星沅是依托科举考试高中进士而步入政坛的，作为晚清的重臣、封疆大吏，深入考察其所处的时代、家世及人缘对研究李星沅的思想理论及政治实践具有重要意义。

第一节　时代

　　常言道："逆境造英才。"这是封建社会不少仁人志士所津津乐道的经验之谈。虽然不能视为放之四海而皆准的、颇具普遍意义的社会定律，但亦不无道理。它直接、客观地说明环境在人才成长过程中的至关重要的作用。当然，社会环境也是多维度的，就大环境而言，倘若一个国家和民族处于水深火热、生死存亡的紧要关头，往往会产生一种紧迫感、危机感，激发社会有识之士毅然奋起，不怕艰难险阻、前赴后继，勇敢地担负起历史赋予的重任，为中华民族的生存而努力抗争。就小环境而论，家庭之不幸、个人之挫折，也常会激发人们迎难而上、奋起直追，为摆脱困境而乐观进取。这是一条人才成长的普适规律，在有识之士探索救亡图存、实现中华民族伟大复兴的近代化道路过程中，得到了强有力的验证。道光朝的进士、两江总督、兵部尚书、经世致用派的代表人物李星沅就是在这种内忧外患的逆境中成长起来的。现简要地论述一下李星沅所处的时代背景。

　　清军入关后，顺治、康熙、雍正三位帝王凭借其文治武功、励精图治、苦心经营，实现了大清王朝四海归一、天下承平、经济繁荣、府库充盈、疆域辽阔的美好愿景，整个社会呈现出一幅生机盎然的景象。至乾隆前中期，大清国势臻于鼎盛，成为亚洲当时最富强的国家。物极必反，马克思主义认为，任何事物的发展达到顶峰状态时，其未来的发展态势必然是走下坡路。乾隆帝在造就清代繁荣昌盛局面的同时，日益骄奢淫逸、铺张浪费。乾隆中后期，开始好大喜功、刚愎自用、宠爱亲信，任凭下属胡作非为、侵渔百姓，致使吏治腐败、朝纲败坏、乱象频起、江河日下。大清王朝从此由盛转衰。概括起来，主要有以下五个方面：

一、土地兼并现象严重

这是由封建社会的统治阶级——地主阶级贪婪成性的本质所决定的，亦是封建社会发展的必然趋势。众所周知，在封建社会里，土地是最主要的生产资料，基本上掌握在皇室、官僚、地主的手里。封建地主阶级凭借自身的财力、物力及权势，通过高利贷、购买、强占等手段，巧取豪夺、肆无忌惮地兼并土地，进而出现少数富人拥有大量耕地，而80%以上的农民则沦为无地或少地的穷人，处于穷困潦倒、衣食无着、忍饥挨饿的艰难境地，即所谓："富者田连阡陌，贫者无立锥之地。"以嘉庆朝为例，据统计，"军机大臣和珅占地即达80多万亩；广东巡抚百龄拥有土地50多万亩；直隶总督琦善占地达250多万亩"①。一代思想巨擘龚自珍曾针对晚清土地高度集中现象大加挞伐，一针见血地指出："自京师始，概乎四方，大抵富户变贫户，贫户变饿者，四民之首，奔走下贱，各省大局，岌岌乎皆不可以支月日，奚暇问年岁？"② 其剖析可谓针砭时弊、入木三分，深刻地反映了土地兼并的惊涛骇浪无情地吞噬数以百万计的社会弱势群体——自耕农，将其逼进进退维谷、衣食无着的绝境。在民间社会，土地高度集中的现象也司空见惯了。如道光朝，江苏吴江县沈懋德占地达1万余亩，湖南武陵丁炳鲲占地4000余亩。而广大农民要么失去土地流落异乡，要么沦为大地主的佃客，生活在水深火热之中。总之，土地高度集中的现象弱化了清朝的统治，增强了社会的离心势力，加速了清朝的崩溃。

二、钱粮亏损数目庞大

财政为办事之母，充裕的财政收入是国家机器正常运作的基石。嘉道以降，大清国库库存银两锐减，库贮亏蚀数目十分庞大，财政入不敷出，陷入

---

① 太平天国金田起义三结合编写组编：《太平天国金田起义》，人民出版社1957年版，第4页。

② 龚自珍：《龚自珍全集》（上册），上海人民出版社1975年版，第106页。

了寅吃卯粮的困境。据统计，嘉庆十年（1805），"直隶初次清查各属亏短银27万有奇，二次清查则152万余两，三次清查已有264万余两，此亏欠又不知凡几"①。嘉庆十二年（1807），湖北省各州县仓库"现在缺短之数，多至68万余两"②。嘉庆二十年（1815），据军机大臣阮元奏称，江西省仓库"共亏缺银83万两"，其中奉新、靖安、新昌三县，"亏缺银3万余两，即不在未完旧亏7万余两之内"③。嘉庆二十一年（1816），军机大臣董诰等奏称，"甘肃省新旧亏缺至202万余两之多"④。清嘉庆一朝，钱粮亏损之严重便可略见一斑了。

道光朝，国库钱粮亏损触目惊心，与嘉庆朝相比，有过之而无不及。据道光三年（1823）统计，"直隶、山东、河南、江苏、安徽、江西、福建、湖北、广东、广西等省节年积欠银两，自道光元年奏催后，尚未完银183.4122万两；嘉庆二十五年（1820）并道光元年（1821），复有未完银48.1623万两"⑤。道光十一年（1831）全国各省未完银两愈积愈多，据户部查明"直隶等15省，未完地丁银835万余两，未完缓征地丁等银939万余两，共欠正课银1770余万两"⑥。道光十九年（1839），全国"综计欠解银，除盐务悬引未完及帑利等款，准其分别展缓外，其余拖欠有2940余万两之多"⑦。

嘉道以降，清政府库存银两愈来愈少，亏损数目越来越大。原因有三：首先，临时性支出不断增多。主要用于应付突发或偶发事件，如战争、平乱、灾荒、治河等，耗资浩繁。战争方面，道光一朝，仅第一次鸦片战争，就花费军费1000多万两，赔款2100万两，共耗去1.8亿两银子。平乱方面，嘉庆初年镇压白莲教等教民或农民起义，就耗费了2.1亿两白银之巨，道光朝平定回疆叛乱用去1800多万两白银，总计2.2亿两之多。办理赈务方面，自乾隆中期至道光朝，共花费白银几千万两之多。治河方面，不仅常年经费增多，而且临时费用也不少。嘉庆时，南河工费"100余万"，道光

---

① 赵尔巽：《清实录》之《仁宗实录》（第144卷），中华书局1976年版，第27页。
② 赵尔巽：《清实录》之《仁宗实录》（第189卷），中华书局1976年版，第13页。
③ 赵尔巽：《清实录》之《仁宗实录》（第303卷），中华书局1976年版，第16页。
④ 赵尔巽：《清实录》之《仁宗实录》（第317卷），中华书局1976年版，第18页。
⑤ 赵尔巽：《清实录》之《宣宗实录》（第52卷），中华书局1976年版，第19－20页。
⑥ 赵尔巽：《清实录》之《宣宗实录》（第193卷），中华书局1976年版，第28－29页。
⑦ 赵尔巽：《清实录》之《宣宗实录》（第323卷），中华书局1976年版，第3页。

末年已增至"350～360万"①。由上观之，嘉道以降，清政府的临时性开支是十分惊人的，如此巨额的负担，库存焉得不锐减？其次，世风每况愈下。乾隆后期，舍本逐末、舍义求利、追逐名利的风气逐渐抬头，拜金主义盛行，升官发财已成共识，为国人所接纳。在这种观念的支配下，整个社会充满着一股铜臭气，而洁身自好者却凤毛麟角。"即有稍知自爱及实能为民计者，十不能一二也，此一二人者又常被七八人者笑以为迂。"② 可见，保持高尚的道德节操、不同流合污、出淤泥而不染者反而被视为异类，受到同僚的刁难与排斥。简言之，世风日下的社会环境，加剧了官场的腐败，进而使国库钱粮亏空的现象越发严重，陷入财政困窘的泥潭而不能自拔。最后，清政府库存银两的亏欠还与官吏贪污腐化有莫大关联。

三、官吏贪腐层出不穷

腐败是寄生于社会机体的一颗毒瘤，其产生并不是孤立的，而是镶嵌在历史与制度的社会环境之中的，与政治生态的存在相始终。由于清初实行低薪养廉制度，为腐败现象的滋生和蔓延提供了温床。乾嘉以降，贪污之风盛行，一首家喻户晓的民谚"三年清知府，十万雪花银"，便是对当时吏治败坏、贿赂公行、几乎无官不贪的状况的真实写照。各级官员利用职务之便，或招权纳贿，或卖官鬻爵，或冒领冒销库银，或贪污吞蚀公款，无所不用其极。乾隆二十六年（1761），吴士功身为巡抚和提督大员，在办理公务时，利用职务之便，"营私舞弊，乃敢妄逞伎俩，欲从中高下其手，且明目张胆"③。乾隆后期，有"贪污之王"之称的军机大臣和珅"尤贪婪黩货，惟贿是求。凡任盐政、开差、织造者，无不逢迎意指，贿赂公行"④。嘉庆十四年（1809），直隶省办理赈务，竟有宝坻县已革知县单辐昌侵蚀赈银 2 万两之巨，"计该县共领赈银 4 万余两，而侵蚀之数，至于过半"⑤。同年，江苏山阳县办理赈务，"侵冒赈银 6000 余两"，而知县王伸汉更是贪婪成性，"侵冒入己之银至 2000 余两"⑥。嘉庆十八年（1813），都统大员兴奎，不思洁己奉公，收受绿营官员馈送银两，"每逢年节，绿营官员公送礼物，闻

---

① 王庆云：《石渠余纪》，北京古籍出版社 1985 年版，第 314 页。
② 洪亮吉：《洪北江诗文集》（上），上海商务印书馆 1935 年版，第 59 页。
③ 赵尔巽：《清实录》之《高宗实录》（第 637 卷），中华书局 1976 年版，第 5 页。
④ 赵尔巽：《清实录》之《仁宗实录》（第 51 卷），中华书局 1976 年版，第 17 页。
⑤ 赵尔巽：《清实录》之《仁宗实录》（第 15 卷），中华书局 1976 年版，第 9 页。
⑥ 赵尔巽：《清实录》之《仁宗实录》（第 216 卷），中华书局 1976 年版，第 3 页。

有银一二百两不等，伊父俱行收受"①。嘉庆十九年（1814），江苏、安徽两省办理赈务，各级官员为达贪腐之目的，无所不用其极，致使花样不断翻新。其中，浮报冒领者有之，偷梁换柱者有之，弄虚作假者有之，收受贿赂者有之。"领赈时藩库书吏借款克扣，领赈后州县书吏借端开销；委员协同查办，或需索供应、或通同侵匿、造报户口册籍，或舞弊浮开，或藉词折算；以及籴米煮粥搀和沙尘、给钱折银短串扣平等弊，则国帑半就虚糜。"②不难看出，乾嘉以来，官员腐败现象滋生蔓延、大行其道。此种社会病态现象的普遍存在，对清朝的社会稳定与协调发展构成了严重的威胁，破坏了清政府的管理秩序，掣肘了清政府行使权力所秉持的公正原则的贯彻实施，毒化了社会风气，影响了社会安宁，使清朝统治者不知所措、使黎民百姓怨声载道，加速了清王朝的衰败。

四、武装起义风起云涌

武装起义是社会的非常态，是阶级矛盾不可调和的产物。马克思主义认为：武装起义是在统治阶级无法照旧统治下去、被统治阶级无法照旧生活下去的时代背景下揭竿而起的。乾嘉以降，政局动荡、吏治败坏、灾荒频仍、战祸连绵、危机重重，社会秩序严重失控，广大民众处于水深火热之中，为了求得一线生存，广大穷黎于是揭竿而起、啸聚山林。乾隆十八年（1753），广东农民莫信丰、王亮臣等人树旗号召，打造器械，招兵买马，图谋起事。"广东之东莞等县农民莫信丰聚众为匪"③，"增城县匪徒王亮臣等，纠众结盟，欲图抢掠村庄"④。乾隆三十一年（1766），浙江鄞县农民吴卜元图谋起事，"聚匪制旗，书写悖逆字句"⑤。乾隆三十三至三十五年（1768—1770），福建漳浦、古田、平和、安溪等县农民不愿遭受封建统治阶级的残酷剥削和压迫，厉兵秣马，准备发动武装起义。他们"编造诡名悖逆诗词，并分散花蓝号布，煽诱各村庄愚民，聚匪百余人，欲图抢劫县城"⑥。嘉庆七年（1802），广东博罗县民众为了争取生存空间，改变土地高度集中的状况，发动了有组织、有准备的天地会起义，"纠结会匪1万余

---

① 赵尔巽：《清实录》之《仁宗实录》（第272卷），中华书局1976年版，第3页。
② 赵尔巽：《清实录》之《仁宗实录》（第300卷），中华书局1976年版，第20页。
③ 赵尔巽：《清实录》之《高宗实录》（第430卷），中华书局1976年版，第10页。
④ 赵尔巽：《清实录》之《高宗实录》（第431卷），中华书局1976年版，第20页。
⑤ 赵尔巽：《清实录》之《高宗实录》（第754卷），中华书局1976年版，第18页。
⑥ 赵尔巽：《清实录》之《高宗实录》（第808卷），中华书局1976年版，第9页。

人，以红布包头，潜出抢掠，其博罗所属之石湾，善政司等处，亦有匪徒滋扰"①。嘉庆八年（1803）江西石城廖广周揭竿而起，啸聚山林，发动了声势浩大的反清武装起义，"石城等处首匪廖广周等煽诱勾结1500余人，择日起事"②。嘉庆十八年（1813），河南、山东、直隶等省阶级矛盾尖锐，加之天灾人祸频发，广大民众处于水深火热之中，爆发了颇具形势的天理教起义。其中，豫东交界地方有"乱民戕官滋事"③；沸腾有"邪教黄兴宰等兴立天理会，聚众滋事"④；滑县东坡地区政治腐败，官吏贪赃枉法，鱼肉百姓，致使民众怨声载道，有"匪徒数百，打造军器，杀人县署，劫放狱囚"⑤。武装起义作为历史的火车头，是推动社会进步的直接动力。乾嘉以来此起彼伏、风起云涌的革命狂飙，如同滚滚春雷，强烈地震撼着日落西山、机阢动荡的清王朝，为更大规模的革命风暴的到来奠定了坚实的基础。

五、军事实力一落千丈

嘉道以降，大清王朝的军事实力一落千丈，与世界各国相比差距越拉越远。具体言之，主要包括两个层面的涵义。一是武器装备废弛、落后，尚停留在清初水平，处在冷热兵器并用时代，停滞不前，长期得不到改进。清王朝入主中原后，承继了朱明王朝的统治衣钵，继续以八股取士的方式来笼络知识分子，实行文化专制主义，对宋明理学推崇备至，对科学技术极度鄙视。加之大清王朝践行闭关锁国政策和重农抑商政策，极大地迟滞了科学技术的发展。至鸦片战争爆发前夕，大多数清兵仍使用大刀、长矛、弓箭等冷兵器，已是老掉牙货色。火器方面也不过是火绳点放的鸟枪、抬枪，炮台所使用之大炮都锈迹斑斑，清初铸造的比比皆是，有些甚至还是明末制造的。"因含硝量过高，制造工艺粗糙，不能充分燃烧，爆炸力很低。"⑥ 可见，清军的武器装备是十分陈旧低劣的。而西方各国，特别是英国，经过工业革命，科学技术突飞猛进、日新月异，到建立"日不落帝国"时，大英帝国的军队已普遍使用步枪、大炮，而且还可以打霰弹、开花弹，杀伤力颇强。中国的水师战船亦相当落后，大多是木船，吨位小、载炮数量少，且经不起

---

① 赵尔巽：《清实录》之《仁宗实录》（第103卷），中华书局1976年版，第6页。
② 赵尔巽：《清实录》之《仁宗实录》（第124卷），中华书局1976年版，第14页。
③ 赵尔巽：《清实录》之《仁宗实录》（第274卷），中华书局1976年版，第14页。
④ 赵尔巽：《清实录》之《仁宗实录》（第273卷），中华书局1976年版，第15页。
⑤ 赵尔巽：《清实录》之《仁宗实录》（第273卷），中华书局1976年版，第21页。
⑥ 茅海建：《天朝的崩溃》，生活·读书·新知三联书店2012年版，第34-38页。

大风大浪的冲击，很难适应海上作战的需要。而英国舰队先进，所用作战船只大多为帆船，吨位大、载炮数量多。另外，英国还拥有少量蒸汽动力的轮船，船速快，并可在逆风搁浅时牵引帆船。二是军队作战能力大为下降。满洲人入主中原时，军队战斗力极强。八旗和绿营兵一路所向披靡、势如破竹，统中原、征四海、平内乱、御沙俄、拓疆域、稳政权，立下了汗马功劳。康熙王朝之后，清朝的军队已不能与清军叩关时相提并论。八旗兵开始变成了享有特权、整日无所事事、养尊处优的社会寄生阶层，经济上每人还配有 30 亩（公顷）的旗地；生活上还享受特殊照顾，致使他们骄奢淫逸、挥霍无度，军事素质下降，战斗力明显削弱，他们"习尚日漓，往往竟繁文而轻骑射"①。绿营兵亦因承平日久，暮气日深，逐渐走向贪污腐化之路。武将只知吞饷肥私，收受贿赂，不务营务，军事素质大为下降；而兵卒则扰民劫财、欺压百姓，从不操练、军纪荡然，几乎成为一群乌合之众，不堪一击。亲身经历鸦片战争的一些封疆大吏对此有切肤之痛。道光二十三年（1843）林则徐在致李星沅的信中直言不讳地指出："营务习气，弟前略有所闻，叹喟久之。军骄由于将懦，懦从贪生；骄从玩生，积重难返，比比皆是，虽有独清独醒之人，不能不权宜迁就，以避违众激事之过，此江河所以日下也。"② 此观点一针见血，将清朝军队将懦兵疲、军纪荡然、生活散漫、训练松弛、毫无斗志等特征描绘得淋漓尽致。以上说明，近代以降，晚清政府的军队已失去了昔日的辉煌，成为一支只会收受贿赂、敲诈勒索、祸国害民的大清军队，在内忧外患交迭至的时代背景下，再也无能力承担起拱卫京师、捍卫主权、抵御外侮的历史重任。

第二节　家世

湖南湘阴历史悠久，人杰地灵。湘阴是湖湘文化的发祥地之一，自南朝刘宋元徽二年（474）正式置县至今，已有 1500 多年历史。千百年来，湘阴不仅留下了"规模甲通省"的宋代湘阴文庙、岳州窑遗址、南泉古刹、"双塔凌云"的文星塔和乌龙塔等一大批文物古迹，更孕育了极具湖湘文化

---

① 赵尔巽：《清实录》之《宣宗实录》（第 5 卷），中华书局 1976 年版，第 178 页。
② 林则徐全集编辑委员会编：《林则徐全集》（第 8 册），海峡文艺出版社 2002 年版，第 3628 页。

底蕴的"团结拼搏，奋发图强"的湘阴精神。湘阴不仅史脉悠长、人文荟萃，而且山水相映、风景秀丽。她留下丰富的历史文化遗产，也出现了对祖国历史发展起过重大影响的历史文化名人。李星沅就是其中的佼佼者，李星沅是一位勤政务实、清正廉洁的贤吏和通经博学、经世致用的一代大儒，其政绩和思想对后世产生了重要影响。

嘉庆二年（1797）六月十四日酉时，在湖南湘阴县高华冲青龙嘴一间普通泥砖瓦房里，一个婴儿诞生了，他就是李星沅。

高华冲在当时清朝属湘阴县管辖，高华冲四面环山，西边是滚滚北去的湘江。一年四季绿树成荫、郁郁葱葱、风景优美、鸟语花香，那里钟灵毓秀、人杰地灵。正如《高华冲形胜纪略》中所载："高华冲，昔吾先人于前明时由汤家洞而来，卜居于此者也。其龙始胡鼻，穿田度峡，远十余里而来。如虎踞然，左则玉池相向，右则雁峰交迎，前则九峰朝拱，龟剑为关中。复有田亩数百，清流迴环，仰视俯眺，境莫高焉，昔人之以是命名者，良不诬也。迄于今，历世数十，生其间者，类皆敦诗说礼，砥行立名。代有贤豪，为当世所争重。居斯境也，览斯景也，可以想，前人创业之维艰；可以想，前人卜宅之甚善。后之人，由是益加勉励，克绍先型。吾知山川灵才之钟，当必有日出而日盛者，岂不大可幸哉。"①

相传李星沅始祖迁伍公率领家族由江西迁徙于此。元朝延祐乙卯年（1315）八月十八日，始祖迁伍公在江西省丰城县出生，元朝元统二年（1334），19岁的始祖迁伍公率领家族由江西丰城县来到长沙下泥港定居，据说1368年朱元璋血洗湖南，始祖率全家逃避洪武兵灾，由下泥港逃到胡鼻寨大山。此地山场辽阔，人烟稀少。始祖选定胡鼻山腰汤家洞插标为业，落籍湘阴。汤家洞为高山盆地，三面环山。北名鹅山，始祖依山建宅而居，殁后葬在天鹅嘴上。南面紧口狭窄，为行人出入大路。洞内田连阡陌，山清水秀、山浸长流，居此，无水旱之忧也。洞壁森林铺天盖地，境如世外桃源。后子孙繁衍，约1420年，第四代仁公率次子思敬全家迁往高华冲西头，长子思隆迁往石子岭。到明朝天启二年（1622）胜显公由石子岭进葬高华冲对门山，其后，思隆公子孙陆续进高华冲东头，高华冲便成为聚族而居的"李姓大家族"。

树大分枝，在中国乡村，即使一个自然村，一个上百口人家的同姓家

---

① 五修家谱编辑委员会编：《湖南省汨罗市高华冲李氏家谱》（未出版），2008年12月版，第25页。

族，往往都要分为几个支系。实际上，湘阴高华冲李星沅的家族也是如此。翻开一页页高华冲李氏家族的族谱，我们不难发现李氏家族的族谱就分为好几支。李星沅的族祖父是李可瑶，生有二子，一是李贤宾，一是李贤荣。李星沅的太祖父李贤宾，生有四子，即长子李逢璜、次子李逢瑯、三子李逢璨、四子李逢璞。李星沅的高祖父李逢璜，生有五子，即长子李发达、次子李发芝、三子李发荣、四子李发楠、五子李发海。李星沅的曾祖父李发芝，生有三子，即长子李生龙、次子李世亮、三子李生豹。李星沅的祖父李世亮，生有四子，即长子李畴、次子李昀、三子李畚、四子李畯。李星沅的父亲李畴生有三子，长子李星沅、次子李星溶、三子李星渔。详情请见后面的附录。

第三节　人缘

　　社会关系，亦称人缘，是维系社会的纽带，是社会各种构成之间结成的一定的社会联系。也就是说，人际关系就是为了自身和社会的发展，人们之间所形成的相互联系、相互影响和相互作用的交往状态。人的社会性决定了人际交往的必然性。一个人只有在同他人交往的过程中，才能形成生活所需要的勇气、乐趣、情感、意志、知识和能力。因此，同他人交往就成为人的一种本质的、内在的、永恒的基本需要。人际关系是在这种双向的、互惠的、积极主动的交往中形成的。一般来讲，社会越复杂，社会关系也越网络交织。晚清以来的社会关系主要有三种：亲缘关系、地缘关系和业缘关系。其中业缘关系是基于广泛的社会分工而形成的人际关系。鸦片战争以来，随着西方工业文明的传入和西方生活方式的影响，中国近代的人际关系发生了巨大的变化，血缘、地缘和业缘关系内容逐步更新，旧的形式逐步让位于新的形式；血缘关系逐渐淡薄松弛，地缘关系在新的基础上发生膨胀，业缘关系大大发展起来；血缘、地缘以及业缘关系在新的形势下相互影响和利用。总而言之，中国近代社会的人际关系呈现出多样性与外向性的趋向、等级观念逐渐淡化及礼仪的逐渐简化、新旧形式的共存与结合以及巨大的城乡差异的发展态势，具有明显的社会性、历史性、客观性、情感性、复杂性和变动性的特点。从李星沅的人际关系来看，主要有亲缘关系、师生关系、朋友关系和姻缘关系这四种关系。

一、亲缘关系

亲缘关系是家庭成员之间的血缘关系和宗族内的家庭与家庭之间的关系以及由联姻而形成的各种社会关系的总和。道光以来中国虽逐步迈向近代社会，但人际关系基本上沿袭传统，以传统的儒家伦理道德为基础，在繁琐而又庞大的亲缘关系体系中，传统的礼教观念产生着极其深刻的社会影响，集中体现了封建礼教、封建伦理道德精神，反映出家长制的专横和不平等。嘉道时期，我国亲缘关系呈现出以下三个方面的特点：一是长幼有序。辈分的差异与排行顺序是绝对不能错乱的，这直接涉及亲缘关系中的地位和在交往中的态度。辈分长、排行大，就可居主导地位，就有发言权和支配权；反之则只有居于从属地位，只能洗耳恭听和听任派遣。二是男女有别。要求男女言行要符合各自的性别角色，时时刻刻地划清两性的界限。所谓男女大防，更重要的是社会地位的差别，男女不能处于同一位置：男性尊、女性卑；男性为主、女性为辅；男性主动、女性主随。三是亲疏有间。亲疏首先从内外来分，内亲近，远亲疏。其次从世代上分，近世亲，远世疏。再次从渊源上分，直系亲，旁系疏，而九族五服制详尽地区分了这些亲缘关系的亲疏的具体层次和程度。亲缘关系是一种最基本的人际关系，它在社会生活中发挥着重要的影响，生动地反映了宗法等级制度的尊卑、贵贱、亲疏观念，体现了复杂而浓厚的血缘亲子的文化心理。而亲缘关系具体又包括以下四种关系。

1. 父子关系

父子关系缘于血亲，是真正意义上的亲缘关系，是人伦关系中最重要的关系，也是亲缘关系的核心。一方面，在传统父权家长制下，父亲处于统治地位，而子女则处于被统治地位，"百行孝当先"，儿子的言谈举止要以父亲的意志为准绳，要孝敬父亲，态度上要恭敬、行为上要顺从，对父母要生养死葬，"父母在，不远游"，恭谨事亲，早晚问安，饮食起居须过问，死后要按礼安葬、按时祭扫。另外，儿子还要读书做官、建功立业、光宗耀祖、显赫门庭。对待子女，父亲有教育权、主婚权、任意责罚权、以忤逆不孝的罪名送官惩治权，甚至有不完全的杀子权；子女没有财产所有权，自身是父亲的财产，骂、殴、误伤父亲均被判极刑，父亲有罪也不得告发，否则属以下犯上，仍要受到处罚。在另一方面，父母对子女要尽养育之责。"养不教，父之过"，对子女对抚育外，还要施以教育，为父者要尽自己的努力使子女受到教育，只养不教或教育不严格，是父亲的过错。在平日生活中，对子女进行道德品行的培养，使之符合自身的社会角色，这也是父母的重要职责。父子关系是尊卑关系，父为尊，子为卑。这种尊卑关系的伦理定位主要是对儿子的约束，具体来说便以孝来体现，把它纳入到孝的思想体系中来，不从则为不孝，不孝视为大逆。这种伦理观念对社会的益处在于幼有所育，老有所养，但是儿子对父亲的绝对服从使孩子们无思想个性、毫无开拓进取精神，一味地姑息迁就，使整个社会失去生机、停滞不前。从李星沅个人的角度来看，父子关系主要包括两个方面：一方面李畴是父，李星沅为子；另一方面李星沅是父，李杭、李概、李桓、李榛、李梡为其子。具体情况见表 1－1。

表 1－1 李星沅父子关系情况表

基本关系	与李星沅的关系	姓名	基本情况
父子关系	父亲	李畴	李畴（1774—1814），家族派名枝桂（派名是指家族内部按辈分排名的一个顺序。李家按"逢发生枝，星联辅相，运启文章，士培英俊，治进纯良"排列），生于乾隆三十九年（1774），卒于嘉庆十九年（1814）。字锡九，号寿田，湖南湘阴人，县学廪生，嘉庆甲子科优贡朝考一等第一名，任职武英殿校录议叙教职，桂东县训导，诰赠荣禄大夫。
		李星沅	李星沅（1797—1851），字子湘，号石梧，湖南湘阴县高坊（今属汨罗县）人。生于嘉庆二年（1797），5 岁入塾，12 岁应童子试，人称"神童"。17 岁丧父，发奋读书，郡试第一名，补弟子员。嗣入川东道陶澍幕。道光五年（1825）中举。道光十二年（1832）中进士，选翰林院庶吉士，散馆授编修。道光十五年（1835）督广东学政。后历任陕西汉中知府，河南粮储盐法道，陕西、四川、江苏按察使。道光二十二年（1842）升陕西巡抚。翌年署理陕甘总督。道光二十五年（1845），调任江苏巡抚。道光二十六年（1846）年擢云贵总督，次年兼署云南巡抚。道光二十七年（1847）调任两江总督。道光二十八年（1848）兼署河道总督，敕封荣禄大夫、太子太保、兵部尚书、都察院右都御使。道光二十九年（1849）因病奏请开缺回籍。道光三十年（1850）冬，李星沅受命为钦差大臣，前往广西镇压太平天国起义。咸丰元年四月十二日（1851 年 5 月 12 日）病逝于军中，谥号文恭。翌年三月，葬于长沙县魏家山。李星沅有文才，工书法，文艺成就主要有：《李文恭公全集》《李星沅日记》《李文恭公诗文集》《梧笙唱和初集》（与其夫人合著）等。

（续表）

基本关系	与李星沅的关系	姓名	基本情况
父子关系	长子	李杭	李杭（1821—1848），字孟龙，号梅生，李星沅之长子，李杭五岁能作诗，可谓早慧。道光十三年（1833），李星沅授翰林院编修，李杭随父同赴京师，时年13岁。因而得到与在京师任职的父执何绍基、汤鹏亲密相处的机会，努力向二位长辈的学习诗文，且时有酬唱，诗风受汤鹏之影响尤深。道光二十三年（1843）李杭乡试中举，次年中进士，一时李星沅父子传为翰林佳话。后李杭散馆授翰林院编修加一级，敕授儒林郎。林则徐在自己谪戍伊犁时闻讯曾三度叠韵赋诗向李杭祝贺。但遗憾的是李杭于道光二十八年（1848）病故，享年仅28岁，卒后葬于善化县六都张家冲小南岳庙巳山。只留著作《小芋香山馆遗集》12卷。
	次子	李概	李概（1824—1881），字仲云，号庸斋，李星沅之次子。咸丰年间授盐课司提举衔，特赏举人候补六部员外郎遇缺即选道，钦加盐运使衔，赏戴花翎，诰授中议大夫以捐加级，晋封为通奉大夫。卒后葬于善化县八都杨家冲侧张家冲丁山。
	三子	李桓	李桓（1827—1891），字叔虎，号戴堂，又号桐华吟舫主人，桐华道人，李星沅之三子。李桓12岁丧母，但读书用功。15岁随侍父亲李星沅于江苏按察使署，亲历了鸦片战争后期的江宁、吴淞战役，目睹当年上层某些投降派的昏庸与无耻。道光二十七年（1847）李桓20岁，初涉考场，县试、府试均为第一名。因家学渊源又在10年间博览群书，积累了丰富的知识，这对他后来于江西对太平军作战时，驾驭全局、显现文韬武略有很大作用。先后担任过九南兵备道（1855—1862），兼署按察使（臬台），咸丰十一年（1861）任江西布政使署江西巡抚，同治二年（1863）任陕西布政使，赏戴花翎，因病返回故里，专心著述，终使李桓成为一位名垂青史的大作家。死后葬于长沙黄旗营韩家屋场后山。
	四子	李榛	李榛（1840—?）生于道光二十年（1840）二月初三日辰时，逝世时间不详，号雨源，监生候适同知，钦加道衔，赏戴花翎，诰授中宪大夫。
	五子	李梡	李梡（1850—1886），字小湘，号芍丞，一号硕臣，县学附生候选光禄寺署正，钦加同知衔，诰授奉政大夫。葬于长沙县河西都白圭坷拉坤山。

资料来源：五修家谱编辑委员会编：《湖南省汨罗市高华冲李氏家谱》（未出版），2008年12月版，第330－344页。

2. 夫妻关系

夫妻关系是最基本的亲缘关系，是亲缘关系中极为重要的一对关系，是血亲关系和姻亲关系的基础，也是人伦关系之始。夫妻关系产生的主要目的在于传宗接代，于家庭关系极重，于个人关系极微。丈夫对妻子有绝对的支配权，而妻子只能讲三从四德，对待丈夫，要察言观色、温顺卑恭，对丈夫的意志只能是唯命是从，妻子在家中没有财产所有权和征求权，实行"男主外、女主内"的家庭分工，妻子在家从夫从子。在实际生活中，对妻子的操守要求极其严格控制，丈夫可以纳妾，妻子则需守节；丈夫可以随意打骂妻子，卖妻、出妻，妻则只能逆来顺受。即使丈夫死了，妻子仍要履行义务，为死者守节，不再嫁人，对于守节的寡妇，晚年常为之树碑立传，旌表节孝，建立牌坊，载入族谱和方志，以示表彰。从李星沅的角度来看，夫妻关系具体情况见表1－2。

表1－2 李星沅夫妻关系情况表

	与李星沅的关系	姓名	基 本 情 况
夫妻关系	原配夫人	郭氏	郭润玉（1797—1838），李星沅的原配夫人，字笙愉，湘潭甲戌科进士陕西户县知县郭汪灿之女，擅诗文。郭氏作为李星沅的忠实伴侣，对李星沅的影响很大，主要表现在以下两个方面：一是真心支持他读书，对李星沅后来考中进士起了很大作用。二是耐心为李星沅操持家务。李星沅进入仕途之前，把主要精力放在学业上，家务事主要是郭氏张罗，李星沅走上仕途后，职务经常变化，东奔西走，公务繁忙，足迹遍及大江南北。诰封恭人，晋赠一品夫人，卒后葬善化县六都张家冲小南岳庙午山。
	妾	张氏	赠宜人，生于道光壬午（1822）八月初六日午时，卒于道光戊戌（1838）八月初六日巳时，葬顺天永定门外马回淀悯忠寺侧。
	妾	杜氏	封宜人，生于道光癸未（1823）正月十五日丑时，卒于同治辛未（1871）九月十二日亥时，葬长沙县明道都丝茅冲癸山。
	妾	卫氏	生有李榛、李梡两子，诰封太恭人。生于道光壬午（1822）十月初二时寅时，卒葬不详。
	妾	卢氏	赠封夫人，生于道光庚寅（1830）十一月初四日辰时，卒于光绪戊子（1888）七月十三日戌时，葬于长沙县明道都丝茅冲艮山。

资料来源：五修家谱编辑委员会编：《湖南省汨罗市高华冲李氏家谱》（未出版），2008年12月版，第330页。

3. 祖孙关系

祖孙关系是由两层父子关系构成的，故祖父为主，儿子次之，孙子再次之，层层服从，如同金字塔形。祖孙关系则比父子关系松散些，但也是尊卑关系，祖为尊，孙为卑。孙子要尽孝心和承担赡养义务。从李星沅个人的角度来看，祖孙关系主要包括两个方面：一方面是祖父李世亮，孙子李星沅；另一方面，祖父李星沅，孙子李辅燿。具体情况列表如下：

表 1 – 3　李星沅祖孙关系情况表

基本关系	与李星沅的关系	姓名	基本情况
祖孙关系	祖父	李世亮	李星沅的祖父名李世亮（族称玉屏公），乾隆年间迁居善化（老长沙旧城），以裁缝谋生。李世亮有四个儿子，长子李畴即李星沅的父亲。
祖孙关系	长孙	李辅燿	李辅燿（1848—1916），字补孝，号幼梅，又号和定，道光二十八年（1848）五月二十九日生于长沙芋园。李辅燿是李星沅的三子李桓与夫人周佩芳所生，诞生前星沅长子李杭已病危，无嗣，李辅燿过继到大房李杭为子，故为李星沅之长房长孙。童年时，李辅燿在芋园读书，并侍奉继母徐太夫人。李辅燿自幼聪慧好学，少年老成。咸丰九年（1859），李辅燿18岁时，通过童子试成秀才，因成绩优异，得廪生名。同治九年（1870）优贡，先后任安仁县教谕，临武县训导，内阁中书浙江候补道会试，又不得意。于是放弃功名。光绪三年（1877）奉旨以道员衔到浙江任海塘工程驻工督办，时年29岁。光绪二十二年（1896），李辅燿再到浙江任职。曾先后担任过一次盐运使，三次杭嘉湖道台，三次省防军支应局总办，二次宁绍道台、海塘工程局首任总办，三次温州盐厘金局监理。光绪末年清朝政局动荡，腐败丛生，新旧思想冲突激烈。李辅燿秉公无私，大胆处理台州教案，改革盐厘陋规，增加地方财政收入。宣统三年（1911），李辅燿在温州盐厘局督办任上迎来了辛亥革命，因而辞官。民国三年（1914）还湘。民国五年（1916）七月初病逝，享年69岁，著有《诗礼丛钞》《石塘图说》《玩止水斋诗稿》《李辅燿日记》61册。
	次孙	李辅焞	字荫江，号芳慈，监生议叙詹事府主簿候选主事加一级，诰授奉直大夫，生于咸丰戊午（1858）十一月初十日辰时，卒于同治癸酉（1873）正月初九时辰时，葬于长沙县明道都丝茅冲乾山。

（续表）

基本关系	与李星沅的关系	姓名	基本情况
	三孙	李辅焌	李辅焌（1868—1925）生于同治戊辰四月初八亥时，李概次子，字溥霖，号佛翼，监生，光绪十四年（1888）六月，公捐田壹石贰斗五升入祠堂，计额租叁拾壹石。光绪二十七年（1901），为湖广总督张之洞府中主要幕僚，武昌盐法道，赏三品顶戴，受湖北按察使梁鼎新之委派，亲护140名学子赴日本长崎东京留学。光绪二十八年（1902）张之洞离鄂赴京委公总办鄂、湘、川、粤四省铁路材料厂，李辅焌为湘省著名慈善家，主持长沙省城慈善总公所，兴办育婴堂，无靠堂等慈善事业。民国建立后，拒绝湘督谭延闿之邀为官。
	四孙	李辅铎	李榛长子，字少秦，号景庭，县学附生，生于咸丰庚申（1860）二月十九日辰时，病逝时间不详。
	五孙	李辅炜	李榛次子，字渭宾，号秋舫，监生，生于同治庚午（1870）七月十七日戌时。
	六孙	李辅炽	李榛四子，字楚珩，号竹泉，监生，翰林院孔目衔，敕授登仕左郎，生于同治辛未（1871）八月初五日申时。逝世时间不详。
	七孙	李奂奎	李梡嗣子，字彦明，号文阶，监生詹事府主簿衔，敕授征仕郎，生于同治壬申（1872）三月初三日子时，逝世时间不详。

资料来源：五修家谱编辑委员会编：《湖南省汨罗市高华冲李氏家谱》（未出版），2008年12月版，第331－344页。

4. 兄弟关系

兄弟这种家庭人际关系，是由夫妻关系派生出来的同辈人之间的一种关系，也是亲缘关系中极为重要的一种关系。从广义上讲不仅包括同辈子女之间的横向血缘关系，也包括兄弟姐妹婚姻而建立的同辈人之间的关系。兄弟之间是由年龄形成长幼关系，长子为主，弟弟次之，长子有权协助父亲处理家庭事务，长子也有供养全家衣食的责任，权责并重。父亲亡故的家庭形成了长兄如父的关系，长兄代父，代父亲行使权力、承担责任。弟弟对兄长的态度上要恭敬，言行上要服从；兄长对弟弟，则一木同枝之谊，一方面要爱护，一方面要帮助父辈管教弟弟的言行。长子有财产继承权，在弟兄共同生活的家庭无法维持时，长子将财产分给其余兄弟，兄弟之间的长幼之序也蕴涵了一定的尊卑内容。从李星沅的角度来看,李星沅为兄,李星溶为大弟,李星渔为小弟,具体情况见表1-4。

表1-4 李星沅兄弟关系情况表

基本关系	与李星沅的关系	姓名	基本情况
兄弟关系	大弟	李星溶	李星溶(1799—1868),字瀛秋,号西台,县学附生,桃源县训导,敕授修职郎以胞侄杭官编修加一级,覃恩赐封儒林郎,诰封奉政大夫,卒后葬长沙县河西都谷山侧金家冲胡家坡庚山。
	小弟	李星渔	李星渔(1804—1874),字观香,号季眉,自号观香室主,县学附生。李星沅之三弟,少年时考取秀才以后,自道光以来多次参加乡试均未能应举,咸丰初太平军入湘而东下,星渔遂放弃功名,留家侍奉老母陈太夫人,并疏财协防太平军。咸丰四年(1854),其三侄李桓奉诏离湘赴江西抗击太平军,星渔与二侄李概留守长沙柑子园老宅侍养陈太夫人。李星渔饱读诗书,仕途却屡试不得意,持家后遂流连琴棋书画,花竹泉石,曾留诗数百首。卒后葬于长沙县河西都泉虾塘乙山。

资料来源:五修家谱编辑委员会编:《湖南省汨罗市高华冲李氏家谱》(未出版),2008年12月版,第345-347页。

二、师生关系

师生关系是一种业缘关系,科举制度下老师与学生的关系是长辈与晚辈的尊卑关系。先生不只为学生传道、授业、解惑,还对学生进行思想品德教育,兼尽父亲之责任,从日常生活到生活习惯均有教育及监督之职责。而学生对老师要感恩戴德,凡遇传统节日均要到老师家中拜访,对老师的教诲要铭刻于心。

潘世恩(1769—1854),李星沅的老师,清朝大臣。初名世辅,小字日麟,字槐堂,一作槐庭,号芝轩,晚号思补老人,室名有真意斋、思补堂、清颂堂。祖籍安徽歙县,后迁居江苏苏州。乾隆五十八年(1793)进士第一,状元。授修撰,嘉庆间历侍读、侍讲学士、户部尚书。道光间至英武殿大学士,充上书房总师傅,进太子太傅。为官50余年,历事乾隆、嘉庆、道光、咸丰四朝,被称为"四朝元老",与堂兄潘世璜、孙潘祖荫合称为

"苏州三杰"，著有《恩补斋集》。乾隆五十八年（1793）潘世恩进士及第，授修撰。从此官运亨通，后历任侍讲学士、内阁学士、户部左侍郎等职，嘉庆十二年（1807）充续办四库全书总裁、文颖馆总裁。次年任翰林院掌院学士。嘉庆十七年（1812）授工部尚书，嘉庆十九年（1814）九月，调任户部尚书，仍署理工部尚书，不久，又署理吏部尚书。嘉庆十九年（1814）六月，潘世恩的老母病亡，辞官回家服丧。道光七年（1827）四月，父丧满，潘世恩离家北上，回到了京城。道光皇帝秉承其父皇十一年前（1816）的诏令，任命他署理工部左侍郎，不久，实授吏部左侍郎。从道光八年（1828）九月起，先后署理吏部尚书、礼部尚书。道光十年（1830）九月，擢为工部尚书。潘世恩又回到了尚书任上。道光十三年（1833）四月，潘世恩被擢为体仁阁大学士，管理户部事务。五月，调管理兵部事务。道光十四年（1834）正月，宣宗命他在军机大臣上行走。军机大臣上行走是最高权力机关军机处的大臣中之一种，位次军机大臣。宣宗还把圆明园一所府第赐给他。道光十五年（1835）二月，授东阁大学士，管理工部事务。七月，改为管理户部事务。道光十六年（1836）正月，出任上书房总师傅，成为皇子的老师。道光十七年（1837）正月，膺太子太保衔。道光十八年（1838）五月，晋为武英殿大学士。鸦片战争爆发后，主张禁烟，力主严内治，方能御外侮。道光二十四年（1844）奏请开发甘肃、新疆，召民垦种，节饷实边。

梁章钜（1775—1849），李星沅的老师，字闳中，号苣林，福建长乐人，嘉庆七年（1802）进士，历官礼部主事，军机章京，转员外郎，湖北荆州知府，江南淮海道，补山东按察使署布政使。道光六年（1826）任江苏布政使，在江苏任职8年，四次代理巡抚，政绩斐然。道光十五年（1835），授甘肃布政使，次年升广西巡抚兼理学政。道光十五年（1835），积极配合林则徐禁烟。道光二十一年（1841）二月参加鸦片战争，同年调任江苏巡抚，是年十一月因病开缺，先后至扬州、温州等地子女处养病，道光二十九年（1849）病故。梁章钜平生博览群书，学识渊博，能诗善书，又精鉴赏，富收藏，好金石，熟悉社会掌故，著作极为丰富，著有《枢垣纪略》《退庵随笔》《文选旁证》《归田琐记》《浪迹丛谈》等书传世。梁章钜实为清代一名学者和文学家。

三、朋友关系

中国传统认为，朋友关系是人际交往过程中达到了感情交流阶段的人际关系。中国人习惯把朋友分为三大类，即心心相印者谓之知心，声气相通者谓之知音，肝胆相照者谓之知己。在中国人看来，真正的朋友都有彼此之间在情感、思想上存在相互沟通投合的特点，也就是说朋友关系是建立在精神默契的基础上。常言道"近朱者赤，近墨者黑"、"声和则响清，行正则影直"，朋友之间的交往贵在真诚，真正的朋友关系乃是真诚相待、以心换心、推己及人、有福同享、有难同当、彼此信任、讲求信用，做到一诺千金、一言九鼎。

在传统的伦理社会里，知识分子十分重视同师、同庚、同科，考中功名，即成为年兄、年弟，以便以后在仕途上互相照看。同事关系也是一种业缘关系，是一种平等的关系。同事之间各干其事，相互帮助、相互尊重，婚丧嫁娶视关系亲疏而走礼，同事关系的亲疏程度体现双方的爱好程度、志趣和情投意合上。而朋友关系是在志趣、爱好、立场等方面相同的人之间形成的一种深厚友谊，也是一种业缘关系。这种关系超越了现实生活中的利害关系和情感纠结，以通脱的哲理方式俯视人间世情，是对人际交往关系的澄清与净化。

作为封疆大吏，李星沅待人处世忠诚宽厚、关心民瘼、刚正不阿，有远大的政治抱负，又旷达自适。他胸怀坦荡、乐观向上。李星沅作为封建文人，喜欢与封建士夫接触，人际关系较好，注重以诗会友。由于李星沅出类拔萃的文才、书生本色以及他在当时社会上的突出地位，他在家乡所居住的芋园一时成为"湖湘文化之沙龙"。与李星沅关系非常密切的好友主要有林则徐、邓廷桢、梁章钜、汤鹏、劳崇光（辛皆）、彭舒萼（棣楼）、宗稷辰（涤楼）等。

林则徐（1785—1850），李星沅挚友，与李星沅至交甚深，近代政治家、诗人。字元抚，又字少穆，晚号俟村老人、俟村退叟，福建侯官人。出身贫寒，嘉庆九年（1804）中举，嘉庆十六年（1811）考中进士，此后历编修、监察御史、江苏巡抚、湖广总督等职。为官清廉正直、关心民情，为民众所称道。道光十八年（1838）底受命为钦差大臣，赴广东查禁鸦片，收缴焚烧鸦片230多万斤，同时积极组织海防，多次击退英帝国主义的武装挑衅和进攻，成为当时禁烟运动和抗战派领袖。鸦片战争全面爆发后，投降派得势，他被贬职到新疆伊犁，于道光二十年（1840）赴西北，在伊犁期间，辛勤从事屯垦事业，推动了边区经济的发展，巩固了西北边防。道光二十五年（1845）赦归后，曾任陕西巡抚、云贵总督。道光二十九年（1849）

告病归里，次年又被朝廷任命为钦差大臣，派赴广西镇压太平军。

邓廷桢（1776—1846），李星沅青年时代的朋友，字维周，又字嶰筠，晚号妙吉祥室老人、刚木老人。汉族，江苏江宁人。清代官吏，民族英雄。嘉庆六年（1801）进士，选庶吉士，授编修，屡分校乡、会试，授编修，历任宁波、延安、榆林、西安知府，湖北按察使，江西布政使、陕西按察使等，官至云贵、闽浙、两江总督，与林则徐协力查禁鸦片，击退英舰挑衅。后调闽浙，坐镇粤办理不善，事戍伊犁。释还，迁至陕西巡抚，在西北大力组织垦荒。他还是第一个公开反对割让香港的大臣。道光二十六年（1846）卒于任。善时文，犹精于音韵。所著笔记和诗词并行于世。著有《诗双声叠韵谱》《说文解字双声叠韵谱》《石观斋诗抄》《双砚斋词话》等。此外，他还工书法，擅写小篆及楷、行诸体，用笔园劲匀称。从端正秀丽中，可看到他刚正不阿的气质。

劳崇光（1802—1867），与李星沅既是同乡又是少年时代之同窗好友。清朝大臣，字辛阶，清道光十二年（1832）考中进士，当年被道光帝选为庶吉士，授编修。道光二十一年（1841）出任山西平阳知府。后累官冀宁道、广西按察使。道光二十八年（1848）任广西布政使。后与提督向荣先后镇压李元发起义和修仁等处天地会起义。咸丰元年（1851）太平天国起义时，署广西巡抚，协助赛尚阿会办军务，设局开捐，筹措军需，令各州、府、县组织团练与农民起义军作战。后又会同广东军镇压和诱降两广地区的天地会起义军和群众。咸丰九年（1859）出任广东巡抚兼署两广总督（正式从1859年10月7日—1862年10月17日），曾代表政府签署《展拓香港界址专条》。咸丰十一年（1861）管粤海关监都。同治二年（1863）五月，授云贵总督。与冯世兴、岑毓英、冯汝龙等平黔西苗回族起义。后病死。谥文毅。

宗稷辰（1792—1867），李星沅的亲密朋友，清代官吏、学者。字迪甫，一作涤甫，号涤楼，浙江会稽（今绍兴）九曲弄人。咸丰初迁御史，曾疏请各省实行保甲，又荐举左宗棠等人，尝筑济宁城墙御捻军，官至山东运河道。有《躬耻集》《四书体味录》。自幼攻读，才学超人。清道光元年（1821）举人，被授为内阁中收；后充任军机章京，起居注主事，再迁户部员外郎。咸丰元年（1851）任御史。太平天国起义，宗稷辰疏请朝廷在全国各省推行保甲制度，认为保甲之法利于社仓、团练。诏下直隶督抚，各就地参酌执行。又疏统筹财政出入，宜崇言实去伪，清查弊端。时京师行大钱，商民受其苦。上疏请复用制钱，名"祖钱"，而钱改纯用铁铸，兼行并用，未被采纳。又以畿辅水患，疏请急赈，准行。不久，授山东运河道，时捻军起义入山东，为防捻党，宗稷辰在济宁牛头河边筑战墙，南北两墙长达数千丈。以功加盐运使衔。同治六年（1867），引病归籍，不久病死。

彭舒尊（1799—1853），李星沅亲密好友，字棣楼，湖南长沙人。道光九年（1829）进士，始授翰林院编修，历任永昌知府，咸丰元年（1851）署广东高廉道，解灵山城围抵抗太平军。咸丰二年（1852）授湖北汉黄德道，后病卒。

四、姻缘关系

姻缘关系是由联姻而形成的社会关系，也是基本的人际关系，它是由母党、妻党、女儿党等家庭成员而形成的社会关系。男女婚姻一经形成，便形成了两个家庭的亲缘关系。姻缘关系也是亲缘关系，包括亲家关系、甥舅关系、姑侄关系、姨甥关系等，都是以亲缘伦理来规范彼此的交往。甥舅关系、姑侄关系、姨甥关系等关系既是血缘又是亲缘，这种关系更多地体现着亲情。凡婚、丧及节日往来，人们在根据血缘和亲缘所组成的各种社会关系的前提下，再根据亲疏、长幼、尊卑定夺交往的规模和次数。

陈本钦，李星沅的舅舅，字尧农，湖南长沙人，道光十二年（1832）进士，道光十六年（1836）二月，由工部主事入直，官至工部员外郎。

汤鹏（1801—1844），既是李星沅的青年时代的好友，又是李星沅的儿女亲家。字海秋，湖南益阳人，道光二年（1822）进士，与魏源、龚自珍、张际亮并称为"道光四子"。历官礼部主事、军机章京、户部主事，擢山东道监察御史。汤鹏的思想具有鲜明的经世特点，他针砭时弊，见解独特。其著文谈古论今，吏治人事，文风奇特，诗也写得好，存诗 2000 余首之多，著有《浮邱子》《海秋诗文集》存世。

何绍基（1799—1873），为李星沅之亲家，字子贞，号东洲，别号东洲居士，湖南道县人。道光十六年（1836）进士，始官授编修，道光十九年（1839）充福建乡试正考官，后历任贵州乡试副考官、四川学政、武英殿纂修，主讲济南泺源学院及长沙城南书院，于六经子史皆有著述，旁及金石碑版文字，工诗古文辞，又精于书法，是我国近代著名的书法家。同治十二年（1873）卒，享年 75 岁。

第二章
求学生涯

　　求学阶段是人生的一个重要阶段，它是获取知识、增长见识、提升能力一个不可或缺的重要时期，基本上决定了每一个人未来发展的大致走向，在其人生蓝图规划中扮演了十分重要的角色。"有志者事竟成"，从小抱有鸿鹄之志的李星沅，其求学生涯并非一帆风顺、一蹴而就，而是一个充满了艰辛与曲折的历程。他历尽沧桑，经历生活的种种磨难，饱受了人间的酸甜苦辣，终于功德圆满，进入了进士的殿堂，实现了其梦寐以求的人生理想。

第一节　父母启蒙

　　李星沅从 1802 年即 5 岁开始接受启蒙教育，到 1832 年考中进士，金榜题名，他个人的求学生涯陆续地花费了他 30 年的宝贵时光。李星沅参加了清朝四个等级的科举考试，他属于正式科举出身的一位封疆大吏，是嘉道年间一位颇有建树的历史人物。李星沅出身比较贫寒，在求学过程中，尽管遇到了不少困难，但他也碰到了一些极好的机遇，得到了一些文吏大儒的帮助，加上其自身的努力，最后他跻身龙门，步入了仕途。

　　李星沅出生于一个并不富裕的书香家庭，其父李畴（1774—1814），字锡九，号寿田，县学廪生，嘉庆甲子科优贡朝考一等第一名，授武英殿校录，桂东县训导。父亲李畴作为破落的下层封建知识分子，恪守孔孟之教，轻视体力劳动，认定学优登仕是最高贵的道路。这种具有两千多年传统的思想意识，经过父亲的言传身教，不知不觉地给李星沅的早期思想打下了深深的烙印。李星沅五岁开始接受私塾教育，私塾教育首先从识字开始的，识字是写字、读书和作文的基础，其方法有书上识字、指物识字、卡片识字、对比识字等。其中，最常用的方法是由塾师向塾生传授句读，其方式为先由塾师逐句口授，再与学生共同诵读三到四遍，最后由学生自己诵读。"此期间用朱笔加以句读及点圈。句是在行右加圈，读是在行中加一点或加小圈。若是一字两音、义理不同之字，则按其四声，以小圈点出平上去入。"① 识字教育主要是读当时的识字课本《三字经》《百家姓》《千字文》《名贤集》《五言杂字》《七言杂字》等教材，这些课本句子短，句式整齐，四声清楚，平仄相对，音节易读，字体较大，一般少年儿童，多读几遍，也容易读熟，句子读熟了，文字也自然容易记熟了，这是当时汉字启蒙教育的一个显著特点。识字教育学习任务基本完成之后，李星沅在父亲的指导下，又开始接受读书教育。所谓"读"，就是要读出声来，要求朗朗上口，强调熟读并力求能够背得滚瓜烂熟。读书，一般塾生识到500字至1000余字时，即可教以诵读。先读与识字相配合的《三字经》《百家姓》《千字文》《千家诗》等书，随着学业渐进，进而读"四书五经"等书。读书教学，一般是塾生立于塾师案旁，塾师先读，塾生随之跟读，读至数遍，塾师令塾生回到座位自读。每日早晨读书时，塾生须容貌整齐、志向坚定、留心句读，做到字字分晓。读书时不可东张西望，务必认真、不可懈怠。"四书"就是《大学》《中庸》《论语》《孟子》。只用了三年时间，李星沅便能背得滚瓜烂熟了。然后李星沅就读"五经"，所谓"五经"就是指《诗经》《尚书》《礼记》《易经》《春秋》，李畴要求儿子能够熟读且能够背诵下来。塾生读到可朗诵的程度，便转入背书。一般塾生读至数十遍后，再至塾师案前背诵，背诵无误后，才教授新课。同时，要求塾生"逐日带温"，"逐句逐月通理"，教新书的同时温习旧书，是义学背书教学的一条重要原则。塾生会背诵之后，塾师才逐字逐句讲解课义，之后又将课文串讲一遍，称为"开讲"。塾师在讲课时，很注意字、词、句中的难点与重点的讲解。讲完后，就让塾生按塾师所讲进行复习，直至掌握、记住为止。以上三个阶段可谓启蒙教育，大约需要1~2年的时间。学习写字的具体要求为："幼童描摹朱字，点画偏旁，先令其端楷。稍长，令写影格，教以执笔之法，撮笔之法。撮笔管于指尖，指宜实，拳宜空，腕力宜到，欲左先右，欲右先左，无垂不直，无放不收。

---

① ［日］中川忠英编著，方克、孙玄龄译：《清俗纪闻》，中华书局2006年9月第1版，第285页。

切忌东涂西抹，歪斜错乱，违者戒伤。"① 简言之，写字的基本原则是：先大后小，先快后慢。一般是塾师先教塾生学习汉字的笔顺，由塾师一笔一画地教，甚至是手把手地教习一段时间，待塾生掌握了写字的技能后，再让其"描红"，然后"衬写"，最后"作文"。在作文之前，首先要练习"属对"。"属对"的训练一般从"一字对"练起，进而"二字对""三字对""四字对"，直至"多字对"（包括五字、七字、九字）。"对课之法，最宜幼童。从一字至七字止，逐次渐加。使之先明字义，辨别虚实，讲求平仄，久之字理明白，对仗工稳，将来作文、作诗之道不难矣。"② "属对"的具体要求为："对句在语音上要求平仄相对，词汇上要求词性相同，语法上要求语法结构相同，修辞上要求修辞手法相同，逻辑上要求讲究概念、分类、比较的逻辑关系，十分严格。它不但是作文的开始，亦是作诗的基础。"③ 掌握"属对"之后，再练习"作诗"。会"作诗"之后，才开始逐步学习短文，并遵循模仿、训练、练习的顺序，即"开笔"做文章。模仿是塾师选择一些简单的范文，让塾生熟读、领会之后再仿照范文进行写作练习；训练是塾师先把各种文体的具体结构、要求、技巧等对塾生讲解，使其通晓明白，然后，再让塾生按照要求由浅入深、循序渐进地训练。练习是塾师布置的练习作业，让塾生进行写作训练，并及时地批改并讲评练习。需要说明的是，塾学大部分塾生学习和撰写的文章类型主要为信札、借据文书、婚丧礼帖等，以为农村日常生活服务。少数想考取功名的塾生则以学习八股文为主要功课，以便参加科举考试。作文的具体要求为："在作文训练时，一般采取'先放后收'的步骤。开始作文时，'以放为主'，鼓励学童大胆地写，放手地写，以不挫伤其兴趣和信心。待有一定基础后，再要求精练和严谨，即所谓'收'。"④ 由于李星沅天资聪颖，勤奋好学，深得父亲的疼爱，在父亲李畴的指导下，李星沅广泛涉猎《诗经》《尚书》《礼记》《易经》《中庸》《孟子》等封建儒家经典著作。李星沅学习兴趣广泛，也特别喜欢阅读历史方面的著作。李畴对大儿子李星沅寄了了厚望，希望他将来能科举高中，光耀门楣。在父亲的悉心指导下，李星沅还努力阅读了司马迁的《史记》、班

---

① 沈乾一编：《义学规条》，《丛书书目汇编》之《求实斋丛书》（第20卷），光绪十七年湘乡蒋氏家刊本，第3页。

② 沈乾一编：《义学规条》，《丛书书目汇编》之《求实斋丛书》（第20卷），光绪十七年湘乡蒋氏家刊本，第3页。

③ 重庆市教育委员会编：《重庆教育志》，重庆出版社2002年版，第45页。

④ 重庆市教育委员会编：《重庆教育志》，重庆出版社2002年版，第45－46页。

固的《汉书》、范晔的《后汉书》、唐朝杜佑的《通典》、吴承恩的《西游记》、曹雪芹的《红楼梦》、清朝纪昀的《四库全书》等名著。李星沅对我国历史上著名的政治家、军事家、文学家如姜尚、孙武、伍员、张良、魏征、包拯、戚继光、刘基、辛弃疾等人深怀敬佩，他喜爱白居易写诗的风格，并用心模仿。丰富的文史知识为他后来成为政治家和改革家打下了良好的基础。

另外，李畇也特别重视对儿子李星沅的思想道德教育，教导他为人处世要光明磊落、廉洁奉公，注重关心百姓疾苦，为民办实事。父亲的言谈举止和谆谆教诲潜移默化地浇灌着李星沅幼小的心灵，起到了道德形塑的作用。后来李星沅在官场上注意了解民间疾苦，作风正派、刚直，保持不屑与贪官污吏为伍的官场习气，便受此影响。

在封建社会的历史条件下，摆在下层知识分子面前的出路无非是两条：要么学而优则仕，从科举正途挤进封建官僚的行列；要么失意落魄，直至沉落为下层劳动人民。下层封建知识分子朝思暮想的就是金榜题名、扶摇直上，取得封建官僚的身份地位。李星沅 12 岁那年参加童试，考中秀才，一时闻名乡里。但好景不长，其父在 40 岁那年突然病逝，给他并不富裕的家庭一沉重打击，当时，他才 17 岁。但中道衰落并没有使李星沅从此一蹶不振，为了不辜负父亲对他的期望，更坚定了他读书考取功名、光耀门楣的信念。由于家贫，李星沅不得不借读于小庙水月林寺，只能依赖其母亲陈氏以女工维持家境，其艰苦可想而知了。

第二节　伯乐襄助

1819 年，对李星沅来说，是特别重要的一年，是他一生中的第一次重大转折。这一年他被当时一位赫赫有名的封疆大吏陶澍看中了。陶澍既是李星沅的老师，也是他的朋友。作为清代为官清正廉明的名臣陶澍，对于人才，既善于发现，又善于任用。李星沅就是因为他的识拔、引荐、鼓励才得到任用的。陶澍（1778—1839），字子霖，又字云汀，号髯樵、桃花渔者，湖南安化人。清嘉庆七年（1802）进士，选庶吉士，授编修。历任四川乡试副考官、监察御史。以直言敢谏，善决疑狱，晋给事中，巡视漕运，尽革陋规。出任川东道，调整官盐价格，致私贩绝迹，民受其利。道光元年

（1821），调山西按察使，升安徽布政使。道光三年（1823）升巡抚。在安徽筹赈水灾，妥善安置灾民，为时人所称颂，芜湖人建坊以为纪念。道光五年（1825）调任江苏巡抚，筹划海运，魏源"以为东南拯弊第一策"。在两省巡抚任内，悉力兴修水利，人民深受其益。道光十一年（1831）升任两江总督兼两淮盐政，力革盐场弊端，创票盐法，并进行多项改革，成效卓著。以积劳成疾，卒于任。赠太子太保，谥文毅。年少时曾从纪昀学，善于考论名物，辨析学术，每能详其本末，述其利弊。工书近北碑，有《印心石屋诗文集》《奏议》《陶渊明集辑注》《蜀牺日记》《陶桓公年谱》《靖节年谱考异》《陶氏世谱》等著作传世。

可以说，陶澍是看中李星沅的第一位伯乐，并且将他招至幕中，长达8年，委以书记，二人关系超乎朋友，如同父子。"陶文毅公故父执，知公欠，招入川东幕，委以书记。每日授大略，授笔万言，曲尽事理。文毅色喜曰：子经世才也但多读书耳。公感激，自力执弟子礼，终其身。"① 在陶澍的指导下，李星沅一边读书、一边工作，至道光五年（1825），李星沅考中举人，这是李星沅一生的第二次重大转折。

李星沅的杰出才华被时任湖南布政使的裕泰看中，被裕泰礼聘入幕，执掌文书长达6年。裕泰是看中李星沅的第二位伯乐，也是他的良师益友。裕泰（1787—1851），满洲正红旗人，他塔拉氏，字东岩，号馀山，由官学生考授内阁中书，迁侍读。嘉庆末年，出任四川成（都）绵（阳）龙茂道。历任四川、湖南、安徽按察使，湖南、陕西、安徽布政使。道光十一年（1831）擢升为盛京刑部侍郎，后调工部，兼管奉天府尹事。道光十三年（1833），裕泰被召授刑部侍郎。道光十六年（1836）调湖南巡抚，道光二十年（1840）擢升为湖广总督。进剿钟人杰作乱，加太子太保衔，赐双眼花翎，组建汉阳水师以抗击英吉利兵由海上入侵。又于道光三十年（1850）平李沅发作乱，晋太子太傅。调任闽浙总督，咸丰元年（1851）调任陕甘总督，不久病卒，谥号庄毅。

在裕泰幕府6年期间，李星沅还兼任裕泰儿子的家庭教师，并且让李星沅带其长子李杭一起授学，真是"相得甚欢，亲如一家"。从此，李星沅与裕泰成为终身密友。在陶澍和裕泰幕府工作期间，李星沅学到了他书本上学不到的知识，主要收获有：一是认识了一些社会名流，结交了一些好友，学到了一些正派官员的官风、官场规矩，也学到了吏治、河务、漕运、盐务等

① 李星沅：《李星沅家传·家传》，清咸丰刻本，第1页。

方面的知识及运作程序，成为陶澍、裕泰经世致用治国理念的主要弟子。二是关心时事，了解京城和全国各地的一些重要情况。李星沅非常关心国家大事，凡是有什么简报从北京传来，他总是想方设法地借阅，并加以评论。三是学会了一些比较通用的官场用语。语言是思想的外壳，是人与人之间相互交流的重要基础和不可或缺的前提条件。李星沅抓住机遇，学会了当时一些比较通用的官场用语，这对李星沅撰写文章和与人交往起了十分重要的作用。李星沅后来历任数省官员，如果没有语言交际基础，他不可能左右逢源，应付自如的。四是暗地里下定决心走科举致仕之路。

第三节　金榜题名

李星沅在裕泰幕府除了为裕泰出谋划策，处理一些政务外，主要任务是学习考取功名。他深深地知道，学习是一项需要不断坚持、持之以恒的事，不是一蹴而就的事情。一个人要想成功，必须付出比别人更大的努力，需要对自己的言行有一种理性的把握和约束，努力战胜学习中的各种困难。宋代思想家张载说："志大，则才大，事业大；志久，则气久，德性久。"苏联伟大作家高尔基也说得好，"一个人追求的目标越高，他的才能发展得越快"，说明树立远大理想对一个人的重要影响。为了实现自己的人生理想，李星沅每天起早贪黑、夜以继日地发愤读书，每天关心国家大事，积极准备应试。他苦苦等待时机，决心走上仕途，实现自己的人生抱负。恩师好友的督促更是坚定他进京科考的助推器。道光十二年（1832），35岁的李星沅在裕泰的鼓励与支持下赴京城参加会试，开始从书房走向社会，这是他第一次离开家庭和故乡。一路上游历名山大川，寻访民情风俗，接触了社会实际，开阔了眼界。当年，就考中了进士，金榜题名。李星沅把高中进士的消息写信告诉了妻子郭润玉，全家人都欣喜若狂，高兴得不得了。郭润玉自幼聪慧，伴父侍读，熟读经史，尤工诗联，得到丈夫高中进士后，其激动之情溢于言表，即赋诗二绝寄李，"金泥飞报故乡知，乍喜犹疑得信迟。料得青莲才子笔，争传身价重龙池"[①]。"经年夫婿客为家，别后音书望眼赊。寄语上林新献赋，锦衣早返五云车。"[②] 对李星沅即将殿试，给予嘉勉。李星沅读

---

① 李星沅、郭润玉合著：《梧笙唱和初集》，长沙芋香山馆1837年版，第34－42页。
② 李星沅、郭润玉合著：《梧笙唱和初集》，长沙芋香山馆1837年版，第34－42页。

后，即步原韵奉和，有"君问归期当客岁，秋风亲护七香"① 之句。后授予翰林院编修，衣锦还乡。回乡初晚，李星沅携郭入室，吟一上联："嫦娥原系月中仙，却飘来一瓣清香，携手同行攀桂客"② 夸赞其妻，郭沉思片刻，即以"状元本是人间子，莫留恋十分春色，甘心只做探花郎"③ 一语双关相对。恩师好友陶澍得知此消息后，亦欣喜若狂，立即致信李星沅，曰："昨接海秋来书，始知吾石梧贤棣台高捷春官，并坐朝考入选。蒙恩耀置玉堂，不胜快慰。今岁会榜，我省六人皆用，而馆选三人尤为各处所未有。增光梓里，皆谐公才力出众之所致也，颂颂。仆催潜来浦，日内即可返金陵矣。小儿初生，闻尚结实，足慰锦魔。徐容续布，草草。布贺大喜，统惟荃照不一。友人陶澍顿（首）五月二十日。"④ 此信表达了陶澍对好友李星沅科举高中由衷的祝贺，其欣慰、喜悦之情跃然纸上、表露无遗。李星沅高中进士后，便离开了裕泰府，步入政坛，开始了他一生的政治生涯。

---

① 李星沅、郭润玉合著：《梧笙唱和初集》，长沙芋香山馆1837年版，第34－42页。
② 李星沅、郭润玉合著：《梧笙唱和初集》，长沙芋香山馆1837年版，第34－42页。
③ 李星沅、郭润玉合著：《梧笙唱和初集》，长沙芋香山馆1837年版，第34－42页。
④ 许莉：《陶澍致李星沅信札考释》，《文献季刊》2010年第3期，第158页。

第三章
仕途历练

古代先贤孟子云:"故天降大任于是人也,必先苦其心志,劳其筋骨,饿其体肤。"可谓是至理名言,一个人只有拥有丰富的生活阅历,且经过长期的锻炼和磨难,才会增长见识、开阔视野、充实知识、提升办事能力,最终成为精明能干、堪担重任的人物。李星沅便是其中的一位。

从 1832 年到 1842 年,李星沅先在京城当小吏,后在地方任事,先后经历了整整 10 年的仕途历练。从 1832 年李星沅考取进士后,李星沅即被选为翰林院庶吉士;1833 年 4 月授编修,充当《大清一统志》的编修官;1834 年派往四川担任乡试正考官;1835 年 6 月赴广东督办学政。道光十八年(1838)二月,出任陕西汉中知府,河南粮储盐法道。道光二十年(1840)授予陕西按察使,扶持林则徐,并在陕西厉行禁烟,后来又担任四川、江苏按察使。道光二十二年(1842)李星沅出任江苏布政使。仕途经验的积累,为他日后成为封疆大吏奠定了基础。

第一节　翰林院庶吉士

翰林之名,始于汉代,原本指文学之林,文翰荟萃之地。唐代开始为文官及官署的名称,最初的性质是"天下以艺能技术见召者之所处也"。文学、经术、僧道、书画、琴棋、阴阳等各种人士以专长听候君主召见,称为"翰林待诏"。宋代非进士不能进入翰林,因此,推动了宋代文人政治的发展。明成祖朱棣前期翰林院的官员充当皇帝的辅弼,在当时政治舞台上扮演了十分重要的角色。明成祖后期翰林院回归唐朝,走上了重文词、远政治的道路。明英宗以后,翰林院正式成为外朝官署,逐渐降为编修书史、起草一般文书的普通文秘机构。清初，翰林院并入内三院，康熙年间定为正三品衙门。雍正以后，翰林院成为清王朝重要的储才机构。清初设庶常馆，隶属内弘文院，为新进士深造之所。顺治三年（1646）定制，殿试后，选拔德才兼备之士为庶吉士，再入馆学习，名为"馆选"，因此，庶吉士又称为"庶常吉士"，其学馆被称为"庶常馆"。"庶常馆"设满汉教习2人，由翰林院掌院学士、内阁学士提请皇帝钦派。小教习若干人，由侍读学士以下各官内选用。分别训练庶吉士满汉文课程。提调2人，供事1人。提调由掌院学士在编修、检讨内派遣，掌庶常馆的行政事务。庶吉士在馆内学习清文，翻译汉文之经、史、词、诗等。期满，由庶常馆教习奏请皇帝"御试"，分发任用，称为"散馆"。庶吉士在馆学习期间，每人每月发给银四两五钱，到户部领取。日常所用的东西，可以到工部支取。

中了进士，不等于做官，只是有了做官的资格。李星沅被道光帝钦定为翰林院庶吉士，翰林院庶吉士是没有官衔的，庶吉士不拿俸禄，只享受国家供给的住房、饮食、笔墨纸砚等生活和学习费用。因此，庶吉士不是官职，而是学生。庶吉士还要经过三年清苦学习研究，经过考核，方能做官。其中经史文学和写作优秀者，皇帝授予侍读学士、侍讲学士、侍读、侍讲、翰林院编修、翰林院检讨等官职，留在翰林院拿俸薪做官；其他大部分庶吉士出翰林院，皇帝授予给事郎中、御史等，在行政、司法部门工作。翰林院是聚才的研究机构，是国家培养高级文官的官署。翰林院的学士才高八斗、文学出众，为广大读书人所熟知的李白、杜甫、王安石、苏轼、司马光、宋濂等人都是翰林院学士。唐以后流传下来的大量古代典籍，大多出自翰林之手。清朝修书的机构四库馆就设在翰林院内，清朝翰林院以掌院学士为专任官员，除了掌院学士，还有侍读学士以及修撰、编修、检讨和庶吉士等。院下有庶常馆、起居住馆和国史馆三机构，翰林院的重要职责是编修书籍、撰拟册文，为皇室解经讲史，以及充当科举考官等。充任者多是精通经史、饱读诗书之士，也就是知识阶层的精英。李星沅在担任翰林院庶吉士期间，接触和认识了不少有识之士，如潘世恩、梁章钜、宗稷辰、彭舒葊等人就是在这个时候认识的。认识了这些知识精英，为李星沅后来在政坛上成为有较大影响的政治人物奠定了人际关系的基础。这一时期，李星沅在翰林院内博览群书，读了不少经史文集，增长了不少见识，为日后升迁提供了有利条件。另外，李星沅在翰林院当庶吉士时，虽没有品级官衔，属于进修性质，但却身处中央政府机构的中枢，客观上有助于他了解政府机关的运行情况，为今后授予翰林院编修，或者外放为地方官创造了有利条件。总之，李星沅在担任翰林院庶吉士期间，丰富了知识、增长了见识、开阔了视野、得到了切实锻炼，这对于他后来从政，无疑是一种政治资本，对他的成长，亦颇有裨益。

第二节　翰林院编修

翰林院的日常活动，既是履行其处理政事的职能，同时更具有锻炼官员能力、增长其见识的意义。譬如，以皇帝名义颁发的各种诰敕本应由阁臣起草，但实际上一般性文件多由翰林代笔，这项工作有助于翰林官适应政务、加深阅历、加强对国家事务的熟悉。明代以来，实录的编写一般是由翰林负责实际编修的，这项工作加强了翰林官对前朝政典故事的深入了解，而在经筵侍讲中，翰林官又因此而不断熟悉朝廷仪制和国家要政。此外，翰林官有着更多的亲炙鸿儒、接近权要的机会，又能饱览史料邸报，参加某些重要会议，便于对政局、时事获得具体而深入的了解。这些都使翰林学士不断积累政治学识和经验，为日后从政做了较好的准备。翰林院编修主要是诰敕起草、史书纂修、经筵侍讲，实际上，其重要作用在于培养人才。1833 年 4 月翰林院庶常馆散馆，李星沅经过考核选拔，被任命为翰林院编修。翰林院编修是清朝翰林院的一个官衔名，正七品，李星沅开始有了一个正式的官衔了，对他来说，真有点"朝为田舍郎，暮登天子堂"的味道。尽管当了翰林院编修，但李星沅的生活仍比较简朴。别人平时穿戴整齐，保养得很好，脑后拖着一根油光可鉴的辫子神采飞扬。李星沅的七品官服洗得很干净，但上面明显有几处补丁，显得有点寒酸。不过李星沅的朴素，更显得他学识高深、才华横溢和清正廉洁，格外引人关注。李星沅在担任翰林院编修期间，主要任务是编写史书，除了撰写祝文、册宝文、册诰文、碑文、谕祭文等，另外编写实录、圣训、本纪、玉牒以及其他书史，并负责书史的编辑校勘，稽查史书、录书，稽查官员功课，稽查理藩院档案等。每遇文武乡试、会试以及殿试，充当读卷官，考选、教习庶吉士，编修优异者担任小教习。李星沅是一个善于学习的人，他在担任翰林编修期间，认识了林则徐、邓廷桢等人，学习他们怎样做人、做学问，增长了自己的才学，对清朝各省的情况也有所了解，增长了见识。另外他在北京广交朋友，特别是与许多中小官吏及知识分子成为朋友，在一起饮酒吟诗，赏花作画，既交流了思想，又联络了感情。从此以后，他们在官场上互通信息，相互支持关照，成为李星沅仕途顺畅的有利条件。

第三节　四川乡试正考官

道光十四年（1834），李星沅开始赴外地为官，担任四川乡试正考官。恩师及好友陶澍得知此消息后非常高兴，致信李星沅，表示祝贺。信云："石梧贤弟近好，前奉一函，奉托以月老之任。旋闻会校入闱，此即春风得意之兆，可谓嘉会者也。八月乘槎而后，即接校春官。此举近所稀有，桃李知门，芬及老朽矣。记前此蜀翰归后，亦忝预会闱。其时同事惟仆与程梓庭、朱虹龙户、陈石士三先生曾充主考官，其徐皆初次得差。因逆数先年，所有主考学政及顺天分校皆无得差重复者，咸以四人为仅事。然皆是上科典试，已隔三年矣。今阁下乃接连为之，而又恰归自蜀，沟乎青出之胜，足补玉堂佳话。况何仙槎尚书为总裁，而丁太史、汤海秋与阁下三人佐之，亦湘江之一时之盛也。仆阅伍凤颖由彭城泛黄而下，嘈船相续渡河，计五月秒当可藏事。途中麦苗它发，连得好雨，可望大有。频年劳碌之徐，差堪报慰。手此布贺得人之梦，并贺午喜，不一。友人陶澎顿（首）。"[1] 清朝翰林院，除了掌管编修国史、为皇帝撰写起居注，为皇帝讲解经史，以及起草拟有关典礼文件等事务外，还要派人担任全国科举考试的考官，如乡试、会试的考官。李星沅办事认真，很自然成为被选之列。乡试正考官1人，乡试同考官需18人，统一由礼部会同吏部选用科甲出身的中下级官员，由皇帝钦定。乡试正考官主要负责全省的乡试工作，乡试同考官主要是分房阅卷，故称"房官"，亦称为"房师"。乡试除了主考、副主考、同考官外，还有监临、监试和提督等，各人都有自己负责的考务性工作。李星沅作为四川乡试正考官，要求其他同考官认真履行自己的职责，以自己平生所学，细致耐心地阅读分配给他的卷子。同考官在阅批试卷的过程中将自己选中的试卷加批加圈，然后把优秀试卷推荐给正考官。同考官没有推荐的试卷或者同考官推荐而正考官李星沅未录取之卷称为"落卷"。所有落卷分别由同考官和正考官李星沅略加批语，说明没有推荐和录取的理由。没有录取的考生，于发榜后

---

① 许莉：《陶澍致李星沅信札考释》，《文献季刊》2010年第3期，第160－161页。

10 天到四川府领取阅看。李星沅在担任四川乡试正考官期间，由于工作认真负责、勤勤恳恳，在整个乡试过程中，考试秩序井然没有发生意外事故。李星沅充当四川乡试正考官忠于职守，和四川府考官一道顺利地完成了任务。"团结就是力量"，"众人拾柴火焰高"，他认识到做好一件事，要学会团结他人，学会与他人共事。李星沅趁机也得到了切实的锻炼。

第四节　广东学政

由于李星沅在担任四川乡试正考官期间表现突出，深受道光帝的信任。道光十五年（1835）李星沅被任命为广东学政。学政一职肇始于北宋的提举学事司，是为了适应当时教育的普及而设置的。之后为历代所沿用，至清朝时，已成为掌管一省学校教育、各级考试的最高长官，具有高度自主权，不受各级官员的影响，其地位与地方督抚基本平行，略高于布政使和按察使。其主要职能是传播和贯彻地方教育政令，视察、监督、考核和指导学校教育等，在宣传道德教化、优化教育管理等方面起了积极作用。

"空谈误国，实干兴邦。"李星沅在担任广东学政期间，立足本职埋头苦干、励精图治。一方面，大力倡导兴建学校，普及学校教育；另一方面，大力整饬考场纪律，剔除考场陋规，严惩舞弊考生，规避官场恶习，对形塑良好的考纪考风创造了良好的条件。

一、主持地方科举考试，了解教育情况

清代以来，学政对于学校及学生的管理，一个重要的方面在于主持考试。而由学政所主持的童试、科试、岁试则为士人进身之始，朝廷非常重视。广东地方辽阔，另有海南远在海外。因此，广东学政每任的考试任务都很重，考试最重要的目的则是了解地方教育情况，为朝廷选拔人才。李星沅在担任广东学政期间，主要是通过科举考试来了解当地的教育学术文化情况。1835 年 12 月 7 日，李星沅"行抵高州岁考，旋由高州至琼州、雷州、廉州、岁科并考，复至高州科考。本年五月十四日获竣事，均循例举行选拔。以上四府，高州文理较优，雷、廉为次"[1]。1836 年，李星沅"科考广

---

[1] 李星沅：《恭报考试高雷廉琼四府情形折子》，《李文恭公遗集》（第 1 卷），上海古籍出版社 2002 年版，第 14－15 页。

州府，八月初七日葳事，九月初四日出省，接着李星沅行至潮州府、嘉应府举办三属科考，循例甄取拔贡，据统计，四府州科考，文理广州为上，嘉应次之，潮州、惠州又次之。而潮州地接漳、泉，夙称难治，其民风好勇斗狠，其士习健讼逞刁"①。1837 年正月初八日，李星沅亲赴肇庆府、罗定州、连州、韶州府、南雄州等处主持生童科考，循例举行选拔。"计五属应考人数，肇庆较多，文艺亦居其最，余则均属中下。臣平心遴选，略短取长，尚不至有缺额。复于发落日，严切告诫，并饬各学士子依限温经，禀承先正，以冀同归醇雅。至考场内外，各知畏法。"② 李星沅亲力亲为，力行践履，掌握了广东省各地学校教育的大致情况和考场纪律状况，为绘制广东未来教育的发展蓝图提供了现实依据。

二、严肃科举考试纪律，形塑道德自律

科举考试纪律是维护考场正常秩序、确保考试公平公正的重要保证。李星沅在担任广东学政期间，为了营造良好的考场氛围，制定了一套翔实、操作性强的科举考试制度，以发挥制度规范的功能，希冀对违纪考生产生威慑效应。同时也使科举考试有规可守、有制可依、有章可循，按照统治阶级预先规划的正常轨道运行。

为了严肃考场纪律，李星沅要求教官为考生保结，承担连坐责任；实行奖赏制度，杜绝徇私舞弊；鼓励检举揭发；规范科举考试程序，考试点名后，方可拿出题目；认真核查考生年貌，亲督搜检，待生员入场封门后，逐号查清；学政坐堂监视，往返巡逻，杜绝传递；于卷尾加盖戳印，以规避试卷外传；定期点名，以杜绝枪代。他饬令"各教官于各生保结外，复取切实互结，有犯连坐。并许当堂首告，得实奖赏，以杜禀保徇隐。考试点名毕，即将伺应人役锁入内，始出题目。臣终日坐堂监视，上下巡逻，以杜场内传递。随于卷尾首艺草稿亲加戳印，以杜场外飞卷。又新生招覆，添设五童互结，定限黎明点名。出题后，面试起讲，再归堂号，以杜同号枪代。由此破案不少，宵小颇知畏法"③。由此可见，李星沅制定的科举考试纪律制

---

① 李星沅：《恭报考试广惠潮嘉四府情形折子》，《李文恭公遗集》（第 1 卷），上海古籍出版社 2002 年版，第 17 - 18 页。

② 李星沅：《恭报考试肇罗南韶连五府州情形折子》，《李文恭公遗集》（第 1 卷），上海古籍出版社 2002 年版，第 18 - 19 页。

③ 李星沅：《恭报考试高雷廉琼四府情形折子》，《李文恭公遗集》（第 1 卷），上海古籍出版社 2002 年版，第 14 - 15 页。

度，语言通俗易懂、思维严谨、逻辑严密，环环相扣，几乎无懈可击，符合广东考场的实际情况，因而具有较强的可操作性。

综上所述，李星沅通过制定科举考试纪律制度，试图通过严密的外部约束力来强制科举考生的行为产生历史惯性，并最终潜移默化地演变成为考生的潜意识，使其始终不渝地坚守封建伦理道德和社会规范底线，不断提升自身思想道德境界。换言之，李星沅制定科举考试纪律制度，旨在规范考生行为，建构以强烈的社会使命感和社会责任感为科举考试出发点的社会价值体系，形塑考生道德驱动化的自律，使之自觉地按照封建伦理体系、道德规范的标准进行自我对照、自我践履、自我反省，做到不为积习所蒙蔽，不为浮名所牵累，成为贯彻执行"三纲五常"等封建伦理道德的不折不扣的忠实顺民。

三、革除考场陋规，重构良好风气

陋规作为封建制度的衍生物，是封建官场中普遍存在的一种不成文的腐败规则，具有普遍化、制度化、合法化的特点。它是随着官场腐败的发展而逐渐发展起来的，始终与封建制度形影相随。往往是个别行为向普遍行为、不合法行为向合法化行为演进的结果。道光以来，由于吏治腐败、政治黑暗，社会各个领域均出现了名目繁多的封建陋规，科举考场亦不例外。

李星沅在担任广东学政期间，各种考场陋规层出不穷。考官利用职权之便趁机向高中考生进行敲诈勒索，索取浮费。"新进文童覆试、生员考列一等及新中举人，赴学政衙门填写亲供，往往索取陋规，书吏遂借端肆行勒取。"① 更有甚者，不少教官因索费未成竟不送考，几乎葬送考生未来美好的前途。"考拔卷册，由学申送。每有不肖教官，视士子考等之高低，定册费之多寡，需索不遂，竟不送考。"② 可见，考场陋规这种行为规范是建立在官僚地主利欲熏心、私欲恶性膨胀动机的基础上的，它符合官僚地主阶层获取更大利益的需要，是封建统治阶级对官僚机构的权力控制与规范控制弱化的产物。

为了缓解清朝统治的合法性危机，重塑国家形象，挽回世道人心，李星沅痛下决心，决定革除广东考场陋规。李星沅秉承皇帝上谕，"饬禁卷费、

---

① 李星沅：《覆奏饬禁考试陋规折子》，《李文恭公遗集》（第1卷），上海古籍出版社2002年版，第13页。

② 李星沅：《覆奏饬禁考试陋规折子》，《李文恭公遗集》（第1卷），上海古籍出版社2002年版，第13–14页。

册费、考费各项陋规"①，采取了切中时弊、行之有效的措施。一方面，李星沅雷厉风行，饬令考列优等生员，备案造册，以备查询；若不愿送者，查明原由，以规避考官弄虚作假收取浮费，保护考生的合法权益。"谆饬各学，凡考列优等生员，均令备造卷册，一概全送候考。其实系本生不愿考者，令查明事由，于册内签注，以免阻抑而广选遴取"②，"扰累寒儒，立即严拿惩办，毋稍姑息"③。另一方面，李星沅贯彻有犯必惩、有腐必肃的原则，下令"严加饬禁，使数十年积弊，一概扫除"④，由于李星沅竭心尽力、办事认真、以身作则、雷厉风行，使考场陋规在一定程度上得以革除，"向来陋规，既经实力裁革，积弊亦渐就扫除"⑤。可见，只有铲除封建社会长期以来存在的科场陋规，斩断考官徇私舞弊的利益链条，才能抑制官员腐败行为的滋生蔓延，重构官场的良好风气。

综上所述，李星沅从维护国家形象、巩固大清统治的立场出发，坚持"秉公遴选，拔取真才"的选拔原则，以身作则、尽职尽责，在一定程度上革除了考场陋规，遏制考官的腐败行为，使其行为有所收敛，不敢公开进行。但考场陋规作为大多数官僚所实践的制度性腐败，因法不责众，在封建统治集团内部形成了一张无限扩张、牢不可破的利益关系保护网。因此，要革除封建陋规，必定困难重重；加之，考场陋规已成为封建社会一种不成文的潜规则，由于历史惰性力，不可能像秋风扫落叶一样轻而易举地剔除。

四、严惩违纪考生，营造良好氛围

在我国封建社会，科举考试作为封建统治阶级选拔人才的主要途径，在巩固统治、宣扬教化、笼络人才等方面发挥了重要作用。道光以来，社会承平日久，法久弊生，科场弊政日益凸显，各种各样的考试舞弊现象层出不穷，这便与科举考试本身的公平竞争、择优录用的原则背道而驰。李星沅在

①　李星沅：《覆奏饬禁考试陋规折子》，《李文恭公遗集》（第1卷），上海古籍出版社2002年版，第14页。

②　李星沅：《覆奏饬禁考试陋规折子》，《李文恭公遗集》（第1卷），上海古籍出版社2002年版，第13－14页。

③　李星沅：《覆奏饬禁考试陋规折子》，《李文恭公遗集》（第1卷），上海古籍出版社2002年版，第13页。

④　李星沅：《覆奏饬禁考试陋规折子》，《李文恭公遗集》（第1卷），上海古籍出版社2002年版，第13页。

⑤　李星沅：《恭报考试肇罗南韶连五府州情形折子》，《李文恭公遗集》（第1卷），上海古籍出版社2002年版，第19页。

担任广东学政期间，科场曾出现枪替等舞弊现象。如"本年丁酉科广东乡试，有顺德县监生张贻桂，中式第 26 名举人。臣李星沅于揭晓后，风闻张贻桂学问平常，考试时有顶替情弊。当即商同臣祁𡎱，督同监试道董国华，密将该生乡试墨卷与考遗试卷比对笔迹，果属不符"①。为了革除科场弊政端正考风，重塑公平、公正的考试氛围，李星沅对违纪考生严惩不贷、以法惩处。如"查出本科乡试中试之举人张贻桂，考遗文字与中卷笔迹不符，审有顶冒代作情弊，请旨革去举人，严究惩办事"②。再如文童正场日，"查出万州李逢甲怀挟文字，儋州吴元藻私带上届卷面，会同黎策周，与邻号王志纶换卷，当经照例惩治"；复试童生日，"陵水罗献甲抛递诗稿，陵水李世维、文昌詹家英，文理不符，供词支饰，亦即拿交提调，分别审究。及澄迈王德慎、安定颜凤瑞等数名讯明，录旧扣除。此外若廉州枪犯张中、高州枪犯陈天宝等顶名入场，均即于点名时查拿发审"③。趋利避害作为人类的一种天性和社会心理，经常被历代统治阶级所利用。为了凝聚人心、巩固清朝统治，李星沅依据清朝社会结构的制度性安排，利用作为维护封建统治秩序重要手段的惩罚机制，发挥其社会惩戒的功能，以契合封建国家巩固统治的需要，达到稳定基层社会的目标。李星沅严惩违纪考生，旨在引导科举考生的行为与价值观念向封建统治阶级预先设计的标准发展，自觉或不自觉地被纳入清朝的统治秩序之中，以达到营造风清气正的科举考试氛围。

总之，李星沅在担任广东学政期间，为了维护正常的考试秩序，在考试前认真核对考生的年龄、相貌，在考试结束后，又将考试的卷子核对笔迹和文理，力求公正、公平。李星沅恪尽职守、竭尽全力，为考生争取了一个相对公平的考试环境，在较大程度上端正了考生的学风和文风，客观上推动了广东教育事业的发展。在李星沅担任广东学政期间，"广州府已建有书院 53 所，韶州府已建有书院 10 所，惠州府已建有书院 15 所，潮州府已建有书院 19 所，肇庆府已建有书院 17 所，高州府已建有书院 6 所，廉州府已建有书院 12 所，雷州府已建有书院 4 所，琼州府已建有书院 13 所，广东省共设有

---

① 李星沅：《会奏中式举人张贻桂遗卷中卷笔迹不符，请旨革审办折子》，《李文恭公遗集》（第 1 卷），上海古籍出版社 2002 年版，第 20 页。

② 李星沅：《会奏中式举人张贻桂遗卷中卷笔迹不符，请旨革审办折子》，《李文恭公遗集》（第 1 卷），上海古籍出版社 2002 年版，第 20 页。

③ 李星沅：《恭报考试高雷廉琼四府情形折子》，《李文恭公遗集》（第 1 卷），上海古籍出版社 2002 年版，第 14－15 页。

书院 149 所"①。由于政绩突出，李星沅受到了道光皇帝的接见。道光皇帝赞扬李星沅："有尔在广东学政，办事认真，操守好不必说，我放尔知府并无人保举，好去历练，我只望尔能始终如一，岂不是国家栋梁之才。"②"但法有定而弊无定，弊无穷而法有穷"③，由于规章制度的固定化、机械化，加之封建陋规的沿袭性及强大的惯性力，李星沅试图通过制定严格的考试纪律、革除考场陋规、严惩违纪考生的做法来营造风清气正的考场与官场氛围是不现实的，虽有治标的功能，但不可能从根本上根除科考弊政。

第五节　豫、陕、苏按察使

提刑按察使司，一般称为臬司，是主管一个省的司法机构。按察使作为提刑按察使司的最高长官，为正三品官，是负责处理全省司法刑狱案件的官吏。《清史稿·职官三》指出，"按察使掌振扬风纪，澄清吏治。所至录囚徒、勘辞状，大者会藩司仪，以听于部、院。兼领阖省驿传。三年大比充监试官，大计充考察官，秋审充主稿官"。按察使与布政使合称"两司"，清初全国共设按察使 18 人，即直隶、山东、山西、河南、江苏、安徽、江西、福建、浙江、湖北、湖南、陕西、甘肃、四川、广东、广西、云南、贵州等18 省，每省 1 人。各省按察使内部机构，一般设有经历使经历 1 人，知事 1人，照磨所照磨 1 人，司狱司司狱 1 人。知事掌勘察刑名，司狱掌检察系囚、经历、照磨所司与藩台同。根据大清律规定，每年秋七月，刑部会审、裁夺各省上报的重犯处分案件，为此，各省督抚、将军要在年初 3 月内将审拟案件上报刑部。

李星沅在担任豫、陕、苏按察使时，不遗余力、兢兢业业，主要做了以下四个方面的重大事情。

一、查办积案冤狱

在李星沅一生中，曾四任按察使。李星沅在任河南粮监道时，一度兼署

---

① 阮元监修：《广东通志》，广东人民出版社 1995 年版，432 页。
② 李概：《李文恭公行述》，清同治四年（1865）刻本，第 13－14 页。
③ 李星沅：《恭报考试高雷廉琼四府情形折子》，《李文恭公遗集》（第 1 卷），上海古籍出版社 2002 年版，第 15 页。

河南按察使，因河南省刑案颇多，司府监狱皆有人满之患。当时逢盛暑，在押人证多至 200 余名，报病报死者不绝，李星沅力疏积压案件。1840 年 10 月李星沅任陕西按察使，"窃臣于本年四月渥蒙恩命，补授陕西按察使。祗领圣训后，遵即束装出都。六月十八日，行抵西安省城，接奉抚臣富呢扬阿行知，奏委署理陕西布政使，当经恭折陈明在案。兹于十月二十日，交卸藩司印务，即准署臬司罗绕典将印信文卷移交前来。臣谨恭设香案，望阙叩头，祗领任事讫。伏查臬司为刑名总汇，衡情执法，风纪所关。矧秦中边要之区，汉回杂处，南北山一带，林深径僻，宵小尤易潜踪。除暴安良，责任綦重。如臣梼昧，叠荷鸿施，暂绾藩条，毫无报称。兹当陈臬伊始，抚躬弥切冰兢，惟有实力奉公，虚心研律，凡地方一切案件随时禀商抚臣、认真审办，务俾无枉无纵，以冀勉副生成"①。李星沅在到任之前就了解陕西吏治败坏，豪强逞凶，官府与地方恶棍相互勾结、强取豪夺、欺压良善、民情激愤，再加之陕西旱灾严重，百姓生计艰难，积案如山。为处理积案，他希冀执法人员秉公办案，他详定解案章程，简化解审手续，对檄定人证、取供录送做了详细的规定，删除了繁文缛节，杜绝了官员受贿勒索。

李星沅在办案过程中，工作态度认真负责、兢兢业业，他亲自裁决各种案件，不论巨细。"兹当陈臬伊始，抚躬弥切冰兢，惟有实力奉公，虚心研律，凡地方一切案件，随时禀商抚臣，认真审办，务俾无枉无纵，以冀勉副生成。所有微臣到任日期并感悚下忱，理合具折恭谢天恩，伏乞皇上圣鉴。"② 李星沅曾任四川乡试正考官，对四川情况比较熟悉，他认为四川刑狱较其他省份为多，是因为该省地处西南边陲，山深林茂。因此，他建议剿匪必须周密部署、严明纪律、统一配合，防夷必须耐心观察、严密监督、统一行动、出其不意，迅速歼之。"查川省刑名繁剧，倍于他省，重以地当边要，山径丛深，缉匪必尚严明，防夷更宜静密。臣前奉命典试，于该省情形，虽经留心咨访，一切实多未谙。任巨力微，勉持风纪，惟惧弗克报称，

---

① 李星沅：《恭报到陕西按察使任折子》，《李文恭公遗集》（第 2 卷），上海古籍出版社 2002 年版，第 25－26 页。

② 李星沅：《恭报到陕西按察使任折子》，《李文恭公遗集》（第 2 卷），上海古籍出版社 2002 年版，第 25－26 页。

上负生成。瞻恋鸿慈，弥滋惕励。"① 1841 年 3 月，李星沅赴命到四川担任按察使，"窃臣于上年十二月二十九日由陕西按察使奉旨调补四川按察使当经具折恭谢天恩，旋即交卸起程。兹于三月初三日行抵川省，准署臬司英文将印信文卷，委员移交前来。臣谨恭设香案，望阙叩头，祗领任事讫。查四川地广人稠，汉夷接壤，刑名夙称繁剧。现值核办秋审，起数较多，按律衡情，尤关紧要。臣渥蒙简调，感激鸿池，深惧弗克胜任。惟有虚心讲求，实力整饬，随时随事禀商督臣，认真办理，断不敢渐染习气，畏难苟安，以期勉酬高厚。生成于万一"②。四川省以刑名讼狱繁多甲于天下，李星沅在任四川按察使期间，制定"此后如遇重犯多及刀伤主多人，久不获 1 犯者即详请撤参。监源县即因此而受撤任到省察看的处分。"③ 活跃于彭县、汉州、新都交界等处的国鲁张母猪等人"持械伤差役 8 名，杀无辜百姓 2 人，伤 6 人，然合县兵役仅拿获 2 犯，毙 1 犯，其余 7 犯均逃逸。李星沅遂谕四县当加紧缉捕，如有 1 犯漏网必行群参"④。在他的压力下，四川省官员历经千辛万苦，终于在平武县青川地方把首犯捕获，并处以极刑。另外，他对整顿狱政，清理疏消壅滞积案，作出了巨大的努力。他"查悉著名国鲁吕代郊藏匿于简州境内，密饬知州徐凤翔缉捕"⑤，徐凤翔以为李星沅离任在即，即将调任江苏按察使，于是诡称吕代郊已在邻境安岳县被捕，后经李星沅查询，证实并无此事。

如"李星沅以徐氏在钱谷、刑名及缉捕方面官声甚劣，复以无据浮词搪塞怠玩，贻祸地方，咎无可辞，着先记大过 3 次，撤任到省察看"⑥。不久，李星沅又奉命赴江苏担任按察使，"窃臣于本年六月初二日接奉督臣宝兴行知五月初十日奉上谕：江苏按察使员缺，着李星沅调补。钦此。祗悉之下，感悚难名。伏念臣湘南下士，供职词垣，渥邀圣主鸿施，俯加擢用。上年四月，由河南粮盐道奉旨升授陕西臬司，当经瞻见天颜，备领恩训。抵任

① 李星沅：《奏谢调补四川按察使折子》，《李文恭公遗集》（第 2 卷），上海古籍出版社 2002 年版，第 26 页。

② 李星沅：《恭报到四川按察使任折子》，《李文恭公遗集》（第 2 卷），上海古籍出版社 2002 年版，第 27 页。

③ 袁英光、童浩整理：《李星沅日记》，中华书局 1987 年版，第 210 页。

④ 袁英光、童浩整理：《李星沅日记》，中华书局 1987 年版，第 210 页。

⑤ 袁英光、童浩整理：《李星沅日记》，中华书局 1987 年版，第 234 页。

⑥ 袁英光、童浩整理：《李星沅日记》，中华书局 1987 年版，第 251－254 页。

半载，即蒙简调四川臬司，黾勉昕宵，方深兢惕，兹复温纶，三锡周补。江苏以东南繁剧之区，当整饬海防之际，诘奸纠匿，责在提刑。臣本颛愚，溽膺巨任，弥惧弗克称职，上负生成。惟有趋叩阙廷，吁求慈海，俾得服膺循省，益矢公勤，以冀仰酬高厚于万一。所有微臣感悚下忱，谨缮折恭谢天恩，伏乞皇上圣鉴训示"①。从李星沅奏谢道光帝的奏折可以看出，一方面，表现出李星沅感恩戴德，对道光皇帝的重用和信任表示由衷地感激，感谢皇恩浩荡；另一方面，他也信誓旦旦地表示自己要恪尽职守，不遗余力地工作，以关心国事民生为己任，为国效力，为皇上分忧，决不辜负皇上对自己的信任和重托。1841 年 11 月，李星沅走马上任，就任江苏臬司。他担任江苏臬司不久，便向道光皇帝禀报自己担任这一职以来的一些基本情况，声称对道光帝的信任表示无限的感激，感到无上的光荣。"窃臣由四川臬司蒙恩调补江苏臬司，十月上旬遵旨入觐，渥荷鸿慈，逾格训勉周祥。复奉谕驰驿赴任，跪聆之下，感悚难名。遵即由驿兼程，因途中雨雪稍稽，兹于十一月初三日行抵苏州省城。准署臬司黄恩彤将印信文卷，委员移交前来。臣谨恭设香案，望阙叩头，祇领任事讫。伏念臣湘楚菲材，备员词馆，仰邀圣主恩遇，由编修物用知府，溽擢臬司，复于一岁之中三奉温纶简调。查大江南北，刑案较繁，均由臬司汇核。近以浙东以事，军书遝速，驿务孔殷，且商民鳞集之区，当兵粮踵接之会，瞬值天寒岁晚，诚恐宵小潜踪，防范稽查，尤关重要。臣质原迂钝，地复生疏，抚躬倍深兢惕，惟有恪循恩训，殚竭愚诚，懔体用之宜，兼矢初终而如一，断不敢渐染习气，致涉虚浮，以冀勉酬高厚。"② 李星沅以慷慨激越的文字、委婉含蓄的语言抒发了自己豪迈奔放的情感。他向道光皇帝诉说了自己担任江苏臬司以来的基本情况，包括处理刑案冤狱、惩治海盗匪患、应付紧急军务等，并表示要效忠朝廷、轸念民生、以国事为重，愿为地方建设殚精竭虑、不遗余力。

　　李星沅并没有阳奉阴违，而是始终坚持言行一致、表里如一，信守自己的承诺，并没有辜负道光皇帝对自己的信任和重托。李星沅在担任豫、陕、苏按察使期间，尽心竭力、任劳任怨、恪尽职守，处理了大量的积案冤狱，使不少积案得到了清理，使不少冤案得以平反昭雪。其详情见表 3 – 1。

　　① 李星沅：《奏谢调补江苏按察使并请陛见折子》，《李文恭公遗集》（第 2 卷），上海古籍出版社 2002 年版，第 27 – 28 页。

　　② 李星沅：《恭报到江苏按察使任折子》，《李文恭公遗集》（第 2 卷），上海古籍出版社 2002 年版，第 28 页。

表 3-1 李星沅担任豫、陕、苏按察使时处理的积案冤狱

日期及资料来源	案件名称	具 体 情 况
道光二十年七月初三日（1840年7月31日）	王应泰案	廪生王应泰一案，饬司提省审办。该弁不能约束，尤为胆大妄为，法宜惩治。闻之咸宁令西凤营兵1300余名情状甚跋扈，多教匪投诚者弁目者，廪生王应泰亦素不知自爱，豫守讯供时特唤至花厅面询，言泾州、长武以私书截留人犯，各宜记过示惩，办理甚得平妥。
道光二十年七月十七日（1840年8月14日）	吕有庆案、冯憬彦案	寅刻诣雨坛随班行礼，即过署臬司会审石泉吕有庆、蒲城冯憬彦两案。吕有庆又名吕二痞子，地方积恶，因恃强放柴冲缺堰口，乃以抢柴反噬三次京控，刁狡可恶，止革至六品职衔未足以示惩创。冯则摊众至仓抢斗抢筹，均宜重治不少贷。
道光二十年九月初五日（1840年9月30日）	任丕俊控魏保娃身死勒认凶手案	止院，首府以次见，呈兴安任丕俊控魏保娃身死勒认凶手一案节略，不许在外通融，请亦必干驳饬。又致家境塘书及属书团扇，交杨县丞艮元解饷附去。
道光二十年十月十九日（1840年11月12日）	郿县抽炭案	卯刻起。过苏溪署会审郿县抽炭案，陈千总人壮实，惜以失察去官。革兵张盛情凶势悍，仅拟杖徒尚轻纵。
道光二十年十一月初一日（1840年11月24日）	李七狗案	咸宁李七狗案，其父兄皆死于张咏登，兹复由张咏登寻殴起衅，似应照擅杀凶恶棍徒城旦，拟以缳首，未免告，应发审。午后过堂，有刃杀胞兄之凤县杨金志，虽以过失夹签，而供词未确，尝未见血，亦枭獍之类也。
道光二十年十一月二十五日（1840年12月18日）	平利京控案	平利京控案，聂咏和以其弟广运为詹奇椿殴毙，今办留养心不甘，遂赴京提督衙门捏控，审明坐诬，应流罪，虽应得，情实可矜。当堂反复晓之。酉刻刑部钉封到院，巡捕送至，启视为镇平黄正幅图奸勒，致毙人命，故杀应斩决，即交司狱，传知首府县提犯讯朝处斩。
道光二十年十一月二十七日（1840年12月20日）	周继娃坠崖案	辰起。阅文案。有佛坪厅招解贼匪陈钻娃诬扳肇衅，致周继娃坠崖身死一案，反复研诘，实由厅差罗贵、张洛等6名教扳诬索，并用铁鞭殴伤周继娃，复用绳拘系，致周继娃畏累坠死，该厅毫不穷究，置蠹役凶徒于案外，乃以贼匪当重罪，真堪发指！当将该犯发审，一面札调该厅带齐全案人证，进省审办。此案如不平反，死者含冤，生者枉法，何取提刑为哉？

（续表）

日期及资料来源	案件名称	具 体 情 况
道光二十年十二月二十九日（1841年1月21日）	贾允洮京控案	辰起。首府见，呈贾允洮京控案由，及司书李善馀，营书朱光裕串领恤赏银一案，已查明有着，可免治罪。
道光二十一年正月二十二日、二十三日（1841年2月13日、14日）	武三智案	辰起。访实未人梁光泰于二十日夜半携仆至涝巷，闯入民家用铁器殴伤武三智，一腮颊耳门血出，一脑后均赤紫色，伤重可虑，即传咸宁罗令速验确审。辰起。止院。咸宁罗令呈武三智伤单及各供，即属具禀候参揭，该员查街差久已撤委，是无稽之责。乃黑夜闯入民家，铁器伤人，情同狂吠，即令殴由该仆，而带领滋事，咎无可辞，非藉端讹索，即恃官喝令，予以斥革，亦自取之也。
道光二十一年二月初七日、二十二日（1841年3月29日、4月13日）	彭蔡氏案	余鉴见，均发审中出色之员，金承审简州彭蔡氏案，以犯供狡展罪名悬殊，托梦申冤，说本近诞，应研审考。卯刻起，金鉴来，讯据简州彭蔡氏案，尸有毒，毒有药，药有售处，似死于毒无疑，而该妇坚不认奸下毒，应复研讯。
道光二十一年三月初八日（1841年4月28日）	李长生案 牟玉春案 严正乾案 詹兆春案	卯刻起，辰初诣院，谈悉璧山李长生案，应咨提李幅土质究，石柱牟玉春案已认诬应速结，彭水严正乾案亦俯首无词，新繁詹兆春案虚实各半，办须两平。
道光二十一年三月二十六日（1841年5月16日）	新宁盐案 王一渔案	卯刻起，两县及委员来回案，前单开讼师已拿2名，尚无确据，假银系武生谢金来处纠葛，只可就案惩创，新宁盐案已大概审定，盐商曾宗铭可发回，名山王一渔案应分别问拟。
道光二十一年四月初五日（1841年5月25日）	王一品案 张合兰案	卯刻起，辰初诣院，谈悉屏山王一品案，首犯仅绞候不足示惩，应就歃血焚表审，拟绞决并于犯事地方行刑，以昭炯戒。新宁张合兰案，俟张洪道解到即须就抢店毙命审明，纠首枭犯绞1-2名，除分别惩办了案，前事者以案情重大疲阁不问，今三年矣。
道光二十一年五月二十日（1841年6月9日）	萧汶定案 盐源县盗案	卯刻起，辰初诣院，商萧汶定案，但审明其父萧正升捆送呈首，并从犯自行投案，即可稍从末减。盐源县盗案如久一获一犯，虽照例开参土司，而该县有管辖之责，何能置身事外？即暂撤省亦可示惩。

（续表）

日期及资料来源	案件名称	具 体 情 况
道光二十一年六月十三日、十四日（1841年7月1日、2日）	仁寿逆案	仁寿逆案尸亲孙世林拦舆喊告，吕家族邻纵恶意在藉端讹诈，殊可恨。卯刻起。首府来禀，仁寿逆案尸亲孙某刁恶非常，饬即据实惩实，且逆犯疯疾不确，情同枭獍，必确审，恭请王命凌迟处死，以快人心。
道光二十一年六月二十二日（1841年7月10日）	啯匪案	卯刻起。首府新都、什邡见，姜令复于平武县青川地方将张母猪拿获，该犯与林牛儿、林狗儿为川省著名积匪，历经访拿未获，兹得悉数就擒，应即确审严办，照光棍例斩枭，先请王命即行正法，以快人心。
道光二十一年六月二十六日（1841年7月14日）	彭县案 大竹案 罗锦章案	卯刻起。首府及承审委员见，谈及彭县案应三枭四斩决，大竹案一枭六绞决，尽法惩办，亦不得已而为之。府幕丁绳之倦于执笔，应饬另延，罗锦章案可拟审结。
道光二十一年七月十七日（1841年8月3日）	王金碧京控案	卯刻起。过堂，首县及委审各员见，彭水王金碧京控案，凶犯审非王金碧实系周允立，缘周允立与其姊曾周氏事在暗昧，死者黄荣潮心疑多口，该犯起意戳杀，移尸有端公、丁太极，设谋诬扳王金碧，初意亦止讹索，及讹不得，该县即执王金碧为正凶，刑求20余日竟定案招审题复，现据复审始获平反，危哉几柱死一命矣。

资料来源：袁英光、童浩整理：《李星沅日记》（第1册），中华书局1987年，第84—245页。

据表3—1所示，李星沅在担任豫、陕、苏按察使期间，处理的案件从级别来看，既有京控要案，也有省、府级案件，还有州县级案件；从类型来看，既有政治性案件、经济性案件、宗教性案件、民事性案件，也有社会性案件；从案件性质来看，既有洗刷冤情类案件、违法犯罪类案件、民事纠纷类案件，也有社会冲突类案件等。由此可见，道光时期，豫、陕、苏地区的案件可谓类型多样、错综复杂，各种违法越轨案件层出不穷。

大案、要案的多寡，是衡量一定时期内社会是否清明的一把重要标尺。一般来讲，政治越清明、社会越稳定，则大案要案较少发生；相反，政治黑暗、社会动荡，国家权力失控，则社会越轨行为时有发生，大案要案层见叠出。道光时期，各种大案、要案，特别是京控案件频繁发生，客观上反映了这一时期政治黑暗、吏治败坏、官僚腐败、官官相护，致使各种冤假错案不断出现。道光时期各种案件频频发生，且日益累积，长期得不到及时处理，主要有以下三个方面的原因：一是封建专制官僚制度的弊端。道光以来，官僚机构臃肿、职责不明、部门职能重叠、人浮于事、遇事推诿，且大多数官员贪污腐化、贿赂公行、上下勾结，官官相护，形成以经济利益为中心的权力关系保护网，使百姓有苦不能诉、有冤不能伸。二是近代以降，传统的宗族制度开始松动，族长的权威受到质疑，逐渐失去了合法性权威，本可由宗族自行调解的案件却诉讼到府县，使官府处理的案件越积越多。三是诉棍包揽诉讼。道光时期，诉棍为了谋取私利，冒天下之大不韪，勾结官府，包揽词讼，从中挑拨离间，制造冤假错案，骗取钱财，致使各类案件层见叠出。

综上所言，李星沅在担任豫、陕、苏按察史期间，坚守职业良知、执法为民，树立了惩恶扬善、执法如山的浩然正气。他勇于负责、敢于担当、尽心尽责，从案情的实际出发，采取聚焦京控要案、狠抓冤假错案的思路，以抓铁留痕的劲头，及时地处理了一些积案冤狱，起到了维护正义、伸张正气、鞭挞邪恶的作用，在一定程度上有利于缓和社会矛盾，消解民众的不满情绪，达到安定人心、稳定清朝统治的目标。

二、严禁鸦片泛滥

李星沅在陕西担任按察使期间，做了一件令人称道的事情就是严禁鸦片泛滥。鸦片，俗称大烟，又称阿芙蓉，原产于印度、小亚细亚等地，系由罂粟果汁炼制而成的。作为药材，罂粟早在唐代中期由阿拉伯人经土耳其运送过来。明朝时期，葡萄牙、荷兰商人又把膏剂的鸦片作为药剂运入中国。18世纪初，输华鸦片数量并不是很大，但已使很多人沾染了吸毒的恶习。19世纪30年代初，鸦片开始在陕西泛滥，蓝田"客民刘万川兑换广东货客马广太鸦片，希图转卖渔利"，泾阳"客民孟武坤收买广东客民何六鸦片转卖，并民人王自成买食"，南郑拿获"客民张元和食鸦片烟"① 等案。1838年，号称民风淳朴的陕西省，吸食和贩卖鸦片比以前更加普遍。当时不少州县官员染有烟癖，甚至地方大吏也不能避免。如1840年漕运总督朱樹调查漕运帮弁的抽烟情况，"查出吸食者二人，其一即苏松粮道文俊"②。值得注

---

① 中国近代史资料编写组：《鸦片战争》（中国近代史资料丛刊）（第1册），上海神州国光社出版社1954年版，第458－459页。

② 袁英光、童浩整理：《李星沅日记》，中华书局1987年版，第34页。

意的是禁烟名臣林则徐的同乡好友"江苏巡抚梁章钜竟有此嗜"①。而贩卖者则以借卖广货为名，开铺面私售烟土。"吞吸者在皆然，凡各署胥吏、各营兵弁，沉溺其中十有八九……甚至男妇不分乡愚，亦因此废业。"② 鸦片输入给中国人民带来了深重的灾难，造成白银外流、银价上涨、钱价下跌，银贵钱贱的现象日益突出。19 世纪 30 年代以来，陕西地区一两银涨至 1300 ~1400 文，1837 年涨至 1600 余文，1850 年前后，涨至 2000 文左右。道光二十年（1840）九月十四日，李星沅在与中丞试优行生 25 名畅谈时，直陈鸦片泛滥的严重情形。"云南永昌一带出产烟土，始用罂粟花，继名芙蓉膏，凶徒护送，以千计价值，远而益贵，所获不赀，递至陕省须 360 两买烟100 两。闻雅州道署辕门，烟匪直出直入若无人焉。"③ 可见，道光时期，鸦片泛滥，毒枭甚嚣尘上，更加剧了社会的动荡不安，造成家破人亡，妻离子散，社会严重失控，大清政权产生了合法性危机。道光二十年（1840）九月十七日，李星沅致邹钟泉书中详细地论述了鸦片泛滥的严重危害，他认为英美鸦片贩子专横跋扈已久，肆无忌惮地在中国倾销鸦片，导致鸦片在中国泛滥成灾，实为罪魁祸首。其罪恶行径已昭然若揭，众所周知。接着他发表自己的主张，提出严禁鸦片，则利大而弊小，可取得杀一而儆百、以儆效尤的作用；而任由鸦片自由泛滥，则弊大于利，使西方列强耀武扬威，气焰更为嚣张，不可一世。与其让鸦片在中国严重蔓延，不如严而禁之。最后，他痛心疾首地指出，鸦片输入是中国最大的弊病，主张严禁鸦片。"奸夷跋扈所由来者渐矣，鸦片流毒包藏祸心，禁则祸近而小，杀以正杀；不禁则祸远而大，言不忍言。凡有心知，皆见及此……无病而药非也，有病不药尤非也；药不求效非也。药速求效尤非也。今天下之病莫大于烟，莫急于禁烟，禁之以法令。"④ 可见，鸦片泛滥严重地损害了中国人民的身心健康，影响生产，使封建统治更加腐朽，财政收入锐减、国库亏空，社会矛盾激化。鉴于此，时任四川按察使的李星沅提出严禁鸦片的主张，他认为禁烟并非易事，有很大的难度，认为烟贩是危害地方治安的一大隐患，这些烟贩与来自湖广、江西、陕西、广东以及福建等省的游民相互勾结，势必酿成巨案，严重威胁清朝统治。他说："官无储峙，民无盖藏，祸有不可胜言者，即如禁

---

① 袁英光、童浩整理：《李星沅日记》，中华书局 1987 年版，第 258 页。
② 中国近代史资料编写组编：《鸦片战争》（中国近代史资料丛刊）（第 3 册），上海神州国光社出版社 1954 年版，第 304 页。
③ 袁英光、童浩整理：《李星沅日记》，中华书局 1987 年版，第 107 - 108 页。
④ 袁英光、童浩整理：《李星沅日记》，中华书局 1987 年版，第 109 - 110 页。

烟一节，蜀与滇南接壤，烟匪咽匪是二是一，万不能不为查办，查办不善，流弊丛生，将专任保甲则户口畸另，散而难聚，将勤练壮役则官钱雇募，少不胜多，故缉匪难。"① 他进一步分析了禁烟困难的原因，其观点主要包括：烟土泛滥成灾；烟贩与汉奸相互勾结，狼狈为奸；积重难返，一时难以根除；丰厚的利润刺激；法律禁而不止，效果不佳。"汉奸所以多，皆烟土为之，积重难除，趋利如命，非势所能迫，并非法所能威。"②

那么应如何禁烟呢？为此，李星沅提出了三项基本主张：首先收缴鸦片，进行销烟。李星沅根据鸦片泛滥严重和禁烟困难重重的实际情况，制订了销烟的具体方案，"鸦片烟价闻每两减至 4000 余钱，心有外来奸匪售卖，应上紧严拿，所有贮库洋烟，定十二月初二日公同销毁"③。道光二十年十一月初二日（1840 年 12 月 25 日），李星沅将收缴的鸦片在五岳庙当众销毁，"申刻两首县请诣王岳庙销烟，查烟性忌桐油，法宜用油半缸，先取烟土截碎，倾入浸透，两县差丁乃不肯多用油柴，是诚何心哉？即当场叱之，不复计两县之体面也"④。其次，整顿烟贩，严禁私售。李星沅针对烟匪阴险狡猾、颇难抓获的实际情况，提出整顿烟贩、严禁私售的主张。"现获烟匪皆变名械斗，办理常有以此不获上者，所闻恐未确，滇土由夷地行，贱食贵买夷人利之，由会理州至冕宁、西昌一带，分途私售应查禁。"⑤ "洋烟入省必有窝藏处，须密访严拿。"⑥ 经过一段时间的艰苦努力，官府终于有所斩获。道光二十一年二月二十一日（1841 年 3 月 13 日），张奉久等人"新获烟匪，据供由四川什邡县贩卖，该县北城内中街靠左手杂货绸缎铺马姓李姓经手，应饬查。三原陆铨闻去冬获烟犯颇有所得"⑦。再次，重治鸦片吸食。道光二十年三月初一日（1840 年 4 月 2 日）李星沅在与云樵、赵卫踵谈及鸦片时提出了重治吸食的主张，"云樵来德州，赵卫踵至，剧谈洋烟甚难禁，粤中所奏都非实情，夷人竟敢抗拒，且有鼻烟及洋布都有毒药渗入之谣，祸根太深，有力难拔，可畏也"⑧。道光二十一年六月二十日（1841 年

---

① 袁英光、童浩整理：《李星沅日记》，中华书局 1987 年版，第 199 页。
② 袁英光、童浩整理：《李星沅日记》，中华书局 1987 年版，第 302 页。
③ 袁英光、童浩整理：《李星沅日记》，中华书局 1987 年版，第 258 页。
④ 袁英光、童浩整理：《李星沅日记》，中华书局 1987 年版，第 138 页。
⑤ 袁英光、童浩整理：《李星沅日记》，中华书局 1987 年版，第 175 页。
⑥ 袁英光、童浩整理：《李星沅日记》，中华书局 1987 年版，第 219 页。
⑦ 袁英光、童浩整理：《李星沅日记》，中华书局 1987 年版，第 173 页。
⑧ 袁英光、童浩整理：《李星沅日记》，中华书局 1987 年版，第 34 页。

8 月 6 日），"又巨匪李代蛟常在金堂县境之赵家渡、淮州等处往来滋害……该匪吸洋烟，闻现在小病尤易缉获，又出入简州、中江两处，应密饬一律堵擒"①。在李星沅的严厉督促下，经过一段时间的努力，颇有所获，"荫翁现查帮弁，已得吸烟 2 人，其一则苏松粮道文秋山，诬出者豫帮，重空者止 16 员"②。李星沅主张严禁鸦片，并采取行之有效的禁烟措施，值得肯定，对抑制鸦片在陕西泛滥、防止白银外流、缓和社会矛盾、巩固清朝统治起了一定的作用。

三、探讨御夷之法

新航路开辟后，世界航运中心由地中海转移到大西洋，英国逐渐成为世界航运中心。在不到 100 年的时间里，英国先后打败号称拥有"世界无敌舰队"的西班牙和被誉为"海上马车夫"的荷兰，后又经过七年战争，打败了法国，至 1763 年英国已掌握了海上霸权，成为世界上最大的殖民主义国家。由于英国较早进行资产阶级革命，建立了资产阶级代议制，加之殖民扩张、海外贸易以及贩卖黑奴，积累了大量的原始资本，率先进行工业革命，采用大机器生产，生产力迅速发展，迫切需要打开海外市场，以满足工业革命发展的需要，作为东方大国的中国便成为它所选择的目标。由于中国是一个闭关锁国的封建国家，因此，在中英贸易中中国长期处于出超地位。为了改变英国在中英贸易中的不利地位，英国偷偷地向中国走私鸦片，致使鸦片在中国严重泛滥，导致国库亏空、白银外流。官吏吸食鸦片，政治更加腐败；士兵吸食鸦片，严重地削弱了军队的战斗力。总之，鸦片泛滥严重地威胁到清朝统治，有识之士湖广总督林则徐等人上书道光帝陈词恳切，主张严禁鸦片。道光帝于是任命林则徐为钦差大臣赴广东查禁鸦片，1839 年林则徐将缴获的 2 万多箱鸦片在虎门海滩当众销毁。虎门销烟沉重地打击了英国侵略者的嚣张气焰，鼓舞了中国人民反抗外国侵略者的坚强意志。英国遂以此为借口炮轰珠江口进行挑衅，鸦片战争爆发了。鸦片战争爆发后，李星沅时任江苏布政使和按察使，参与了鸦片战争后期的江宁、吴淞保卫战，亲眼目睹鸦片战争的经过。深知英国的坚船利炮以及中国的落后，李星沅等封建官员开始从夷夏之防中苏醒过来，向西方学习，积极探讨御夷之法维护清朝统治。鸦片战争结束后，李星沅深刻地总结了鸦片战争的实践经验及经过

---

① 袁英光、童浩整理：《李星沅日记》，中华书局 1987 年版，第 233 页。
② 袁英光、童浩整理：《李星沅日记》，中华书局 1987 年版，第 34 页。

深思熟虑和通盘考虑后，科学地提出了以下七种御夷之法。

1. 督造战船

战争是综合实力的较量，武器装备颇为关键。李星沅认为要抵御西方列强的入侵，必须建造大型战船予以堵截，与陆路构成犄角态势，两路夹击，方可挫外夷锐气。"论及防夷之法，但须江浙闽广各造战船 20 号，于海上御之，陆路即可无虑。若专办堵御，则海口四面，防不胜防，彼必攻我之瑕，乘其不备，后患未有已也。"① 在李星沅看来，只有建造大型战船，灵活调度，与陆军紧密配合，形成水陆相依、互为犄角的战略态势，发挥自身优势出奇制胜、攻其虚弱，才可拱卫京师、捍卫国家。

2. 防攻应结合

战争要因时因地制宜，要机动灵活，既要有消极的防守，又要有积极的进攻，出其不意，方可有制胜的把握。李星沅认为："岂能尽海口而堵塞之耶？惟善攻者攻敌所不守，善守者守敌所不攻。"② 在李星沅看来，要攻防兼备，既要有集中优势兵力、出奇兵、乘其不备、让敌人措手不及的积极进攻战略，又要有隐蔽精干、长期埋伏、积蓄力量、以逸待劳、以静制动的积极防御战略。

3. 训练宜有素

战争亦是双方军事素质的较量，组建一支训练有素的军队是战争取胜的关键。只有训练有素的军队方能在战争过程中攻无不克、战无不胜，取得战争的最后胜利。李星沅认为战争要做到兵贵神速、出奇兵、攻其不备，军队必须要经过严加训练，只有经过严格的训练，才能熟悉各种战法，才能在瞬息万变的战场中找到破敌的办法。努力做到击其首、断其尾，做到首尾兼顾、灵活机动、指挥自如，才能取得战争的主动权。"兵贵神奇在今尤急，然必训练之有素，钤束之有方，如常山之蛇，击首则尾应，击尾则首应，操纵在我，舒展自如，五花八门，变换不测，庶可收奇兵之效。若将与兵不相习，文与武又不相习，聚而失之观望，散则失之睽孤，意气不奋扬，声势不联络，甚非兵家所宜。"③ 在李星沅看来，战争要取胜，除了勤加训练外，还必须做到文武兼济，使兵能知将、将能知兵，才能鼓励士气、振奋精神，加强沟通联络、了解敌情，方可在战争中取胜。

---

① 袁英光、童浩整理：《李星沅日记》，中华书局 1987 年版，第 311 页。
② 袁英光、童浩整理：《李星沅日记》，中华书局 1987 年版，第 316 页。
③ 袁英光、童浩整理：《李星沅日记》，中华书局 1987 年版，第 318 页。

4. 要善用民力

人民群众是历史的创造者，充分发动人民群众起来抵御西方列强的入侵是战争取得胜利的根本保证。只有充分发动人民群众，才能陷敌于灭顶之灾的汪洋大海，才能取得战争的彻底胜利。李星沅认为在防范列强吃紧之时，在千钧一发之际，既无有利地形可凭借，也无强大的兵力可依恃，只有发动群众、安定民心、纾解商力，做到军民团结、同仇敌忾、以逸待劳、以静制动，方可挫敌锐气，使之不战而退。他说："当防夷吃紧之区，地利既不足凭，兵力尤不足恃，所赖鸿筹坐镇，静以安民心，宽以纾商力，民商相处若无事，在内之元气日固，在外之逆日消，此诚制动临变之要。"① 由此可见，在李星沅看来，在战争对峙的关键阶段，只有善用民力，加强内部团结，才能鼓舞士气，凝聚力量，形成战胜敌人的强大力量。

5. 要虚实结合

在战争过程中，要懂得虚实结合、声东击西，使敌方摸不清方向，然后出其不意，打他个措手不及，取得意想不到的效果。李星沅认为，中国火器落后，有名无实；士兵缺乏训练，施放不准，浪费弹药；洋船灵活机动，颇难击中。鉴于敌强我弱的战争态势，李星沅主张避其优势，击其虚弱。在战争中灵活机动，施放烟幕，做到虚虚实实、假假真真，使敌军摸不清自己的真实用意。他说："火器原出西洋义朝入关借以成功，今则有名无实，徒縻帑项，既药性易炸，且施放不准，洋船不能立待，且不及四面旋转如意，皆有指南针为之的也。兵弱则用其弱，汉奸则用其奸，虚者实之，实者虚之，自古用兵之法。"② 在李星沅看来，只有虚则实之，实则虚之，灵活利用反间计，才能克服自身弱势，发挥自身的优势，以己之长击敌之短，才可在战争中取胜。

6. 要灵活机动

在变幻莫测的战争过程中，要灵活机动，这是用兵的基本原则，决不能死打硬拼，浪费实力，要出其不意、攻其不备。李星沅认为，抵御西方列强，要避敌之长，不能被动防御，要灵活机动，出奇兵，攻其不备，击其虚弱。另外，要开动脑筋，然后找出破解之法，对症下药，方可取胜。他说："论制夷之法宜曲不宜直，用奇不用正，如伊炮最利，可制牛皮挡牌御之，我须另制排炮，比抬炮较活，又各海口炮台过高，伊可用指南车对击，不如

---

① 袁英光、童浩整理：《李星沅日记》，中华书局 1987 年版，第 309 页。
② 袁英光、童浩整理：《李星沅日记》，中华书局 1987 年版，第 307－308 页。

改低或藏在僻处，出其不意，总之出奇设伏，不可以对垒争胜也。"① 在李星沅看来，在敌强我弱的情况下，只有灵活机动，才能捕捉有利的战机，争取集中优势兵力，出奇兵，才能取得战争的胜利。

7. 斗智不斗力

战争既是双方硬实力的斗争，也是双方软实力的较量，即双方智力的斗争。因此，在复杂多变的战争过程中，要学会知己知彼，避实击虚，乃是取胜的上策。李星沅认为在敌强我弱的情况下，斗智不斗力方为上策，只有灵活使用汉奸反间计，以毒攻毒才能使敌人为我所用，才能取得战争主动权。另外，还要学会以逸待劳、以柔克刚、以静制动，消耗敌军实力，最后出其不备，击其要害，方可一举取胜。"斗智不斗力似为上策，即用汉奸反间，尤以毒攻毒之法。"② "但揆之主客情形，似宜以逸待劳，以柔克刚，待其再衰三竭，然后出奇以中之，多方以误之，所谓斗智不斗力也。"③ 在李星沅看来，在敌强我弱的态势下，只有克敌之长，攻敌之短，灵活机动，斗智不斗力，才是决定战争最后取胜的关键。

综上所述，在复杂多变的战争形势下，李星沅洞若观火、因势而谋、应势而动、顺势而为，根据敌强我弱的战争态势，机智灵活、因地制宜，以一位战略家的眼光提出了一套以督造战船、防攻结合、训练宜有素、要善用民力、要虚实结合、要灵活机动、斗智不斗力为基本内容的积极的战略防御思想，旗帜鲜明、独树一帜而又不落窠臼、切合中国实际，这是难能可贵的。体现了以静制动、以逸待劳、以主待客、先求稳当、次求变化的积极战略防御思想，在当时敌强我弱的情势下，具有科学性、合理性、可操作性、适用性，是完全可取的。李星沅对中国防夷策略的积极探索，客观上也反映出先进中国人为救亡图存、实现中华民族的伟大复兴而进行了孜孜不倦、坚持不懈的探索。

四、领导抗英斗争

道光二十一年（1841）六月初一日李星沅奉旨从四川按察使任上调任江苏按察使。按察使俗称臬台，分管一省的治安、刑事、司法、地方军事等事务，为一省的第三把手。其机构名为"提刑按察使司"，衙门设在苏州。

---

① 袁英光、童浩整理：《李星沅日记》，中华书局 1987 年版，第 303 页。
② 袁英光、童浩整理：《李星沅日记》，中华书局 1987 年版，第 292 页。
③ 袁英光、童浩整理：《李星沅日记》，中华书局 1987 年版，第 309 页。

李星沅离四川后先途经陕西专程赴京面见道光皇帝请训，并于同年十一月初二日到达苏州上任，成为江苏的实权人物。在请训途中，李星沅见到了广东战事邸报，内心激愤，认为此事始终为一"和"字所误，"思之食不下咽"。在请训途中，（1841 年 10 月 10 日）李星沅听到林则徐募水勇 3000 人及小渔艇数千只抗英，却遭到投降派大臣琦善等人的诬告而被撤职，扼腕叹息。"诚可为贾生痛哭流涕太息也。"1841 年 10 月 19 日李星沅在陕西华阴庙会见了老友——被充军赴伊犁途中的邓廷桢，顿时老泪纵横，谛听广东战事介绍又一番感叹。

李星沅是在道光二十一年（1841）十一月奉旨到苏州任江苏按察使的。当时鸦片战争的战火已燃至浙江，李星沅极力主张抗击英军，他一到苏州立即开始筹饷募兵，严密布防。1842 年 4 月，鸦片战争的战火由浙江浸向江苏，李星沅表示要誓死捍卫边防、守卫疆土，愿血洒疆场、马革裹尸。"星沅本迂庸又少阅历，偶值盘错，着手茫然，自来吴门曾未两月，适有江右之擢，颇冀迁地为良，亦便迎养，乃复留此不去，身轻任重，艰巨非所敢辞，第时势万难，就使硬脊梁直前承揽，要于吏治民生不能有所裨前轮，徒以飞鸿中泽，触目心伤，涸辙枯鳞，抚膺坐叹，谁为司牧忍立视若此乎？逼不得已，止可如尊示始终办一诚字，尽一分心力，以图一分补救，其他不遑恤矣。"① 他主张应赶快布防，做好战争准备，"浙苏同唇齿，浙一日不了，苏一日不安，前以为所患在内不在外，今以为所患在近不在远矣"②。为了加强布防，抗击英军侵犯，李星沅等江苏大吏在苏州采取了对内肃清汉奸、稽查散兵游勇，对外在水陆要道严密布防等措施，以备不虞。"欲防外患先御内讧，苏城为溃勇必经，亟应派营员领兵 20 名自为 1 队，计城外 6 门，惟阊门地广而杂必须 2 队，余皆 1 队，城内亦得 2 队分段稽查，每兵酌给点心钱 30 文，每队夜给烛钱 200 文，专拿溃勇，不得过问他事。声援一壮，奸宄自清，又乍浦声息互通，宜设水探，雇定六小船于嘉兴、平望、吴江三处接递，遇有紧要即行添桨，能八桨其行如飞，远胜专足千里马矣。又近城隘口如宝带桥、襄衣浜等处，或用破粮船及木牌沈塞，或就桥洞安横木立水栅，以阻来路，又桥洞各安水舟，俟其入港齐放枪炮，未有不应声而倒者。总之，逆夷离大船如虎离深山，自取败耳。"③ 1842 年 6 月大学士王鼎自

---

① 袁英光、童浩整理：《李星沅日记》，中华书局 1987 年版，第 371－372 页。
② 袁英光、童浩整理：《李星沅日记》，中华书局 1987 年版，第 371－372 页。
③ 袁英光、童浩整理：《李星沅日记》，中华书局 1987 年版，第 393－394 页。

杀，李星沅闻讯颇有微词，认为当今国家有难，为臣者应为国事担忧，时刻为国捐躯、血洒疆场，自杀是懦弱的表现，非为臣者所为，其死轻如鸿毛。"竟为匹夫自经，以大富大贵大寿而独不得考终命，千古奇事，岂时艰蒿目，愤不欲生邪？有旨晋太保，祀乡贤祠，其死也哀，然轻如鸿毛，不能无遗恨也，一生正直，狱至于此，非数由前定，何以解之？"① 1842 年 7 月，鸦片战争的战火沿长沙烧向江阴，苏州北面大门洞开。苏州四面皆水，无险可守，岌岌可危，李星沅命三儿子李桓护眷经芜湖返回湖南老家，自己孤身留在苏州，准备对敌决一死战。"逆船大帮均向西北行使，渐入江阴，竟敢窥伺江省，而苏门四面皆水，无险可扼，势殊岌岌。既不暇内顾，因命三儿护眷由东坝过芜湖回湘，定于明早启行。"② 表示与英军决一死战。1842 年 8 月，李星沅致书两江总督牛鉴，提示他要时刻提防英军偷袭，决不可掉以轻心，麻痹大意。"致牛镜翁数行，言夷目倘来议和，须防暗袭，不可大意。"③ 英军由于武器先进，一路所向披靡，清军溃不成军、节节败退。英军直逼南京，清政府被迫派钦差大臣耆英、伊里布与英军进行谈判，李星沅对此颇为痛心，但也无能为力。为使国家少受损失，致书牛鉴，"致镜翁书，告以与其多予地，不如多予银，银为有数之求，地为无穷之患，两害相权取其轻者，且上海近在肘腋，尤非广东香港、浙江定海、福建厦门可比，不得不思患预防"④。

不久，耆英、伊里布与英国签订了丧权辱国的《南京条约》，鸦片战争以割地、赔款、开埠而宣告结束。

由此可见，李星沅在鸦片战争过程中，积极参与、态度坚决，极力主张抗击英军，未雨绸缪，主动备战，可谓尽职尽责。

---

① 袁英光、童浩整理：《李星沅日记》，中华书局 1987 年版，第 411 页。
② 袁英光、童浩整理：《李星沅日记》，中华书局 1987 年版，第 414 页。
③ 袁英光、童浩整理：《李星沅日记》，中华书局 1987 年版，第 421 页。
④ 袁英光、童浩整理：《李星沅日记》，中华书局 1987 年版，第 423 页。

第四章
封疆大吏

封疆大吏，顾名思义，指统制一省或数省的督抚，主要包括总督和巡抚。总督和巡抚是由皇帝任命的最高地方行政长官。总督一般总管两省或数省的军政与民政，总督为正二品，加尚书衔者为从一品。凡文职道府以下、武职副将以下，均由总督奏请升调黜免。巡抚为从二品，是总管一省地方政务的长官。

李星沅从 1844 年担任巡抚主政陕西到 1850 年担任钦差大臣奉命征剿，这是他施展才华、实现政治抱负的重要时期。李星沅在担任陕西巡抚、江苏巡抚、云贵总督、两江总督期间，在政治舞台上大施拳脚，以深邃缜密的思维、宽广开放的视野、披荆斩棘的勇气、拓荒开路的精神，响亮地喊出了革新图强的时代强音，在陕西、甘肃、云贵、两江等地进行了大刀阔斧的整顿，进行了整吏治、清钱粮、改币制、兴水利、筹海防、除弊政、倡海运等一系列革新图强的改革活动，整肃了吏治、刷新了风气、安定了社会，促进了当地社会、经济、文化的发展，在晚清历史上写下了浓墨重彩的一笔。

第一节　主政陕西

陕西历史文化底蕴深厚，西安在历史上曾作为西周、秦、汉、新莽、隋、唐六个朝代的首都，是中国古代社会前期的政治经济文化中心。陕西早在西周得名，当时周公、召公以陕原为界分而治之，陕原以东由周公治理，称为陕东；陕原西由召公治理，称为陕西。春秋战国时期，这里属秦国统辖之范围，直至清代，陕西作为一个省份才固定下来。陕西省东隔黄河与山西省为邻，西边与甘肃省接壤，东南及南边与河南、湖北、四川等相接，北部、西北部与内蒙古、宁夏毗邻。陕西省是我国东部和西北、西南地区联系的交通纽带，地理位置十分重要。清代陕西省主要管辖西安府、同州府、凤翔府、汉中府、兴安府、延安府、榆林府、乾州直隶州、商州直隶州、邠州直隶州、鄜州直隶州以及绥德直隶州12个府州。

一、治理举措

李星沅在地方为官多年，克己奉公、清正廉洁，由于政绩斐然被道光帝所倚重，1842年冬被道光帝任命为陕西巡抚。李星沅在陕西担任巡抚三年，从民风、吏治、河务、兵防、社会治安等方面，对全省进行了全面的整顿。李星沅对陕西的治理是卓有成效的，大体来讲，李星沅在陕西做了七件值得称道的大事。

（一）清查钱粮

道光以来，整个社会风气日益恶化，贪污成风、吏治败坏、国库亏空，钱粮拖欠十分严重。地处西北边陲的陕西也不例外。面临严峻的财政形势，清查钱粮便成为当务之急。

李星沅担任陕西巡抚期间，碰到的第一个难题便是仓库的钱粮极端混乱状况，官吏贪污成风，钱粮长期拖欠、账目不清、库存不多，亏欠现象十分严重。修补知县舒钧接任时，"查出陈椿冠任内库项，计短交道光二十三年已征未解民屯更地丁正耗及盐课等项银8240余两，又常平仓麦短少6800石，折银8160余两，共银16400两"①。"手中有粮，办事不慌"，钱粮的多寡直接关系到社会稳定，是考量一个地方官有无政绩的重要标志。针对仓库钱粮亏损问题，李星沅决定亲自过问，清查钱粮。为此，他主要采取了以下四个方面的措施。一是制定了翔实具体的清查制度。其内容包括：遇新旧库存交代，必须按款核算，认真盘收；延期不清交者，立即据实揭报；防患含混过关，逃脱惩罚。"严饬各属，凡遇新旧交代，必须按款核算，认真盘收。如有延不清交，立即据实揭报，不准稍涉含混，以凭惩究。"② 二是严惩贪官污吏。据凤邠道崇纶、凤翔府知府汤宽秘密禀报，眉县知县陈椿冠经管仓库，发现有亏挪情弊，李星沅饬令彻底追查，冻结其资产，务令照例在

---

① 李星沅：《究追已故知县亏短库项折子》，《李文恭公遗集》（第5卷），上海古籍出版社2002年版，第100—101页。

② 李星沅：《究追已故知县亏短库项折子》，《李文恭公遗集》（第5卷），上海古籍出版社2002年版，第100页。

规定限期内催缴。"应即饬提亲属丁胥人等来省，严切究追，照例勒限催缴。此外有无不实不尽，一并彻底根究，断不容敷衍了事，以清帑项而儆官邪。除将该故员寓所资财委员严密查封，其原籍家产，飞咨江西抚臣，饬令新城县迅速查抄估变，咨陕备抵处。"① 三是规定陕西省每年库存钱粮清查的具体操作程序。"令将每年上下忙应征钱粮，除留支外，实应解司银数，分别正课，杂项依限造册详报。"② 对防范官员暗度陈仓、腾借挪用起了一定的作用。四是派员明察暗访，查清库存钱粮实数。据布政使陶廷杰详称，"查得陕省各属，道光二十二年（1842）分额征民屯更起存并粮折银，除屯丁兑食及存留外，实应解司银1331439两，内除上忙已完银887878两，未完银443560两，今下忙续完银437118两，仍未完银6442两。又原额盐课银8980两，今下忙续完银4378两，仍未完银2310两。又带征道光二十一年（1841）原未完缓征起运银5978两，今下忙续征通完，又带征道光十六年原未完缓征起运银465两"③。道光时期，陕西省钱粮亏欠如此严重，究其原因主要有四个方面：首先，清代各级官员薪俸微薄，办公费用甚少，无法维系正常的开支；其次，每遇灾荒之年，官府财政捉襟见肘、入不敷出，辗转挪垫，以致亏损；再次，清朝统治黑暗，阶级矛盾尖锐，灾荒频仍、兵连祸结，政府开支浩大，甚至寅吃卯粮，发生赤字；最后，清朝吏治日趋腐败，官吏贪污成风，侵吞公款已成为当时社会的一大弊政。

经过李星沅的大力整顿，陕西省的赋税征收情况有了明显的好转，"带征（道光）二十一年（1841）未完缓征地丁银5978两，截至（道光）二十二年（1842）奏销止，已十分全完，造入（道光）二十三年（1843）春拨册内报拨讫等情，具详前来。臣逐细覆核无异。除将未完缓征银两俟届期另行催解，并咨明户部外，所有应征新赋银两十分全完"④。另外，勒令其子孙代赔之举措，也追回了部分侵吞及挪用的钱粮。"王承武将伊故父王松年罚赔银6800两先交3000两，余银3800两现在设措续交；初庆彤将伊故祖

① 李星沅：《究追已故知县亏短库项折子》，《李文恭公遗集》（第5卷），上海古籍出版社2002年版，第100－101页。

② 李星沅：《究追已故知县亏短库项折子》，《李文恭公遗集》（第5卷），上海古籍出版社2002年版，第100－101页。

③ 李星沅：《查明上年下忙征收钱粮已未完数目折子》，《李文恭公遗集》（第3卷），上海古籍出版社2002年版，第40页。

④ 李星沅：《恭报道光二十二年分征收新旧钱粮截至奏销以前已未完数目折子》，《李文恭公遗集》（第3卷），上海古籍出版社2002年版，第65－66页。

初彭龄罚培银 3000 两，刘喜海将伊故父刘镮之罚赔银 9000 两代完银两全数解库。"① 可见，李星沅在清查钱粮问题上可谓尽心尽力、不遗余力，他从制度规范、操作流程、具体措施三个层面来完成对陕西钱粮的清查工作。李星沅在陕西竭尽全力清查钱粮，在一定程度上遏制了贪污腐败现象的滋生蔓延，对腐败官员产生了一定的震慑力，对社会道德的滑坡亦也起了一定的抑制作用，同时对陕西财政收入的好转亦有促进作用。但清查钱粮作为政府应对财政危机的一项临渴掘井的措施只是权宜之计，不可能从根本上改变晚清每况愈下的经济状况。列强厚颜无耻地敲诈勒索、官吏敲骨吸髓般地无限盘剥、天灾人祸的无情袭击，使苦不堪言的老百姓无力承受越发沉重的苛捐杂税，致使拖欠赋税钱粮的数目与时俱增。加之，晚清吏治黑暗，为挪用库存钱粮，不少官员变本加厉、费尽心血、玩尽花样，致使库存钱粮亏损日趋严重。

（二）整顿吏治

清明的吏治是国家安定、社会和谐的必要条件。中国古代很早就有"国家之败，由官邪也"的记载。清朝作为中国最后一个封建王朝，继承了"明主治吏不治民"的传统。历代君主都十分重视吏治，无时不以修身律己、察吏安民、养廉戒贪来勉励各级官员。然而，自乾隆后期肇始，清朝吏治日益腐败不堪，整个官场腐败成风、贿赂公行。地方官员大多数腐败无能、沉湎酒色，州县等地方官员亦大都巧立名目、横征暴敛，导致民不聊生，社会危机四伏。在这样的大背景下，李星沅作为封建统治阶级中的一员，他胸怀大局、把握大势、着眼大事、身体力行，力求澄清吏治以挽颓风。

"无规矩不成方圆。"良好的规章制度是社会健康、持续发展不可或缺的重要因素。为了确保权力的规范运用、避免滥用职权与贪污腐化、保障吏治的清正廉洁必须依靠规章制度来规范约束，以增强吏治管理的公开性和透明度。李星沅为了整肃吏治安抚人心、稳定社会秩序、巩固封建统治，建立起一套以倡廉惩贪、奖能惩庸为路径依赖，以赏罚分明、知人用人为管理原则的激励机制。

一方面李星沅奖励和提拔德才兼备、贤明干练、智勇双全、办事认真、廉洁奉公、关心民瘼的官员，以发挥榜样示范效应。如宝鸡县知县崇杞林，61 岁，安徽进士，"该员才明守洁，干练端方，历俸已满 3 年，并无违碍处分"②，

---

① 李星沅：《附奏道员知县、训导代缴罚赔银两片子》，《李文恭公遗集》（第 5 卷），上海古籍出版社 2002 年版，第 107 页。

② 李星沅：《请将崇杞林升补郿州折子》，《李文恭公遗集》（第 6 卷），上海古籍出版社 2002 年版，第 131 页。

拟请擢升为鄜州知州；候补知府武访畴，年 42 岁，山西进士，"该员年强才练，朴实勤明，洵人地相宜，亦符定例"①，拟请擢升为凤翔府知府；通判衔岐山县知县李文瀚、升补陇州知州马国翰，"拿获伙劫中部县事主焦士义家、轮奸焦赵氏案内罪应斩枭盗犯刘欣原即刘裁缝 1 名，均属缉捕勤能，认真出力"②，拟请将通判衔岐山县李文瀚以知州升用，先换顶戴，陇州知州马国翰以同知直录州升用；长安县知县陈捷魁，年 50 岁，福建举人，"该员老成纯谨，明练安详，历俸已满 3 年，并无违碍处分，实属合例，亦堪胜任"③，拟请升补为鄜州知州；按察使经历许保瑞，年 47 岁，四川成都县监生，曾"拿获刀匪、贼犯、烟犯出力"，"该员年强才裕，明敏有为，在陕多年，熟悉山境情形"④，拟请升补为西乡县知县。可见，李星沅通过表彰和提拔办事干练、功勋卓著的官员，为大多数官吏提供可参照的价值体系，将其塑造成官场学习的标杆、官员行动的参照系、官员行为的领头羊，发挥榜样示范引领功能，引导其他官吏学习、比照和仿效，在比较、鉴别中不断提高思想觉悟，从而达到整顿吏治、纯正官场风气的目的。

另一方面，李星沅对玩忽职守、贪赃枉法、办事推诿的官员予以严惩，以儆效尤。如宜川县知县张调，办案玩忽懈怠。"既不能防范于先，又无能力缉于后，以致现犯恃无质证，任意狡供，虚实未分，盗证未确，办理实为玩泄。"⑤ 奏请"从重参处，以示惩儆"⑥。又如安定县知县康象书，"该员心地昏庸，办公竭蹶，本在应黜之列，乃复当面求免，又以告养避参。即此冒昧糊涂，已为不称职之确据，请旨将其即行革职"⑦。惩罚具有矫正与威慑双重功能，也是规范官吏行为的一种强有力的杠杆。李星沅对遇事推诿、办事拖沓甚至置之不理的官员实行严惩，使其行为为大众所不齿、为社会所

---

① 李星沅：《请将武访畴升补凤翔府知府折子》，《李文恭公遗集》（第 6 卷），上海古籍出版社 2002 年版，第 135 页。

② 李星沅：《请奖获盗出力人员折子》，《李文恭公遗集》（第 6 卷），上海古籍出版社 2002 年版，第 151 页。

③ 李星沅：《拣员请升鄜州知州折子》，《李文恭公遗集》（第 4 卷），上海古籍出版社 2002 年版，第 78 页。

④ 李星沅：《拣员请升鄜州知州折子》，《李文恭公遗集》（第 4 卷），上海古籍出版社 2002 年版，第 78 页。

⑤ 李星沅：《拣员请升鄜州知州折子》，《李文恭公遗集》（第 4 卷），上海古籍出版社 2002 年版，第 78 页。

⑥ 李星沅：《拣员请升鄜州知州折子》，《李文恭公遗集》（第 4 卷），上海古籍出版社 2002 年版，第 78 页。

⑦ 李星沅：《拣员请升鄜州知州折子》，《李文恭公遗集》（第 4 卷），上海古籍出版社 2002 年版，第 78 页。

不容；同时，亦警示违纪官员要注意回避，时刻警钟长鸣。其目的在于矫正其违法违纪的思想行为，使之弃恶从善，以营造风清气正的官场风气。

（三）惩治盗匪

盗匪是社会的一种异质力量，主要是指脱离或半脱离生产行列，以破产农民、无赖、地痞、罪犯、游勇、私枭等为主要来源，以聚众抢劫、残害百姓、绑票勒赎为主要方式，以正义或非正义行动反抗社会，没有明确的政治目标的武装集团。他们行为放荡、掠夺成性、贪婪残忍。盗匪的出现是阶级矛盾和社会矛盾极其尖锐、社会极度动荡不安的产物。它破坏了社会的正常生活秩序，对封建统治阶级的权威提出了严重的挑战。

道光年间，灾荒频仍、战乱连年，百姓生计艰难，致使弱者转为沟壑，强者沦为盗匪。"饥馑之年，天下必乱；丰收之岁，四海承平。"① 盗匪的肆虐，严重地威胁社会治安，影响社会稳定。这是社会失序、经济萧条、战乱频仍的结果。

缉拿盗匪、除暴安良是巡抚的重要职责。"奸匪一日不靖，善良一日不安。"② 李星沅将剿灭盗匪作为维持地方治安的重要手段。他在陕西担任巡抚期间就十分注意地方治安，要险要之地添兵设卡，尽力收缴民间兵器，缴拿盗匪。由于盗匪成分复杂，形态各异，对其一味加以镇压，显然无助于问题的解决。为此，李星沅为肃清陕西盗匪主要采取以下四项策略。

1. 探访配合

顾名思义，就是侦探与暗访相互配合。所谓"侦探"，也叫侦察，指暗中观察和调查盗匪头目的数量、枪支情况、战马匹数、骚扰方式、占据村庄情况、四面通达大路或小路条数、山水阻隔情况、来往人数及姓名，尤其是所知悉的盗匪头目的姓名，还必须弄清其为匪时间、平日言谈举止情况以及其家人和亲友情况，避免上当受骗，中盗匪圈套。为此，李星沅派得力人员四处侦探，以寻觅盗匪的踪迹、活动范围、人数等，经过千辛万苦终于发现了其活动的踪迹。"至北山延、榆、绥一带，与四川、甘肃、山西诸省犬牙相错，岩径阻深，向多无业游民借佃种觅工接踵而来。如所称塘匠班子之类良莠莫辨、去留无常、昼伏宵行、此拿彼窜、每有劫杀重案。"③ 可见，实施侦探、摸清匪情，是制定征剿方略、剿灭盗匪的前提，是至关重要的一

---

① 董汝舟：《中国农村经济的破产》，《东方杂志》（第29卷），第14页。
② 李星沅：《附奏拿获匪犯片子》，《李文恭公遗集》（第5卷），上海古籍出版社2002年版，第112－113页。
③ 李星沅：《附奏拿获匪犯片子》，《李文恭公遗集》（第5卷），上海古籍出版社2002年版，第112－113页。

步，必须慎重处理。否则，"一着不慎，满盘皆输"。给征剿盗匪带来意想不到的后果，造成不可估量的损失，进而加大征剿的难度。所谓"访"，指暗中访问调查，是与侦探相配合的一项措施，两者配合使用可相得益彰。李星沅在派得力人员进行侦探的同时，另一方面也派得力人员进行暗中访查、化装潜伏取证，以便相互对照、调查匪情之真伪，以免误入圈套。如派吴应刚"奉委出省，自备资斧，设法踩访将及一年，较寻常获盗倍加劳赏"①。只有知己知彼，才能做到百战不殆。李星沅采取探访配合的方式，做得虚虚实实、假假真真，既能迷惑敌人，又能弄清匪情，为其科学决策、彻底歼灭盗匪奠定了基础。

2. 搜察并施

"搜"指的是官府在征剿过程中对狼狈逃窜、去向不明的零散盗匪进行搜查。成群结队的大股盗匪被打得七零八散之后，流落至各个村落，以致踪迹难觅。对这些零散的盗匪，不能派遣大规模的军队加以征剿，且他们与村民混杂在一起颇具隐蔽性，实难对付。因此，李星沅认为，要充分发挥地方基层组织的作用，进行搜查摸底。其内容主要包括：搜查盗匪的联络之处；严格缉查来往人员；由乡村基层管理人员负责监督；偏远村墟，招募雇工监督；一旦发生劫案，立即予以核查。"臣复谆饬地方官，于城乡庄堡联络之处，仍令保正、甲长、牌头遇有前项人等，随时于十家牌书写姓名数目，出则注其所往，入则稽其所来。若户口畸零，村墟偏远，难以概立保甲者，则令地主招佃雇工时，先查明来历，引进担保，详载一簿。某处犯事，即就此簿核查。"② "察"就是指对主动检举或被访问的平民百姓进行跟踪管理，对其恩威并施，并密切关注其动向，若发现与盗匪暗中勾结，隐瞒事实真相，或与盗匪狼狈为奸、寻衅闹事、劫掠讹索，可就地正法、从重法办、依法治罪。若发现他们并没有说谎，且与探访情况相吻合，实事求是，则予以褒奖。"于工匠中择一二人，协同察访。果能侦缉得实，官为量给赏资。如敢徇隐窝盗，亦即随案提究。"③ 可见，搜察并施是针对盗匪飘忽不定、踪迹难觅的情况制定的一项对症下药的措施，一方面在关隘之处对过往行人进

---

① 李星沅：《请奖获盗出力人员折子》，《李文恭公遗集》（第6卷），上海古籍出版社2002年版，第150—151页。

② 李星沅：《附奏拿获匪犯片子》，《李文恭公遗集》（第5卷），上海古籍出版社2002年版，第112—113页。

③ 李星沅：《附奏拿获匪犯片子》，《李文恭公遗集》（第5卷），上海古籍出版社2002年版，第113页。

行核查，另一方面发动群众进行检举、揭发双管齐下，使盗匪无处躲藏，进而暴露于官府面前，达到一举歼灭、一网打尽的目的。

3. 奖惩结合

奖惩制度是封建统治阶级进行社会治理所经常使用的一种手段。它通过各种客观因素的刺激，引领和强化社会成员行为的内在驱动力，使人达到一种兴奋状态，进而将外部的刺激内化为社会成员的自觉行动。李星沅认为，要迅速彻底地剿灭盗匪，关键在于人才。"窃惟安民以弭盗为先，弭盗以得人为亟。"① 而要使优秀人才能够脱颖而出，形成相互竞争、你追我赶的社会氛围，必须通过奖惩制度来实现。他说，只有赏功罚过、奖能罚庸、奖勤罚懒，才能使玩忽懈怠之官员产生畏惧感，使其循规蹈矩向优秀者看齐，进而奋起直追，促使其守法遵纪、恪尽职守、争取立功、为国效劳。同时，也要做到赏罚分明，该奖则奖、该罚则罚，大功大奖、小功小奖、大过大罚、小过小罚，使下级信服以增强内聚力。"钦遵叠檄文武，明定赏罚，申严保甲成式，认真妥实办理"，"惟以赏功罚过，明示要约。其不甚得力者，必不肯稍为姑息；其较为出力者，必不忍没其微劳"②。在征剿盗匪的过程中，李星沅对工作诚恳、办事认真、功勋卓越的官员实施奖励、予以表彰、请求给予提拔。如"略阳县县丞吴应刚，前经委赴豫省南阳府一带，踩缉蓝田县民赵合盛被劫案内逃盗，旋据拿获罪应斩决盗犯冯麻子、王举 2 名，罪应发遣盗犯屈发源、鲁洸明 2 名。又通判衔岐山县知县李文翰，首先拿获叠劫甘肃徽县事放张耀、宝鸡县事主冶忠孝家衣服，轮奸事主冶席氏案内罪应斩枭盗犯张发荣即萧老么，罪应斩决盗犯汪广子 2 名，并迭劫凤县事主赵尹氏等家、罪应斩决伙盗张添才，罪应发遣伙盗李转太 2 名；又前任泾阳县知县、升补陇州知州马国翰，拿获伙劫中部县事主焦士义家、轮奸焦赵氏案内罪应斩枭盗犯刘欣原即刘裁缝 1 名，均属缉捕勤能，认真出力"③。由于李星沅赏罚分明，雷厉风行、言出必行，剿匪行动进展顺利。"地方官交相傲

① 李星沅：《请奖获盗出力人员折子》，《李文恭公遗集》（第 6 卷），上海古籍出版社 2002 年版，第 150 页。
② 李星沅：《请奖获盗出力人员折子》，《李文恭公遗集》（第 6 卷），上海古籍出版社 2002 年版，第 150 – 151 页。
③ 李星沅：《请奖获盗出力人员折子》，《李文恭公遗集》（第 6 卷），上海古籍出版社 2002 年版，第 150 – 151 页。

惕，自顾考成，缉捕渐收成效。"①

4. 剿抚并用

策略的正确与否是战争能否取胜的关键。针对盗匪出没的规律及其与周围的关系，李星沅制定了剿抚并用的正确策略。所谓的"剿"就是剿灭，即在官府军队占据绝对优势、准备工作就绪、面对悍匪恶盗的情势下主动出击，予以歼灭之。"内有穷凶渠盗、著名刀匪，或轮奸妇女，或拒捕伤差，均各就案确审照律究办。即罪止系杆枷杖，而所犯情事强横，亦必从重惩治，以消其桀骜之气，而生其畏惮之心。"② 可见，在李星沅看来，"剿灭"主要是针对那些罪大恶极、怙恶不悛且不愿意投诚的匪徒实行剿灭的政策。他认为要剿灭负隅顽抗的悍匪，一方面要调兵遣将，四面设卡拦截，防范盗匪逃窜；另一方面要集中优势兵力，长期埋伏，以逸待劳、出动奇兵，断其退位、挫其锐气，彻底歼灭之。所谓的"抚"指安抚、劝抚，即对经过规劝悔改的盗匪要给予妥善地安置，对他们多疑善变的性格特点，要有足够的耐心，要动之以情，晓之以理。李星沅认为要剿灭北山盗匪，也要采取劝抚的对策，"尚知讲求捕务，黾勉小心，诚能以劝继惩，可期日有起色"③。综上所述，李星沅的剿抚兼用策略，是以剿灭盗匪为宗旨，以安抚或招抚盗匪为路径，安抚是为剿灭服务的。李星沅采取剿抚并用的策略来剿灭盗匪是必要的、是切实可行、行之有效的，主要表现在以下五个方面：一是从策略的层面来讲，在对盗匪征剿时，以抚为辅是颇为必要的。当盗匪力量强大时，不能将其一网打尽时，对其施之以抚，既能达到分化盗匪，破坏其凝聚力的目标，又能使匪患得以缓和。当盗匪内部发生内讧，力量削弱时，或集中优势兵力征剿负隅顽抗、不知忏悔者；或向其广施安抚烟幕，以高官、金钱为诱饵，诱使其投诚，然后杀之，可有效地分散其力量。二是盗匪主观上有接受招抚之动机，希冀投诚后能实现飞黄腾达的美好愿景，可减少兴师动众去征剿的成本，取得事半功倍的效果。三是以招编为幌子，以剪除为目的。四是以匪制匪。利用土匪内部各种矛盾，如乘人之危、为己谋利等，以便各个击破。五是派出心腹，进行现身说法，促使其臣服，使之为朝廷效劳。

---

① 李星沅：《请奖获盗出力人员折子》，《李文恭公遗集》（第 6 卷），上海古籍出版社 2002 年版，第 150 页。

② 李星沅：《请奖获盗出力人员折子》，《李文恭公遗集》（第 6 卷），上海古籍出版社 2002 年版，第 150－151 页。

③ 李星沅：《奏专折陈奏保举获盗出力各员缘由片子》，《李文恭公遗集》（第 6 卷），上海古籍出版社 2002 年版，第 152 页。

李星沅认为要彻底剿灭盗匪，必须整合民众力量，充分发动民众，使之与官府合作，真正做到官民一心，才能铲除民害。"禁暴安良，诚为地方之要务"，"首严缉捕盗匪，以除民害"①。鉴于盗匪往往选择州、县交界区域作为窝点，加之州、县之间相互推诿造成盗匪屡缉不获、无功而返。基于此，李星沅认为，要迅速剪除盗匪，必须与邻州县官吏勾通，争取各方力量的紧密配合，集中优势兵力歼灭盗匪。"并咨会邻省不分畛域，一律兜拿，务期害去民安，勉循训示，不敢稍涉疏懈。"②

由于征剿策略切实可行，加之又做到了"官民一心""上下一致""邻境一心"，李星沅在剿灭盗匪的过程中所向披靡，势如破竹，颇有斩获。"拿获刀匪 46 名，窃劫等犯 47 名，逃军、逃流 182 名，统计 275 名。"③"自 4 月至今，除命案凶犯不计外，复据先后报获强劫、轮奸、抢劫、拒捕、问拟斩绞遣军流徒各犯 121 名，军流逃犯及刀匪 163 名"④。可见，要想取得剿匪的彻底胜利，既要讲究策略，又要注重心理攻势，做到双管齐下。

（四）鼓励兴办公益事业

李星沅在陕西担任巡抚期间，十分重视地方建设，将它作为考核地方官员政绩的一个重要指标。为官一方，应造福一方百姓，为百姓谋福祉。这是一省巡抚的重要职责。李星沅在主政陕西期间，鼓励官绅出资兴办公益事业，既不劳民伤财，增加政府财政开支，加重百姓负担；又可造福百姓，为民服务。在李星沅的积极倡导下，地方官府举办了一些造福桑梓的公益事业，取得了较显著的成绩。

1. 修筑城垣

如陕西雩县知县鉴于该县城垣因历时久远，长期受风雨侵蚀，已残破不堪、坍塌膨裂，有安全之虞，及时加以修理颇有必要。"城垣工筑砖砌排垛，周围 4 里 3 分，长 826 丈，高 3 丈。自乾隆十一年（1746）请项重修

---

① 李星沅：《附奏拿获匪犯片子》，《李文恭公遗集》（第 5 卷），上海古籍出版社 2002 年版，第 112 – 113 页。

② 李星沅：《附奏拿获匪犯片子》，《李文恭公遗集》（第 5 卷），上海古籍出版社 2002 年版，第 112 – 113 页。

③ 李星沅：《附奏拿获匪犯片子》，《李文恭公遗集》（第 5 卷），上海古籍出版社 2002 年版，第 112 – 113 页。

④ 李星沅：《附奏拿获匪犯片子》，《李文恭公遗集》（第 5 卷），上海古籍出版社 2002 年版，第 112 – 113 页。

后，迄今 90 余载，均由历任随时沾补，总未大加修葺。兼之地气潮湿、风雨飘摇，以致城垛城楼多有坍塌，若不及时修理，不足以资捍卫。"① 为弥补官府财政之不逮，陕西雩县知县遂发动官绅出资修建城垣。由于长期以来国人深受传统儒家思想的熏陶，具有扶贫济困、乐善好施、积德行善的思想，希望通过捐赠来消灾免祸，祈求个人和家庭的幸福平安。于是便踊跃捐输、慷慨解囊。据统计，共募集到 "该县知县李文翰捐银 3267 两，各绅民捐银 22033 两"②。形成官府和民间共同捐建的局面。从侧面上反映了官府力量的式微和民间力量的崛起，举办公益事业的权利逐步让渡于民间。这表明捐输日益成为地方政府举办公益事业、筹措资金的一项重要来源。它在一定程度上缓解政府财政拮据的局面，以解燃眉之急。同时亦可消解民众的仇富心理，避免灾祸降临其身。为表彰地方乡绅踊跃捐资修筑公益事业的积极性，官府根据其捐赠资金的数量给予相应的爵位或功名作为回报，"士民捐银 200 两以上者，给予九品顶戴；300 两者，给予八品顶戴；1000 两以上，给予盐知事职衔。如现有职衔八品以下，仍照士民一体议叙。又劝捐董事出力人员，概给予纪录 2 次。地方官劝捐亦给予纪录 2 次。又现任七品等官捐输 3000 两以上，加六品衔"③。可见，官府对士绅捐赠行为的奖励是荣誉上的奖励，而非物质上的奖励。公益资金来之不易，用好这笔资金至关重要。为了确保公益资金真正落到实处，增加其公开性和透明度，陕西雩县知县制定征信录，将其公之于众，以接受捐赠者和社会各界人士的监督，提高政府的公信力。"其盐知事职衔捐银 1000 两之何振川，暨各民人捐银 300 两之严占鳌，250 两之子李闰，240 两之郑崇德，200 两之赵东海、阎继绪、张元爵、雒恒成、阎化鹏。"④ 作为地方官府向社会公开取信的重要路径与信息披露载体的征信录，具有真实性、及时性与公开透明性。它是以公开前提，采取政府征信于民、百姓监督官吏的做法将捐赠人的姓名、捐赠数目和各项开支进行详细记录，以确保准确无虞。一方面，有利于取信于民，杜绝贪污

---

① 李星沅：《请奖捐修城垣官绅折子》，《李文恭公遗集》（第 3 卷），上海古籍出版社 2002 年版，第 72 页。

② 李星沅：《请奖捐修城垣官绅折子》，《李文恭公遗集》（第 3 卷），上海古籍出版社 2002 年版，第 72－73 页。

③ 李星沅：《请奖捐修城垣官绅折子》，《李文恭公遗集》（第 3 卷），上海古籍出版社 2002 年版，第 72 页。

④ 李星沅：《请奖捐修城垣官绅折子》，《李文恭公遗集》（第 3 卷），上海古籍出版社 2002 年版，第 72 页。

腐化现象的滋生蔓延，遏制社会道德的滑坡；另一方面有利于激发民众捐赠的热情，为公益事业的筹建奠定了物质基础。为了确保工程顺利进行，规避偷工减料、弄虚作假情事的发生，该县"选派公正绅士董司其事，官为督率稽查"①。该城垣于 1842 年 9 月 15 日开始动工兴修，至 1843 年 2 月 16 日修理完竣。由于管理适当，"详委勘验，俱系如式修筑坚固，并无草率偷减，共用过工料银 25300 两"②。城垣的翻修，在很大程度上减少了城市的隐患，方便了人们的生活，客观上拉大了城乡之间的经济文化差距，使其划分更加明显。

2. 倡导义学

义学，亦称义塾，是中国古代的一种普及性的初等教育，对象为贫家子弟。它肇建于宋代，鼎盛于明清，多是民间以家族或宗族为单位设立的，旨在教育本族内无力延请教师的族亲子弟，使其接受教育、遵守礼仪、顺从教化，服膺于封建统治。为了加强对本地区的规范控制，进行封建伦理教化，以达到移风易俗、稳定社会秩序、维护封建统治的目的。1843 年 7 月，陕西神木县知县王致云同教谕薛兰臬鉴于兴文书院"年久未修，膳修膏火亦未充足，以致讲席旷废"的实际情况，首倡捐资兴办。为了调动民众捐资的积极性，知县王致云和教谕根据其捐资的数量给予相应的爵位与功名作为报酬，以满足民众的精神需求。"士民急公报效捐输 200 两以上者，给予九品顶戴，300 两以上者，给予八品顶戴，地方官劝捐出力，给予纪录二次。"③ 该县人民踊跃捐输，聚沙成塔、集腋成裘，"共捐钱 4750 千文。内该县捐钱 120 千文，教谕捐钱 30 千文"，"除修理书院及置备书籍等项用钱 650 千文，尚存钱 4100 千文"④。为了保证募捐资金的公开透明，该县制定了一本翔实具体的囊括捐助者的姓名、捐赠数目的征信录，并将其公之于众，接受全社会的监督，以提升政府的公信力和诚信度。"所有捐钱 320 千文之文生黄在中、捐钱 240 千文之监生宋贤、佾生宋彬、童生薛惇、民人刘

---

① 李星沅：《请奖捐修城垣官绅折子》，《李文恭公遗集》（第 3 卷），上海古籍出版社 2002 年版，第 72 页。

② 李星沅：《请奖捐修城垣官绅折子》，《李文恭公遗集》（第 3 卷），上海古籍出版社 2002 年版，第 72 页。

③ 李星沅：《请奖捐修书院义学官民折子》，《李文恭公遗集》（第 4 卷），上海古籍出版社 2002 年版，第 74 页。

④ 李星沅：《请奖捐修书院义学官民折子》，《李文恭公遗集》（第 4 卷），上海古籍出版社 2002 年版，第 74 页。

士彦、张世昌、王长春、王德修、武卫塘、白遐龄、王再春11名。"① 官府制定征信录，旨在建构捐赠者、官府与社会"三位一体"的监督机制，以形成对贪腐分子的强大威慑力。在接受社会监督、民众毫无异议之后，才可动用募捐资金办理义学事宜。"于城内添建麟城义学，暨高家堡地方添建弥川义学各1所"②，另外，将捐存之钱用来发典生息，以作延请教师之用。其余的钱经商议后用作书院的息本，并拟定章程，规定教学内容，制订教学计划，确保了义学教学的正常运作。并将"商民捐钱数目开册赍送，由府道移司核议"③。由此可见，义学是根据量入为出的原则向贫民子弟提供免费基础教育的慈善学校，它立足于地方、服务于桑梓，客观上推动了地方教育事业的发展，以达到化民成俗、长治久安的目的，发挥淳风俗、正风气的功能。

3. 修建栈道

陕西沔县栈道从白马河起到金堆铺止，多系崇山峻岭，曲折崎岖，为川陕交通要道，地理位置十分重要。"文报差使，商贾往来，络绎不绝。"1842年该栈道被洪水冲塌，安全堪虞，亟须修理，不可缓工。为了及时兴修，沔县县令"在汉中府库存贮栈道备公本款银内动支兴修"④。修筑栈道，一方面赈济了灾民或贫民，另一方面亦改善了交通，便利了商旅往来，客观上有利于社会的进步。

李星沅鼓励发展地方公益事业，体现了他关心民瘼、以民为本，注重社会公共基础设施的修建和民生事业的改善，重视社会的伦理道德教化和社会秩序的维系。通过募捐的方式来筹措公益事业资金，一方面反映了晚清政府财政枯竭，自身难保，官府的权威性颇难树立，产生了合法性危机，显示出官府的无奈与失落；另一方面，亦反映了民间社会力量不断崛起与乡村士绅的强烈的价值诉求，开始承担本属政府的一部分公共事务的责任，形成以官府倡导、民间出资的合作格局。官府制定征信录，将之公布于众，接受社会

---

① 李星沅：《请奖捐修书院义学官民折子》，《李文恭公遗集》（第4卷），上海古籍出版社2002年版，第74页。

② 李星沅：《请奖捐修书院义学官民折子》，《李文恭公遗集》（第4卷），上海古籍出版社2002年版，第74页。

③ 李星沅：《请奖捐修书院义学官民折子》，《李文恭公遗集》（第4卷），上海古籍出版社2002年版，第74页。

④ 李星沅：《修理栈道动用银数折子》，《李文恭公遗集》（第3卷），上海古籍出版社2002年版，第47页。

舆论的监督，反映了晚清政府在西学东渐、欧风美雨的熏染下，开启了政治民主化的进程，步履维艰地迈开了向西方学习的步伐，这是社会进步的表现。

（五）赈济灾民

1843 年 6—7 月，陕西濒临汉江及沿河各州县发生了严重的自然灾害，大雨连绵、房屋倒塌、河堤冲决、牲畜淹毙、嗷嗷待哺之声不绝于耳，真是惨不忍睹。"惟沔县、褒城、洋县 3 处被水较重，查沔县武候祠等 32 村庄，冲塌民房 4170 余间，淹毙男女大小 94 名口，城垣庙宇、武职衙署、兵房、驿路等项间亦被淹；褒城打钟坝等 21 村庄，冲塌民房 1950 余间，淹毙男女大小 14 名口，栈道亦多冲坏；洋县胥水铺等 63 村庄，冲塌民房 6090 余间，淹毙男女大小 137 名口。"① 足见受灾面积之广、财产损失之大、死亡人数之众。水灾阴影未弭，雹灾又趁机降临。1843 年 7 月底，神木、府谷、北山等州县又连续三天遭受冰雹，农业损失甚大，真可谓雪上加霜、火上浇油。"葭州前后圪涝会等 23 村庄，田禾被雹较重，时交秋令，补种不及。"② 面对突如其来的自然灾害，李星沅忧心忡忡、心急如焚。他一方面亲自查赈勘灾，另一方面进行广泛的社会动员，筹措赈灾资金，实施赈济。

1. 赈前准备

"兵马未动，粮草先行。"施赈前必须做好准备，方可有备无患，确保赈灾有条不紊。

（1）亲自勘灾查赈，了解灾情实况

为了弄清灾情实况，李星沅亲赴灾区勘灾查赈，核实灾民受灾程度、确定成灾分数，核实灾民户口，划分受灾等级，查清有无漏报、谎报情况，弄清受灾人口。1843 年闰年 7 月，李星沅亲赴沔县等处被水较重的灾区，"臣查沔县、褒城、洋县均背倚南山，近逼汉水，又有山涧溪河参错，其间地势本极陡隘，兹以江河并涨，猝不及防，间阎致遭水患荡析，情形殊堪悯恻"③。此外，遭受水灾、冰雹的地方，"查得佛坪、留坝、宁羌、西乡、南

---

① 李星沅：《查明沔县等处被水较重恳恩抚恤折子》，《李文恭公遗集》（第 4 卷），上海古籍出版社 2002 年版，79 页。

② 李星沅：《查明北山被雹村庄恳恩抚恤折子》，《李文恭公遗集》（第 4 卷），上海古籍出版社 2002 年版，第 81－82 页。

③ 李星沅：《查明沔县等处被水较重恳恩抚恤折子》，《李文恭公遗集》（第 4 卷），上海古籍出版社 2002 年版，79 页。

郑、城固、陇州七厅州县被淹无几……所有勘明沔县等处被水较重"①。总之，李星沅亲赴灾区勘灾查赈，掌握了灾区的第一手资料，在一定程度上规避了官员弄虚作假、浮报冒领等情况的发生，为科学施赈提供了实际数据，为赈粮与赈款分配标准的制定提供了重要标准，为确定成灾分数、蠲免钱粮提供了依据，确保了施赈有据可依。但赈灾贵在神速，勘灾查赈程序颇为复杂，级级上报、层层审批，拖延时日，影响救灾效果。

（2）动员官绅捐输，筹措赈灾资金

赈灾需要充足的资金作后盾，否则只能是镜花水月、竹篮打水、海市蜃楼罢了。为了消弭社会矛盾赈济灾民，巩固封建统治，李星沅鉴于藩库空虚、财政枯竭的实际情况，广泛动员社会力量鼓励捐输，为赈灾筹措资金。为了调动官绅捐赠的积极性，李星沅将依朝廷规制，根据他们捐赠钱粮数量的多寡给予相应的爵位和功名。"士民捐银 200 两者给予九品顶戴，300 ~ 400 两以上者给予八品顶戴；又现任官捐银 500 两以上者，纪录 2 次；1000 两者加一级；1000 两以上者以此核计。"② 在李星沅振臂一呼的感召下，一些怀着扶危济困、博济众施、祛灾祈福思想的官僚与士绅纷纷慷慨捐输，借以救济灾民。如"地方偶被水灾，即各捐资助恤，共拯穷黎，实为义举，自应量予奖励。除捐银不及议叙者，由本省办理外，所有捐银 1170 两之南郑县知县朱清标，1120 两之褒城县知县侯国璋，820 两之前署沔县知县陆华封，720 两之城固县知县李炜，500 两之洋县知县宫尔锡，同捐银 520 两之洋县民人吴成德，400 两之捐职从九品衔张守业，300 两之洋县文童李树勋、武童金鳞、金甲，城固县文童王正全、陈书山，民人龙自耀、陈振廷、赖容照，并 200 两之洋县文童姚文瑞，城固县文童陈师孔"③。地方官员与开明士绅量力捐输，一方面为赈灾筹集一些资金，可缓解灾民的燃眉之急，消弭灾民的仇富心理；另一方面，官僚与士绅通过踊跃捐输可获得扶危济困、乐善好施的"大善人"美名，为今后升迁或扶摇直上提供了必要的合法性筹码，同时也可排解民众对官府的不满情绪。

---

① 李星沅：《查明沔县等处被水较重恳恩抚恤折子》，《李文恭公遗集》（第 4 卷），上海古籍出版社 2002 年版，79 页。

② 李星沅：《请奖捐输赈恤官民折子》，《李文恭公遗集》（第 5 卷），上海古籍出版社 2002 年版，第 125 - 126 页。

③ 李星沅：《请奖捐输赈恤官民折子》，《李文恭公遗集》（第 5 卷），上海古籍出版社 2002 年版，第 125 - 126 页。

2. 施赈举措

（1）发放银两

顾名思义，指官府以发放货币的方式来赈济灾民。这种施赈方式便于灾民直接购买灾后所需的各种物资，弥补交通不便所导致的赈粮不足的缺憾。因此，当地方遭遇水旱灾荒时，官府往往会根据灾情的轻重缓急、受灾地区的交通情况等客观因素合理分配赈款，以期节约赈源、扩大救济范围。救灾贵在及时，为了迅速赈济灾民，李星沅敕令"沔县需银3092两，褒城需银1982两，洋县需银5209两等情况，禀请筹款给发，并据藩司请于该府库存备急项下就近先行借用"①。为了确保银两发放及时、到位，李星沅"严饬各员将现在酌发银两，认真散放，务令实惠及民，俾得及早修盖，无致一夫失所"②。可见，发放银两这种措施在灾荒之际具有一定的实用性，可以根据灾荒的实际情况及当地灾民的实际需要采购必备的救灾物资而不受物质的约束，在一定程度上弥补了交通不便所导致的赈粮不足的缺憾。

（2）蠲缓赋税

自然灾害的发生，总会给灾区的生产和生活带来不同程度的影响和损失。逢到水旱灾害，田亩减产以至于绝收，土地所有者难以照常向政府缴纳赋税，在这种情况下，官府会考虑向灾民蠲缓赋税。为了抚恤受灾较重的灾民，稳定民心，李星沅请求朝廷基于灾情的严重情况，蠲缓受灾程度深的灾民的赋税。"所有应完下忙地丁银粮，恳请全缓。又该州寺子川等18村庄，及神木县北草湾沟等21村庄间被雹伤，收成未免歉薄，恳将下忙地丁银粮概行酌缓一半"③；"所有榆林、怀远、神木、府谷4县，道光十三年（1843）起至二十二年（1842）止，民欠缓征地丁争粮草束，以及该4县并葭州道光十一年（1841）起至本年止，节年出易常社仓谷、出借折色籽种口粮银两，均请展缓。"④ 李星沅请求朝廷蠲缓受灾严重的老百姓的赋税，暂时解决了百姓的负担，使其暂时赢得了喘息的机会，为重建家园创造了条

---

① 李星沅：《查明沔县等处被水较重恳恩抚恤折子》，《李文恭公遗集》（第4卷），上海古籍出版社2002年版，第79页。

② 李星沅：《查明沔县等处被水较重恳恩抚恤折子》，《李文恭公遗集》（第4卷），上海古籍出版社2002年版，第79页。

③ 李星沅：《查明北山被雹村庄恳恩抚恤折子》，《李文恭公遗集》（第4卷），上海古籍出版社2002年版，第82页。

④ 李星沅：《查明北山歉收县恳恩缓征折子》，《李文恭公遗集》（第4卷），上海古籍出版社2002年版，第91页。

件。

（3）掩埋尸体

"大灾之后，必有大疫。"为了防范瘟疫的滋生蔓延，李星沅下令将死亡灾民的尸体予以掩埋，"当经各县饬即捞尸掩埋"①，使被掩毙的 245 名灾民得以妥善安葬，防止暴尸荒野，以告死者在天之灵。

（4）施放赈粮

为了赈济嗷嗷待哺的灾民，李星沅饬令"捐廉散给贫民口食"②，向灾民发放的救济粮，在一定程度上缓解了灾民遇灾之时的困难处境，能够直接解决灾民的温饱问题，使灾民从灾荒的痛苦之中暂时解脱出来，摆脱生活的阴影，为灾后重建提供了保障。

（5）收容灾民

这次水灾造成数万灾民无家可归，流离失所。为防范灾民聚众闹事、劫掠财物、威胁地方治安。李星沅饬兵"搭盖席棚暂资栖止"③，使灾民得以暂时安置，避免其罹遭风餐露宿之苦。

（6）补种杂粮

"打铁还需自身硬。"李星沅认为要彻底摆脱灾荒，关键要靠自力更生、艰苦奋斗，单纯依靠官府的赈济也只是杯水车薪，无济于事的。他"令将冲淤田地翻犁补种杂粮，渐次长发，可望有收，无庸接济"④。可见，自力更生、发展生产乃是人类战胜灾荒的根本之途，是治本之策。

3. 余论

综上所述，灾害是不可避免的，这就需要官府采取行之有效的措施来应对。倘若救灾措施得力、救灾方法得当，便可最大限度地降低灾害所造成的损失，以达到妥善安置灾民、稳定人心、纾解社会矛盾的目标，为灾后重建及经济的恢复发展奠定坚实的基础；否则，将会导致恶化循环，引发社会动荡，导致经济衰退，进而威胁封建统治。陕西濒临汉江及沿河各州县灾荒发

---

① 李星沅：《查明沔县等处被水较重恳恩抚恤折子》，《李文恭公遗集》（第 4 卷），上海古籍出版社 2002 年版，第 79 页。

② 李星沅：《查明沔县等处被水较重恳恩抚恤折子》，《李文恭公遗集》（第 4 卷），上海古籍出版社 2002 年版，第 79 页。

③ 李星沅：《查明沔县等处被水较重恳恩抚恤折子》，《李文恭公遗集》（第 4 卷），上海古籍出版社 2002 年版，第 79 页。

④ 李星沅：《查明沔县等处被水较重恳恩抚恤折子》，《李文恭公遗集》（第 4 卷），上海古籍出版社 2002 年版，第 79 页。

生后，李星沅亲赴灾区，及时勘灾查赈，广泛动员官僚、士绅踊跃捐输，确保赈前准备工作井然有序、有备无患。然后，他根据量入为出的原则与灾情的实际情况，因地制宜、统筹规划，制定了一套以发放银两、施放赈粮、收容灾民、蠲缓赋税为主要内容的急赈措施和以掩埋尸体、补种杂粮为主要内容的善后处置措施同时并举的赈济体系。李星沅的陕西赈灾是以急赈为主的，如发放银两、给予口粮，使嗷嗷待哺、命悬一线的灾民得到及时赈济，收容灾民使其能够得到及时安置；蠲缓赋税使灾民暂时得到喘息的机会，以赢取民心。简言之，这些急赈措施在赈灾方面不可或缺，在解决民生疾苦方面发挥了济困扶危的作用。但这些急赈措施只能救急，不能救穷，治标不能治本，是"输血"而非"造血"。李星沅的陕西赈灾也有善后处置措施相配套。李星沅下令掩埋尸体，体现了人文关怀，具有人道主义的色彩，有利于凝聚民心；李星沅饬令补种杂粮，有利于灾民生产自救，从根本战胜灾荒，是釜底抽薪的治本之策。总体而言，囿于时代的限制，李星沅的赈灾措施基本上属于传统救济的范式，还不具备现代化的因素，是权宜之计。由于晚清政府腐败无能，财政短绌，赈济经费捉襟见肘，不可能从根本上解决灾民进退维谷的处境，救灾民于水深火热之中。因此，仅仅靠施赈钱粮、安置灾民、蠲缓赋税、补种杂粮是远远不够的。

（六）倡言币制改革

货币是商品经济发展的必然产物。鸦片战争以来，随着通商口岸的陆续开放，中国逐步沦为资本主义世界市场的附庸，中国传统的货币体制开始崩溃，建立新的货币体制呼之欲出。

1. 反铸回钱

制钱一直是清代的一种重要货币，肇始于清军叩关前，以圆形方孔钱为结构模式。清代的制钱大都由中央和地方的制钱局铸造。1844 年，朝廷以回钱（即普尔钱）"行使多年，颇称便利"为由，建议在陕西仿铸回钱。陕西巡抚李星沅在调查普尔钱运作的实际情况后，向朝廷进行了禀报。"在阿克苏地方开采铜斤，设局鼓铸钱文，搭放兵饷，始定以 1 当 5 之制。其先本无民户，亦无内地制钱也。道光八年，复增铸当 10 钱，按银 1 两折钱 110 文至今，与当 5 钱相间行用，惟至喀喇沙尔运界之吐鲁番而止。"① 实际上普尔钱并非在整个新疆流通，新疆的吐鲁番、乌鲁木齐、伊犁等地并不使用

---

① 李星沅：《筹议仿铸回钱折子》，《李文恭公遗集》（第 5 卷），上海古籍出版社 2002 年版，第 104 页。

普尔钱。因此，普尔钱的流通地区与陕省"既不相近，情形即不相同"。并且历史上普尔钱从未在陕省流通，陕省"概以制钱交易，绝无轻重馋杂"①。个别商人携带至陕省的普尔钱，也因商民从未见过而视之为珍宝。因此，李星沅认为，普尔钱在陕西试行，其困难可想而知了。其困难主要包括：销路不畅；推广难度大；商民从未见过，不敢相信；百姓心存疑虑，流通速度迟缓；建章立制贯彻执行，则可能出现阳奉阴违，于事无补。"则疏销易窒，而推广易穷。商民狃于故常，其信从必不坚；而心相与疑，其流转必不速；而势有所隔，虽肫切开导，明立章程，究竟恐阳奉阴违，终无实济。"② 随后，李星沅再次奏请朝廷，反对在陕省试行铸造普尔钱，他深入细致地分析了普尔钱在陕省推广困难重重的原因。在铸造上，成本高昂，工艺技术精湛；私铸徒劳无益，无法减少成本，政府专铸耗费巨大，导致假币迭出，钱法混乱。"凡论铸大钱者，必重其本而精其工。如当十之钱，以制钱 7～8 文为之，庶做伪者无所牟利。然私铸虽可少戢，改铸又觉徒劳，是有更张之名，而无节省之实。若专主惜费，意存苟简，势必奸伪丛出，钱法混淆，重币等诸无用。"③ 制钱的购买力是由其自身价值决定的，李星沅对铸大钱要"重本精工"的看法，符合商品经济发展的客观规律。从商人使用的层面来讲，路途遥远造成贸易亏损，导致投机倒把哄抬物价，与制钱混杂使用影响市场稳定。"若大钱止行于陕，贸易所往，辄穷亏折，滋虞群相观望，甚至预抬物价，小民日谋升合，又恐钱文掺杂较多，嫌少致起争端，此销之难也。"④ 可见，普尔钱若在陕省流通，不利于贸易往来，易导致市场混乱。从折收的层面来讲，若按例价折收，易导致制钱日涨而银钱日跌，不利于拨款折算。"钱日盈则银日绌，正支拨项，诸非所宜，此例价折收之难也。"⑤ 官银日渐减少，更加剧了清王朝的财政危机，若允许市价收放，可能会出现以下问题：导致陕省银钱时涨时落，影响市场稳定；上级官吏无法考核；制

① 李星沅：《筹议仿铸回钱折子》，《李文恭公遗集》（第 5 卷），上海古籍出版社 2002 年版，第 105 页。
② 李星沅：《筹议仿铸回钱折子》，《李文恭公遗集》（第 5 卷），上海古籍出版社 2002 年版，第 105 页。
③ 李星沅：《附奏仿铸回钱有滞民用片子》，《李文恭公遗集》（第 5 卷），上海古籍出版社 2002 年版，第 106 页。
④ 李星沅：《附奏仿铸回钱有滞民用片子》，《李文恭公遗集》（第 5 卷），上海古籍出版社 2002 年版，第 106 页。
⑤ 李星沅：《附奏仿铸回钱有滞民用片子》，《李文恭公遗集》（第 5 卷），上海古籍出版社 2002 年版，第 106 页。

钱名不符实，难与市价吻合。"陕省银钱随时涨落，各属参差不齐，上司无从考核……亦不能与市价相侔。势必银价贱时纳者不肯纳银，银价贵时领者不肯领，此市价折收之难也。"① 可以看出，若按市价折收则不利于上级部门的考核评估，若按硬性规定折收则市场比价又不利于物价的正常收放。从兵饷搭放层面来讲，"若陕省兵丁每名月领几何，骤令按成折给，钱虽重而尚轻力维艰，生计顿绌，不足以示体恤，此兵饷搭放之难也"②。常年领银的士兵，一旦发现部分军饷由银换成大钱，也势必会强烈抵制。通过上述分析，李星沅认为陕西现在不宜仿铸普尔钱，由于其建议符合实际情况，因而朝廷采纳了他的建议，放弃了在陕省铸造回钱的计划，使陕省的市场秩序得以维系。

2. 查禁私钱

当时清廷货币管理混乱，各地私铸小钱异常严重，小钱泛滥进一步加剧了货币市场的混乱，严重妨碍了商品的生产和流通。针对这种状况，一方面，李星沅严禁私钱，坚决镇压私铸小钱者，"私铸小钱行使，定例责成州县随时访拿究办，并于年终出具境内并无私铸及行使小钱印结"③；另一方面，下令以政府名义收购小钱，按斤论值使私人铸钱者无利可图。因措施得力，各方面配合得当，李星沅在打击私钱泛滥方面取得了一些成效，"黄富全闻拿投首，减拟杖徒"④，"长安县访获客民黄万州、杨春等私铸铜钱一起，当将黄万州拟军，杨春减等杖徒"⑤。此外，各厅州县均于境内随时随事严密稽查，"尚不致有行使小钱以及私铸之弊"⑥。李星沅通过采取上述措施，白银外流的局面得到了一定的控制，货币市场秩序也随之好转。

3. 铸钱减卯

鸦片战争后，中国白银大量外流，在这种"银贵钱贱"的情况下，由

① 李星沅：《附奏仿铸回钱有滞民用片子》，《李文恭公遗集》（第 5 卷），上海古籍出版社 2002 年版，第 106 页。

② 李星沅：《附奏仿铸回钱有滞民用片子》，《李文恭公遗集》（第 5 卷），上海古籍出版社 2002 年版，第 106 页。

③ 李星沅：《查禁各属私钱折子》，《李文恭公遗集》（第 4 卷），上海古籍出版社 2002 年版，第 92 页。

④ 李星沅：《查禁各属私钱折子》，《李文恭公遗集》（第 4 卷），上海古籍出版社 2002 年版，第 92 页。

⑤ 李星沅：《查禁私钱折子》，《李文恭公遗集》（第 6 卷），上海古籍出版社 2002 年版，第 147 页。

⑥ 李星沅：《查禁私钱折子》，《李文恭公遗集》（第 6 卷），上海古籍出版社 2002 年版，第 147 页。

于制钱的购买力下降，政府制钱局铸钱反而会赔本。所以不论是官方钱局所铸的制钱，还是民间所铸的私钱，都在不断减重。随着鸦片战争的爆发，银价上涨的势头更加明显，各省钱局亏损严重，于是纷纷停铸。鸦片战争结束后，朝廷命各省"照例按卯开铸"，再根据当地的实际情形酌量搭放。1843年，陕西巡抚李星沅向朝廷禀报了本省铸钱的实际情况。陕省宝陕局每年额定为24卯，铸钱65000余串，专门搭放省城旗标的兵饷。宝陕局于1794年减为16卯，之后停止铸造；1796年又重新开始铸造；至1831年再次停止铸造。1841年，陕西巡抚富呢扬阿以"银价昂贵，铸钱既费成本，又费兵丁。且司库存钱55700余串，即使减卯鼓铸，卯钱积压，亦属无裨"① 为借口，暂缓铸造。到此时，陕西制钱已停止10余年。陕西银价在1831年为1两白银换取制钱1300~1400文，1841年为1两白银换取制钱1480余文。这表明这段时间，我国银价的上涨幅度并不大，但由于军饷是按1两白银兑换1000文制钱进行发放的，因此，士兵领钱就会明显亏损，陕省只好全部用银两来发放军饷。1844年，1两白银已能兑换制钱1600余文。若按1∶1000的惯例搭放军饷，士兵亏损将愈发严重。省城旗标各营生活也日趋困难，"即使减成搭放亦觉亏累难支"②，一旦在军饷中搭放一定比例的制钱，必然会增加士兵的生活负担，进而引起营兵的强烈反抗，导致军心不稳。因此，李星沅认为军饷只能一如既往地发放银两，而新铸制钱可用来搭放文武各官员的支付杂款。现陕省司库尚存制钱55700余串，若按24卯开铸，不仅使陕省制钱局亏本，还会使制钱难以发放。李星沅认为"酌减卯数，先以12卯开铸，计每年共铸钱32700余串，除炉匠工料等钱4660余串，净解司库钱28000余串，即酌量搭放餐廉及各杂款……至该局现在存铜124.4万余斤，铅25.8万余斤，足敷数年配铸"③。在以12卯开铸一二年后，"如银价稍平，即请添卯加铸，以复旧制"④。陕省是全国的一个缩影，各制钱局大多处在减卯或停铸的状态下。为此，李星沅提出了自铸钱币的主张，其出发点在于抵制咄咄逼人的洋钱的入侵，客观上反映了银钱并举的时代向以银为本的时代递嬗，这是时代的潮流和历史的进步。由于英镑、法郎、卢布等外

---

① 李星沅：《筹议钱局开铸折子》，《李星沅集》，岳麓书社2013年版，第57页。
② 李星沅：《筹议钱局开铸折子》，《李星沅集》，岳麓书社2013年版，第58页。
③ 李星沅：《筹议钱局开铸折子》，《李星沅集》，岳麓书社2013年版，第58页。
④ 李星沅：《筹议钱局开铸折子》，《李星沅集》，岳麓书社2013年版，第58页。

币具有计量标准化、使用便捷等特点，因此民间竞相效仿而使用外币，致使国币的信誉一落千丈，我国白银大量外流已在所难免。李星沅对此忧心忡忡、心急如焚。其解决办法是自铸银币，建立起一套银本位的货币体系。其实质是架构起一套以贵金属银为本位的具有国际货币计量标准、适用范围广泛、使用便捷的先进货币体系。客观上反映了商品经济的发展，制钱本身的落后性和使用的不便性决定其退出历史舞台是不可避免的历史趋势。

（七）严禁神道邪说

鸦片战争以来，列强入侵、统治黑暗、灾荒频发，广大农民被迫辗转迁徙，颠沛流离，迫切需要精神上的安慰，以寻求精神上的寄托。加之我国长期闭关锁国，实行文化专制主义，导致科技落后、迷信盛行，客观上为神道邪说的传布提供了温床，助其如火如荼地潜滋暗长。一些邪教组织趁机兴风作浪，四处活动，进行宗教迷信活动。1845 年，龙华会传教士李一原、邓三谟、张利贞、苟喜云、谷善修、黄二、固上一、张清江、何春成、刘升、赵玉清等人在陕西汉中府、南郑县一带以传教为名，一方面广泛开展傩愿、算命卜卦、看相摸骨、做道场、打醮、看风水、招魂、迎神等迷信活动，散布谣言、蛊惑民众、骗取钱财；另一方面宣传和销售《推背图》《东明律》《九莲宝赞》《托天神图》《风轮经》《无上妙品》《普度条规》等书，"即事近妖邪，实属人中鬼蜮"，"假称兵火，妄托鬼神，以劫难之危词，遂煽惑之私计，诚为人心所同嫉，即为国法所难容"①。不难看出，李一原、邓三谟等人散布神教邪说，实为妖言惑众、收徒敛财、伤风败俗。为了切断谣言的传播，防范社会危机事件的爆发，李星沅果断决策、主动出击，严厉打击神教邪说。经过周密的部署和缜密的安排，奉旨饬令"均应根穷明确，密咨速拿，以期除恶务尽"②。至 1843 年 3 月，在咸宁县事准升鄜州知州潘政举、长安县知县张钱、南郑县知县朱清标等人的协同努力和密切配合之下，李星沅终于肃清了在陕西各地的神教组织。"张利贞妄布邪言，书写张贴，煽惑人心，拟斩立决；邓小谟、萧刚捏造灾难邪言，分途煽诱，拟斩监候；固上一、谢泳先、康汰生、顾品良、周导亨、王尚俭、苟喜云、谷善修依一

---

① 李星沅：《续审教匪情形折子》，《李文恭公遗集》（第 7 卷），上海古籍出版社 2002 年版，第 167 页。

② 李星沅：《审拟教匪折子》，《李文恭公遗集》（第 8 卷），上海古籍出版社 2002 年版，第 182 页。

切左道异端煽惑人民，拟判给大小伯克及力能管束之回子为妈，各照例刺字。"① 由此可见，必须将宗教管控纳入权力控制的必要补充手段来加以规范控制，若善加利用，加以规范引导，使其走上国家预先设计的轨道上来，屈从于天命、天理、国法和家规以及一切传统权威，则能发挥静心抑欲、谨小慎微、忍忿制怒的功能，达到稳定社会的目标；若被一些图谋不轨、不怀好意之人利用，则成为蛊惑人心、伤风败俗、散布谣言、迷惑群众、引发动荡的暴乱工具。李星沅从维护社会治安、巩固大清统治的立场出发针对神教邪说，将其视为异端，通过采取焚烧其书籍、禁绝其言论、追捕其教徒、破坏其组织等手段来加以取缔，以图净其根株，使民众望而生畏、戒而远之，以达到纯洁社会风气、巩固封建统治的目的。

二、总体考量

综观李星沅在陕西的治理，可谓尽职尽责、竭尽全力，是较有成效的。在面对纷繁复杂、江河日下的社会现实时，李星沅善于明辨是非、当机立断、果断决策，以安全保发展，以发展促安全，实现了陕西社会秩序的稳定和人民的安居乐业。

（一）治理的特点

李星沅主政陕西时期，正是中华民族面临血与火考验的关键时刻，以"华夏自居"的大清王朝开始步履蹒跚地迈开了探索近代化道路的艰难征程。这一时期，李星沅在陕西的治理主要有以下三个方面的特点。

1. 非常态下的应急性

自然灾害的爆发是不以人的意志为转移的，具有突发性、破坏性、不确定性、无序性、扩散性、隐蔽性，属社会公共危机的范畴。1843 年 6～7月，陕西濒临汉江及沿河各州县爆发了空前严重的自然灾害，面对突如其来的自然灾害危机，李星沅临危不乱、镇定自若、审时度势，本着实事求是的精神，一方面，亲赴灾区实施勘灾查赈，掌握了灾区的第一手资料，为科学施赈提供了事实依据；另一方面，进行广泛的社会动员，鼓励官绅踊跃捐输，为赈灾救民筹措资金。为了有效地救济灾民，缓解民众的悲观失望情绪，控制事态的发展变化，李星沅抓要害、控大局，根据危机事件的轻重缓

---

① 李星沅：《审拟教匪折子》，《李文恭公遗集》（第 8 卷），上海古籍出版社 2002 年版，第182 页。

急原则，当机立断、因情施策、因时因地制宜，制定了发放银两、蠲缓赋税、掩埋尸体、施放赈粮、收容灾民等应急性举措，对症下药，将灾害危机所造成的损失控制到最低限度，避免了因找不到突破口而造成局面失控。简言之，李星沅在陕西对自然灾害危机的治理，基本上消除了灾黎对官府的误会及仇富心理，争取了社会的多方支持，为灾民重建家园创造了条件。

2. 内容的广泛性

李星沅在陕西的治理，内容十分繁杂，基本上构建起以清查钱粮、进行币制改革、惩治盗匪、赈济灾民、倡办公益事业、严禁神教邪说等为基本手段和路径依赖，以促进经济发展、实现社会安全为目标和指归的治理体系。具体而言，既有政治方面的治理，如整顿吏治；也有经济方面的治理，如清查钱粮、倡言币制改革。既有社会方面的治理，如惩治盗匪、赈济灾民；也有市政方面的治理，如修筑城垣、修建栈道。既有文化教育方面的治理，如倡办义学；也有社会风俗方面的治理，如严禁神教邪说。

3. 以行政手段为主

行政手段是清廷和地方官府依托国家政治权力的合法性，通过法庭、监狱、军队等行政机关，采取带有强制性的指示、规定和命令等举措，来协调和管理社会各项事务的途径。李星沅在陕西的治理，政治色彩浓厚，主要是以行政手段为主，以发展教育、宣传教化等规范控制为辅的。如清查钱粮、进行币制改革、惩治盗匪、赈济灾民、严禁神教邪说自始至终都贯穿着行政手段的强制性，强迫社会臣民从意志上服从以权力为强大后盾的官府意志，将有悖于"三纲五常""三从四德"等封建伦理道德行为的部分社会成员强制纳入国家预先设计的制度安排的轨道上来，使之服膺于封建道德规范体系。当然，李星沅在陕西的治理过程中，也借用了宣传教化等软控制，如倡办义学等。

（二）治理的功能

1. 维稳功能

李星沅主政陕西期间，汉江沿河各州县发生了严重的水灾，造成房屋倒塌、牲畜淹毙、灾黎流离、乞丐成群。若不及时加以治理，灾民则会铤而走险，或啸聚山林，沦为土匪；或揭竿而起，成为动摇清王朝统治的助推力量。李星沅主政陕西期间，惩治盗匪、赈济灾民、严禁神教邪说，消弭了社会的不安全因素和不和谐的音符，消解了一些社会潜在的威胁，缓和了社会矛盾，起到了维系社会稳定的功能，发挥了安全阀的作用。

2. 教化功能

教化是指官府或民间士绅通过道德灌输和宣传教育的方式，使广大黎民百姓了解封建伦理道德规范的内容及遵守的重大意义，使之潜移默化地接受并内化为他们自身的行为，从而实现对社会规范主动自觉的遵从。李星沅在担任陕西巡抚期间，通过建立奖惩机制来整饬吏治，使腐败官员弃贪从廉、劝人为善，起到了道德教化的作用；通过鼓励官绅慷慨捐输，以培塑民众扶危济困、乐善好施的慈善之心，形成重义、互助、友爱、奉献的道德风气。由此可见，李星沅在整顿吏治和赈济灾民的过程中，无形当中发挥了社会教化的功能。

3. 调节功能

清朝，特别是道光以来，社会财富越来越向王公、贵族、官僚集聚，呈现出明显的金字塔形分布趋向。李星沅在担任陕西巡抚期间，力主将整饬吏治和鼓励捐输作为社会财富重新分配和社会稀缺资源进行重组的一种重要手段，通过官府行政手段的强制性，基本上实现了社会财富和稀缺资源在晚清社会各个阶层之间进行局部流动和重新分配，在一定程度上消弭了民众的仇富心理，部分地促进了社会收入分配趋向合理化、法制化（主要是官府通过捐输的手段来实现）。由此可见，李星沅治理陕西，的确发挥了社会调节的功能。

（三）治理的局限性

1. 治理手段过于单一

晚清时期是一个人治盛行、法治不彰、社会参与性不高的封建时代。囿于时代的限制，李星沅的治理模式仍然没有跳出传统社会的藩篱，过多的依靠行政手段，通过官府等行政机构强制性地贯彻实施，这不仅会给清朝的社会稳定带来隐患，还会使朝廷的相关规章制度虚置。若朝廷与官府长期依赖于强制性的方式来进行社会治理，必将使朝廷和广大黎民百姓的关系处于利益的对立面，不利于社会冲突的化解与社会秩序的维系。因此，在进行社会治理过程中，不能仅依靠单一的行政手段，要综合运用经济调节、心理疏导、道德规范、舆论引导、宗教信仰、社会风俗等其他手段，来规范社会成员的行为、调节社会各阶层的利益关系、化解社会冲突、减少社会震荡。

2. 治理制度严重缺失

任何一个社会若要建立稳定的社会秩序和保持良性运作，除了建立军队、监狱、政府机构等国家行政管理体系之外，还必须建立一套行之有效、操作性强的社会治理制度，以规范与约束天下臣民的思想、动机、意识及价值观念等，从而使其行为符合封建伦理道德规范，防范越轨行为的发生，达到维系社会秩序的目的。晚清时期，清朝统治者仍安于现状、不思进取，甚至逆潮流而动。被历史远远地抛在了后面。制度建设方面也是如此，政府仍缺乏专门的、系统化的治理制度，一些治安法规与救济法规缺乏前瞻性和周密的总体规划和部署，基本上是"临渴掘井式"与"头痛医头、脚痛医脚式"的立法，实用性严重不足，这在很大程度上掣肘了官府治理效果的发挥。

3. 治理效率低下

道光时期，大清王朝仍一如既往地实行封建家长制的管理模式，权力高度集中，官场暮气沉沉，管理的随意性强，任人唯亲，政出多门、事权分散，导致各部门之间相互牵制、遇事推诿、人浮于事，致使治理效率低下。加之，日趋衰败的封建制度、烽烟四起的社会环境、罗掘俱穷的财政窘况、任人宰割的外交劣势，决定了社会治理效果的不佳。尽管李星沅不遗余力、大刀阔斧地进行治理，但心有余而力不足。无法挽狂澜于既倒，很难使陕西的社会风气得到明显刷新、社会治安得到彻底整肃、社会经济得到相当发展。因而，其社会治理效果不太理想亦是可想而知、不可避免的。

（四）治理的历史启示

学习历史贵在以史为鉴，面向未来。纵观李星沅在陕西的治理，归纳起来，主要给我们提供了三个方面的教训。

1. 完善奖惩制度是社会治理的应有之策

奖惩制度作为封建统治阶级稳定社会的应有之策，历来被统治阶级视为治国驭人的重要权柄。晚清以来，奖惩制度在具体的实施过程中弊端丛生，尤其在当时政治黑暗、道德沦丧的社会语境下，更成为加速清王朝官僚统治集团贪污腐化的助产婆。在君临天下的人治社会环境里，统治阶级和官员的意志往往是奖惩制度推行的决定因素。加之，各种利益集团的盘根错节，使以公平、公正为指导原则的奖惩制度失去了生存的空间，反而成为社会治理不公平的渊薮。因此，在全面建设小康社会的今天，要加强社会治理，必须不断完善奖惩制度，彻底改变长期以来存在的赏罚不公、奖赏资格不明、奖惩过多过滥等实际问题，努力做到赏罚分明、赏罚适度、赏罚及时、奖罚合理。

2. 健全考核制度是社会治理的路径选择

考核制度草创于秦朝，成熟于隋唐，发展于明清。长期以来，它是封建王朝衡量地方官员政绩和社会治理效果的重要依据。晚清以来，考核制度逐渐趋于程式化，掺杂着颇多的人为因素，因此在实施过程中，由于运作程序繁杂、条款繁多，逐渐走向程式化，考核等级亦日益形式化，出现了名不符实的情况，甚至沦为官僚士大夫结交权贵、拉帮结派的一种工具，致使考核的随意性加强。考核官员或出于封建权贵的咄咄逼人，或出于人际关系的通盘考虑，缺乏严格的评议标准与监督机制，漏洞百出，给投机取巧的封建官员留下了诸多的空子，导致这一制度形同虚设。因此，只有健全考核制度，才能调动政府官员和民间力量参与社会管理的积极性和创造性，真正发挥其社会利器的功能，达到提高社会治理效果的目标。

3. 建立利益表达机制是社会治理的客观要求

利益表达机制是广大民众追求民主权利的一种重要形式，是社会成员表达自己的愿望、要求的正当行为。然而，由于长期以来的封建专制制度的影响，地方各级行政管理机构的社会宣泄渠道缺失，利益表达机制不畅，致使隐瞒下情、掩盖矛盾、堵塞言路的事情时有发生、不足为奇。敢冒天下之大韪、以身试法者亦不乏其人。道光时期，陕西省盗匪活动猖狂、屡屡犯险，一个很重要的原因就是广大社会弱势群体的利益诉求长期得不到表达。利益表达机制缺失，导致不满情绪日积月累，产生负帕累托效应，引发土匪与民众的冲突。因此，只有建立完善的利益表达机制，确保民众表达渠道的畅通无阻，才能促进利益主体之间的相互沟通和了解，进而增强社会的认同感和信任感，达到善治的目标。

4. 构架信息披露机制是社会治理的重要前提

信息披露在社会治理中扮演了十分重要的角色，是国家进行社会治理的重要前提。然而在信息技术相当落后、交通极为不便的道光时期，神教邪说到处泛滥、迷信盛行、谣言四起，为害甚巨。正如徐绍孟所言，"迷信能剥削贫民的金钱，能毒害人们的身家，以杀一人，能害一家，能灭亡一个国家"①。正因为当时清王朝没有建立有效的信息披露机制，政府与民众缺乏

---

① 徐绍孟：《迷信之害》，《松林文萃》1934 年第 4 期，第 83 页。

有效的信息沟通，致使一些心怀不轨的人趁机兴风作浪、散布谣言、蛊惑人心、混淆视听，进而使人们普遍缺乏安全感，终日惊魂不定，惶惶不知所措，感到极度的焦虑、恐惧和无奈，影响社会稳定，引起社会动荡。由上观之，政府只有构架一个公开的、透明的信息披露机制，始终站在客观公正的立场上找出问题的症结所在，开诚布公、实事求是、毫无隐瞒地将掌握的信息迅速地对外发布，力求报道客观、准确、全面，努力做到冷热有度、平稳有序，才能抢占话语主导权、赢得舆论主动权，进而澄清事实真相、消除社会误解，借助舆论以正视听，为社会治理营造一个和平稳定的社会环境。

第二节　巡抚江苏

　　江苏省简称苏，江苏两字来自于清朝江宁府和苏州府二府的首字。在春秋时期，江苏分属吴宋等国；战国时期为楚越齐国的一部分；秦始皇统一全国后，分属九江、会稽等郡；西汉时分属徐州郡和扬州郡；三国时期，苏南属吴，苏北归魏；唐朝时期由河南道、淮南道和江南道分管；宋代属江南路东路的一部分；元代时期苏北属河南省，苏南属江浙省；明朝建立应天府，隶属南京；清朝时期，江苏省管辖江宁府、淮安府、扬州府、徐州府、通州直隶州、海州直隶州、海门直隶厅、苏州府、松江府、太仓直隶州、常州府、镇江府等地。江苏南京曾作为六朝古都，吴、东晋、宋、齐、梁、陈皆建都于此，是当时南方的经济文化重心，又是吴越文化和长江文化的发祥地。

　　江苏是清朝时期全国最重要的省份，每年漕粮近 200 万石，约占全国总数的一半；盐课亦达 400 余万两，居全国之首；地丁田赋以及各项杂税，均在全国占重要地位。此外，苏省土地肥沃、水力资源充足，乃是当时全国农业、手工业及商品经济最发达的地区。道光帝将江苏交于李星沅去治理，李星沅更是备感高兴，感谢皇恩浩荡，可谓感激涕零。然而自道光以来，江苏亦与全国一样弊病丛生、灾荒连年，国家漕粮、税款催征不齐大量拖欠，百姓生活困苦，灾民颠沛流离、叫苦连天，加上运河阻塞漕运不通，可谓困难重重。

一、治理举措

李星沅执政江苏期间，其社会治理主要体现在以下五个方面。

（一）整肃社会治安

社会治安问题是指在社会运行过程中，由于存在某些社会结构和社会环境失调的障碍因素，直接影响抑或严重威胁社会全体成员或部分成员的共同生活，需要动员社会力量进行干预的社会现象。近代以降，中国社会由传统社会向近代社会转型，由男耕女织的农业文明向使用机械化大生产的工业文明嬗变，西方的价值观念、生活方式随之传入中国，使古老的中国社会更加复杂多变，社会治安问题日益凸显。

处于东南沿海地区前沿的江苏省，在西方工业文明的冲击和影响下社会治安问题尤为严重，娼妓赌博盛行、盗匪猖獗、拐卖行为肆虐。如：江苏滨海地区，风气向来极为犷悍，"盐匪、沙匪出没无常，动辄勾结滋事。有土棍徐二蛮等聚众抗租，焚烧运丁船只，并打毁业户多家"①；又如道光二十六年二月初七日夜（1846），离武进县城 60 里的石桥镇，"李祥和典铺被盗，撞门入室，拒捕刃伤典伙余士杰；劫去当货。因更夫鸣锣喊捕，盗匪将火煤擦在棉花房内，延烧贮货房屋三间等情况"②。这是晚清社会权力控制弱化的产物，亦是道光朝社会乱象丛生的重要表征，更是大清王朝危机四伏、江河日下的重要征兆。

面对上述严重的社会问题，李星沅决定整肃社会治安，以安定社会、保护群众生命财产安全，巩固清朝统治。

1. 缉拿匪徒

缉拿匪徒、安定社会、保护群众，是巡抚的重要职责。李星沅在执政江苏期间就十分注意地方治安，在险要的地方添兵设卡，尽力收缴民间散落的凶器，缉拿窃贼、盗匪，收缴其刀、棍、枪、剑等械。他重视加强巡防，亲自巡视各州，深入各地要隘察看地形，提出在边远地区添设官兵，移驻文武官员，加强巡查以防匪徒窜扰保护地方秩序。他主张坚决镇压匪徒、缉拿盗匪，以维护封建统治。"首从悉获，自应从重究办，示儆将来"，"业经缉获

---

① 李星沅：《附奏土棍亟宜严惩片子》，《李文恭公遗集》（第 12 卷），上海古籍出版社 2002 年版，第 301 页。

② 李星沅：《特参疏防盗案各员折子》，《李文恭公遗集》（第 9 卷），上海古籍出版社 2002 年版，第 220 页。

各犯，提省确审究拟，不任稍有枉纵。当此水懦民玩，积习嚣凌，惟有遇事严惩，宽猛相济，既防操切，尤戒姑容，以期除暴安良。"① 在缉拿盗匪过程中，李星沅对疏于防范、缉拿盗匪不力的官员予以降职惩罚。如武进县发生特大盗案，该县官员却对威胁地方治安的特大盗案置之不理、不予处理。"管讯弁当更夫鸣锣喊捕之时，并不跟踪追捕；该县于事主报案后，已逾前月，尚无 1 犯缉获，实非寻常疏防可比。"② 李星沅获悉此事后，非常气愤，认为该县官员玩忽懈怠，置百姓生命财产于不顾，饬令"将被劫、被焚各赃彻底查明"③，并将疏于防范的把总陈浦沅、外委宋大忠先用木棍杖责，请旨将文职印官署武进县事候补知县施燕辰、捕官小河司巡检诸宪曾、武职专讯孟河营把总陈浦沅、协防外委宋大忠一并摘去顶戴，并勒令限期缉拿盗匪，倘若期限已满尚不能抓住盗匪、追问赃物，"即行另折奏请分别革职、枷号、留缉，以为捕务废弛者戒"④。道光时期江苏武进县特大盗案迟迟得不到有效处理，一方面反映了封建官僚机构叠床架屋、程序繁琐，行政效率低下，处理政事多有滞留；另一方面反映了当时赏罚制度虽为社会治理环节中颇为重要的关节点，但在人治高于法治的晚清时期，奖惩制度对玩忽懈怠、遇事拖沓、办事推诿的官员似乎失去了应有的震慑力，起不到惩恶扬善、奖功罚过、奖勤罚懒的社会作用，这是社会控制弱化的产物，亦是大清王朝政治权威出现合法性危机的重要表征。

2. 禁赌缉娼

近代以降，随着西方生活方式的传入，各种社会弊病更加严重，赌博、娼妓大行其道，对地方治安构成了极大的威胁。赌博与娼妓作为一种恶习相伴而行如同孪生兄弟，犹如车之两轮、鸟之两翼。道光时期，江苏地区赌博娼妓呈并行不悖的发展势态。"顾宝鲍奉庄聚赌抽头，即在居家圩地方搭棚摇摊，至五月底止。又于道光二十四年三月（1844），顾宝如商允鲍奉庄招留妓女演唱花鼓，仍在原处开赌，至六月初三止。缪桂见顾宝如开赌获利，

① 李星沅：《附奏土棍亟宜严惩片子》，《李文恭公遗集》（第 12 卷），上海古籍出版社 2002 年版，第 301 页。

② 李星沅：《特参疏防盗案各员折子》，《李文恭公遗集》（第 9 卷），上海古籍出版社 2002 年版，第 220 页。

③ 李星沅：《特参疏防盗案各员折子》，《李文恭公遗集》（第 9 卷），上海古籍出版社 2002 年版，第 220 页。

④ 李星沅：《特参疏防盗案各员折子》，《李文恭公遗集》（第 9 卷），上海古籍出版社 2002 年版，第 220 页。

亦于二十四年四月（1844）在顾宝如场上另桌摇摊，计共聚赌八日停止。鲍奉庄又于二十五年三月二十五日商同顾宝如开赌并招留花鼓女戏，是年六月陆金观亦在附近之陆巷地方开赌，招留过路之戏妓孙唐氏即金姑娘，并幼女阿六、阿八演唱花鼓，至八月初一日停止。时有在逃之王双观，将蒋陈氏抑勒卖奸之义女陆秀英带往，亦经陆金观留住，抽给头钱。顾宝如、鲍奉庄赌具系同赌之人携往，缪桂、陆金观赌具系向不识姓名担上买来，所得头钱均不记确数，往来人数无定，亦不记姓名。顾宝如初次开赌时，因居民每向劝止，辄与拼闹，并以如再阻挠即行放火焚屋之言吓制。"① 顾宝鲍奉庄娼妓赌博事业的兴隆是晚清道光时期江苏地区娼妓赌博泛滥成风的一个缩影。由此可见，道光时期娼妓赌博的盛行，一方面，侵蚀社会肌体，毒化社会环境，毒害人们心灵，泯灭人性与良知；另一方面，导致职业荒废、道德沦丧，自杀自残，家破人亡，毒化社会思想、破坏社会秩序，甚至导致斗殴、盗窃、抢劫、凶杀等恶性犯罪事件的发生，给社会带来了严重的危害，极大地影响了社会治安。"适金大全船只被窃，疑为顾宝如等聚赌所致，即赴臬司衙门喊禀押发长洲县讯供饬拿。"② 针对赌博、娼妓的严重危害，李星沅从维护社会治安、巩固清王朝的统治出发对赌徒和妓女予以严惩，将他们绳之以法，使违法越轨者望而生畏、戒而远之。如署苏州府知府桂文耀"交部议处"；署长洲县知县韩倬章、署常熟县知县金镕、黄埭凡、把总刘兆勇，"一并革职留任，勒限扫数拿解，严行究办"③；顾宝如应从重按照凶恶棍徒行凶扰乱社会治安案例进行处理，"发极边足四千里安置"④；差役姜源、胡耀二人得贿包庇，一听到臬司禁赌的信息后，立即向顾宝如知会，此二人"除计赃轻罪不议外，均请于开场诱赌经旬累月，杖一百，徒三年罪上酌加一等，各杖一百，流二千里"⑤；缪桂开赌场引诱赌博时间还不长，只交出了赌具，没有将造卖之人供出，"应依赌博不将造卖之人供出即将出

---

① 李星沅：《审拟开赌窝娼棍徒并得规包庇兵役折子》，《李文恭公遗集》（第9卷），上海古籍出版社2002年版，第213页。

② 李星沅：《审拟开赌窝娼棍徒并得规包庇兵役折子》，《李文恭公遗集》（第9卷），上海古籍出版社2002年版，第213页。

③ 李星沅：《审拟开赌窝娼棍徒并得规包庇兵役折子》，《李文恭公遗集》（第9卷），上海古籍出版社2002年版，第213页。

④ 李星沅：《审拟开赌窝娼棍徒并得规包庇兵役折子》，《李文恭公遗集》（第9卷），上海古籍出版社2002年版，第213页。

⑤ 李星沅：《审拟开赌窝娼棍徒并得规包庇兵役折子》，《李文恭公遗集》（第9卷），上海古籍出版社2002年版，第213页。

有赌具之人杖一百，徒三年例，系差役知法犯法，应加一等，杖一百，流二千里"①。另一方面，对赌坊和妓院则予以取缔。在社会治安隐患问题层出不穷的晚清社会，李星沅雷厉风行，试图依靠国家行政管理机构和军队等硬性社会调控系统，依托个人权威诉诸行政权力，来严厉打击社会上的强行索要财物、演唱淫词淫戏、打架斗殴、酗酒闹事等违法越轨行为，以达到整顿社会风俗的目的。这种强制性的硬性权力控制虽能在一定时期内对违法越轨分子具有威慑力，使其行为活动有所收敛，但只能是治标不治本，不可能从根本上予以根绝。一方面是因为鸦片战争以来，随着政局的动荡以及西方物质文明的涌入，西方资本主义的各种消闲方式逐渐为国人所仿效，这在很大程度上刺激了一些官僚、地主、商人和市民，他们由起初的单纯好奇演变为刻意追求虚荣排场的心态，使他们深感人生苦短、生死无常，于是娼妓、赌博等各种越轨及犯罪行为频发；另一方面是因为赌博与金钱、利益、财富直接挂钩，以金钱的输赢为目的，充满竞争性和贪欲性，极具诱惑力，而娼妓能满足狎客的性要求的全部或一部分，颇具吸引力。因此，要彻底根治，只有进行广泛的社会动员，充分利用道德、宗教、伦理、社会规范、制度舆论等软性社会调控体系，通过长期的道德说教、伦理灌输及制度规范控制，褒扬真善美、鞭挞假恶丑来强烈地感染人、深深地打动人、有效地教育人、极大地鼓舞人、潜移默化地影响人，才能使整个社会成员的行为沿着统治阶级预先设定的框架体系发展，将他们的外在行为内化为自身的自觉行动。使他们安分守己，自觉地服膺封建统治。

3. 严惩拐卖

拐卖人口是我国封建社会的一大陋俗，亦是威胁社会治安的一大隐患。为了适应贵族、官僚、地主和富商使用奴婢的需要，有些地方出现了一些与封建伦理道德背道而驰、专门进行人口交易的"人市"和从事人口拐卖的"人口牙市"。道光以来，由于战乱频繁、社会动荡、灾荒频仍，人口拐卖现象呈愈演愈烈之势，这是社会病态的反映，也是晚清政府权力失控、社会失序的产物。人口拐卖现象的存在，使许多人家破人亡、妻离子散，严重地影响了社会稳定，妨碍了社会治安。近年来，江苏一带听闻"不法匪徒术

---

① 李星沅：《审拟开赌窝娼棍徒并得规包庇兵役折子》，《李文恭公遗集》（第9卷），上海古籍出版社2002年版，第213页。

诳幼孩，传布寖广"①，此类以拐卖小孩为主要营生的匪徒兴起于浙江一带，并呈带状网络模式沿江苏及周围地区辐射扩散。他们"于路上抛置食物，并于果饼铺内售卖食物时暗中更换，小儿食之即毙。毙后，潜取脑肾心肝"②。李星沅在执政江苏期间，对人口拐卖现象深恶痛疾。他认为，拐骗小孩、取脑挖心之匪徒毫无人性、恶毒至极，而地方官员对此类不法越轨行为却置若罔闻、听之任之、任其泛滥，而不加严惩，实属丧尽天良，应严惩不贷，以儆效尤。"果有邪匪诳毒直省，风行地方，文武各官丧心病狂，当不忍为讳匿。且此项邪匪既将掘于其死，何不诱拐骗于其生？又安知毒毙之儿，其心肝脑肾即探囊而取耶？又能禁被害之家皆钳口结舌，不一鸣之官耶？"③ 他主张通过行政管理机构与政府军队等硬性社会调控体系来严禁人口拐骗行为，如有违反者，一律按规定治罪，买卖的款项没收充公，归官府所有，被买卖的人口返回原籍。对买卖妇女、或夫卖其妻、或翁姑卖媳、或卖良为娼的行为应加以禁止。"惟当遵旨严密查访，有犯必获，按律惩办"④，"叠饬各属，随时随地认真设法采访。其查办不力，稍涉粉饰者，即行指名撤参。惟以有无报案为凭"⑤。由此可见，李星沅针对江苏治安不靖、人口拐卖成风的社会现实，诉诸政府行政权力，进行了大力整饬，以极力遏制拐卖人口等不法行为的发生、扩散、蔓延，最终实现对整个社会组织或社会成员的行为方式和价值观念的引导、约束和整合，以纠正社会成员的不良行为，促进社会的和谐稳定。但在晚清国家政权出现合法性危机的前提下，在地方行政权力控制大为弱化、社会严重失序的情势下，完全实现对地方治安的整肃，这只是李星沅的一厢情愿，但他敢抓、敢管、敢做、敢想的实干精神和雷厉风行、办事认真的工作作风值得钦佩。

---

① 李星沅：《覆奏访拿术诳幼孩匪徒折子》，《李文恭公遗集》（第11卷），上海古籍出版社2002年版，第272页。

② 李星沅：《覆奏访拿术诳幼孩匪徒折子》，《李文恭公遗集》（第11卷），上海古籍出版社2002年版，第272页。

③ 李星沅：《审拟开赌窝娼棍徒并得规包庇兵役折子》，《李文恭公遗集》（第9卷），上海古籍出版社2002年版，第216页。

④ 李星沅：《附奏缕陈密查邪匪诳毒情形折子》，《李文恭公遗集》（第11卷），上海古籍出版社2002年版，第275页。

⑤ 李星沅：《附奏缕陈密查邪匪诳毒情形折子》，《李文恭公遗集》（第11卷），上海古籍出版社2002年版，第275页。

4. 惩办讼棍

道光年间，随着官场的日趋腐败、吏治黑暗，各地都出现了一些违法越轨的讼棍，他们唯恐天下不乱，挑拨离间、包揽词讼、勾结官府、制造假案、越级上告、欺上压下、骗取钱财、拖累无辜，致使各类案件层见叠出，有的甚至无法结案，弄得整个社会乌烟瘴气，导致民怨沸腾、怨声载道。"健讼之徒肆无忌惮，甚且有以京控为生计者，凭空缮写北上名帖，先向富户辞行，称欲京控某人某事，勒借盘费，得钱即止，否则，列名牵累。"① 李星沅执政江苏期间，他在江苏发现了许多京控大案往往情节甚微，但横生枝节颇多，甚至还连累他人。基于此，李星沅便明察暗访，发现讼棍暗中勾结官府、包揽词讼、骗取钱财、兴风作浪。李星沅采取果断措施，经过大力整顿，江苏的社会治安有了明显的好转。

（二）清理积案冤狱

道光以来全国范围的社会问题日益凸显，官场腐败、吏治败坏，积案累累、冤狱丛生。当时，很多州县在办理命案时往往曲解案情，或改重伤为轻伤，或改多伤为少伤，或改理曲为理直，或改有心为无心，完全不顾死者的愤恨。在沆瀣一气的清代腐化不堪的官场背景下，诉讼审判的公正性与公平性是颇难实现、难遂人愿的，这无疑是国家法制权威弱化的表现。号称国家财赋重镇的江苏也不例外，讼狱积案已明显地成为严重的社会问题。李星沅在担任江苏巡抚期间，经过暗中观察、秘密查访，发现了大量的积案冤狱。具体情况见表4－1。

表4－1　江苏省京控咨案应参提解迟延职名缮具简明清单

序号	案件名称及具体情况
1	东台县民周绍汶案，系东台县知县葛起元、泰兴县知县毓彬。
2	安东县监生杨演案，系前任海州知州龚善思，现署海州知州陈在文。
3	萧县民颛孙亦树案，系前署萧县知县管敬修、黄绍元，代理萧县知县马铸式。
4	上海县民妇王石氏案，系上海县知县蓝蔚雯。
5	宿迁县监生黄敬堂案，系前任宿迁县知县易卓梅，前署宿迁县知县贾镇，代理宿迁县知县黄文涵。
6	金坛县监生陈俊案，系前署金坛县知县张铭晓，现任金坛县知县王清渠。

---

① 李星沅：《清厘京控案件并将提解逾限各员先请议处折子》，《李文恭公遗集》（第10卷），上海古籍出版社2002年版，第232页。

（续表）

序号	案件名称及具体情况
7	崇明县里排樊篱中案，系前署崇明县知县刘果，现任崇明县知县熊传栗，海门厅同知周维新。
8	丰县文生田效廷及方宏谋互控案，系丰县知县陈第诵。
9	上海县监生金振声案，系上海县知县蓝蔚雯。
10	安东县革兵张怀林案，系安东县知县陈兆昆。
11	南汇县民康载迎案，系南汇县知县萧翀。
12	安东县客民甘石奎案，系安东县知县陈兆昆。
13	宿迁县民叶廷槐案，系代理宿迁县知县黄文涵。
14	砀山县文生郭作砺案，系砀山县知县王庆瑞，署名铜山县知县姚文。
15	丹徒县监生戴晋锡案，系前署丹徒县知县沈则可，现署丹徒县知县莫载。
16	邳州民卢维岳案，系署邳州知州杨维藩。
17	砀山县民丁镗案，系砀山县知县王庆瑞。
18	南汇县民妇吴凌氏案，系南汇县知县萧翀。
19	安东县民江同志案，系安东县知县陈兆昆。
20	宝应县僧巨海案，系宝应县知县杨得时。
21	昭文县民陈增案，系署常熟县事江阴县知县金咸，昭文县知县毓成。
22	南汇县民张宝玉案，系南汇县知县萧翀。
23	南汇县民沈允议案，系南汇县知县萧翀。
24	新阳县武生蔡菘案，系新阳县知县陈溶。
25	泰兴县民巢兆选等案，系署泰兴县知县罗鹤翔。
26	常熟县监生沈廷柏案，系署常熟县事江阴县知县金咸。
27	江阴县民郭荣案，系署江阴县知县秋家丞。
28	海州客民戴义来案，系署海州知州陈在文。
29	萧县民周光岸案，系代理萧县知县马铸式。
30	金坛县民陈俊案，系金坛县知县王清渠。
31	南汇县民妇吴凌氏案，系南汇县知县萧翀。
32	泰州民丁贞基案，系泰州知州张之杲。
33	南汇县民李心田案，系南汇县知县萧翀。

（续表）

序号	案件名称及具体情况
34	邳州民刘凤岐案，系前任邳州知州董用威、代理邳州知州赖以平。
35	泰州已革武生朱殿块案，系泰州知州张之杲。
36	丰县民孙继伦案，系丰县知县陈第诵。
37	宿迁县童生杨步逵案，系前署江都县知县张鹏展。
38	东台县民陈云陇案，系前署东台县知县白上采。
39	东台县民金炫文案，系前署东台县知县白上采。
40	阜宁县民王劝案，系阜宁县知县钱兆麟。
41	金山县民王东昇案，系金山县知县于浚。
42	萧县民冯景沉案，系萧县知县徐海珍。
43	镇洋县武生张芳扬案，系署镇洋县知县许之第。
44	镇洋县监生王圣荣案，系署镇洋县知县许之第。
45	上海县民沈念祖案，系上海县知县蓝蔚雯。
46	吴江县武生汤镇海，系吴江县知县周沐润。

资料来源：

①李星沅：《清厘京控案件并将提解逾限各员先请议处折子》，《李文恭公遗集》（第10卷），上海古籍出版社2002年版，第233－235页。

②李星沅：《请将京控咨案提解逾限各员交部议处折子》，《李文恭公遗集》（第12卷），上海古籍出版社2002年版，第285－286页。

据表4－1所示，李星沅执政江苏伊始，未结京控特大案件达46起之多，案件的久拖不结，不仅妨碍政府其他行政机关功能的正常发挥，而且整个案件的审理过程容易滋生腐败、盘生枝节，使涉案人员无辜受到拖累。这是晚清政府这台大机器运转失灵、社会失控的外在表征。当时，江苏积案如此之多，"自道光二十五年（1845）开印起，至封印止，当年准咨询及上年未结京控案共有95起之多，为向来所未有"①。李星沅认为积案如此之多，究其原因主要有三个方面。首先，地方官审断迟缓，致使原告越级进京上告。"察核所告事理，亦有地方官审断迟滞，激之使然者，而其中逞刁翻异，挟嫌妄指，及以田土钱债细故并未在本省各衙门呈告，辄行赴京越诉之

① 李星沅：《清厘京控案件并将提解逾限各员先请议处折子》，《李文恭公遗集》（第10卷），上海古籍出版社2002年版，第232页。

案，竟至十居七八。"① 其次，讼棍挑拨离间怂恿原告越级进京上告，以勒索盘费。"健讼之徒肆无忌惮，甚且有以京控为生计者，凭空缮写北上名帖，先向富户辞行，称欲京控某人某事，勒借盘费，得钱即止，否则，列名牵累。"② 再次，无知妇女无端混告，助推原告越级进京上告。"又有一等无耻妇女，稔知犯罪律得收赎，无端混告，更出意外之计。"③ 据上分析，江苏省积案如此之多，李星沅只看到了表面现象，未能从制度的层面分析其产生的内在根由。道光以来，积案越来越多，追根溯源主要有五个方面：一是地方官员审办案件需要按程序办理；二是许多地方官员不具备较高的法律素质，法律知识欠缺，影响审案的办事效率，久而久之大小案件越积越多；三是清代行政、司法合一的官僚体制本身存在着诸多的弊端，不利于执法效率的提高，兼管行政与司法事务于一身的地方官员办案效率十分低下，处理案件没有充足的时间保障，以致案件束之高阁、悬而不审抑或久拖不结；四是当时吏治腐败，官员审判案件懈怠拖沓、遇事推诿，造成审判效率低下；五是晚清朝令夕改，法令形同虚文，落实者屈指可数，执法不严、违法不究的现象俯拾皆是。

为了迅速清理积案冤狱，李星沅采取了一些行之有效的举措，主要表现为以下四个方面：一是整治诉讼秩序，限期结案。"严饬提解、承审各官，将未结京控案 39 起，勒限半年内扫数办结。"④ 二是严令审判官员遵纪守法，避免牵连无辜。"其审断之法恪遵定律，依所告本状研讯，不准案外株连，得实者即予以申理，虚诬者照律反坐。"⑤ 三是严禁审判官员敲诈勒索。"如有辞利索借情事，所告虽实，仍将两造一并惩办。"⑥ 四是严惩讼棍。"并严究有无主唆包讼之人，不准稍涉迁就。其狡供险健，坚不成招，而众

① 李星沅：《清厘京控案件并将提解逾限各员先请议处折子》，《李文恭公遗集》（第 10 卷），上海古籍出版社 2002 年版，第 232 页。

② 李星沅：《清厘京控案件并将提解逾限各员先请议处折子》，《李文恭公遗集》（第 10 卷），上海古籍出版社 2002 年版，第 232 页。

③ 李星沅：《清厘京控案件并将提解逾限各员先请议处折子》，《李文恭公遗集》（第 10 卷），上海古籍出版社 2002 年版，第 232 页。

④ 李星沅：《清厘京控案件并将提解逾限各员先请议处折子》，《李文恭公遗集》（第 10 卷），上海古籍出版社 2002 年版，第 232 - 233 页。

⑤ 李星沅：《清厘京控案件并将提解逾限各员先请议处折子》，《李文恭公遗集》（第 10 卷），上海古籍出版社 2002 年版，第 232 - 233 页。

⑥ 李星沅：《清厘京控案件并将提解逾限各员先请议处折子》，《李文恭公遗集》（第 10 卷），上海古籍出版社 2002 年版，第 232 - 233 页。

证明白，毫无疑议者，声明请旨定夺。庶法立令行。"① 五是对玩忽懈怠的官员严惩不贷，以儆效尤。如"请旨将东台县知县葛起元等交部照例议处，以儆怠玩"②。又如"请旨将金坛县知县王清渠等交部照例议处"③。李星沅雷厉风行、敢作敢当的办事风格，恪守法规、秉公执法的处事原则，潜移默化地感染着江苏地方官场，产生较大的威慑力。使江苏的积案得到了较好的清理，一些冤假错案陆续完结，较为有效地防止了案件的积压，从而杜绝因案件长期积压而引发的一系列的恶性循环。从道光二十六年（1846）四月一日，截至六月底，仅三个月时间，"所有前参未结各案，业已审结周绍纹等 29 起，尚有未结陈俊等 10 起，又续准咨交新案王光明等 27 起，业已审结王光明等 4 起"④。虽然积案问题在当时是普遍存在的社会现象，但是李星沅坚守良好的职业操守，秉公执法，面对歪风邪气敢于斗争。在自己的职权范围内，以凿壁借光的劲头，实施了一系列切实可行的举措，迅速地清理了各种积案冤狱，取得了一些成绩。

（三）旌表忠孝节义

旌表制度，是指封建国家对政府官员与黎民百姓符合传统道德行为且有特殊贡献行为的个人和群体的褒扬与奖励的制度。其旌表的方式囊括：给受表彰者颁发住宅匾额；给受表扬者墓地镌刻石碑；给受奖赏者在旌善亭上记名；在方志中记载受表彰者的先进事迹，建立贞节牌坊，给予实际的物质奖励如减免差役、举办厚葬、设立祀堂等等。它作为封建统治者进行软性控制或规范控制的有效手段和方法，旨在编织出一张极具刚性的忠孝节义的规范之网，以促进社会成员对封建统治秩序与社会规范的认同，将封建伦理道德内化为社会成员的行为习惯，使之自觉地服膺于封建统治。

李星沅在担任江苏巡抚期间，为了加强社会治理，十分重视制度化的规范控制。作为封建统治的忠实维护者，他始终不渝地贯彻执行道光皇帝的谕旨，调查节妇实际人数、查明节妇家庭住址、弄清节妇所属州县、统计节妇

---

① 李星沅：《清厘京控案件并将提解逾限各员先请议处折子》，《李文恭公遗集》（第 10 卷），上海古籍出版社 2002 年版，第 232–233 页。

② 李星沅：《清厘京控案件并将提解逾限各员先请议处折子》，《李文恭公遗集》（第 10 卷），上海古籍出版社 2002 年版，第 233 页。

③ 李星沅：《请将京控咨案提解逾限各员交部议处折子》，《李文恭公遗集》（第 12 卷），上海古籍出版社 2002 年版，第 285 页。

④ 李星沅：《请将京控咨案提解逾限各员交部议处折子》，《李文恭公遗集》（第 12 卷），上海古籍出版社 2002 年版，第 285 页。

家庭人数，借以旌表节孝、宣扬教化、颂扬理学，达到淳化风气、整肃社会的目标。"嗣后各省汇题节妇一项，查明何县人氏，应隶何府州厅所辖，统计节妇其若干口，题准后，给银30两，于各该府州厅内，官为总立一坊，毋庸按口给银。倘本家自愿建坊，仍听其便。其烈妇烈女、孝子顺孙、义夫贞女，均照旧例，每名给银30两建坊。有题请建立总坊者，亦准照办。"①为了更好地实现规范控制，践行官府对社会成员的行为方式和价值观念的引领、规范和约束，以确保社会正常运转，李星沅从地方的实际出发，向道光帝奏请将节妇总坛改建到各州厅县，标题为"旌表节孝总坊"。其理由是容易引人注目，便于在邻村宣传颂扬；可发挥榜样示范功能；使民众感恩戴德，感谢皇恩浩荡；材料所需费少，节省颇多；与传统规约相契合。"庶几闾党之间，往来属目，其悉本邑甘里某家节妇，均已仰沐皇恩，增荣桑梓，较之各府州第年动款建立总坊，节省实多，尤足动人兴感之忱，亦与表闾旧章相合。其渤石工价所费无几，由该地方官捐办。"② 在进行规范控制的过程中为了有章可循、有规可依，李星沅制定了一套较为科学合理的操作方案，"倘各州厅县境内现届并无旌表之节妇，即不必预建总坊，俟合例请旌有人，再补给银30两，一律遵办。有愿自建坊者仍听其便。其烈妇烈女、孝子顺孙、义夫贞女及各州县采访汇建总坊之案，仍照旧例办理"③。李星沅奏请在各州、府、县建立旌表节孝总坊，并不是一时心血来潮、草率决策，而是基于旌表制度的规范控制功能，能够起到权力控制所无法替代的作用。以表彰忠孝节义为基本价值取向的旌表制度作为维护封建统治秩序的行动指南，亦是封建统治阶级用来进行软性控制强有力的思想武器。鉴于此，李星沅十分注重旌表忠、节、孝、义，为博施济众、扶危济困的善士建乡贤祠，为节烈妇女建贞节坊，为忠臣良将建忠义祠，为贤妻良母、至孝大孝之人建节孝祠，为宣扬封建伦理道德做了很好的表率。

总之，李星沅在江苏旌表忠孝节义、建祠颂扬，有利于砥砺风俗、凝聚人心、缓和社会矛盾，在一定程度上起到维护封建统治的作用。

---

① 李星沅：《请将节妇总坊改建各州厅县折子》，《李文恭公遗集》，（第11卷），上海古籍出版社2002年版，第271页。
② 李星沅：《请将节妇总坊改建各州厅县折子》，《李文恭公遗集》，（第11卷），上海古籍出版社2002年版，第272页。
③ 李星沅：《请将节妇总坊改建各州厅县折子》，《李文恭公遗集》（第11卷），上海古籍出版社2002年版，第272页。

（四）整顿财政

长期以来中国是一个以农业为主的国家，赋税收入是国家财政收入的主要来源。清朝时期，在全国各省设立布政使总揽各省财赋，直接听命于中央户部。按照大清规制，田赋丁税由各州县直接征收，然后提交布政使衙门，史称为藩库。藩库存的钱粮除一部分充本省兵饷、官吏俸禄、办公经费外，其余均交中央户部，东南各省除地丁外，还需交纳漕粮。至于地丁税与漕粮，各省都有定额，必须按期限规定如数完成。

清朝初年，清朝统治者为了恢复发展农业生产、收买人心，巩固其统治，曾一度废除了明朝的苛捐杂税，并规定，新增人口永不加赋，因而深得民心，社会生产恢复和发展，经济出现了较为繁荣的景象，历史上称为"康乾盛世"。伴随着清朝统治的日益巩固，一些关注民生、与民休养生息政策不断废除，各种名目的税额随之增加。顺治末年，"岁征银2150余万两，粮640余万石"；康熙中期，"岁征银2440余万两，粮430余万石"；雍正初年，"岁征银2630余万两，粮470余万石"；高宗末年，"岁征银2990余万两，粮830余万石"[1]。由此看出，从顺治至乾隆的100余年里，银两与粮食均有较大幅度的飙升。与此同时，关税与盐课亦在不断地增加，各种苛捐杂税层见叠出，老百姓的负担也随之不断增加。道光以来，在征收钱粮的过程中，由于官吏腐败无能常不能完成定额，因此出现了亏空与拖欠的现象。鸦片战争爆发之后，钱粮亏空现象日趋严重，引发了严重的财政危机。因而，整理财政、清查钱粮便成为朝廷的当务之急。李星沅主政江苏期间，对钱粮亏空进行了大力整顿，主要采取了以下四个方面的措施。

1. 严查库存数目

李星沅在担任江苏巡抚期间，江苏省存库银粮亏短现象十分惊人，"常恩实亏华亭县正项地漕等银17588两，米465石；朱瀚实亏青浦县正项地漕等银19296两，米693石"[2]。可见，江苏库存钱粮亏欠现象颇为严重，它是整个大清王朝钱数亏损的一个缩影和透视社会病态的一扇窗口。道光以来，清廷库存钱粮亏损日渐严重，国家财政几近瘫痪。原因是多方面的：一是近代以降，随着西方工业文明的传入和西方生活方式的影响，传统的封建伦理观念开始解构，道德生态与政治生态失衡，作为立国之本与执政之基的

---

① 赵尔巽主编：《清史稿·食货志》，中华书局1977年版，第3543页。
② 李星沅：《特参交代亏短各令折子》，《李文恭公遗集》（第11卷），上海古籍出版社2002年版，第270页。

诚信严重缺失，人们的思想观念出现异化、心理发生错位、行为产生扭曲，致使官场黑暗、阳奉阴违、弄虚作假、追名逐利、欺上瞒下、遇事推诿。二是封建官僚制度的弊端。由于专制官僚制度机构臃肿，功能重叠，遇事推诿、效率低下，即使库存钱粮出现严重问题，也无从查起。三是财政监督制度的缺失。清朝道光以来，相关制度仍不够健全，缺乏行之有效的监督机制。具体表现为以下两个方面。首先，封建财政体制互不统属，行政、军政、财政三权分立，互不制衡；其次，财务考核制度趋于程式化，掺杂着较多的人为因素，而且在实际操作过程中，由于程序繁琐、条款细密、徒具虚文，名不符实。面对库存亏损严重与钱粮账目颇难清查的残酷现实，李星沅为了追回亏欠的钱粮和追究当事人的刑事责任，采取了整饬吏治、淳化官场风气等措施。

1846 年李星沅对江苏省存库银两进行了清查，其内容包括：一是清查官垫民欠和分年摊补的款项。"道光二十四年（1844）分各属交代存库，除已入二三次清查及道光十年（1830）以前官垫民欠分年摊补等款。"① 二是陆续提解藩库的实存银两。"统归本案核办外，其余实存银两，均陆续提解，业将已清各案随时咨部。"② 三是未能提解的库存款项，由后任接收批解。"此外，尚有提解未清之处，或因交案已届年底，一时未能解请，旋即卸事，并归后任接收批解。"③ 四是款册不齐或造册舛误，须分别驳提。"已结报而款册未齐，或因册造舛错，尚须分别驳提，且值现办四次清查，尤应核实厘剔，以致清完存库存，稍稽时日，恳请统归下届汇报，分别开单详请具奏前来。"④ 五是一旦发现有亏挪现象，立即据实追查严办。"倘查有亏挪，即当据实参追严办，不任稍有延混外，理合循例恭折具奏。"⑤ 但李星沅在清查钱粮过程中，由于政府机构繁杂、部门功能重叠，牵扯官员众多，既得利益集团竭力阻碍、清查手续繁琐，涉案官员频繁更迭。李星沅在清查

---

① 李星沅：《查提苏省道光二十四年分各属交代存库银两折子》，《李文恭公遗集》（第 10 卷），上海古籍出版社 2002 年版，第 227－228 页。

② 李星沅：《查提苏省道光二十四年分各属交代存库银两折子》，《李文恭公遗集》（第 10 卷），上海古籍出版社 2002 年版，第 227－228 页。

③ 李星沅：《查提苏省道光二十四年分各属交代存库银两折子》，《李文恭公遗集》（第 10 卷），上海古籍出版社 2002 年版，第 227－228 页。

④ 李星沅：《查提苏省道光二十四年分各属交代存库银两折子》，《李文恭公遗集》（第 10 卷），上海古籍出版社 2002 年版，第 227－228 页。

⑤ 李星沅：《查提苏省道光二十四年分各属交代存库银两折子》，《李文恭公遗集》（第 10 卷），上海古籍出版社 2002 年版，第 227－228 页。

钱粮的过程中障碍丛丛、困难多多，不可能一帆风顺，必须顺藤摸瓜、抽丝剥茧、循序渐进，清查粮食之事才会有水落日出的一天。

2. 争取免征所欠钱粮

近代以降，列强的无耻勒索、官僚地主强取豪夺、自然灾害的叠加侵袭，使百姓生计日艰、苦不堪言，处在生死线上。为了缓和社会矛盾、争取民心，1846年李星沅上书道光帝，请求朝廷免征百姓历年所欠钱粮。"各州县历年垫完民欠银米，无从征还，吁恳天恩一体豁免。"① 为了消除道光帝的疑虑，李星沅深入地分析了百姓历年拖欠钱粮的原因，主要包括：江苏赋税负担过大；漕粮与赋税几乎同时征收，时间紧迫；花户贫富程度不一，颇难全额完成；动库款买米交帮情非得已；灾荒频仍，民力拮据，百姓不堪重负。"惟江南赋额重大，漕船又行次在先，催兑、催开万分紧迫，花户殷疲不一，势难扫数全完，不能不暂动库款买米交帮……原期次第催追，归还存库，只以频年灾歉，民力拮据，甚于往昔，以致旧欠未减，新款又增，有司经岁催科，输将终难踊跃。今民间赋尽荷蠲除，即官所垫完无从归补，且事非一任，时非一年，若令原垫各员按数赔缴，无论咨他省，徒托空言，即在本省服官，亦无盈余可措。"② 鉴于此，李星沅请求朝廷豁免苏省百姓所欠银米，并将百姓所欠银米清单附上，敬请道光帝斟酌定夺。其详情如下："江藩司属道光十一年（1831）起至二十年（1840）止，垫完民欠，除征完外，尚有垫银44491两7钱4分8厘3毫，又米豆14233石5斗7升9合6抄，照交代原抵之数，合银33794两1钱2分8厘7毫，共银78285两8钱7分7厘。苏藩司属道光十一年起至二十年止，垫完民欠，除征完外，尚有垫银105067两2钱9分8厘，又米723614石1斗7升5合9勺，照交代原低之数，合银2336101两1钱9分1厘，共银2441168两4钱8分9厘。"③ 李星沅上书奏请朝廷免征百姓所欠钱粮，一方面体现了李星沅以民为本，关心民众疾苦，以赈济天下苍生为己任；另一方面，争取免征所欠钱粮，在一定程度上也减轻了百姓的负担、挽回了世道民心，有利于调动农民的生产积极性，发展农业生产。

① 李星沅：《查明各州县历年垫完民欠银米，恳恩豁免折子》，《李文恭公遗集》（第11卷），上海古籍出版社2002年版，第265－267页。

② 李星沅：《查明各州县历年垫完民欠银米，恳恩豁免折子》，《李文恭公遗集》（第11卷），上海古籍出版社2002年版，第265－267页。

③ 李星沅：《查明各州县历年垫完民欠银米，恳恩豁免折子》，《李文恭公遗集》（第11卷），上海古籍出版社2002年版，第265－267页。

3. 缉查灾缓积欠

道光以来，江苏灾荒连年，漕粮、赋税沉重，广大百姓无力上缴，每年积欠越来越多，百姓不堪重负，不满情绪日益高涨，各地武装起义正在酝酿之中，大清江山摇摇欲坠、岌岌可危。缉查灾缓积欠是官府了解民众实际生活的重要渠道，而灾缓积欠的多寡则是反映民众实际生活的晴雨表。官府只有认真缉查，弄清灾缓积欠的实际情况，才能科学施策，采取行之有效的赈济措施，蠲缓百姓赋税，才能消解民众的不满情绪，缓和社会矛盾，达到稳定统治的目的。鉴于此，李星沅饬令苏省臬司所属官员经过明察暗访，基本上查清了苏省灾缓积欠银、米、麦、豆、稻谷的实际情况。如从 1831 年起至 1840 年止，"江宁藩司所属的熟田应征项下实欠的地漕等银 235354 两，米豆 49515 石；苏州藩司所属的熟田应征项下实欠地漕等银 11514 两，米豆 2679281 石。均因连年灾歉，叠奉恩旨递缓，本不在应征之列。以上江苏省统共熟田未完银 345868 两，米豆 50317 石，因灾递缓银 6140247 两，米麦豆谷 3730895 石，均系实欠在民，并无丝粒隐混"[①]。在灾缓方面，开江宁藩司所辖的江宁、淮安、扬州、徐州四府、通海二州属和海门厅，从 1831 年起至 1840 年止，"实在节年民欠熟田项下，地丁、驿俸、扛脚、屯折、贡舫、芦课、杂税、公费、学租、油麻河滩租、漕仓，并补征十年以前新升地丁、滩租，共正耗银 235354 两 2 钱 2 分 6 厘 5 毫，南屯恤孤公费、漕项米豆 49515 石 1 斗 2 升 7 合 4 勺"[②]。从 1830 年起至 1840 年止，实在因灾递缓带征的坍江候豁、地丁、驿俸、扛脚、屯折、贡舫、芦课、杂税、公费、空缺、学租、漕价、出借籽种、河滩油麻租，并漕项、仓漕 "共正耗银 3202703 两 6 钱 5 分 3 厘，南屯恤孤公费、出借常平仓谷并漕粮、漕项米麦豆谷 1051614 石 1 升 3 合 7 勺"。苏州藩司所辖的苏州、松江、常州、镇江四府和太仓州属，从 1831 年起至 1840 年止，"实在节年民欠熟田项下，地丁、扛脚、芦课、杂税、学租并漕项共耗银 110514 两 7 钱 7 分 3 厘，漕项米 802 石 3 斗 4 升 2 合"[③]。从 1831 起至 1840 年止，"实在因灾缓征递缓地丁、扛脚、屯折、芦课、学租并漕项，共正耗银 2817544 两 1 钱 9 分，漕南

---

① 李星沅：《查明苏省积欠灾缓银米麦豆谷石实在数目折子》，《李文恭公遗集》（第 11 卷），上海古籍出版社 2002 年版，第 265 页。

② 李星沅：《查明苏省积欠灾缓银米麦豆谷石实在数目折子》，《李文恭公遗集》（第 11 卷），上海古籍出版社 2002 年版，第 263 - 265 页。

③ 李星沅：《查明苏省积欠灾缓银米麦豆谷石实在数目折子》，《李文恭公遗集》（第 11 卷），上海古籍出版社 2002 年版，第 263 - 265 页。

屯恤米豆 2679281 石 8 斗 3 升 5 合 7 勺"①。"没有调查，就没有发言权"，"实践出真知"，认真缉查和核实苏省灾缓积欠的实际情况，为李星沅科学施赈提供了事实依据或可量化的指标，确保决策的准确性和科学性，避免决策的盲目性和随意性，便于对症下药、科学施治，进而消除百姓的不满情绪，达到消解社会危机、稳定统治的目标。

4. 杜绝库存新欠

道光以来，库存亏欠现象十分严重，亏欠形式多样、花样迭出，主要有官欠、有民欠、有官垫民欠，还有书役欠等名目。一方面反映出国家财政困难、吏治败坏；另一方面也折射出百姓生活艰难、赋税负担沉重、自然灾害频发。李星沅认为库存亏欠由官代民赔偿，不但无济于事，对国家也毫无益处。相反，促使官员东挪西掩、变本加厉、肆无忌惮地搜刮民脂民膏，加剧财政危机，滋生更多的流弊。"若再以数百万帑项饬令官代民赔，不特无济于公，且恐东那西掩，或竟尽削民膏，流弊因而滋甚。"② 因此，李星沅认为，必须首先杜绝新亏。过去亏空之所以年年发生，其中一个重要的原因就是一些官员为了弥补以前的亏欠，挪用当年征收的公款，无异于剜肉补疮、饮鸩止渴、越补越烂。为了杜绝新欠，李星沅提出了以下四个方面的举措。一是划清界限，杜绝不法官员牵混。"划清界限。州县正署迭更，多者 10 余员，少亦数员不等，诚恐不肖者借此清查，或将本任之动缺诿诸旧令未交，或将前任之实存作为现在筹垫，非界限不足以杜牵混也。"③ 通过划清界限，以杜绝不法官员弄虚作假、偷梁换柱、以少报多等情事的发生。二是追查侵亏州县，规避假公济私。"根究侵亏州县。身任地方，洁己奉公者固不乏人，而假公济私亦难保必无。其事若征存未解之款，而谬以为欠，即亏那缓带之项而捏以为分摊，非究侵亏不足以防去饰也。"④ 只有追查侵亏州县，才能使亏损实情水落石出、大白于天下，使不法官员无处遁形，这对遏制腐败现象的滋生蔓延有一定的作用。三是核实追缴银两，追回亏欠钱粮。

---

① 李星沅：《查明苏省积欠灾缓银米麦豆谷石实在数目折子》，《李文恭公遗集》（第 11 卷），上海古籍出版社 2002 年版，第 263 – 265 页。
② 李星沅：《查明各州县历年垫完民欠银米，恳恩豁免折子》，《李文恭公遗集》（第 11 卷），上海古籍出版社 2002 年版，第 265 – 267 页。
③ 李星沅：《附奏现办清查大概情形片子》，《李文恭公遗集》（第 9 卷），上海古籍出版社 2002 年版，第 222 页。
④ 李星沅：《附奏现办清查大概情形片子》，《李文恭公遗集》（第 9 卷），上海古籍出版社 2002 年版，第 222 页。

"核实追缴州县经管银项，如无侵蚀重情，有磁卡者照数勒交，无着者始议筹补。先以有官有人分起酌定限期，现在服官本省者，未经定案以前，准其设法措完，其已经离省与子孙出仕者，亦于定案后一律限催归款，非此则追缴无实际也。"① 核实追缴银两，勒令亏欠官员限期赔偿，若无法偿回，令其子孙继续赔偿，这种措施的实行，对贪腐官员具有一定的威慑力，使他们不敢轻举妄动；同时，对扭转清朝财政严重亏损的局面具有一定的积极作用。四是杜绝续亏。杜绝续亏是防止新欠行之有效的办法。只有杜绝续亏，才能防范亏欠官员移花接木、相互包庇等各种流弊的滋生。"杜绝续亏州县。遇有交代，例须仓库依限盘清，而积久弊生遂多，有名无实，于是原价移交者有之，流摊列抵者有之，议单欠票者有之，前任既通融接收，后任复转相仿效。"② 李星沅通过这些措施在清理旧欠的同时，防止了新欠。

综上所述，李星沅从库存钱粮亏损严重的现象和行政重叠、主次不分、政出多门的实际出发，对症下药、重拳出击，构筑起以划清界限、追查侵亏州县、核实追缴银两、杜绝续亏为基本路径选择的施治方略。在杜绝新欠方面，李星沅注重常态化管理和常规预防，重视权力控制和规范控制的有机结合；在防范积弊方面，李星沅注重制度建设，强化配套衔接，重塑政治生态，建构刚性约束，以规避官员暗箱操作和权力寻租现象的发生，进而形成对腐败官员的强大外部约束力和震慑力。在李星沅的精心治理下，在清理旧欠的基础上，基本上防止了新欠，使江苏的财政状况有所好转。

（五）救济灾荒

1842 年秋，江苏发生严重水灾，"秋禾被水，致成灾歉"③。鉴于此，为了缓和社会矛盾，挽回世道民心，维系清朝统治。为此，李星沅主要采取了以下两个方面的措施以赈济嗷嗷待哺的灾民。

1. 发动官员捐纳，筹措救灾资金

经济为办事之母，救灾需要充沛的资金作后盾。然而自道光以来，吏治黑暗、贿赂公行，朝廷财政支绌，救灾资金捉襟见肘。在万般无奈之下，江苏巡抚李星沅不得不寄希望于捐纳制度。捐纳制度，草创于清中期，发展于晚清，是社会富裕阶层向官府提供钱粮资助的一种重要形式。在李星沅积极

---

① 李星沅：《附奏现办清查大概情形片子》，《李文恭公遗集》（第 9 卷），上海古籍出版社2002 年版，第 222 页。

② 李星沅：《附奏现办清查大概情形片子》，《李文恭公遗集》（第 9 卷），上海古籍出版社2002 年版，第 222 页。

③ 李星沅：《请奖捐赈绅士民折子》，《李文恭公遗集》（第 10 卷），上海古籍出版社 2002 年版，第 242 页。

倡导下，各级官员纷纷捐纳，"今江宁、徐州、海州三府州属之高淳县、海州、徐州卫处，道光二十二年秋（1842）间灾歉办理捐赈，计官捐银 9100 余两，绅商商民捐银 37700 余两。除前任海州知州龚善思等毋庸请奖，并士民捐银 200 两以下应由地方官经匦外，所有徐州卫守备庆长等到 5 员捐银 1000 两及 300 两以上，又绅民捐银 1000 两以上至 5500 两者，捐职同知杨殿珍等 9 名，200～300 两以上者，黄芝泉等 43 名"①。为了调动官员捐纳的积极性，李星沅对于捐纳者，往往会根据所捐纳钱粮的实际数目，给予相应的爵位或功名作为回报。道光二十六年（1846），李星沅对苏省捐米的官员给予奖励，给予加级、加衔。"江宁府知府徐表照捐输平斛米 260 石，请加随带一级。海州直隶州知州毓彬捐输平斛米 240 石，请加二级。泰州知州张之杲捐输平斛米 360 石，请加三级。署松江府管粮通判事试用通判童景曾捐输平斛米 600 石，请加知州衔。上元县知县李映菜捐输平斛米 160 石，请加二级。六合县知县张铭晓捐输平斛米 910 石，请加知州衔并请加二级。准升常熟县知县李琮捐输平斛米 160 石，请加二级。署山阳县事准调甘泉县知县刘坦捐输平斛米 240 石，请加三级。清河县知县范传勋捐输平斛米 320 石，请加二级又随带加一级。青浦县知县李炳照捐输平斛米 320 石，请加随带二级。署丹徒县事候补知县莫载捐输平斛米 320 石，请加随带二级。"② 鼓励捐纳能最大限度地筹措赈灾资金，救济待哺孔殷的灾民，减轻因灾荒而引起的社会震荡。但捐纳制度亦是一柄双刃剑，导致朝廷的中央权威出现合法性危机及权力的下移和式微，增加了地方官府救济的财政压力。

2. 实施急赈，救济灾民

灾荒发生后，灾民嗷嗷待哺、命悬一线、危在旦夕，需及时赈济。一是发给灾民口粮，以解燃眉之急。"复蒙赏给口粮。小民渥荷皇仁，生成共庆"③，使灾民感激涕零，感谢皇恩浩荡。二是设厂施粥，散放银两。"或设厂煮赈，或散放钱文"④，使挣扎在死亡线上的灾民得到衣食等最低生活保障，不仅可救济啼饥号寒的灾民，防止饥馑的蔓延，在解决民生疾苦方面也

① 李星沅：《请奖捐赈绅士民折子》，《李文恭公遗集》（第 10 卷），上海古籍出版社 2002 年版，第 242 页。

② 李星沅：《请奖捐米各员折子》，《李文恭公遗集》（第 11 卷），上海古籍出版社 2002 年版，第 263 页。

③ 李星沅：《请奖捐米各员折子》，《李文恭公遗集》（第 11 卷），上海古籍出版社 2002 年版，第 263 页。

④ 李星沅：《请奖捐米各员折子》，《李文恭公遗集》（第 11 卷），上海古籍出版社 2002 年版，第 263 页。

发挥了济困扶危的作用。三是抚恤受灾船户。1846 年 6 月，台湾船户开船出口，至宫古岛地方买办米粟。"6 月初 5 日猝遇大风，漂入大洋"①，酿成风灾。为了赈济台湾罹遭风灾的难民，李星沅敕令"所有大岭等 8 名乘坐脚船已由川沙厅变价给领，又玉城等 5 名损坏原船，亦由如皋县优给船价，并分别捐给棉被衣履"②。"一方有难，八方支援"，李星沅抚恤台湾受灾船户，体现了海峡两岸人民血脉相连、患难与共，使台湾被灾民众感受到朝廷的温暖及皇恩隆盛，体现了感人至深的人间真情。

综上所述，实施急赈能最大限度地降低灾害所造成的损失，暂时安置灾民、稳定人心，纾解社会矛盾，为灾后的重建以及经济的恢复和发展奠定了基础；但急赈只能治标不能治本，不可能从根本上解决灾民的生计问题。

二、总体评估

李星沅作为江苏的父母官，竭尽全力、励精图治，实施了一些行之有效的社会治理方案，使江苏的社会状况有了较大的改观、封建经济有了恢复发展。现就其治理特点、历史作用及历史启示进行分门别类的论述。

（一）治理的主要特点

李星沅在担任江苏巡抚期间，其治理的特点概括起来，主要表现为以下三个方面。

1. 以整肃社会治安为主

治安是社会稳定的基础，是公共安全的晴雨表，也是社会治理状况的风向标和真实反映。李星沅在担任江苏巡抚期间，十分重视社会治安的治理，将其放在各项治理工作的首要地位。他主要采用了"以刑为主、刑法合一"的社会治理范式，依托行政权力，诉诸政府权威，以强制性的方式缉拿匪徒、禁赌缉娼、严惩拐卖、惩办讼棍和清理积案冤狱，以达到整肃社会治安的目的。

2. 治标而非治本

囿于时代的局限，李星沅在江苏的治理基本上属于治标的范畴。他依靠行政手腕，诉诸政治权力，强制性地开展整肃社会治安、清理积案冤狱、旌

---

① 李星沅：《抚恤琉球难夷折子》，《李文恭公遗集》（第 12 卷），上海古籍出版社 2002 年版，第 287 页。

② 李星沅：《抚恤琉球难夷折子》，《李文恭公遗集》（第 12 卷），上海古籍出版社 2002 年版，第 287 页。

表忠孝节义、整顿财政、救济灾荒等治理活动，虽暂时打击了盗匪的有生力量，抑制了贪官的腐败行为，恢复和发展了社会经济、救济了部分灾民，缓和了社会矛盾，但并没有消除一切社会病态滋生的沃壤，只是治标而非治本。因此，只有推翻封建专制制度，才能杜绝匪患的发生，才能消弭赌博、娼妓等社会病态现象的滋生蔓延；只有完全斩断私欲恶性膨胀的利益关系网、消除封建陋规，才能杜绝腐败的扩散、防范社会道德的滑坡、形塑风清气正的社会氛围；"防灾优于救灾。"只有大力发展经济、兴修水利、建仓积谷、植树造林，才是救灾的根本之途。由此可见，李星沅的社会治理举措只能治标，不能治本。

3. 权力控制与规范控制并举

权力控制是以行政机构、军队、监狱、警察、法庭、社会组织及法律为治理建构，以制度、组织、管理、政策、条例、命令为基本控制手段，旨在以强制的手段与方式来维持社会公认的规范与统治阶级已确立的社会行为准则，并以强制的手段调整社会人众的外部关系和行为准则，达到维护社会秩序的目的，具有明显的权威性和时效性。李星沅在担任江苏巡抚期间，十分重视权力控制的运用，如整肃社会治安、清理积案冤狱、整顿财政、救济灾荒，将天下臣民对政权的服从内化为民众的一种社会认同，从而达到社会控制的目的。规范控制作为权力控制的有力补充，在社会治理过程中不可或缺。所谓规范控制，是指以风俗习惯、道德伦理、舆论宣传、宗教信仰、社会习俗、流行风尚为内容框架，以调整和支配人们内心活动与动机为控制手段，旨在规范人们的思想、意识、心理、动机、价值观念等，从而防范社会越轨行为的发生，达到维系社会秩序、巩固封建专制制度、服膺于封建伦理规范、宗法家族观念、强化封建社会结构和人际关系、维护家庭及社会稳定的目的，发挥比权力控制更广泛、更深刻的社会作用。李星沅在主政江苏期间，也比较重视规范控制的运用。如：他在江苏省大张旗鼓地旌表节孝、宣扬教化、颂扬理学，奏请朝廷在各府、州、县建立旌表节孝总坊，以规范民众行为，达到淳化风气的目的。

（二）治理的历史作用

1. 有利于维护社会稳定

道光帝说："禁暴安良，诚为地方之要务。"① 可见，除暴安良、维护社会治安是地方督抚的重要职责。李星沅在担任江苏巡抚期间，依靠行政系

---

① 李星沅：《附奏拿获匪犯片子》，《李文恭公遗集》（第5卷），上海古籍出版社2002年版，第112－113页。

统、凭借国家机器诉诸权威，采取了缉拿匪徒、禁赌缉娼、严惩拐卖、惩办讼棍、清查积案冤狱等治理措施，铲除了社会的安全隐患，消弭了社会的不稳定因素，有利于维护社会稳定。

2. 有利于经济恢复发展

水灾是人类的公敌，"人类无常之厄运"①。近代以降，我国水灾频发主要是"水道不修，人与水争地，湖泊容积缩水，缺乏森林，缺乏精确之气象观测，交通不便，水利行政事权不统一，用人不当、处罚不严，公民知识缺乏"② 等原因所致。道光时期，江苏地区水灾频频发生，亦主要是上述原因所致。只有深刻总结水灾发生的成因，才能为科学施赈奠定基础。1842年，江苏地区发生了洪水灾害。为了应付突如其来的社会公共危机，李星沅在分析水灾成因的基础上，统筹规划、因时因地制宜、对症下药，实施了急赈、善后救济措施（囊括建立仓储、兴修水利、灾后补种、开垦荒地、植树造林等），有利于灾区经济的恢复发展，为灾民重建家园创造了条件。

3. 有利于淳化社会风气

李星沅在担任江苏巡抚期间，采取了严查库存数目、争取免征所欠钱粮、缉查灾缓积欠、杜绝库存新欠等经济治理措施，以强制手段来惩处贪官污吏，遏制了腐败现象的滋生蔓延、防止了道德的滑坡，使贪官的敲诈勒索行为有所收敛，有利于淳化社会风气。

（三）治理的历史启示

1. 建立现代化的问责机制是社会治理的必由之路

问责制是最好的权力制衡器，是实现权力控制的重要机制，也是社会治理的必由之路。然而，自晚清以降，封建官僚体系的权力运作机制弊病丛生，问责制严重缺失，致使封建官员社会责任意识淡薄、权力边界模糊，责任主体权责失衡、缺乏应有的透明度，进而使官府在处置重大事务时无所适从。为防一损俱损，不少封建官吏相互勾结、官官相护，形成了"生则同生、死则同死、存则同存、亡则同亡"的利益集团关系，在万不得已的情况下丢卒保车，使下层官吏沦为上层官吏的替罪羊，如晚清地方府库钱粮亏欠日趋严重且无从查起便是明证。为了防范官吏滥用职权与权力恶性膨胀，避免失职和渎职行为的发生，维护广大民众对政府的信任，强化国家政权的合法性，增强社会治理的透明度，必须构建起一套以清晰的权利责任、合理

---

① 李次珊：《中国水灾问题》，《复旦土木工程学会会刊》1936 年，第 19 页。
② 李次珊：《中国水灾问题》，《复旦土木工程学会会刊》1936 年，第 19 页。

的人力资源配置、明晰的管理权力划分、科学的进退制度为内容框架，以让责任到位、使监督生威、严格追究失职与渎职官员的刑事责任为基本运作程序，以问的是责、追究的是具体问题的具体过错、不问功劳苦劳、不搞将功抵过、谁管谁负责、谁的责任谁承担为基本要求的现代化的问责机制。唯如此，才能严格依法问责，合理确定责任，规范实施责任追究，确保责任确定的严肃性，避免畸轻畸重现象的发生，保证责任追究的准确性。

2. 建构良好的社会心态是社会治理的心态支撑

社会心态是个人或群体对人、对事以及社会的一种看法，是一种应然状态的判断。良性的社会心态是社会治理的隐性支撑，为社会治理提供了强大的心态支持。然而，自明清以来，封建统治者为了强化封建统治，大肆推行文化专制主义，使天下臣民的社会心态发生严重扭曲，向畸形方向发展，致使腐败的社会心态、享乐的社会心态、法不责众的社会心态、权势的社会心态、贪婪的社会心态、侥幸的社会心态层出不穷，严重毒害社会，弄得整个社会乌烟瘴气，致使官场腐败、吏治败坏，享乐之风盛行。现以乾隆时期的贪污巨案为例，"侵蚀灾粮，冒销国帑至数十万金，如王宜望之明目张胆，肆行无忌者"①。道光以来，更是愈演愈烈，严重地影响社会治理。因此，只有建构以信任、公平、正义为基本框架体系的良好社会心态，才能增加社会成员对社会治理的认同，减少社会治理的交易成本，调动社会成员参与社会治理的自觉性与积极性，为社会治理提供合法性的心态支撑。

3. 进行广泛的社会动员是社会治理的关键所在

社会治理是一项复杂而又庞大的系统工程，需要全社会成员的共同参与才能完成。为此，必须进行广泛的社会动员。所谓社会动员是指国家或政府通过多种形式影响和改变社会成员的态度、价值观和期望，形成一定的思想共识，进而指引、动员与领导社会成员积极参与社会实践，实现一定社会目标的过程。然而，在君权主宰一切的晚清社会里，封建统治阶级为了强化封建专制统治，加强社会治理，依托国家行政体系，借助军队、监狱等暴力机器，诉诸权威，实施权力控制，极大地压制了民众参与社会治理的积极性，致使土匪活动猖狂、赌博娼妓盛行、拐卖人口现象严重、械斗成风、讼棍充斥，严重地影响了社会的治理。如道光时期，山东、陕西一带盗匪横行，"多刀匪带刀游荡，名曰刀客，……忤法肆劫掠"②，便是例证。社会动员是

---

① 萧一山：《清代通史》（二），台湾商务印书馆出版1972年版，第218－222页。
② 李概：《李文恭公行述》（道光二十三年），清同治四年刻本，第7页。

社会治理的关键所在，只有进行广泛的社会动员，才能鼓舞斗志、唤起民众、凝聚人心、汇聚力量，增强民众参与社会治理的自觉性，减少社会治理的成本，廓清社会治理的障碍，形成官府与民间力量良性互动、官民共治的良好局面，进而达到善治的目标。

第三节　执掌云贵

云贵，顾名思义，是指云南和贵州，它地处我国西南边陲，其地势西北高东南低，从西北向东南倾斜。云南和贵州两省经济文化落后、民族众多且长期杂居相处，是民族矛盾较为集聚的地方。

云南历史悠久，在云南发现的元谋人，距今 170 万年，是迄今为止在祖国境内发现的最早的原始人类。新石器时代，在云南滇池、洱海居住的人们已经知道使用石器等简单的生产工具，从事原始的农业生产。有的地方的人还学会建造简易的木质结构的房屋，逐渐形成较大的村落。商周时代，云南属于西南夷。公元前 3 世纪，楚王派庄乔入滇，后来庄乔在云南建立滇王国。公元前 221 年，秦始皇统一全国，在云南设置了郡县，并且委派官员入云南进行治理，开辟了"五尺道"，沟通秦朝首都咸阳与云南、四川的联系。汉武帝时，曾派将军郭昌率巴蜀兵到达云南，设益州郡，下辖二十四县，加强了对云南地区的管理，带来了先进的封建生产方式，促进了云南社会经济的发展。东汉末年，云南属于"南中"，225 年诸葛亮亲率三路大军征讨云南，当进入洱海时，采取"不以力制，而取其心服"的政策，对孟获"七擒七纵"，令其心悦诚服。诸葛亮平定南中后，云南属于蜀汉的一部分。738 年，南诏统一六诏，南诏王皮罗阁被唐皇封为"云南王"。1276 年元朝在云南建立行中书省，云南正式成为全国的一个省级行政区，一直延续至今。

一、云南汉回民族矛盾冲突与有限化解

道光后期，西南边疆地区的云南汉回民族矛盾冲突加剧，为了消弭云南回汉民族矛盾冲突，清廷只好倚重于干吏以掌控局势，任命治理苗疆功勋卓著的贺长龄为云贵总督。贺长龄认为化解回汉民族矛盾，应采取宽严相济的办法来调解民族矛盾，达到稳定边疆地区的目的。他认为："边疆要地，控制最难适宜，既不可操之太严，又不可涉于宽纵，轻重缓急之际，一有未

安，即易滋事端。"① 于是采取区别分化回民，削弱反抗力量，消解彼此对立，实现和平共处等措施来镇压回民起义。"歼除逆回、安抚难回，劝谕良回及设汉回互保之法，共立合同，彼此遵守之法。"②

然而事与愿违，贺长龄在处置云南汉回民族矛盾冲突方面并没有取得成功，其原因归纳起来主要有四个方面：一是晚清政府社会控制力弱化，地方势力恶性膨胀，出现合法性危机，致使官府化解危机矛盾重重；二是贺长龄处置回汉民族矛盾失败实为民族矛盾大量积聚起来，渐成尾大不掉之势的治理困境所致；三是未能果敢坚决地平反冤假错案，为遇难的回民昭雪，严惩肇事者，及时有效地处理善后事宜，收复人心；四是不能严肃、公平、认真、果断地查处永昌血案，是征剿失败的症结之所在，致使以马大、张世贤为代表的回民主张武力报复，以杜文秀等人为代表的回民主张向上级官府逐层控告，希望朝廷能查明真相，秉公处理，破除汉回畛域，致使消解回民起义劳而无功，回民反抗浪潮一波未平另一波又起。为了有效地化解回汉民族矛盾，缓解社会危机，维护清朝统治及边疆安全，晚清政府经过通盘考虑，1846 年，道光帝决定提升江苏巡抚李星沅为云贵总督，前往云南镇压遂成燎原之势的缅宁、云州回民起义。

革命导师列宁认为，革命或起义必须具备以下两个基本条件：统治阶级无法照旧统治下去，被统治阶级无法照旧生活下去。1846—1847 年的云南回民起义正是在这种内忧外患的时代背景下爆发的。

二、云南回民起义的总爆发

道光以降，清朝社会控制日益弱化，吏治腐败、贪污横行，加之西方列强入侵，兵连祸结，广大贫民处于水深火热之中，加之云南回汉民族矛盾尖锐，迫使他们铤而走险，揭竿斩木。在这种内忧外患交相叠加的时代背景下，终于爆发了 1847 年的云南回民起义。"大小猛统地方游匪约一千余人，借口道光十九年（1839 年）客民械斗之嫌，于十月十五日闯入缅宁新寨，强抢仇杀"③，"凶徒千百为群，远由土司地界肆扰边界，且以事隔多年之

---

① 贺长龄：《恭报途次接篆并抵滇日期折》，《耐庵奏议存稿》（卷 11），台湾成文出版社，1968 年版，第 121 页。

② 李星沅：《访查回务大概情形并现在筹剿缅匪先饬臬司出省策应折子》，《李文恭公奏议》，（卷 13），文海出版社 1969 年版，第 309 页。

③ 李星沅：《游匪滋事请将该管总兵先行议处折子》，《李文恭公遗集》（卷 13），上海古籍出版社 2002 年版，305 页。

案，乌合无业之人，或匪或回，几难区别，忽聚忽散，尤易蔓延"①，"滇回杂处，实繁有徒。始因口角微嫌，动辄纠众仇杀，久之很戾成谷，视若固然。于是外来游匪，惟恐彼此无事，或从中构煽，或假冒横行。既借回寺之公费，以便瓜分；又恃回众之齐心，以肆荼毒。故回与民常争斗，无仇妄云有仇，即回与回亦相寻，无产害及有产，辗转勾结，虚空军部队混淆，强抢凶殴，所在多有，不自今日始，……猛缅滋事，声称回民，报复仍多，无籍之徒附加成群，山径丛歧，距省鸾远，难保不分途窜扰。"② 这实质上是近代中国社会失序、经济萧条、战乱频仍的重要表征，也是社会矛盾极端尖锐、动荡不安的产物。

云南缅宁、云州回民起义，严重威胁到清朝的统治，清政府决定派兵加以镇压。清政府鉴于"总督贺长龄、提督张心禄急於主抚，降者复叛。至是，缅宁匪首马国海被剿亡走，潜结云州回马登霄、海连千等复起事，迤西大震"③。1846 年 8 月清政府决定改派李星沅为云贵总督，执掌云贵近两年时间。

面对蓬勃发展的回民起义，李星沅认真筹划，厉兵秣马，关乎兵政机宜事无巨细，皆亲自过问，做好了战前准备，并制订了切实可行的征剿方略。主要包括战前准备和征剿方略两个方面。

二、征剿准备

不战而屈人之兵乃是用兵的最高境界，只有了解对方的兵力、战略部署，才能做出科学预测，出奇制胜，以少胜多。李星沅虽为一介书生，但也深谙用兵之道。李星沅到达云贵总督任之后，为剿灭起义军，他认真研究、周密部署，事先做好了以下四项准备工作。

1. 了解敌情

要剿灭云州"回匪"，必须摸清"云匪"各方面的基本情况。"冰冻三尺，非一日之寒。"云南回民聚众起义绝非一朝一夕的事情，因此，要事先精心准备，摸清他们的具体情况，包括头目几人、有枪有马若干、如何骚扰、占据几村、四面通几条大路、几条小路、有何山水阻隔、有无来往之人等。只有这样才能做到知此知彼，百战不殆。为了更好地摸清敌情，李星沅亲选得力人员深入云州一带，了解敌情。"臣到任以来，细加察访，情形稍悉，

① 李星沅：《游匪滋事请将该管总兵先行议处折子》，《李文恭公遗集》（卷 13），上海古籍出版社 2002 年版，305 页。

② 李星沅：《附奏查办猛缅匪徒情形片子》，《李文恭公遗集》（卷 13），上海古籍出版社 2002 年版，第 306 页。

③ 赵尔巽：《清史稿》，中华书局 1977 年版，第 1254 页。

筹虑倍深。现饬在事文武，趁此师旅渐集，务须激扬士气，振刷积疲，……待彼穷蹙，痛予歼除。"① 可见，李星沅重视了解敌情和调查研究，唯如此，才能深入敌后、设兵埋设，等待时机，以逸待劳，出奇兵，围而歼之。

2. 举办团练

团练作为一种基层社会控制的社会组织，来源于保甲，是以保甲为基础，以守望相助、武装自保为目的的地方武装。其运作程序是在官方的督导下由地方士绅领衔组建，以村寨为基点，筑碉设卡，坚壁清野，奉行寓兵于农，实施地方武装自卫。旨在强化地方治安和基层控制。为此，李星沅认为，要剿灭云南回民起义，需要就地取材，举办团练，形成强大的后备力量。他分析举办团练的必要性，其理由是：云缅一带地形复杂，便于隐藏逃逸；游匪熟悉地形，来去自如；游匪聚则窜入邻境，散则化整为零，难以捕捉其踪迹；游匪啸聚山林，以打家劫舍为生；要彻底剿灭游匪，须集中大量兵力围歼；各标营相距较远，难以首尾兼顾；滇南山高路滑，不利于行军打战；山地作战，官府优势难以发挥；游匪信息灵通，闻迅即逃，难以围而歼之；单独官府围剿，劳民伤财，无功而返。"云缅一带地接边陲，林箐丛杂，游匪习知路径，便捷自如。外则遁出夷方，内则窜入邻境，散归村寨，仍冒良民，啸聚成群，辄行剽掠。若非厚集兵力，无以儆彼凶顽。惟滇省地广人稀，各标营相距弯远，山高石滑，险峭异常，兵行既难兼程，寇至即难立应。一有征调，率多后时，且官兵以火器为先，施诸狭隘则不便；匪党以野战为利，御以整队则弗宜。又或兵未及齐，贼已先遁；兵方渐撤，贼复来。劳逸之势攸分，攻守之策宜豫。"② 接着他分析了举办团练剿灭回民起义的好处，主要囊括：实现自卫目标；可以逸待劳；无调拨粮饷之忧，无长途跋涉之烦；寓兵于农，可减少财政开支；农家修筑堡垒，可实现自保；可弥补官家剿匪之不足。"欲期简易可行，莫如团练之法，人自为卫，农即为兵。寇至则修我戈矛，寇去则入此室处。无调发之扰，无跋涉转徙之烦。不必何其方来，而常存备御；不必极其所住，而各固藩篱。以治匪而不劳，以辅兵所不逮，计无便于此者。"③ "实力奉行，因地因时，相保相助，有裨于边备而无借于军需。……久之，汉回协和，联为一气，游匪无所托足，或亦

---

① 李星沅：《附奏举行团练片子》，《李文恭公遗集》（卷13），上海古籍出版社2002年版，第314页。

② 李星沅：《附奏举行团练片子》，《李文恭公遗集》（卷13），上海古籍出版社2002年版，第314页。

③ 李星沅：《附奏举行团练片子》，《李文恭公遗集》（卷13），上海古籍出版社2002年版，第314页。

化莠为良之道。"① 总之，李星沅主张举办团练，既可以减少国家的军费开支，又可以加强民族团结，使兵农合一，增强地方的战斗力，也能达到瓦解回民起义军的作用。

3. 督促训练

只有训练有素的将士才能在激烈的战斗中保存自己，消灭敌人，才能取得战争的最后胜利。李星沅作为云贵总督，作为剿灭云州起义军的最高统帅，熟谙此道理。他亲自视察，了解省营官兵的训练情况，主张裁汰年老技差的士兵，提高军队战斗力。"计阅伍尚需时日，而督抚两标城守，近隶会垣，自当首先整顿。其年技庸员弁，数月以来节经就近考察斥除。兹于二月十二、十三、十四等日，传齐六营官兵复加阅看，所有合操大阵，队伍整齐，马步射亦多命中，藤牌刀械等项颇能扑击如式，并以火器最要，先期通饬各营，凡考缺放粮，均视枪炮为准，务各演放纯熟。此次中数可观，进退连环，声势亦皆联络。除将技艺出众各名分别拔补、存记、捐赏示奖外，馀立限勤操。"② 李星沅重视调查研究，实事求是，一切从实际出发，提出制敌的策略，以及加强训练的必要性。其理由有：滇省山高路陡，要剿灭游匪，必须勤加训练；武器使用必须准确无误，方能有克敌制胜的把握；操练要注重实用，避免繁文缛节。"惟滇省跬步皆山，步骤必须矫健，现设铅瓦跑坡之法，使其足力不疲。滇人肩北习劳，徒搏转形怯弱，现设予杆刺靶之法，使其手力有准。滇兵向少征调，日久宴安，不知好强角胜，现设悬赏夺标之法，使其身材习于便捷而亦易于奋兴。至花法本属繁文，现在删定课程，以简要收实济；兵数颇虞缺额，现在督责镇将，以强壮易虚赢。"③ 通过督促训练在一定程度上提高了官府军队的战斗力，为剿灭云南回民起义奠定了坚实的基础。

4. 亲抓后勤

常言道："兵马未动，粮草先行。"后勤军需补给的充足与否直接决定战争的胜负，充足的军需补给是战争取得胜利的重要保证。为了确保征剿的顺利进行，李星沅未雨绸缪，战前做好了充分的准备，亲抓后勤补给工作，建立粮饷军械的采购机构，设立转运分局，并选派得力人员督促办理。为了

---

① 李星沅：《附奏举行团练片子》，《李文恭公遗集》（卷13），上海古籍出版社2002年版，第314页。

② 李星沅：《奏报校阅省营官兵情形折子》，《李文恭公遗集》（卷13），上海古籍出版社2002年版，第332页。

③ 李星沅：《奏报校阅省营官兵情形折子》，《李文恭公遗集》（卷13），上海古籍出版社2002年版，第332页。

保证军械、粮饷的及时供应，为了保证足够的军需银两，李星沅向道光帝奏请拨发剿"匪"军需三万两，"查大小猛统地方游匪闯入缅宁界内滋事，经前兼署督臣陆建瀛奏请于边费项下动拨银一万两，委员解往备用在案。臣查此次"回匪"肆扰边隅，节经先后调拨腾龙、普洱、威远、鹤丽等镇协营并提标官兵前往合力攻剿，现在陆续云集。所有军火、粮秣、行装、夫马等项需用浩繁，前解银两窃恐不敷支给，自应宽为筹备。应请仍于溢课备边项下，酌拨银三万两存贮，一面委员先解银一万两赴大理府库交收备用，此后如再不敷，即行酌量筹款拨解，以资接济"①。军营有粮，作战不慌。李星沅只有通过请求朝廷拨款，才能确保军粮供应充足，才能保证军心稳定。否则，军心涣散，不攻自破。

三、剿"匪"方略

战争既是双方力量的格斗，亦是智谋的较量。李星沅在镇压回民起义军之前，厉兵秣马，亲自调查，善于根据时代的变化和实际要求，以时间、地点、条件为转移，善于把原则性和策略的灵活性结合起来，吸取了上次贺长龄镇压云南回民起义军失败的教训，制定了正确的剿"匪"策略，主要有以下五个方面。

1. 施保甲办团练

保甲和团练是封建政权控制城乡的制度和组织。保甲旨在控制人口流动和维持地方治安，以及地方政府征收田赋、漕粮和组织征召劳役。而团练是民间武装力量，两者基本上控制在绅士和地主手里。为了镇压云南回民起义，一方面，李星沅在缅宁、云州一带推行保甲制度，规定五家为一甲，设一甲长，五甲为一保，设一保长，要求回民严格监视陌生之人和可疑人员，一有风吹草动，即向族长禀报，使起义军无立足之地，无藏匿之所，促其自行解散，达到瓦解起义军的目的。另一方面，李星沅还在缅宁、云州一带举办团练，化民为兵，密切监视起义军的行踪，增强政府剿灭起义军的力量，又可减少政府的开支。即所谓"公当保甲以清内匪，团练以御外匪"②。为了化解回汉民族之间的民族隔阂和纠纷，消解彼此之间存在的冲突及其社会隐患，李星沅还要求掌教衿耆负责处理回民事宜，宗族保长负责办理汉人事

---

① 李星沅：《附奏动拨军需银三万两片子》，《李文恭公遗集》（卷13），上海古籍出版社2002年版，第315页。

② 李星沅：《附奏覆陈办理云回通盘筹划片子》，《李文恭公遗集》（卷14），上海古籍出版社2002年版，第344页。

务，互不相扰。"回民责成掌教衿耆，汉民责成张保族长，各清各户，无听纠约，无任容留，务令匪党自行解散。"①

2. 分途堵剿

分途堵剿有利各个击破，以逸待劳，使回民起义军陷于南北夹击、逃窜无门的境地，以达到消灭之目的。为了剿灭回民起义军，针对他们行踪不定、难以捕捉其踪迹且与民众互通声息的实际情况，李星沅采取机动灵活的措施，制定了分途堵剿的正确策略，采取择险要而据守，逐层布防，四面拦截，突发奇兵，围而歼之的方针加以镇压。"现责成提镇迅将后路甫到之兵，仍于云缅附近扼要驻扎，一面督前路官兵相度云州各隘口，逐层布置周密。谕令该回寨指拿前劫重囚，及商同劫囚并现在逃匿各犯，如敢负固不服，玩延不交，立即统带兵练四面攻剿。仍追查缅宁滋事首要匪徒，如果潜聚小猛统，即严饬镇康土司密定期约，协同官兵内外兜拿，无令狡脱蔓延，以期丑类剪除，善良安戢。"② 可见，实行分途堵剿，便于隐蔽力量，长期埋伏，以逸待劳，集中优势兵力消灭起义军。

3. 攻心为上

心理因素是影响人的行为的重要因素。在战争过程中，正确把握对方的心理就能出奇制胜，取得事半功倍、意想不到的效果。李星沅熟谙此道理，采取了攻心为上的策略，既可以达到消灭回民起义军的目的，又可以达到减少自己的兵力损失、使对方找不到攻讦自己的口实，使征剿回民起义军名正言顺、顺理成章，可谓一箭双雕。他分析此次剿灭起义军使用攻心为上的理由，"此次剿办'云匪'，臣揆度机要，内回富而外回贫，外回强而内回弱，与其滥杀而徒滋借口，何如密计而先务攻心"③。由于李星沅熟读经史、深谙兵法，攻心之计果然奏效，"果能奋勇出奇，全力制回，即可以回擒回，并可以回擒匪。既破护伙之习，兼示歼渠之威，且日后报复无所归怨"④。可见，攻心为上的策略既可灌输封建传统伦理道德，教化民众，达到化解回汉民族矛盾、促进民族团结的目的，又可"以回制回"，达到不战而屈人之

---

① 李星沅：《附奏查办猛缅匪徒情形片子》，《李文恭公遗集》（卷13），上海古籍出版社2002年版，第306页。

② 李星沅：《堵剿缅宁回匪折子》，《李文恭公遗集》（卷13），上海古籍出版社2002年版，第313页。

③ 李星沅：《附奏覆陈办理云回通盘筹划片子》，《李文恭公遗集》（卷14），上海古籍出版社2002年版，第344页。

④ 李星沅：《附奏覆陈办理云回通盘筹划片子》，《李文恭公遗集》（卷14），上海古籍出版社2002年版，第344页。

兵的目标，使回民起义军无处遁身，不战自败，不攻自破。

4. 乘胜追歼

乘胜追歼就是利用残敌疲于奔命、疲惫不堪以及担惊受怕的恐慌心理，乘胜追击，消灭逃窜之回民起义军。这样做可以取得事半功倍的效果。李星沅主张在趁回民起义军惊慌失措、溃不成军的时候，乘胜追歼，打它个措手不及。"趁此兵有余勇，贼有惧心，自应分路搜擒，严加整顿。又前次缅宁股匪逃入猛统地方，旋即闻风散匿，仍饬确切侦探，密速堵拿。虽蚩氓反覆何常，积怨衅端易启，未必因此一举，遂就帖然。惟当非种必锄，无稍姑息，使之有所畏而势不逞，产有所忌而党不坚，似可渐祛恶习。臣故曰治回必先治匪，匪不治则回不治，即汉亦不治也。"① 可见，乘胜追歼之策略，使官军主动出击、而起义军被动逃跑，以最小之代价换取最大之胜利，取得事半功倍的社会效果。

5. 加强巡防

征剿回民起义军是一项复杂的综合工程，稍有不慎，就会满盘皆输，达不到剿灭起义军的目的。因此，李星沅为了保障征剿回民起义的成功，特派专门人员巡查各州，深入各地要隘，察看地形，了解回民起义军出入的动向，加强巡查，设立哨卡。"各路严巡卡，以杜匪之往来"②，旨在防范回民起义军窜扰，影响社会秩序。另外，为了配合征剿行动，密切监视回民起义军，李星沅派人调查其户籍及藏身之处，令"各厂严簿籍，以防匪之出入"③。使回民起义军惊惶失措，束手无策，被迫就擒。

四、征剿情况

在李星沅的精心策划和正确指挥下，征剿行动进展顺利，取得了巨大成绩。"嗣据云州大营按日飞报，官兵先后接伏数十次，约毙贼匪六七百名，生擒三十七名，又寨回勒献二十名，又各乡练堵拿截杀击沉无数，匪党始就肃清。"④

---

① 李星沅：《附奏覆陈办理云回通盘筹划片子》，《李文恭公遗集》（卷14），上海古籍出版社2002年版，第344－345页。

② 李星沅：《附奏覆陈办理云回通盘筹划片子》，《李文恭公遗集》（卷14），上海古籍出版社2002年版，第344－345页。

③ 李星沅：《附奏覆陈办理云回通盘筹划片子》，《李文恭公遗集》（卷14），上海古籍出版社2002年版，第344－345页。

④ 李星沅：《审结云州回匪全案折子》，《李文恭公遗集》（卷14），上海古籍出版社2002年版，第335页。

表4-2 李星沅剿灭云南回民起义军具体情况对照表

日 期	剿 匪 具 体 情 况
1846 年 12 月 11 日	总兵李能臣随带亲兵并偕试用知县胡道骧前往筹剿,扎营蛮朵山。李能臣即开劈山炮轰毙数十人。
1846 年 12 月 12 日	李能臣督饬官兵及练总杨仲灵等仍用劈山炮轰毙数匪,并将执旗鸣、锣二犯立即击毙,贼即拖尸逃回。水磨有匪一股,被左大雄带练击退。
1846 年 12 月 14 日	李能臣分兵三起,亲带委员胡道骧临阵督催,连用大炮轰震贼巢,该项匪甫出,被击退入山坡观音阁内。李能臣督同左大雄率领兵练奋勇攻击,将阁用炮轰倒,压毙贼匪多名,余匪逃窜。兵练复行追杀,又毙无数;游击倭什浑泰、署游击陈得功、署都司周鸿勋、吕盛元等率兵练直攻贼巢,是日歼毙贼匪约有百余名。
1846 年 12 月 21 日	李能臣分兵三路攻打,并设埋伏接应,佯败诱战,共毙贼匪五六十名,左大雄带练冲杀,又毙贼匪二十余名。又李能臣飞催猛麻、猛猛各练及续调腾越各练,连日并力环攻,轰毙贼匪无数,并割获首级存记。又生擒贼匪茶五十六、赖金祥、吴开先、陈政、毕上淋、黎小科、李发、徐小黑等犯。又练总许登成在回寨南栅外截杀中山来援"回匪"二十余人,生擒二名。又练头祁泰在丙陇小寨截杀烧抢"回匪"十八人;兵练四面拦截,开枪轰击,击沉"回匪"三百余人。
1846 年 12 月 24 日	先将绞犯马子鸣、易帼亮二名捆送,依律处决。抓获马世宝、罗真、张帼正、马升贵、谢郎子、黄添溃等匪徒并收缴铜炮、抬枪、鸟枪、予杆各件。
1847 年 1 月 10 日	李能臣将兵练分五股环攻,贼亦分股出迎,歼毙四五十名。
1847 年 1 月 26 日	东川营参将爱心阿分兵往捕,连得胜仗。将马效青拿获,随即攻破该寨,前后歼毙贼匪六七十名,斩级十一颗,搜获马秉良、马二白、马廷选、马凌云、杨岑、李四林、马七二、马从陇、马小老等犯及劈山炮、鸟机炮、赶羊鞭、枪予、贼旗等件,又回寨抓获马得喜一犯。同日,缅宁、顺宁两厅县访获私造火药硝斤售卖人犯杨发总、李老三、李耀川、杨其淋、杨正玉五名,查案内首要匪犯除当场歼毙九名,余俱全获,伙匪亦就歼灭。
1847 年 3 月 5 日	总兵李能臣、顺宁府知府黄德濂、督同该州文武,于猛浪访获逸犯黄小喜一名,依律处决;又于新村访拿新兴州外回黑脸马五、马满大等犯。该二犯持械拒捕,当经兵役格杀,割取首级;生擒匪党郭万年、张小老、马庭汶、马富、吕会原、李春有等六名。

资料来源:

①李星沅:《审结云州回匪全案折子》,《李文恭公遗集》(卷14),上海古籍出版社2002年版,第335-341页。

②李星沅:《附奏搜除云州零匪片子》,《李文恭公遗集》(卷14),上海古籍出版社2002年版,第358页。

经过将近一年的时间，李星沅运筹帷幄，统筹全局，成功地镇压了云南回民起义军，其首领张富、马效青、马登宵、马秉良等人被捕并执行凌迟处死，云州回民起义军基本上被肃清，西南地区的社会秩序得以稳定。由于李星沅剿灭回民起义军得力，受到了道光帝的嘉奖，"李星沅调度有方，办理迅速，着赏加太子太保衔并赏戴花翎，以示优奖等因。钦此"①。简言之，李星沅殚精竭虑征剿回民起义军，取得了巨大成功，为日后派往广西镇压太平天国运动埋下了伏笔。

五、成功原因

1. 奖惩分明

俗话说得好："文武之道，一张一弛。"用人也是如此，既不能苛责太甚，亦不能宽容太过，难以约束驾驭。对待文武官员要赏罚分明，要宽严互用，既要授之以利，又要动之以情，双管齐下，形成和谐的社会氛围。李星沅深谙用人之道、识人之明、用人之智。李星沅对奖罚分寸拿捏得比较到位，他对勤于政事、廉洁奉公、有才能的官员给以奖励，予以提拔重用；同时，对玩忽职守、贪赃枉法又无才能之徒给予严惩，予以罢职降职，因此，能员得奖，无能者则受罚，务使官员能各尽其能，为国效劳、为民服务。在镇压回民起义过程中，李星沅为了调动文武官员征剿的积极性，一以贯之、坚持不懈地推行以赏罚分明为基本原则的奖惩制度。"赏罚为先。非有赏罚，则军政不明；止有赏而无罚，则军威不肃。"② 对在这次征剿回民起义出力大的官员奏请朝廷，予以奖励提拔。如云南按察使普泰，"布置周妥，威信交孚，人心安帖"③，请旨交部从优议叙；顺宁府知府黄德濂，"勇于任事，明于审机，具有成算，任怨任劳，始终一力"④，请旨即行升用；开化府知府宝俊，"审讯首犯，静密有谋，精勤无间"⑤，拟请赏加道衔；试用知

---

① 李星沅：《恭谢赏加太子太保衔并赏戴花翎折子》，《李文恭公遗集》（卷14），上海古籍出版社 2002 年版，第 335 – 341 页。
② 李星沅：《查参军务不力各将备折子》，《李文恭公遗集》（卷14），上海古籍出版社 2002 年版，第 345 页。
③ 李星沅：《奏保云州回务出力文武员弁折子》，《李文恭公遗集》（卷14），上海古籍出版社 2002 年版，第 354 – 356 页。
④ 李星沅：《奏保云州回务出力文武员弁折子》，《李文恭公遗集》（卷14），上海古籍出版社 2002 年版，第 354 – 356 页。
⑤ 李星沅：《奏保云州回务出力文武员弁折子》，《李文恭公遗集》（卷14），上海古籍出版社 2002 年版，第 354 – 356 页。

州胡道骧，"擒拿匪犯十数人，办理善后，机智能事，胆识俱优"①，拟请尽先升用；候补盐提举夏光煜，试用通判孙炳、准升知县景尧春、候补按经历吴荣昌，"经理文案，稽核军粮，委审初获各犯，均以细心详慎，深得要领"②，拟请尽先补用；禄丰县知县张锦，"化导汉回数月，奔驰不辞劳瘁"③，拟请赏加同知衔；南宁县白水巡检周锡桐、丽江县典史郭贞廉，"堵截'回匪'去路，甚为得力，帮办粮局亦能明晰钩稽"④，拟请尽先升用；东川营参将爱兴阿，"歼毙匪犯七十八名，搜获匪犯等十三名，擒要犯一名"⑤，拟请赏换花翎，以副将升用；鹤丽镇压游击倭什浑泰、候补都司怀唐阿，"总理营务，相度地形，分合进剿，连得胜仗，贼始穷蹶"⑥，倭什浑泰拟请赏戴花翎，怀唐阿拟请赏戴蓝翎，等等。详情请见下表4-3。

表4-3 李星沅奏请表彰征剿回民起义军有功官吏情况表

序号	征剿云南回民起义有功之官吏及其基本情况
1	该司经臣饬委先赴大理府城筹贮军饷，旋以蒙化回寨素称犷悍，附近复有浮言，迅即移驻弹压，并为大营策应，各路布置周妥，威信交孚，人心安帖。拟请旨交部从优议叙。
2	署迤西道准升顺宁府知府黄德濂，该员勇于任事，明于审机，设间擒渠，具有成算。至筹饷节慎，鞫犯精详，均极任怨任劳，始终一力，拟请旨以道员交部记名，即行升用。
3	开化府知府宝俊，该员奉委出省，往来顺宁云州，会同署迤西道悉心筹剿，并讯明犯事首要，相机饬拿，静密有谋，精勤无间，拟请赏加道衔。
4	试用知州胡道骧，该员随赴大营分带兵练围剿，密谕回寨衿耆，开诚授计，擒献首从各犯至十数名之多，近复委署云州办理善后，机警能事，胆识俱优，拟请旨免补本班，以同知直隶州不论繁简，尽先升用。

① 李星沅：《奏保云州回务出力文武员弁折子》，《李文恭公遗集》（卷14），上海古籍出版社2002年版，第354-356页。
② 李星沅：《奏保云州回务出力文武员弁折子》，《李文恭公遗集》（卷14），上海古籍出版社2002年版，第354-356页。
③ 李星沅：《奏保云州回务出力文武员弁折子》，《李文恭公遗集》（卷14），上海古籍出版社2002年版，第354-356页。
④ 李星沅：《奏保云州回务出力文武员弁折子》，《李文恭公遗集》（卷14），上海古籍出版社2002年版，第354-356页。
⑤ 李星沅：《奏保云州回务出力文武员弁折子》，《李文恭公遗集》（卷14），上海古籍出版社2002年版，第354-356页。
⑥ 李星沅：《奏保云州回务出力文武员弁折子》，《李文恭公遗集》（卷14），上海古籍出版社2002年版，第354-356页。

（续表）

序号	征剿云南回民起义有功之官吏及其基本情况
5	候补盐提举夏光煜，试用通判孙炳、准升知县景尧春、候补按经历吴荣昌，该员等经理文案，稽核军粮，委审初获各犯，均以细心详慎，深得要领。夏光煜、孙炳、吴荣昌拟请旨各以本班尽先补用。
6	禄丰县知县张锦，该员随同臬司前赴蒙化筹防要隘，化导汉回数月，奔驰不辞劳瘁，拟请赏加同知衔。
7	准升府经历陈庆基、候补府经历郑自耀，该员等委管粮台支应，出纳详审，条理分明。陈庆基方获汉奸黎小科一名，又向回寨勒献首犯海连升一名，郑自耀访获缅宁逃出要犯马占魁一名，均拟请免补本班，以知县归部尽先选用。
8	南宁县白水巡检周锡桐、丽江县典史郭贞廉，该员周锡桐随营带练堵截"回匪"去路，甚为得力，帮办粮局亦能明晰钩稽，郭贞廉随赴猛浪剿匪，擒解要犯马效青即大白象一名，均拟请以府经历县丞尽先升用。
9	腾越镇总兵降一级调用李能臣，该总兵直朴性成，夙尚骁勇，此次先经奏劾，尤极愧奋敢前，亲督将备兵练分布九营，四面围剿，叠次歼擒匪犯，合营推为首功，拟请旨开复总兵，免其降调，仍留云南补用。
10	东川营参将爱兴阿，该将由大营分剿猛浪，攻破贼巢，歼毙匪犯七十八名，搜获匪犯马秉良、马二白等十三名，及劈山炮、鸟机炮、赶羊鞭、枪予、贼旗等件，又计擒要犯马效青即大白象一名，该将原戴蓝翎拟请赏换花翎，以副将升用，先换顶带。
11	鹤丽镇压游击倭什浑泰、候补都司怀唐阿，该将等随同提镇总理营务，相度地形，分合进剿，连得胜仗，复于文笔山等处，督放九节大炮轰击贼营，贼始穷蹶，倭什浑泰拟请赏戴花翎，怀唐阿拟请赏戴蓝翎。
12	腾越镇压都司吕飞鹏，该都司管带普洱官兵扎营云州东路，合攻贼寨歼击多匪，复擒获要犯马逢春一名，夺获贼炮一具，拟请以游击尽先升用。
13	腾越镇守备杨遵、鹤丽镇守备吕盛元、永昌协守备周鸿勋、大理营千总陈章，该守备等由乐党进兵，时有斩获。观音阁一战，施放大炮，轰振贼巢，冒雨直前，抢击毙贼无数。杨遵曾受枪伤，嗣复，叠用火箭、火球飞入寨内，贼多毁伤溃乱，杨遵、周鸿勋本以都司尽先升用之员，应与千总陈章均拟请赏戴蓝翎，吕盛元拟请以都司尽先升用。
16	鹤丽镇千总和鉴，该千总先在大营逐日打仗杀贼，复随参将爱兴阿前往猛浪攻剿贼巢，奋勇搜洗，不遗余力，拟请以守备尽先升用。先换顶带，后再叙议。
17	腾越千总汪海、鹤丽镇千总杨长桂、维西协千总李高，该千总等屡次带兵进攻回寨，歼毙贼匪多名。李高设伏竹林，接应兵练，杀贼身受枪伤，杨长桂肋伤未愈，仍即奋勇接仗，复伤左肩，汪海由三棵树直朴贼寨，当先冲击，右乳下致被枪伤，洵属奋不顾身。均拟请以守备尽先升用，杨长桂并拟请赏戴蓝翎，汪海并拟请赏加司衔。

（续表）

序号	征剿云南回民起义有功之官吏及其基本情况
18	腾越明光隘土守备衔左大雄，该土弁深明大义，有勇知方，当进攻云州时先毁乐党，连战克捷，直逼贼寨安营，象山贼焰顿消，兵威益振。及事竣撤练，犹复搜擒零匪，到底不懈，足当边地干城。拟请旨以土守备衔必为土守备世职承袭，用昭奖励。
19	维西土弁王荣喃世禄，该土弁等管带维西傈傈练，协同官兵临阵杀贼，最为出力，均拟请赏戴蓝翎。

资料来源：李星沅：《奏保云州回务出力文武员弁折子》，《李文恭公遗集》，（卷14），上海古籍出版社 2002 年版，第 354－356 页。

与此同时，李星沅对镇压回民起义玩忽职守、办事不力的官员加以严惩，予以降职。如景蒙营游击鸣起、署腾越左营都司安如嵩、新习营守备张连仲扎营水磨一带，"有外匪搬运火药，乘便混入寨内，未能立刻兜拿，殊属堵截不力"[1]；威远营参将扎克当阿甫由缅宁地区进兵，"匪徒先窜云寨，提镇飞饬移驻新兴街，行程稍觉迟缓，殊属移营不力"[2]；景蒙营守备李廷相，"奉委带兵防堵蒙化神舟渡，逾月未报起程，随由大营札催，亦未明白禀覆，殊属赴调不力"。[3] 以上各员拟请"在营记过记责，以观后效"[4]。又如代办顺宁府彭衍墀，于上年十月因缅宁回民起义驰往弹压，回民起义军首领张富、马效青已经投诚，但并未向上司禀报，"该二犯到缅，致被匪徒裹胁，绝不知有防范，又未立时禀明。经臣密饬镇道严速侦访，并提各犯根究，始悉该二犯潜匿云州，是该员彭衍墀既已率妄于前，又复含混于后，实属糊涂荒谬[5]。请旨将代办顺宁府晋宁州知州彭衍墀即行革职，

综上所述，可以看出，李星沅具有较强的政治驾驭能力，他能游刃有余地运用奖惩机制，在镇压回民起义过程中，始终坚持以物质奖励以辅、以精神奖励为主的管理原则，始终贯彻"当奖则奖，该罚当罚"的办事规则，

---

① 李星沅：《查参军务不力各将备折子》，《李文恭公遗集》（卷14），上海古籍出版社 2002 年版，第 345 页。

② 李星沅：《查参军务不力各将备折子》，《李文恭公遗集》（卷14），上海古籍出版社 2002 年版，第 345 页。

③ 李星沅：《查参军务不力各将备折子》，《李文恭公遗集》（卷14），上海古籍出版社 2002 年版，第 345 页。

④ 李星沅：《查参军务不力各将备折子》，《李文恭公遗集》（卷14），上海古籍出版社 2002 年版，第 345 页。

⑤ 李星沅：《查参军务不力各将备折子》，《李文恭公遗集》（卷14），上海古籍出版社 2002 年版，第 345 页。

努力做到有过则罚、有功则奖、奖惩适度、恩威并用，取得了预期的激励效果。李星沅之所以能够成功地镇压了云南回民起义军，这与他采取奖惩分明的激励机制密切相关。

2. 措施得力

计划周密、措施得力是李星沅镇压云南回民起义取得成功的重要保障。深入了解敌情，摸清云南回民起义军的藏身之处及周边环境等，为制定正确的战略部署提供了重要前提；举办团练，既减少了国家的军费开支，又加强了民族团结，又可做到兵农合一，增强地方的战斗力，达到瓦解回民起义军的目的；通过督促训练在一定程度上提高了清军的战斗力，为剿灭云南回民起义提供了保证；李星沅为了保证军需物资的供应，亲抓后勤补给，为征剿的胜利解除了后顾之忧；施保甲，使回民起义军无立足之地，无藏匿之所，迫使他们自行解散，达到瓦解之目的；分途堵剿有利于各个击破，以逸待劳，使回民起义军陷于南北夹击、进退维谷的境地；攻心为上之举措，既可以达到消灭回民起义军，又可使对方找不到攻讦自己的口实，使征剿回民起义军名正言顺、顺理成章。总之，各项措施环环相扣，形成了强大的合力，真正做到了官民一致、军民一致、上下一心，成为战胜回民起义军的强大力量，促进了征剿行动的顺利进行。

六、结语

1847 年的云南回民起义，是汉回民族矛盾激化的产物。经济基础决定上层建筑，社会存在决定社会意识，一定时期的思想文化是一定时期政治经济上的反映。李星沅作为传统的封建士大夫，将云南回民起义视为"犯上作乱"之叛逆行为，严厉地镇压云南回民起义军，这是由其地主阶级的阶级局限性决定的。李星沅坚决地镇压云南回民起义，其目的在于巩固清王朝的反动统治，维护封建地主阶级的既得利益。不过，李星沅在剿灭云南回民起义的过程中，由于剿抚得当，妥善地处理了汉回民族矛盾，严惩了肇事者，将其绳之以法，既不偏袒汉人，也不滥杀回民，尽力化解民族矛盾，劝导汉回和好。他认为"治回必先治匪，安回即以安民"①，可见，李星沅在镇压云南回民起义过程中，较好地处理了汉回之间的民族关系，采取了剿抚并用的征剿策略，他只对一部分负隅顽抗的回民起义军进行征剿，而对有可

---

① 中国史学会编：《回民起义（一）》，上海人民出版社 2000 年版，第 142 页。

能争取的中间力量则采取招抚政策，进行道德教化和伦理灌输，并未将回民视为"域外之民"，也未带丝毫民族偏见与民族歧视的心理对其不分青红皂白、盲目地加以镇压，而是在镇压的同时，开展了卓有成效地安抚工作，大张旗鼓地宣传回汉民族"本为一家"的思想，客观上有利于缩小民族隔阂，化解回汉各民族之间的矛盾，促进了西南地区的社会稳定和民族团结，对此，我们必须厘清，因而其历史地位是应该肯定的。

第四节　总督两江

两江总督，正式官衔为总督两江等处地方，提督军务、粮饷、操江、统辖南河事务，是清朝九位最高级的封疆大臣之一，总管江苏、安徽、江西三省的军民政务。清初江苏和安徽两省辖地同属江南省，初时该总督管辖的是江南和江西的政务，因此，号称两江总督。两江地区自古以来钟灵毓秀、人杰地灵、人文荟萃，以文学著作出名的桐城派，以今文经学闻名的常州学派，均来自两江地区；清代科举考试的鼎甲人物，也大都出自两江地区。两江地区在整个清代的政府财税收入中扮演了十分重要的角色。"计天下财富，惟江南、浙江、江西为重，三省中尤以苏、松、嘉、湖诸府为最。"①清代财政收入，盐课为巨，天下盐务，两淮最多。由此可见，两江地区是全国的经济重心和文化中枢，地位至关重要，治理的好坏，直接关系到整个大清王朝的命运。

两江总督历来是清代督抚官员中最重要的职务，1847 年，道光帝任命李星沅接任两江总督，让他奉命统率文武，节制巡抚、提督、总兵等官，总理粮储、江南河务，充分体现了道光帝对李星沅的品德、才能以及办事能力的信任，放心地将江南地区的重任交给他。李星沅对皇帝感激涕零、感恩戴德。他说："所有微臣感激惶悚下忱，谨缮折叩谢天恩。"② 可见，提拔和罢黜作为统治阶级治理与稳定社会的重要手段，成为驭人治国的重要权柄。若运用得当，就能发挥激励功能，有利于提高官员的忠诚度，增强官员的成就感和荣誉感，为挽救社稷而效犬马之劳，有利于形塑公正合理的社会运行机

---

① 赵尔巽主编：《清史稿·食货志》，中华书局 1977 年版，第 3527 页。

② 李星沅：《恭报到两江总督任折子》，《李文恭公遗集》（卷 15），上海古籍出版社 2002 年版，第 361 – 362 页。

制和道德回报机制。若运用不当，则易成为社会不公正的渊薮，成为加速统治集团腐化的催化剂。

李星沅执政两江期间，其成绩是值得肯定的，主要体现在以下三个大的方面。

一、整饬边防

鸦片战争的惨败使中国开始变为半殖民地半封建社会，逐步沦为资本主义世界的附庸。它向国人敲响了时代警钟，清楚地向世人诠释了"落后就要挨打""弱国无外交"的道理。为了挽救民族危亡，洗刷民族耻辱，改变中国贫穷落后的面貌，实现富国强兵和中华民族伟大复兴的美好愿景，一些开明的封建官僚、士大夫、绅士开始从"天朝上国"的迷梦中苏醒过来，积极倡导向西方学习，果敢地抛弃了以"华夏中心"的陈腐观念，从闭目塞听、愚昧无知的牢笼中挣脱出来。为了彻底抛弃碌碌无为、暮气沉沉的官场习气，他们一方面对逃避现实、自我陶醉、自欺欺人、粉饰太平的可耻行为进行了猛烈地抨击；另一方面，他们睁眼看世界，从传统的封建义理的废书堆中走出来，倡导经世致用思潮。于是他们便大声疾呼，响亮地喊出"师夷长技以制夷"的口号，唱响了时代的最强音，在思想文化领域起到了振聋发聩、发人深省、催人奋进的作用，如同"思想界之大飓风""火山大喷发"。而李星沅便是其中的佼佼者。总之，鸦片战争失败如一副清醒剂，使其清楚地认识到：只有巩固边防，建立强大的军队，增强军队的战斗力，才能捍我江山、保我大清、固我国土、卫我子民，真正实现国富民强。

（一）整顿海防

近代以来，西方的坚船利炮打开了封闭已久的中国大门，作为地主阶级的开明知识分子、封疆大吏的李星沅开始认识到海防建设的重要性，海防建设关系到国家的兴衰存亡，关系到社会稳定，得海权者兴，失海权者衰。增强海洋意识，建设海洋强国，已成为时代的呼唤。

1. 直陈海防弊端

鸦片战争爆发以后，我国海防弊端已暴露无遗，武器装备之差，防御能力之弱、怠于操练日久已日益凸显。李星沅从我国的实际情况出发，指谪时弊，娓娓道来，具体分析了我国海防建设存在的严重问题，分类别类、翔实具体地罗列了我国江南海防存在的诸种弊端，主要囊括：使用的弓箭弓力较差，达不到预期目标；枪箭的准头有失锋利，尚不构成杀伤力；演放大炮的架势存在问题，有待改进之处；水师优秀人才匮乏，军队战斗力大不如前。"江省营务近年稍觉改观，而弓力之等差，枪箭之准头，演放大炮之架势，就省标而论，仍未能劲悍过人；将备中出色之员，亦不多见。"① 李星沅针对海防建设存在的严重问题进一步分析了中国军队羸弱、不堪重负的原因，主要包括：天下承平日久，军备废弛；长期重文轻武，军旅之事不修；大清水师不守战略要地，国家安全令人担忧；水师舰船炮械应当按月巡哨，却徒具空文，流于形式；一旦发生盗劫之事，水师官员相互推诿；水师将领为息事宁人，大都粉饰太平，弄虚作假。"我国家承平日久，民不知兵，复以吴越秀良重文轻武，军旅之事渐少修明，几为当时通弊。水师不扼腕，殆又甚焉。盖内洋外海风云沙线之辨，颇少传入。举凡师船炮械按月巡哨，向多视为具文。一有盗劫之案，辄先妄指洋图，辗转推诿。即令总兵督缉，将弁禀报出洋，或某日击碎盗船，或某处轰毙盗匪，汪洋大海，谁实见之？虽不尽属子虚，所言殊难凭信。"② 由此可见，李星沅忧心忡忡，鞭辟入里地从国家安全、百姓安危的视角探讨了清朝海防建设存在的弊病，并厘清了大清水师军备废弛、不堪一击的深层原因，其忧国忧民的爱国情怀值得钦佩。

2. 筹建外海水师

李星沅作为两江总督，担负着总理粮储、江南河务，提督军务、粮饷、操江的重要职责，对海防事务可谓忧心忡忡、费尽心思，力图改变我国外海水师防御的落后状态。针对江苏水师废弛、洋面盗劫频传的情况，李星沅提出了筹建外海水师章程五条，形成了独树一帜、颇具特色的海防建设方略。他从磨砺人才、变通营巡、核实会哨、堵缉扼要、配足兵额五个方面来建构我国近代化的海防。

一是磨砺人才。他认为必须建构适合我国水师人才培养的路径：首先，优秀水师人才凤毛麟角，尤为难得，必须在长期的营务实践中磨炼出来，只有这样才能品学兼优、才识兼具、勇谋兼备；其次，必须裁汰庸吏，严明军纪；再次，必须建立赏罚分明的奖惩机制，发挥激励功能，便于优秀人才脱颖而出；最后，大胆提拔优秀人才，做到人尽其才，用人不疑、疑人不用，不求全责备。"人才宜磨砺也。江苏风气柔弱，水师尤难得人。近年洋盗未

---

① 李星沅：《附奏整顿水师片子》，《李文恭公遗集》（卷15），上海古籍出版社2002年版，第385－386页。

② 李星沅：《附奏整顿水师片子》，《李文恭公遗集》（卷15），上海古籍出版社2002年版，第385－386页。

清，从不闻兵船在洋接仗之事。经臣等叠次指参庸劣不堪之镇将，分别革除枷号，并派文职大员督办，各营始知儆畏，勉力出洋。而昏晕、呕吐无状不备，又经汰其已甚，奖其稍可，革除陆兵名目，专从水务取材。数月以来，略有起色，如署参将刘长清、游击黄登第等先后击沉盗船，擒获盗犯，救回被劫商船，皆近来所未有。惟全材甚不易得，要必舍短取长，明定赏罚，优者破格示奖，驾驭而鞭策之，令其知感知奋。"①

二是变通营巡。李星沅认为，营巡是清军水师的重要职责。变通营巡，严令各个水师既巡内海、也巡外海；既春秋统巡，又夏冬兼巡。唯如此，才能使所有水师熟悉海防事务，才能做到有备无患，遇事不慌，一旦发生战事，便能灵活调度，沉着应对。另外，还必须建立统一的管理机构，严格考核制度。唯如此，才能调动水师全体将士听指挥、守纪律、勤训练，将其打造成为一支能征善战的威武之师。他说："营巡宜变通也。苏松、福山两镇，同为外海水师，而苏松镇常年统巡外洋，秋冬兼巡内洋；秋季会哨一次，未免劳逸悬殊。应从道光二十九年正月（1849 年 2 月）为始，苏松镇春秋统巡外洋，夏冬统巡内洋。福山镇夏冬统巡外洋，春秋统巡内洋。狼山镇本系陆路总兵统巡，有名无实，其轮巡外洋官兵应听苏松、福山两镇调度考核。并南汇营都司、守备应与苏松镇标中营等六营一体轮巡外洋，以资练习。"②

三是核实会哨。李星沅认为会哨是海洋水师的前沿阵地，是军队的耳目，在拱卫京师、捍卫海防、防范列强方面发挥着不可或缺的重要作用。只有核实会哨，才能弄清水师官兵有无玩忽职守之事，才能准确无误地知晓东南沿海地区有无战事发生。一旦外敌入侵，便能互通声息，迅速传递战事情报，防患于未然。"会哨宜核实也。定例苏松镇总兵与浙江定海镇总兵，又苏松、狼山、福山三镇总兵及各营将官，按期互相会哨，立法未始不善，近年则该镇将均止派弁由陆路取结呈报，彼此并未谋面，遇有盗案，懦者懵然不知，黠者借词推诿，实为水师之弊。节经臣等咨会浙江抚臣并通饬江苏镇将必须亲往巡哨，一遇盗船，相机兜截，另派干练委员轮驻海口，明察暗访。如再虚应故事，立即密禀核参，徇隐同罪。"③

四是堵缉扼要。战争讲究"天时""地理""人和"三个要素。可见，

① 李星沅：《酌筹外海水师章程折子》，《李文恭公遗集》（卷18），上海古籍出版社 2002 年版，第 523－524 页。

② 李星沅：《酌筹外海水师章程折子》，《李文恭公遗集》（卷18），上海古籍出版社 2002 年版，第 523－524 页。

③ 李星沅：《酌筹外海水师章程折子》，《李文恭公遗集》（卷18），上海古籍出版社 2002 年版，第 523－524 页。

地理位置在战争中发挥的作用极大。李星沅认为，只有占据有利的地形，扼要而守，居高临下，便能以逸待劳，取得事半功倍的效果。他说："堵缉宜扼要也。现查江苏外洋，佘山最为吃紧，臣等遴委参游一员，带领兵船在彼寄定，按季更换。如值该员巡洋之期，即作为过班递推派调。其统巡总兵，除随时游巡外，常年寄定崇明县之黑沙嘴稽查策应。倘仍收泊内港，一经委员查出，严参枷号示众。"① 可见，李星沅将有利险要的地形放在战略的高度加以认识，并对玩忽懈怠、不听指挥的官员严惩不贷。

五是配足兵额。足够的兵额是战争取胜的关键，只有配足兵额，才能调度自如，集中优势兵力歼敌，取得战争的主动权。为此，他改变了以往各舰船兵员配置的不合理性，对各种船舰的兵员进行了重新部署，使之更具科学性与合理性。"配兵宜足数也。原定枯船一只，大舢板船一只，各配兵四十名，小舢板船一只，配兵二十名，栖宿时形拥挤，偶值追逐洋盗，技勇亦颇难施，以致派不足数。臣等自上年间廉得其弊，核定大古船配兵三十六名，大舢船配兵二十四名，小舢板船配兵十六名，无论内河、外海一律照派，试行尚觉相宜。"②

综上所述，李星沅深谋远虑、目光远大、识见高超，在瞬息万变的半殖民地半封建社会的时代，他主动顺应时代的潮流，针对清朝武备松弛、吏治腐败、军纪荡然、军队羸弱的社会现状，大胆地提出筹建外海水师的战略构想，并提出建设外海水师的五条建设性意见，实属难能可贵。这对加强清王朝的海防建设，抵御西方列强的入侵起到了一定的作用，同时也为洋务派创建北洋、福建、南洋、广州四支近代化的海军、成立海军衙门提供了理论基础和建设蓝本。另外，也客观反映出从"天朝天国"、"华夏中心"走出来的先进中国人孜孜不倦地寻找中国社会的病灶，苦苦探索医治中国贫穷落后的良方，彰显出中国近代向西方学习艰难而又曲折的近代化演进轨迹。

3. 添造水师战船

在海上进行战争，武器装备十分重要，直接决定战争的胜败。自大清建立以来，武器装备没有进行根本性变革，几乎停滞不前。李星沅针对我国装备落后的现状，主张动员社会力量筹资添造外海水师战船，增强我国的海防力量。长期以来，由于重陆轻海错误战略思想的影响，致使清朝水师战船废

---

① 李星沅：《酌筹外海水师章程折子》，《李文恭公遗集》（卷18），上海古籍出版社2002年版，第523－524页。

② 李星沅：《酌筹外海水师章程折子》，《李文恭公遗集》（卷18），上海古籍出版社2002年版，第523－524页。

弛已久。"自道光二十年（1840）各营官兵派调防堵，舍水守陆，修造未遑，渐致船只缺额。至二十二年（1842）存营、存厂之船，遂不可问，水师因之废弛。"① 无战船何以御敌？鉴于水师战船废弛的严重情况，加之清廷财政捉襟见肘，李星沅决定发动社会力量来进行募捐，希冀能积少成多、聚沙成塔，充分利用募集而来的资金添造战船，增强海防力量。"即成造十二只发交苏松镇标中左右营、福山镇左营及川沙吴淞营共营，每营各二只，以一半配兵出洋，一半存营按季轮替。……即饬据三镇总兵议请查照现在古船式样，加长加宽，添造三十只，分给各营配兵巡缉。如佘山外洋水深风大，盗船冒险游奕，商船失事大半在此，虽经水师遵札轮驻，一遇风潮，仍须收回内洋，闻广东省艇船高大坚固，能御波涛，议请仿造数只，以为驻守佘山之用。并据上海厅县禀报，绅商郁松年等，因以泛海为业，情愿捐资造船，犹恐缓不济急，仍先雇募船只、水勇，协同官兵巡缉等语。臣等到查水师巡船原数，此时照额造补，势有所难，即各该镇议请酌添古船三十四只，经费亦复不资，合力捐办较为易举，而捐项非克期能集，雇募船勇，更不可以为常。应先筹款兴造，以期迅速。因思善后存余银两计尚不造大古船十只，现拟接续添造，以三十四只为率，馀仍归补现提善后银款。"② 由此可见，李星沅高屋建瓴，从我国战船落后、行速缓慢、经不起狂风骇浪的袭击和不适合远洋航行的实际出发，提出了添造外海水师战船的战略构想，并提出了切合实际、较具可操作性的具体实施方案，具有一定的前瞻性。这是滚滚向前、浩浩荡荡的工业化浪潮的必然结果，亦是世界各国争夺有限资源不可避免的趋势，更是落后挨打的清王朝摆脱积弱积贫的局面、实现富国强兵之梦的必由之路。

（二）整肃营务

1. 整饬吏治

近代以降，伴随着西学东渐，中国传统价值观开始分崩离析，发生动摇，新兴的社会价值观念如同飘篷，无所归依，导致整个社会价值观念呈现出无序状态和病态发展的趋向，缺乏强烈的社会责任感和价值担当。大多数军营官员因循守旧、闭目塞听、愚昧无知，整天碌碌无为，做一天和尚撞一

---

① 李星沅：《筹捐添造外海水师战船折子》，《李文恭公遗集》（卷18），上海古籍出版社2002年版，第525－526页。

② 李星沅：《筹捐添造外海水师战船折子》，《李文恭公遗集》（卷18），上海古籍出版社2002年版，第525－526页。

天钟。为明哲保身，极尽阿谀奉承之能事，客观上助长了私欲的恶性膨胀，导致了整个军营官场腐败、吏治败坏，死气沉沉，毫无生机。李星沅在担任两江总督期间，目睹两江地区军营道德沦丧、吏治败坏、私欲膨胀的社会现实，深忧民心涣散，国将不国。对此，他忧心忡忡。为了改变两江地区军营里消极懈怠、办事推诿的吏治恶习，形塑清正廉明、勇于任事、敢于负责的为官之风，李星沅改弦更张、另辟蹊径，决心对腐败不堪的军队吏治进行大力整饬，他从两江地区营务的实际出发，对营务工作的运作程序进行了重构，特别是对水师官员的提升和罢黜事宜进行了重新规划，并进一步细化，从而制定出一套较为可行的新的量化标准。在实际运作过程中，李星沅顺民情、遵法规，对清正廉明、德才兼备、有勇有谋、功勋卓著的军营官员破格提拔，而对玩忽职守、办事不力、拖沓推诿的违纪官员严惩不贷，基本上建构起一套以赏罚分明、奖惩适当为原则，以升迁与罢黜为路径，以形塑官员的高贵品质和调动官员工作的积极性为旨归的规章制度。详情见表4-4。

表4-4 李星沅在担任两江总督期间提拔或罢黜的军营官员情况表

序号	官员姓名	提拔或革职	升迁或革职的理由
1	水师游击白炳忠	革职	因查狼山镇标右营游击白炳忠迭奉会勘拿，来禀每多推诿，惟以失事洋面旧图不的，汛境广阔，官少兵单为词。其倔强支离，若明知事主不能确指，而置重案于不问，又逆料文员不能详勘，而假妄论以自藏。水师相率宴安，急弛日久，遇有海洋劫案，辄先指东画西，规避处分，痼疾几不可治。白炳忠由守备递拔，历任二十余年，当此盗劫频仍，不思激发天良，奋勇侦缉，有案必获，勉赎前愆，乃于大海汪洋强争界限，空文晓辨，旷日遏时。且已经勘应归狼山镇标各案，未据获犯一名，只以浮滑习成，始终泄沓，实为溺职之尤，亟须严示惩戒。
2	右营把总黄永升、协巡处委徐正、分巡中营守备张兆鲲	革职	臣查沿海各口岸特设水师将备，会哨巡缉。近以米船出洋，复饬分途保护，乃劫案层见叠出，为向来所未有，究竟会哨何处？巡缉何匪？护送何船？实属玩纵已极，若不严加整顿，洋面何来肃清！应请主将专巡苏镇右营把总黄永升、协巡处委徐正学、分巡中营守备张兆鲲一并暂行革职，总巡左营游击吴联魁、都司张凤翔均摘支顶戴，勒限一个月缉拿，届限无获，即行撤任参办。
3	千总赵长庚	提升东海营都司	惟查东海营都司驻扎海州云台山地方，系属内河水师所辖洋面，与山东连界，向多盗枭出没，非精明强干、缉捕得力之员，面熟悉情形、勤于缉捕者，实难其选。该员赵长庚，年五十岁，江苏丹徒县人，由武生捐纳营千总，洊升盐城营守备，该项年强技可，办事实心，劳瘁不辞，勤奋无误，洵为内河水师守备出色之员，仍以之请升都司，可期胜任。

（续表）

序号	官员姓名	提拔或革职	升迁或革职的理由
4	水师游击武迎吉	提升京口副将	查京口副将一缺，驻扎常州府江阴县地方，管辖京口左右高资三江四营、沿江水陆各汛八十三处，及江阴、靖江、丹徒、江都四县所属各炮堤操巡事宜，近则控制镇、扬，远则援应狼，实为本省江防第一要缺，非结实勇敢之员弗克胜任。臣于江南省额设外海，内河水师参将三员内详加拣选，非现居要地，即人缺未宜，均未便遽行请升。惟查有京口左营内河水师游击武迎吉，年五十三岁，江南海州人，由行伍出身，历升今职。曾经委署狼山镇标右营外海水师游击，熟谙水性，不畏风涛。经臣预保内河、外海参将。自委署京口副将一年有余，训练严明，认真整饬，先后督拿案犯除军流以下罪名不计外，共获罪应斩枭李得全等三十余名，江面颇为静谧。现在为缺择人，无有逾于武迎吉者，第以籍隶本省之游击，越级请升副将。
5	都司罗玉斌	提升镇标游击	（赣州镇标）游击驻扎赣州府城，地广山深，为闽粤两省门户，时有会匪窃盗出没生事，必须精明强干之员巡缉操防，俾资整顿。惟查有赣州镇标后营都司罗玉斌，年五十二岁，湖北谷城人，由行伍历拔千总。出师湖南省，征剿瑶匪，生擒首逆赵金陇之子赵帼全等多名，左手受二等伤，奉旨赏戴花翎，并胜勇马图鲁勇号，升郧阳镇标中营守备。因弓马欠准，降补千总。旋经出师广东，施放大炮，击毙夷匪多名，升四川缓定营守备。该员年强技可，任事实心，屡历戎行，杀贼著绩，地方情形亦熟，以之请升斯缺，洵堪胜任。
6	水师游击吴联魁	革职	苏松镇标左营游击吴联魁，前于署川沙营参将任内缉捕懈弛，经前督臣壁昌奏奉谕旨，摘顶勒缉。臣到任后，复责令随同署名苏松镇总兵田浩然出洋缉盗，冀期稍知愧奋，戴罪图功。乃该游击于前此疏防冯宝山等案赃盗日久迄无一获，即本年二月二十三日随同署参将刘长清等攻击盗船，亦止从旁助势。每遇巡缉洋面，防护海舶，均不能奋勇向前，勉图自效，实属庸懦无能。当水师吃紧之时，首在将官得力，岂可因循习气，再事姑息容？据田浩然以该游击质本软弱，不堪造就，禀请参加前来。相应请旨，将苏松镇标左营游击吴联魁即行革职，以肃营伍而儆怠玩。
7	游击程名彪	勒令退休	臣校阅炮堤官兵，查有江阴营游击程名彪，年力衰庸，难期振作。请旨将江阴游击程名彪勒令休致。
8	守备李德麟	提升营都司	高资营都司有巡缉江面，援应炮堤之责，必须强干熟悉，始克胜任，现在内河水师守备内循例子拣补，一时乏人。惟查有升署庙湾营守备李德麟，年三十八岁，镇江府丹徒县人，由太湖右营兵丁出身，历拔太湖左营千总。该员年强技练，熟悉江面情形，历获盗枭各犯多名，并两次带兵防堵护署京口游击守备各务，办理均臻妥协，洵为水师中出色之员，以之升署高资营都司，实堪胜任。
9	副将王鹏飞	提升陆路总兵	查总兵为专阃大员，必须训练精严，体用兼备，方足以资统率。查有江宁城守协副将王鹏飞，年五十三岁，直隶唐县人，由武进士三等侍卫选补佃湖营都司，洊升泰州营游击，历获私盐十七万二千余斤，盐犯百余名，私船七十余只，并器械等件，嗣奉部拟补海州营参将，节次拿获邻境海洋迭劫抗官拒捕盗匪李佩章等二十五名，并抬枪火药等项。该员纪律严明，劳绩卓著，在江省副将中实为得力可靠，堪胜陆路总兵之任。

（续表）

序号	官员姓名	提拔或革职	升迁或革职的理由
10	总兵林明瑞	革职	查苏松镇总兵林明瑞，身膺专阃，在任多年，于海洋劫掠，既不能防于先事，今复奏交部议，复蒙恩施，逾量降顶革留，当如何感激愧奋，不避艰险，勉思竭力自赎，乃旧案既多未获，新案又复频闻，当此缉捕吃紧之时，转称就医回署，相应据实奏参，请旨将苏松镇总兵林明瑞即行革任，仍留洋面协缉，以为托病迁延者戒。
11	游击蔡廷元，	勒休	湖北远安营游击、江西羊角营营司蔡廷元，臣查其履历现年六十一岁，当堂考验骑射尚可，惟弓力太软，枪炮亦生，将推升湖北远安营游击蔡廷元，勒令休致，以肃营伍。
12	守备陈其恕	提升营都司	惟查有苏松镇标中营守备陈其恕，年二十八岁，淮安府清河县人，原籍安徽泗州。由苏松镇标右营兵丁出身，洊拔千总，题请升署今职。该员年壮技娴，练习枪炮，前曾击毙夷匪，历获私盐船犯。本年委带船护送海运米船至山东交替无误，以之请升都司实堪胜任。

资料来源：

①李星沅：《特参水师游击白炳忠折子》，《李文恭公遗集》（卷15），上海古籍出版社2002年版，第365页。

②李星沅：《附奏特参守备千把片子》，《李文恭公遗集》（卷15），上海古籍出版社2002年版，第366页。

③李星沅：《拣员升署东海营都司折子》，《李文恭公遗集》（卷18），上海古籍出版社2002年版，第510页。

④李星沅：《拣员请署京口副将折子》，《李文恭公遗集》（卷17），上海古籍出版社2002年版，第497页。

⑤李星沅：《拣员请署赣州镇标游击折子》，《李文恭公遗集》（卷17），上海古籍出版社2002年版，第499页。

⑥李星沅：《特参水师游击吴联魁折子》，《李文恭公遗集》（卷18），上海古籍出版社2002年版，第511页。

⑦李星沅：《附奏勒休江阴营游击程名彪片子》，《李文恭公遗集》（卷15），上海古籍出版社2002年版，第390－391页。

⑧李星沅：《拣员升署高资营都司折子》，《李文恭公遗集》（卷16），上海古籍出版社2002年版，第408页。

⑨李星沅：《保举堪胜陆路总兵折子》，《李文恭公遗集》（卷16），上海古籍出版社2002年版，第414页。

⑩李星沅：《特参苏松镇总兵林明瑞折子》，《李文恭公遗集》（卷16），上海古籍出版社2002年版，第415－416页。

⑪李星沅：《勒休推升湖北远安营游击折子》，《李文恭公遗集》（卷16），上海古籍出版社2002年版，第416－417页。

⑫李星沅：《拣员请升掘港营都司折子》，《李文恭公遗集》（卷18），上海古籍出版社2002年版，第562－563页。

据表 4 - 4 所示，李星沅整治军营吏治具有以下两个方面的特点。第一，具有应急性和调整性。长期以来，我国封建王朝受重文贱武传统文化思想的影响，至道光年间，作为封建军队支柱的八旗和绿营兵昔日彪悍勇猛的威风已失，早已沾染养尊处优、骄奢淫逸的生活陋习，平时游手好闲、敲诈勒索、不谙操练；战争一旦爆发，便溃不成军、望风而逃。针对这种情况，李星沅在万不得已的情况下进行了大刀阔斧的整治，以刷新军营衰败不堪的吏治之风，挽救大厦将倾的清王朝的统治。因而，具有应急性和调整性的特点。第二，奖惩分明。奖惩是规范人们行为的有效杠杆，是激励的基本手段。李星沅为了激励军营全体将士奋勇杀敌、保卫疆土、报效朝廷的积极性，努力践行赏罚分明的奖惩机制，严格遵循该奖就奖、该罚就罚的原则，尽量做到奖惩合理，确保公平、公正；并尽力规避为人所用，借奖惩之机来扶植山头势力抑或打击报复。在整顿吏治的过程中，一方面李星沅对功勋卓著、才华出众、勇于任事、敢于担当的官员予以提拔重用。如鉴于水师千总赵长庚"年强技可，办事实心，劳瘁不辞，勤奋无误"，请旨提升其为水师守备；鉴于水师游击武迎吉"行伍出身，熟谙水性，不畏风涛，熟练操巡"，请旨提升其为京口副将；鉴于千总罗玉斌"行伍出身、战功卓著、年强技可、任事实心、熟悉地方"，请旨提升其为镇标游击；鉴于副将王鹏飞"劳绩卓著、纪律严明、得力可靠"，请旨提升其为陆路总兵。另一方面，李星沅对迁延误事、遇事推诿、碌碌无为的官员加以严惩，予以降职或革职或勒令退休。如鉴于水师游击白炳忠"武备废弛、遇事推诿，实为溺积之尤"，请旨将其革职；鉴于右营把总黄永升，"玩忽职守，致使洋面劫案层见迭出，却不严加整治"，请旨将其革职；鉴于水师游击吴联魁"庸懦无能，质本软弱，不堪造就"，请旨将其革职；鉴于游击程名彪，"年力衰庸，难期振作"，勒令退休。

李星沅通过建立赏罚分明的激励机制来整饬塞防海防吏治，客观上推动了我国近代海防、塞防建设事业的发展。

2. 加强巡查

加强我国沿海建设，必须经常巡查，加以督促，才能增强我国军队的防御能力，才能够达到有效地抵御西方列强入侵的目标。为了加强海防，增强政策的执行力和贯彻力，1848 年 5 月，两江总督李星沅亲自巡查布防，了解官兵布防训练的基本情况，"臣会同将军臣裕瑞于五月十一日前往五龙山、沙洲圩两处炮堤校阅满汉官兵施放炮位。共馀沿江各堤兵炮，查照定章，轮应署提督臣来英阅视。于五月初六日自松江起程，初十日查阅图山关、大矶头、二矶头、东生洲、固土洲、西成洲炮堤，十六日查阅鹅鼻嘴、大小石湾、刘闻沙炮堤。以上十四处，所筑土档、土墩均属修理坚固，炮盖木罩油粘结实，炮门炮口并无锈蚀，炮子俱各合膛适用。满汉官兵演放大炮每位二处，装药点火极为便捷胆壮，护炮及后路接应兵丁施放连环枪炮，声势亦均联络，实无应劾之处。当经分别奖赏，以示鼓励，并谕各官兵认真习练，精益求精，勿稍松懈"①。由此可见，李星沅对海防建设的重大事务均亲历亲为，加以督察，将加强巡查作为海防建设的日常事务来看待，要求持之以恒，常抓不懈；并将其作为考核水师官员素质高低与是否称职的重要指标。总之，加强巡查能有效地将公开的明察和隐秘的暗防有机结合起来，在一定程度上填补了权力监督不到和制约不了的"真空"。

3. 督促操练

李星沅在担任两江总督期间，统辖三省营务，责任重大，他曾提出中国要富强，必须走精兵之路。他认为兵精的核心在于勤练，严令绿营兵讲究效率，按期操练；严格规范炮堤，务求呼吸皆通；一旦列强入侵，逐层设伏拦截。"节经严饬将备各就现在兵炮实力讲求，按期操练。务令炮堤十四处一气联属，呼吸皆通。万一有警，即行添调外兵分布后路隘口，逐层设伏要截，以防登岸绕越"②，劲旅来自勤加苦练。只有严加操练，方可"补钙壮骨、立根固本"，才能将军队的规章制度内化为绿营官兵的行为习惯，真正打造出一支能征善战、战无不胜的威武之师。为了加强沿海防护，李星沅经常亲自去督促营兵加强训练，亲自观摩现场演习，在操练过程中，他对技艺娴熟的官兵实行奖励，对技艺生疏的官员实行处罚。"兹于七月二十九、八月初一、二、三等日调集督标中、左及城守、左、右四营官兵前赴校场，先演三场，百胜诸阵，次阅抬炮、鸟枪打靶及马步箭准头，并藤牌、矛杆、刀法步伍，均各整齐，技艺亦尚合法，枪炮中数计在七成以上。当经分别捐赏，择尤奖拔。其未臻娴熟者，勒限勤操。惟督标中营把总赵廷爵、江宁城守右营把总宋文标演炮生疏，均即降为外委督标；左营把总葛昌霖箭射无准，亦即降为额外，以观后效。又督标中营候补千把总武举杜坤、陈永昇、效力武举刘梦熊，临演枪炮，未经预备，均即革退随营，并据该管将备当场揭报前来。臣仍谆饬将弁同心勉力，按期认真演练，以冀日有起色。"③

---

① 李星沅：《夏季轮阅江防炮堤情形折子》，《李文恭公遗集》（卷 18），上海古籍出版社 2002 年版，第 508 页。

② 李星沅：《附奏周历江防，综度全局形势片子》，《李文恭公遗集》（卷 15），上海古籍出版社 2002 年版，第 390 页。

③ 李星沅：《陈明校阅标兵及会演近省两岸兵炮，并定期出省查验炮堤、炮兵折子》，《李文恭公遗集》（卷 15），上海古籍出版社 2002 年版，第 381 页。

4. 设防屯兵

李星沅在海防建设方面，提出以守为战的战略方针，主张坚守海口，陆海配合，纵深防御，以战为守，才能达到积极防御的效果。他针对西方列强船坚炮利的具体情况，要有效地抵制列强入侵，保卫疆土，于是提出必须发挥地理位置优势，择险要以设防，然后移驻官兵以屯守，各驻防相互照应，互为一体，形成强大的防御体系，才能达到御敌的目的。首先，李星沅提出设防的原因：依托有利地形，择险要而守，便能以逸待劳，取得战争主动权；其次，择险而守，可发挥自身优势，避敌锋芒，扬长避短，使列强坚船利炮失去优势；再次，择险而守，可隐蔽精干，长期埋伏，设置疑兵，趁机歼敌；最后，择险而险，可先发制人，可集中优势兵力，出奇兵，攻敌虚弱，使其措手不及。"窃以地无险易，得人自强；道有弛张，治兵为急。诚使我兵可用而又得善用兵之人，则固国不在山溪，即僻壤自成保障。况洳湖衮延缭曲，忽深忽浅，忽纵忽横，夷舶未易长驱，官兵足多疑阵，非若江海设防之难。然兵法攻瑕不攻坚，正恐突如其来，乘间窃发。且苏垣根本重地，逼近上海，尤宜先事预筹，无滋异类之疑，自切同仇之备。"① 接着，他说设防不是广泛撒网、大海捞针，必须分清主次，分清轻重缓急，视兵力之多寡，择重点而设，避免遍地开花，劳而无功。他认为设防的重点，"今则以江阴县之鹅鼻嘴为第一重门户。丹徒县之图山关为第二重门户"②。可见，李星沅是从战略位置的高度来科学论证择险设防的重要性和必要性，并高屋建瓴地提出在鹅鼻嘴、图山关、陈洳湖等处重点设防、派驻官兵驻守的战略构想，这是基于清廷国势衰微、军队羸弱、战斗力极弱的社会现实基础提出来的，试图凭借自己熟悉的山川、水文等地形，择险把守，以组建一道道抵御西方列强入侵的天然屏障，形成强大的防御体系。

5. 请制军装

八旗和绿营是执行政治使命的武装集团，是清朝统治者进行阶级统治的暴力工具。长期以来，由于财政拮据、罗掘俱穷，军队的服装得不到及时补充，严重地影响士兵的战斗情绪，也严重地影响了水师的形象，为了提高军队的战斗力，重塑水师的在保卫疆土的劲旅形象，1848 年 6 月，两江总督李星沅基于大清的千秋基业及所统辖军队生活上的关心，上书道光帝请求统

---

① 李星沅：《附奏覆陈洳湖设法片子》，《李文恭公遗集》（卷15），上海古籍出版社 2002 年版，第 387－388 页。

② 李星沅：《附奏周历江防，综度全局形势片子》，《李文恭公遗集》（卷15），上海古籍出版社 2002 年版，第 389 页。

一制作军装。"兹据江宁布政使傅绳勋详称，扬州营请制号帽褂、鸟枪、腰刀、牌刀、藤牌、账房、子母炮等项军装，均于乾隆年间制造，久逾保固例限，损坏不堪，应行修办。由营按例估计，除旧料变低外，实估需工料银一千九百三十两九钱四分三厘，请于司库存公银内动给制办。"① 感情作为联系人际关系不可或缺的纽带，李星沅关心下属生活，注重心理沟通，与下属以诚相见、以心换心，必然会得到下属的尊重、信任和支持。同时，李星沅请求朝廷在国家财政入不敷出情况下解决他们的军服问题，充分体现了朝廷对他们生活的关心，使他们从内心深处感恩戴德、知恩图报，无形当中不知不觉地形塑了晚清军队的新形象，从而达到增强军队的凝聚力和战斗力的目标。

6. 修建营房

为了加强海防建设，李星沅主张沿江扼要地区修建官署兵房，加强巡查，一有风吹草动，便可侦知，以增强我国沿海地区的军事防御力量。1848年3月两江总督李星沅上书道光帝请求修建营署兵房，并提出修建营房的详细方案。"请将韩桥汛守备衙署四十二间、兵房二百四十间先行修建，以资栖止巡抚，其余兵房一百间暂缓建造，计共估需工料银四千六百三十五两一钱一分六厘。"② 常言道："有投入才会有产出，有耕耘才会有收获。"李星沅关心下属生活，请旨修筑营房，必然会获得下属的真心拥戴，以树立自己在军队中的崇高威信，为其政策的贯彻执行扫清了障碍。同时，李星沅请旨修筑营房，客观上也改善了水师的办公设施和生活条件，调动了他们操练的积极性，有利于增强水师的战斗力。

"空谈误国，实干兴邦。"高谈阔论、大放厥词，而不付诸行动、流于形式，只会误国殃民。李星沅反对空谈义理和拘泥于成法，从清朝经济落后、军队羸弱的实际出发，针对我国传统的重陆轻海的错误战略思想，提出了建构奠定我国近代化海防雏形的外海水师的战略构想，并从实践层面提出了切实可行的具体实施方案，囊括添造战船、整饬吏治、加强巡查、督促操练、设防屯兵、请制军装、修建营房，可谓对症下药，有的放矢。李星沅不是一个空谈理论家，而是身体力行、亲力亲为的。他力行践履，亲临哨所巡查、亲赴现场督促操练、亲自前往营区指导设防、亲自过问修筑营房与订制军装的相关事宜，足见他是一个以身作则、出实策、办实事、不图虚名、不

---

① 李星沅：《请制军装，估需银款折子》，《李文恭公遗集》（卷17），上海古籍出版社2002年版，第500页。

② 李星沅：《修建营署、兵房动用钱文折子》，《李文恭公遗集》（卷17），上海古籍出版社2002年版，第472页。

务虚功的人。

二、救济灾荒

所谓灾荒，"乃是由于自然界的破坏力对人类生活的打击超过了人类的抵抗力而引起的损害；而在阶级社会里，灾荒基本上是由于人和人的社会关系的失调而引起的，人对于自然条件控制的失败所招致的社会物质生活上的损害和破坏"①。中国是一个传统的农业大国，几千年来都是靠天吃饭。由于社会生产力水平低下，科学技术落后，人类对于自然的控制能力总是有限的，因而灾荒历代皆有，不可避免，几乎无年不灾。近代以降，战乱频繁，更加剧了天灾人祸。在天灾人祸面前，当时作为两江总督的李星沅又是如何应对的呢？

（一）赈前准备

"凡事预则立，不预则废。"救灾是一项复杂的系统工程，必须在施赈前做好充分准备，厉兵秣马，方能确保赈灾活动有条不紊地开展。可见，赈前准备十分重要。李星沅在施赈之前，主要做了以下五个方面的赈前准备工作。

1. 添仓积谷，未雨绸缪

"养儿防老，积谷防饥。"添仓积谷作为固本之计，是一项防患于未然的、积极的备荒赈灾措施，关系国计民生。救荒之策，备荒为上。李星沅为了应付突如其来的灾荒，解决粮食不足的难题，主张动用息银、添仓积谷，以备荒年之所需。"江宁省城于道光十一年（1841）等年积存民捐赈余银四万六千两发典生息，奏明专为备荒之用。"② 于是他在"省城设立丰备义仓，买备稻谷以济荒歉。"③ 1841 年，江苏因灾动支息银并仓储稻 21981 石，典息项下截至 1846 年止，实存银 4921 两。李星沅建议使用这笔资金，并"动用二十五、六两年（1845－1846）典息连现存银两，乘时买谷以资储备"④。"防灾重于救灾"，添仓积谷不失为赈灾的治本之策。李星沅建仓积谷，备预不虞，缓急有备，值得称道。

---

① 邓云特：《中国救荒史》，三联书店 1958 年版，第 5 页。
② 李星沅：《附奏动用息银添廒买谷片子》，《李文恭公遗集》（卷15），上海古籍出版社 2002 年版，第 382 页。
③ 李星沅：《附奏动用息银添廒买谷片子》，《李文恭公遗集》（卷15），上海古籍出版社 2002 年版，第 382 页。
④ 李星沅：《附奏动用息银添廒买谷片子》，《李文恭公遗集》（卷15），上海古籍出版社 2002 年版，第 382 页。

2. 兴修水利，防灾备荒

水利是农业的命脉，是防灾减灾的法宝。李星沅在担任两江总督期间，重视兴修水利，积极防灾备荒，发展农业生产。其督修的水利工程列表如下：

表4-5 李星沅总督两江期间兴修的重要水利工程情况表

水利工程名称	督修类型	李星沅督修水利工程的原因
六塘河堤工程	借帑兴办	河身淤积；堤工冲缺
海州蔷薇河工程	借款兴挑	河身淤塞；田亩受灾
沛县民堰扫坝工程	借款修筑	被冲缺口
山盱义河越坝工程	借款修筑	义河淤积
江宁水关闸座涵洞工程	借款修筑	淹及城厢；防水患；蓄泄；年久坍损；启闭不灵
洪泽湖工程	借款修筑	河防被损

资料来源：李星沅：《李文恭公遗集》（卷16-20），上海古籍出版社2002年版，第418-647页。

从表4-5可以看出，李星沅对水利事业十分重视。其借款、筹款兴修，反映了道光时期国家财政拮据，官府赈灾能力有限。水利工程的修建，既可防洪，又可灌溉，客观上改善了人类的生存环境，增强了人类抵御自然灾害的能力。

3. 亲赴灾区，了解灾情

亲赴灾区、走访民间，是了解灾情的必要途径。为了弄清灾情，李星沅直接奔赴灾区，亲自考察询问。道光二十八年八月初五日（1848年9月2日），他抵达清江，一路察看询问受灾情况，"惟扬河厅属存水尚在一丈五尺以外，依然拍岸盈堤。虽经搂镶护扫，加筑土埝，设遇西北风暴，仍难必其无他，幸连朝风小天晴"[1]。他继续走访了解灾情，"所过残圩积潦，禾场、茅舍多在水中，举目实增忾叹"。当赶回省城后，发现"方塘曲渚，无不通潮，近以潮汛倒漾，漫入街市"[2]，"小民贸易鲜获，直与农田被水，同一拮据，行路沮洳，涸难立待"[3]。更为严重的是"由江广安徽四省同时大

---

[1] 李星沅：《庐陈江潮积涨情形并回署日期折子》，《李文恭公遗集》（卷18），上海古籍出版社2002年版，第542页。

[2] 李星沅：《庐陈江潮积涨情形并回署日期折子》，《李文恭公遗集》（卷18），上海古籍出版社2002年版，第542页。

[3] 李星沅：《庐陈江潮积涨情形并回署日期折子》，《李文恭公遗集》（卷18），上海古籍出版社2002年版，第542页。

水，建领东下，均须由江入海，重以海门擎托。江省适当其冲，以致积水四溢"①。李星沅亲临灾区，了解灾情，掌握了灾区的第一手资料，为赈灾提供了原始依据。

4. 查明情况，及时报灾

报灾，顾名思义是指灾情的呈报，主要通过自下而上、逐级上报的方式来实现，它是政府掌握各级灾情的原始依据，亦是救灾的前提和保证。报灾的关键在于迅速及时。李星沅严格遵循清朝限期报灾制度，"凡地方有灾者，必速以闻"。② 本着体恤民情、设身处地替灾民着想的态度，查明灾情后，他及时地向朝廷作了禀报。1848 年 7 月 21 日李星沅向朝廷禀称："本年入夏以来，阴雨过多，江湖并涨，上游来源亦旺，海口去路不能畅行。滨临江湖之区，本多积水漫溢，圩岸自高邮州、车逻等坝启放，下河各州县及淮南场灶，均为坝水所注，低洼田亩近复被淹，高原亦难守护。又于六月二十、二十一等日，徒遇东北飓风，海潮随风上涌，崇明、通州等州县民田、沙地，及通州、泰州分司所属各盐场田庐、人口、牲畜、煎舍、锅蓬，并沿江炮堤、兵房、汛署，均有冲溢处所。宝山等县，海塘亦间段泼损。其苏松、狼山二镇所属巡洋兵船，有漂至数百里始得收口者，有撞搁浅滩者，船身鼓裂，扛具不全。福山镇标及吴淞、川沙等营，船只亦遭风损，情形稍轻。"③ 并重点指出，"江省滨江滨海，堤垸冲溢颇多，下河一带及泰属盐场灾象尤重"④。这些翔实准确的灾情资料，为科学施赈奠定了坚实的基础。

5. 根据需要，派员查赈

依照清朝规制，一旦发生天灾人祸，清政府即派查赈委员亲赴灾区进行查赈。查赈委员必须为官清正廉洁，办事认真负责，若不如实查勘，则要受到严厉处分。对在这次赈灾过程中所发现的一些失职官员，李星沅给予了严厉处罚。如查赈委员上冈司巡检张震，任用贪官纪焕遨、候补主簿汤致中赴乡庄查放赈票，"任听乡地人等索费揩标，难保无授意染指情事，必应彻底严办，从重惩办，以儆其余"⑤。他还撤销了不称职的原委候补道阳金城，

---

① 李星沅：《胪陈江潮积涨情形并回署日期折子》，《李文恭公遗集》（卷 18），上海古籍出版社 2002 年版，第 542 页。

② 康沛竹：《灾荒与晚清政治》，北京大学出版社 2002 年版，第 51 页。

③ 李星沅：《胪陈江潮积涨情形并回署日期折子》，《李文恭公遗集》（卷 18），上海古籍出版社 2002 年版，第 543 页。

④ 李星沅：《附奏缕陈办赈情形片子》，《李文恭公遗集》（卷 18），上海古籍出版社 2002 年版，第 538 页。

⑤ 李星沅：《附奏派员查赈片子》，《李文恭公遗集》（卷 19），上海古籍出版社 2002 年版，第 619 页。

并令其回省销差。为了保证这次赈灾公平起见，李星沅另派监司大员抽查赈务。

经过查赈，李星沅基本上摸清了两淮盐场的受灾情况，包括灾民姓名、住所、村庄、受灾田亩、受灾及贫困程度等。如查赈委员通州分司运判沈炳、委员候补运判宋玉瑢查赈勘得"丰利等到九场内，馀东、馀西、金沙三场秋收均在六分以上，毋庸查办。……堤外草荡一片汪洋，被淹较重，掘港场堤外荡地被淹亦重，该二场均成灾七分。石港、丰利、栟茶、角斜四场，堤外草荡被淹较轻，均系勘不成灾"[1]。勘灾委员泰州分司运判许惇诗、委员候补运判武祖德、范维睿查赈勘得"富安等十一场各灶地俱隶范堤，荡多田少，一律被淹，情形较重。计富安、安丰、梁垛、东台、何垛五场，均通境成灾八分。丁溪、草堰、刘庄、伍佑、新兴、庙湾六场，均通境成灾七分"[2]。勘灾委员海州分司运判洪上痒、委员候补大使韩茂萱查赈"勘得板浦、中正、临兴三场滩地全行被淹，秋收歉薄，均系勘不成灾"[3]。李星沅命人及时查赈、了解灾情、制订表册，既可避免虚报冒领、浑水摸鱼情况的发生，又可顾全大局、惠及灾民；同时，还有助于地方政府制定施赈方案，为赈灾提供了事实依据，确保赈灾活动的顺利开展。

综上所述，不难看出，赈前的准备工作千头万绪。一旦处理不慎，就会妨碍赈灾活动的顺利开展，最终影响救灾的社会效果。一方面，李星沅添仓积谷，确保赈前准备工作井然有序，为赈灾活动的实施奠定了坚实的基础；另一方面，李星沅办事认真，严把赈前准备关，要求查赈官员多替灾民着想，考虑务求详密、办事务需谨慎，力求查赈结果客观、真实。

（二）施赈举措

1848 年特大洪水灾害过后，广大灾民嗷嗷待哺，挣扎在死亡线上，亟须赈济。时任两江总督的李星沅根据灾情的轻重缓急，制定了行之有效的施赈措施，主要表现在以下七个方面。

1. 米钱兼施

米钱兼施囊括开仓放粮、采购粮食及发放银两三项，具有直接便捷的特点。

开仓放粮。面对成千上万待哺的灾民，李星沅决定开仓放粮，予以赈

---

① 李星沅：《查明盐场已未成灾情形折子》，《李文恭公遗集》（卷19），上海古籍出版社2002年版，第 584－585 页。

② 李星沅：《查明盐场已未成灾情形折子》，《李文恭公遗集》（卷19），上海古籍出版社2002年版，第 584－585 页。

③ 李星沅：《查明盐场已未成灾情形折子》，《李文恭公遗集》（卷19），上海古籍出版社2002年版，第 584－585 页。

济。首先，饬令通州、泰州两分司下辖受灾严重的吕四、掘港、富安、安丰、梁垛、东台、何垛、丁溪、草堰、刘庄、伍佑、新兴、庙湾等十三场"共需本色谷十一万三千三百零六石一斗，请于盐义仓存谷内动拨"①。其次，请求朝廷责令"运司先拨盐义仓谷十五万石，分给灾区拯济"②。最后，严令将苏省省城所辖的"丰备仓、扬城盐义仓、各州县常平仓、社仓谷石酌量碾米备用"③。李星沅开仓放粮之举措，在一定程度上缓解了灾民临灾之时的艰难处境，暂时解决了他们的温饱问题，为灾后重建创造了条件。

采购粮食。在官库存粮救灾不敷使用的情况下，李星沅立即派人"至河南抚臣潘铎购办米麦二万九千石接济江省灾区，业已先后运抵清江，委员会同斛收"④。从外省替灾民采购救灾之粮，对他们来说，毋庸置疑是雪中送炭。

发放银两。为方便购买救灾物资，弥补交通不便之缺陷，李星沅决定采取发放银两的方式来赈济灾民。为此，他发布紧急公告，明文规定："所有例给正赈，均经先期发银开放。"⑤ 并严令通州、泰州两分司下辖受灾严重的吕四、掘港、富安、安丰、梁垛、东台、何垛、丁溪、草堰、刘庄、伍佑、新兴、庙湾等十三场"共计折色银一万七千三百八十二两三钱八分二厘五毫，于运库征存盐课内动支"⑥。以赈济嗷嗷待哺、命悬一线的灾民。李星沅发放赈银的举措，在灾荒年代具有较大的实用性，灾民可根据灾情和实际所需，购买必备之物，弥补了交通不便导致赈粮不足的缺陷。

综上所述，米钱兼施这种急赈办法，既可规避米价急剧狂飙，又可打击投机倒把、囤积居奇的不法行为，平稳市场米价。但这虽能让灾民暂时远离饥饿，活命一时，却只是一种消极的救灾措施，治标不治本，不可能从根本上解决灾荒问题。

---

① 李星沅：《附奏赈恤盐属灾区动拨银谷各数片子》，《李文恭公遗集》（卷19），上海古籍出版社2002年版，第603页。

② 李星沅：《庐陈江潮积涨情形并回署日期折子》，《李文恭公遗集》（卷18），上海古籍出版社2002年版，第543页。

③ 李星沅：《附奏缕陈办赈情形片子》，《李文恭公遗集》（卷18），上海古籍出版社2002年版，第538页。

④ 李星沅：《附奏缕陈办赈情形片子》，《李文恭公遗集》（卷18），上海古籍出版社2002年版，第538页。

⑤ 李星沅：《附奏缕陈办赈情形片子》，《李文恭公遗集》（卷18），上海古籍出版社2002年版，第538页。

⑥ 李星沅：《附奏赈恤盐属灾区动拨银谷各数片子》，《李文恭公遗集》（卷19），上海古籍出版社2002年版，603页。

2. 蠲缓赋税

蠲缓是一项临时性的救灾措施，主要包括蠲免和缓征两个方面。蠲免主要指减征和免征灾民赋税，缓征则是指暂停或推迟灾民应缴之钱粮，地方政府根据灾情的缓急轻重，酌量蠲免或缓征灾户的赋税。江苏通州分司所属的吕四、掘港，泰州分司所属的富安、安丰、梁垛、东台、何垛、丁溪、草堰、刘庄、伍佑、新兴、庙湾等十三场，"本年被潮被水成灾八分、七分，业蒙恩旨分别蠲缓给赈"①。所有通州分司所属成灾七分的吕四、掘港，泰州分司所属成灾八分的富安、安丰、梁垛、东台、何垛，以及成灾七分的丁溪、草堰、刘庄、伍佑、新兴、庙湾等十三场均受灾较重，百姓生计维艰。李星沅请旨"应征本年折价钱粮，按分蠲免"②。通州分司所属石港、丰利、并茶、角斜，海州分司所属板浦、中正、临兴等七场勘不成灾的荡地应征折价，"概行缓至次年麦熟后，照例分别带征"③。

由于蠲免比例小、范围窄等特点，李星沅的蠲缓之举虽能暂时缓解灾民的燃眉之急，减轻灾民的赋税负担，恢复元气，便于灾民休养生息、发展生产，但不能从根本上解决灾民进退维谷的生活处境。

3. 掩埋尸体

这次百年不遇的洪水灾害夺去了无数灾黎的生命，导致尸横遍地、饿殍载道，惨不忍睹。然而，"灾难无情，人间有情"。为了防止尸体腐烂、瘟疫肆虐，发扬扶危济困的人道主义精神，帮助灾民埋葬死亡的亲人，李星沅下令"先酌发银两，随处易钱，打捞淹毙尸身"④，以便妥善安葬。1848 年6 月 20 日和 21 日两天又连日大雨，灾民淹死者甚多。李星沅立即下令"打捞棺瘗"⑤。李星沅掩埋尸体之举措，使幸存之灾民避免了在遭受贫困的同时又罹遭伦理道德的精神折磨和社会舆论的责难，在一定程度上减少了他们的精神痛苦，使他们感受到了一些人世间的真情与温暖。

---

① 李星沅：《附奏赈恤盐属灾区动拨银谷各数片子》，《李文恭公遗集》（卷19），上海古籍出版社 2002 年版，603 页。

② 李星沅：《查明盐场已未成灾情形折子》，《李文恭公遗集》（卷19），上海古籍出版社 2002 年版，第 584－585 页。

③ 李星沅：《查明盐场已未成灾情形折子》，《李文恭公遗集》（卷19），上海古籍出版社 2002 年版，第 584－585 页。

④ 李星沅：《庐陈江潮积涨情形并回署日期折子》，《李文恭公遗集》（卷18），上海古籍出版社 2002 年版，第 543 页。

⑤ 李星沅：《两淮场灶被水较重，现筹抚恤折子》，《李文恭公遗集》（卷18），上海古籍出版社 2002 年版，第 530 页。

4. 安抚收养

水灾造成了大批灾民流离失所，成为社会稳定的一大隐患。为了防止发生民变，缓和矛盾、稳定社会，李星沅对无家可归的灾民实行安抚收养的政策。一方面，李星沅决定以县为单位，积极倡导以官府收养为主、以民间收养为辅的社会救济模式，广泛吸纳社会力量参与到赈灾救荒活动的行列中来，以弥补官方赈济之不足，解救更多需要帮助的社会弱势群体。"若当无家可归，则收养尤切。"① 为此，李星沅制定了详细具体的收养标准，"大县收养二千口，小县收养一千口，以三个月为率"②，使官府在收养过程中有章可循，有法可依，确保收养工作按正常轨道运行，呈现出官府与社会力量携手合作办赈的新局面。另一方面李星沅决定设置临时收容所，免费为他们提供住宿，供应一些资金、食物、棉衣、被褥等生活必需品，解决他们的燃眉之急，使他们暂时得以生存。饬令"各州县，择城外宽大寺院，兼用芦席搭厂，或散钱米，或具或具膳粥，以便灾民糊口食"③。李星沅实施安抚收养之举措，使那些无家可归的灾民得到了暂时收容，避免了忍饥挨饿、露宿街道之苦。

5. 防治疫疾

"大灾过后必有大疫"，这话虽失之偏颇，但也不无道理。洪水过后，被淹死的灾民、牲畜尸体腐烂，易滋疫病。为防止灾区传染病流行，李星沅命"概儿查午时茶成方合药治疫"④。在各处设立临时施药处，散放药品，在一定程度上抑制了疫病的传播，救助了较多的患者，减轻了他们身体上因疫病带来的痛苦；同时也起到了稳定民心、维护社会稳定的作用。

6. 及时疏散

灾荒之年，饥民聚集，鱼龙混杂，往往会聚众闹事，酿成惨祸，造成命案，威胁地方治安。且易滋生疫病，导致迅速蔓延，不可收拾。因此，必须早作打算，及时疏散灾民。首先，成立疏散机构，"设局于五台山、瓜洲口

---

① 李星沅：《附奏缕陈办赈情形片子》，《李文恭公遗集》（卷18），上海古籍出版社2002年版，第538页。
② 李星沅：《附奏缕陈办赈情形片子》，《李文恭公遗集》（卷18），上海古籍出版社2002年版，第538页。
③ 李星沅：《附奏缕陈办赈情形片子》，《李文恭公遗集》（卷18），上海古籍出版社2002年版，第538页。
④ 袁英光、童浩整理：《李星沅日记》，中华书局1987年版，上海古籍出版社2002年版，第755页。

两处经理"①。使疏散事宜有了"指挥中枢"或"神经大脑",使疏散工作杂而不乱。其次,制定行之有效的疏散原则。规定以乡为一小单位,实行赈济,避免聚集于一处;以县为一大单位,避免集中于一邑。"务令乡各为恤,而不聚于一城;县各为恤,而不聚于一郡。"② 李星沅制定此原则,皆以维系社会稳定为准绳,要求地方官员积极贯彻执行,"剀切札示责成地方官会商公正绅耆,妥慎办理"③。最后,采取及时疏散的政策。李星沅基于维护地方治安及预防疫疾的考虑,对灾民过于集聚之处践行强制疏散的策略。"饬多备渡船,派差押护,毋许争先拥挤。"④ 面对肆虐的洪水,基于百姓安全的考虑,李星沅下令开闸泄水,以达到疏散灾民之目的。责令"启放壁虎桥湾头闸,人字、芒稻等河,以畅归江之路"⑤。随后,"又饬启放白驹、青龙、大团、小海等坝,以畅归海之路"⑥。李星沅开启义坝,旋又启昭关坝,旨在疏散灾民,赢得民心。正如李星沅本人所言,"前启义坝,在安清江淮郡之人心;嗣启昭关坝,在安高宝扬郡之人心"⑦。由于李星沅办事认真、事先筹划,这次疏散活动基本上做到了有条不紊,在一定程度上减轻了隐患的发生,保护了灾民的生命安全。

7. 劝赈钱粮

道光年间,国家积弱积贫,赈灾力所不逮,而募捐不失为筹集资金的好办法。为了筹措资金,更好地发挥示范作用,李星沅身先示属,率先垂范,首捐赈银一万两。希望唤起人们的道德良知,开辟人们心灵的绿洲,激发他们的同情心理和悲悯情愫,使他们慷慨解囊,凝聚人心,达到积少成多、聚沙成塔、集腋成裘的目的。在李星沅的积极倡导下,各级政府官员及地方绅士掀起了轰轰烈烈的捐款赈灾的热潮,"同城司道府县以及绅士商民等,均

① 李星沅:《附奏缕陈办赈情形片子》,《李文恭公遗集》(卷18),上海古籍出版社2002年版,第538页。
② 李星沅:《附奏捐廉办赈片子》,《李文恭公遗集》(卷18),上海古籍出版社2002年版,第533页。
③ 李星沅:《附奏捐廉办赈片子》,《李文恭公遗集》(卷18),上海古籍出版社2002年版,第533页。
④ 李星沅:《附奏缕陈办赈情形片子》,《李文恭公遗集》(卷18),上海古籍出版社2002年版,第538页。
⑤ 李星沅:《胪陈江潮积涨情形并回署日期折子》,《李文恭公遗集》(卷18),上海古籍出版社2002年版,第542页。
⑥ 李星沅:《胪陈江潮积涨情形并回署日期折子》,《李文恭公遗集》(卷18),上海古籍出版社2002年版,第542页。
⑦ 李星沅:《胪陈江潮积涨情形并回署日期折子》,《李文恭公遗集》(卷18),上海古籍出版社2002年版,第542页。

各量力捐资"①。其详情见表4-6所示。

表4-6　1848年江苏省各级官员捐赠救济灾民的银两数目情况表

序号	官员捐赠救济灾民的银两情况
1	前任兵部上书何汝霖捐银二千两
2	署江宁布政使积喇明阿捐银四千两
3	前任苏州布政使李惠捐银一千两
4	署苏州布政使庆端捐银四千两
5	两淮盐运使但明伦捐钱一万串
6	署江苏按察使姚熊飞捐银一千两
7	江安督粮农组织道沈兆云捐银一千两
8	苏松督粮道倪良燿捐银二千两（以一千两归江苏，以一千两归安徽）
9	苏松太道麟桂捐银二千两
10	河库道法良捐银二千两
11	淮扬道查文经捐银二千两
12	淮海道颜以奥捐银二千两
13	徐州道韩椿捐银二千两
14	前署河库道周际云捐银一千串
15	前署淮扬道周焘捐银五百两
16	署淮海道胡调元捐银二千串
17	兼护盐巡道江宁府知府徐青照捐银二千两
18	淮安府知府王梦龄捐银六百串
19	扬州府知府吴葆晋捐银二千两
20	徐州府知府李正鼎捐银一千两
21	苏州府知府桂超万捐银二千两（以一千两归江苏，以一千两归安徽）
22	松江府知府练廷璜捐银一千两
23	常州府知府桂文燿捐银一千两
24	镇江府知府沈濂捐银五百两
25	漕运总督杨殿邦捐银三百两
26	江苏学政青鏖捐银二百两
27	江宁织造铭海捐银一千两
28	苏州织造庆年捐银三千两

资料来源：

①李星沅：《附奏上年捐资助赈各员片子》，《李文恭公遗集》（卷20），上海古籍出版社2002年版，第639-640页。

②李星沅：《在籍尚书捐赈议叙，呈请代奏谢恩折子》，《李文恭公遗集》（卷20），上海古籍出版社2002年版，第638页。

———————————————

①　李星沅：《奏报回省日期并赈务河务现办情形折子》，《李文恭公遗集》（卷19），上海古籍出版社2002年版，第421页。

据表4-6所示，地方官员量力捐输、慷慨解囊，取得了临时救灾之资，使不少人免于饥饿，值得肯定。同时也体现他们博济广施、普度众生的慈善理念及同胞之情、兄弟之谊、爱无差等的人道主义立场，犹如涓涓暖流涌入人的心田，成为战胜灾害的强大力量。地方官员通过捐输，既可化解百姓对他们的不满情绪，也可获得乐善好施、急公好义的美名，为日后升迁获取政治资本。官员带头捐输，提高了募捐赈灾的合法性筹码，以消弭公众对官府救灾的怀疑及观望态度，为募捐赈灾赢得了更多的社会关注和尊重。

在赈灾活动中，社会力量的作用不容忽视。每当官府赈济力量式微，社会力量便挺身而出，发挥了生力军的作用，与官府赈济形成互补之势。充当国家和乡村社会调解器的士绅对官府的呼吁采取了积极迎合的姿态，主动请缨，与官府携手合作，共克时艰。"绅士商民等，均各量力捐资。并城内丰备仓储积谷石，分厂搭放动用，兼施棉衣御寒。余银暂贮江宁府库，俟官绅续有捐数，一并留备明春接济。"① 可见，赈灾不只是政府单方面的职责，需要政府与社会实现良性互动，各方力量齐心协力，密切配合，有效地整合社会资源，形成一种强大的黏合力，才能取得赈灾救荒的重大胜利。

纵观李星沅的施赈举措，不难看出，李星沅关心民瘼、以民为本，为解决荒政问题积极奔走呼号，实属难能可贵；他深明大义、率先捐赈，力劝官员助赈，产生了良好的示范效应，既解决了部分灾民的生计问题，通过募捐而获得的物资，又可弥补政府赈灾经费严重不足的缺陷。

（三）施赈特色

与同代的陶澍、林则徐等人的施赈措施相比，李星沅的施赈举措具有以下四个方面的特点。

1. 赈前准备充分

李星沅赈前准备充分，不仅查灾勘灾，也积极防灾减灾。灾荒发生前，他兴修水利，预防天灾，建仓积谷，以备不测；灾荒发生后，他亲临灾区，了解灾情，及时向朝廷禀报。为施赈做好了充分准备，是对以往遇灾临渴掘井做法的一大突破。而林则徐等人则侧重于查灾勘灾，防灾减灾意识相对欠缺。他认为施赈前须"查明户口人数，先付执照以凭领赈"②，将查赈、勘灾作为施赈的前提和关键条件。

---

① 李星沅：《奏报回省日期并赈务河务现办情形折子》，《李文恭公遗集》（卷19），上海古籍出版社2002年版，第421页。

② 来新夏：《林则徐年谱新编》，南开大学出版社1997年版，第201页。

2. 人道色彩浓厚

李星沅的赈灾措施注重人文关怀，人道主义色彩浓厚。灾荒发生后，他采取了米钱兼施、蠲缓赋税、掩埋尸体、安抚休养、防治疫疾等富有人道主义色彩的措施，扶危济困、安老恤幼、救死扶伤，体现出鲜明的人文关怀。而林则徐等人的施赈举措政治色彩浓厚，侧重于从国计民生的视角来思考问题。他提出的"劝平粜""备春耕""垦荒地"① 等赈灾措施，就与国计民生问题息息相关。

3. 施赈措施全面

从施赈措施的性质来看，李星沅的赈灾举措既有米钱兼施、蠲缓钱粮等临时性的"输血型"的治标措施，也有兴修水利等积极性的"造血型"的治本举措；从施赈措施的主体来看，既有官府主导的官赈，也有社会力量参与的义赈。而林则徐等人的施赈举措较多地侧重于官赈，动用民间力量参与赈济的活动较为鲜见。

4. 善用市场手段

在赈灾过程中，为了防止奸商囤积居奇、哄抬物价，保证灾区粮食供应，李星沅利用市场灵活的调节作用，借助商人来实现粮食等救灾物资的合理配置，并将其作为平抑两江灾区粮价的重要辅助手段。而陶澍等人的施赈举措，则侧重于计划调节，"委派官员，分赴湖广、四川、江西等地，买米十万石，运至灾区平粜"②。即依托官府，诉诸权力，实行平粜，以满足灾民之所需。

（四）总体评价

李星沅作为经世致用的积极倡导者，他立足于实际，着眼于未来，在两江灾区采取了一些切合实际的赈灾措施，成效良好。但由于时代的局限，李星沅的施赈举措不可避免地存在着一些缺陷。

1. 赈灾成效

李星沅总督两江期间，忠于职守，由于措施全面、切实可行，赈灾效果比较明显。

（1）渡难关，保劳力。第一，他采取了发放钱粮等急赈措施，帮助灾民渡过眼前困难，为农业的恢复发展保存了有生力量。第二，他采取劝募钱粮的措施，有利于整合民间力量，扩大救灾资金来源，最大限度地降低了灾

---

① 林则徐：《林则徐集·奏稿》（上册），中华书局 1965 年版，第 148 – 615 页。

② 陶用舒：《陶澍评传》，湖南师范大学出版社 1995 年版，第 219 页。

害造成的损失，保护了农村劳动力，为农业的恢复发展创造了有利条件。第三，他采取蠲免赋税的措施有利于减轻灾民的生活压力，在保存农村劳动力方面意义重大。

（2）赢民心，促稳定。第一，他采取道德教化的方式，对一些无家可归的灾民实施安抚收养的政策，大大降低了灾民的死亡率，在解决民生疾苦方面发挥了扶危济困的作用，有利于维护社会稳定。第二，他采取及时疏散的措施，井然有序地帮助灾民脱险，深得民心。虽具有强迫性质，但也是出于对灾民安全的考虑。一言以蔽之，这些赈灾措施，发挥了赢民心、稳社会的作用。

（3）平粮价，稳市场。添仓积谷既是对古人"遇饥馑水旱，籴不贵而入不散，取有馀以补不足"① 思想的弘扬，是一项积极的赈灾备荒措施，亦是消弭粮荒、减少农人损失、限制商人投机、平抑市场粮价的好办法，具有平粮价、稳市场、供军需的社会调节功能。

（4）防天灾，复生产。水利作为农业发展的命脉，有裨于国家，有济于生民，直接关系到农业丰歉、社稷国本，其重要性不言而喻。李星沅在两江地区兴修水利，防洪抗旱，对改善农业基础设施、促进农业恢复发展、保护生态环境大有裨益。

2. 存在问题

毋庸讳言，李星沅的两江赈灾，亦暴露出不少问题，归纳起来，主要包括以下四个方面。

（1）荒政体制存在弊端。我国传统荒政体制弊端颇多，主要表现为两个方面。第一，片面强调以急赈为主，忽视农赈、工赈等荒政措施在赈灾救荒过程中的作用。第二，未设立专项救灾资金，遇灾临时筹措，缺乏长远规划。这种"输血型"的传统荒政体制只能救急一时，未能发挥长期效益。受时代局限，李星沅的施赈举措，不可能从源头上解决灾害问题。

（2）缺乏专门的救荒机构。道光时期，国家尚未设立专门的赈荒救灾机构，亦未安排专人负责办理赈济事宜。遇灾时，往往是朝廷临时派遣一两位大臣赴灾区视察督查。由于缺乏一个具体的部门来负责管理与实施，往往导致官员遇事相互推诿、延误灾情，这在很大程度上弱化了李星沅赈灾救荒的社会效果。

---

① 张铁铮：《中国的仓储制度》，《国民经济建设》1937 年第 2 卷第 2 期第 65 页。

（3）赈灾措施存在问题。与同时代的人相比，李星沅采取的施赈举措，虽有所超越，但尚属于传统救济范式，仍未跳出传统荒政观的藩篱，是权宜之计。囿于时代限制，李星沅的赈灾措施不可能给处于水深火热的灾民带来真正的福祉。

（4）救灾资金严重不足。救灾措施的落实，救灾机制的正常运转，都需要充足的资金作后盾，否则，只能是镜花水月，画饼充饥罢了。由于当时救灾资金短缺，僧多粥少，救灾无异于捉襟见肘，于事无补。因此，李星沅的施赈举措不可能从根本上解决灾民的生计问题，救饥民于水火，解灾民于倒悬。

三、处理夷务

两江地区濒临东海沿海，经济文化发达，深受西方工业文明和生活方式的影响，是中国与外国接触和交流的窗口和前沿哨所。随着西方列强的大举入侵，处理夷务便顺理成章地成为两江总督的重要职责。

1. 妥协处理青浦教案

道光二十八年二月初四日（1848 年 3 月 8 日），麦都思、慕淮廉等三名英国传教士违反了苏松太道宫慕久与英国领事马富尔双方制定的"以早出晚归，不准在外过夜为断"① 的约定，从上海出发，租船抵达青浦县进行传教活动，与停泊在那里的漕船山东籍水手发生了暴力冲突，三名英国传教士被漕船水手打伤。青浦县令闻讯后，立即派遣差役予以制止，从义愤填膺、恼羞成怒的水手的手中救出了三名传教士，这就是震惊朝野的青浦教案。英国领事阿礼国闻讯后，颇为高兴，遂以此为借口，主动向清政府提出交涉，以非常强硬的态度要求清政府惩治凶手，并向咸龄发出最后通牒，命令在48 小时内将 10 名"罪魁祸首"押解至上海进行刑事审讯，否则将采取严厉的军事措施。英国试图借机以获取在华更多的侵略权益，遂派遣多艘军舰开赴总督衙门所在地南京，要挟李星沅。"称赴省申诉原非得已，必委官职大于道员者，乃不枉此跋涉。"② 为了扩大事态影响，英国领事啊礼国还大造舆论声势，派人在吴淞一带到处张贴告示，使上海一带居民人人自危，产生了极大的恐慌。

---

① 文庆等：《筹办夷务始末》（卷79），台北文海出版社 1970 年版，第 2880 页。
② 李星沅：《夷目来省控诉，现委藩司驰往覆查折子》，《李文恭公遗集》（卷 17），上海古籍出版社 2002 年版，第 469 页。

　　李星沅于道光二十八年二月十八日（1848 年 3 月 22 日）收到上海道的禀报，获知英国领事阿礼国无端挑衅，并扬言要阻挡中国运粮漕船，恐吓中国船户。李星沅认为英国自恃坚船利炮，深知中国兵士羸弱、武器落后，一旦进攻，便势如破竹，长驱直入。"该夷即借此为辞，知内地遽难向阻，至以斗殴细故来省控诉。若不设法禁止，后此动辄踵行，出入自便。"①

　　鉴于上述原因，两江总督李星沅遂与江苏巡抚陆建瀛商讨应对之策。一方面，速派遣江苏按察使倪良、候补道吴健彰立即赶赴上海查办此事；另一方面饬令沿江各县严密布防，晓谕当地百姓切莫惊慌失措，并派遣谙习英国情况的京口右营游击陈柏龄、署高资营都司张攀龙、镇江知府沈濂，由长江出兵，伺机拦阻。"密饬游击陈柏龄等以导领为由，沿路引之入浅，使彼节节阻滞。"② 基于鸦片战争的教训，为了防范突发事件的发生，李星沅决定在水宽且浅的泖湖修筑防御工事。"所浅之处，必有柴草船停泊，以为疑兵。其沿江炮堤官兵，并不戎装排列，各守各地，若见若隐。该夷颇有戒心，时以江路难行为言，或可潜消妄念。"③

　　在英国咄咄逼人的情势下，李星沅于道光二十八年二月二十七日（1848 年 3 月 3 日）在南京接见了阿礼国的副使罗伯逊，并答应其要求。"委藩司大员前去，当谕以藩司管库难出省，或委首道一行，而巴夏里坚请必欲大于道台者，盖咸道阶之厉也。"④ 道光二十八年二月二十九日（1848 年 4 月 2 日），李星沅接见了巴夏里，"众酋延至一房，杯盘罗列，尊予上坐，各献茶酒，……酒数口即行，仍鸣炮作列队送"⑤。在陪送李星沅的同时，巴夏里表示"但得两司严查晓谕，远人日久相安，甚不愿滋事"⑥。李星沅主张以妥协退让的策略加以解决，试图大事化小、小事化了。对于李星沅息事宁人、妥协退让的态度，巴夏里表示满意，并表示"有大人在两江，

　　① 李星沅：《奏报夷船出江入海日期折子》，《李文恭公遗集》（卷 17），上海古籍出版社 2002 年版，第 474 页。

　　② 李星沅：《附奏英夷来省所过各隘情形片子》，《李文恭公遗集》（卷 17），上海古籍出版社 2002 年版，第 471 页。

　　③ 李星沅：《附奏英夷来省所过各隘情形片子》，《李文恭公遗集》（卷 17），上海古籍出版社 2002 年版，第 471 页。

　　④ 袁英光、童浩整理：《李星沅日记》，中华书局 1987 年版，第 737 页。

　　⑤ 袁英光、童浩整理：《李星沅日记》，中华书局 1987 年版，第 738 页。

　　⑥ 袁英光、童浩整理：《李星沅日记》，中华书局 1987 年版，第 738 页。

必为我们做主，保无他虑"①。李星沅对此次会见英国领事的结果颇为满意，认为驾驭英国等西方列强，"惟有宣示诚信，或可折服其心"②。道光二十八年二月三十日（1848年4月3日）英国领事巴夏里等一行前赴报恩寺参观时，"竟有投石致伤该酋，并伤陈游击、张攀龙、李恒清之事"③。李星沅立即命府县迅速拿获14人，并表示于"明早枷示河干"。道光二十八年三月一日（1848年4月4日），李星沅命人将倪万年、王明付、刘玉发等10名漕船水手抓获，全部枷号黄浦。但英国巴夏里要求将这些水手全部定罪为持械抢劫，李星沅对此非常气愤。但为了平息事端，避免与洋人闹僵，他只好被迫接受、委曲求全、忍气吞声。最终，倪万年、王明付等被诬首犯杖一百，充军三年，其他几人也被严加惩办。

在处理整个青浦教案的过程中，李星沅根据敌强我弱与英军船坚炮利的形势，为了避免事态扩大，李星沅谨小慎微，始终抱着妥协的态度来处理此事的。妥协本是维系和平和化解双方矛盾冲突的一种有效方式，应秉持宽容、互利、有节的态度来对待之。但李星沅在处理青浦教案的过程中，所采取的这种妥协不是理性的、明智的选择，他没有把握好中英双方谈判、协商、较量的合理尺度，没有建立在以互利双赢、互谅互让作为谈判、交涉的前提和目标的基础上的，没有很好地表达和反映中国国家主权利益的正当诉求，反而对英国一味迁就、节节让步、盲目屈从、甚至牺牲国家的核心利益为代价。他为了保证我国海运能够顺利运行，被迫满足了英方提出的无理要求。英国军舰横冲直撞地进入中国内河，其行为明显地违反了《中英南京条约》的相关规定，是对中国主权的严重挑衅。由于大清王朝早已国势衰微、日落西山、风雨飘摇，无法与蒸蒸日上的大英帝国相抗衡，使李星沅不敢采取强硬的态度与英国据理力争、分庭抗礼，害怕因招惹对方使其不满而制造更大的事端。道光帝晚年的消极避战心态，使封疆大吏们愈发谨慎行事，害怕事态扩大。李星沅在处理"青浦教案"中的不作为表现，反映出了此时清朝官员在外交谈判时处于明显的劣势地位。

2. 妥善处置洋船事宜

鸦片战争后，中国软弱无能、不堪一击的印象已暴露于世界各国面前，

---

① 袁英光、童浩整理：《李星沅日记》，中华书局1987年版，第738页。
② 李星沅：《附奏夷目信件已交藩司带至上海，由道发还片子》，《李文恭公遗集》（卷17），上海古籍出版社2002年版，第476页。
③ 袁英光、童浩整理：《李星沅日记》，中华书局1987年版，第738页。

中国的形象从此由"巨人中国"向"矮子中国"嬗变。《南京条约》等不平等条约的签订以及中国的软弱可欺，更助长了沙俄的侵略野心，沙俄为染指中国的通商口岸，竟然厚颜无耻地提出俄罗斯国商船请在上海贸易的无理要求。道光二十八年七月初一日（1848 年 7 月 30 日），"浦江驶到俄罗斯国商船一只，由英夷领事阿利国转送该船主李顿北禀开：该国极东亚美理驾西北地方设有公司，专管皮货。今派发船主装至上海销卖，祈准验卸"①。鉴于此，李星沅审时度势，果断决策，婉言地拒绝了俄罗斯商品驶进上海的请求，捍卫了我国海疆地区的安全。"夷情叵测，不可不为预防。当即正言拒绝，使之无所觊觎，以杜后患。既据立限出口，情愿原船驶回，即批饬该道于该船起椗时赏给食物，并派水师将官随同防护，送出江苏洋面，明示怀柔。"② 足见，李星沅有知识、有才干、有魄力，有处事不惊的沉着应变能力。

综上所述，李星沅委婉地谢绝了俄罗斯商船驶进上海的请求，反映了李星沅敏锐的洞察力和强烈的时代意识，勇于任事，敢于担当。他站稳脚跟，挺直脊梁，分辨是非，从中华民族的整体利益出发，坚决抵制西方列强觊觎中国的狼子野心，发扬了"家国寸土不让，民族屹立如墙"的中华民族精神，坚决捍卫中华民族的主权和领土完整，是可歌可泣的，是值得学习的。

第五节　钦差大臣

钦差大臣又简称钦差，是明清时期的一种临时性的官职。指由皇帝派遣并代表皇帝外出办理重大事件的官员。钦，意为皇帝，钦差即是皇帝差遣之意，因此钦差大臣是由皇帝专门派出办理某事的官员。因为代表了皇帝本人，所以其地位十分了得。担任该官职往往都是皇帝信得过的高官，能得此职本身也是一种荣誉。一般事毕复命后，该官职便自动取消。其实，皇帝派遣大臣外出办事在我国古代一直都有"钦差大臣"这种固定的称谓，但其地位也高出以往历代此类大臣，这也与清代实行高度的中央集权制度有关。

---

① 李星沅：《俄罗斯国商船请在上海贸易，已饬立限回帆折子》，《李文恭公遗集》（卷18），上海古籍出版社2002年版，第536页。

② 李星沅：《俄罗斯国商船请在上海贸易，已饬立限回帆折子》，《李文恭公遗集》（卷18），上海古籍出版社2002年版，第537页。

清朝时期伴随着专制主义中央集权制度的不断加强，派遣钦差更加频繁。清代钦差又称钦使，统兵者则称钦帅，驻外使节称钦差出使某国大臣。

一、起义背景

鸦片战争以来，清政府为了赔款，加紧搜刮人民。由于当时赋税沉重、徭役繁重、土地兼并严重、高利贷盘剥沉重、苛捐杂税多如牛毛，加之连年不断的自然灾害，广大人民处于水深火热之中，各地群众的反抗斗争风起云涌，特别是两广地区更为激烈，一场轰轰烈烈的农民起义正在酝酿之中。1851 年 1 月太平天国起义在广西桂平县金田村爆发，金田起义像是一份宣言书，宣告鸦片战争以来连绵不断的农民起义开始汇集成一股强大的、不可抗拒的革命洪流。这股洪流浩浩荡荡，迅速席卷近半个中国，加速了清王朝的衰亡。太平天国运动爆发的原因主要有以下五个方面。

一是阶级矛盾更加尖锐。鸦片战争后，中国社会矛盾在原有基础上更为尖锐，封建统治阶级把战争带来的后果全部转嫁给广大农民，巧立名目、强取豪夺、大肆搜刮，因而加深了人民群众与地主阶级之间的矛盾，正如马克思所言："旧税捐更重更难负担，此外，又加上了新税捐。"① 另外，土地兼并现象亦尤为严重，对负担沉重的农民来说更是雪上加霜、火上浇油。太平天国革命的发源地两广地区，就是土地兼并最为严重之地区，如广西桂平县金田村有 750 亩地，地主即占去 662 亩。同时，商业资本和高利贷资本对农民的榨取也极为残酷，正如当时民谣所唱："农民背上三把刀，徭役苦，租米重，利钱高。"总之，严重的阶级矛盾成为推动太平运动爆发的主要原因。

二是清朝统治日趋黑暗。鸦片战争后，清政府为了支付战争赔款，把战争赔款所需银两全部摊派到农民身上，于是增加赋税，苛逼强夺，"沿乡苛索，官役分肥，每逢听讼未看词纸，先查粮册，有钱曲可为直，无钱，是反为非"②。就连封疆大吏曾国藩也不得不承认"州县竭力以催科"，"力役四出，昼夜追逼，鞭扑满堂，血肉狼藉"，"真有民不聊生之势"③。繁重的赋税负担，腐败的清朝吏治，使广大人民处在水深火热之中，"罄南山之竹

---

① 马克思：《中国革命和欧洲革命》，《马克思、恩格斯、列宁、斯大林军事文选》，中国人民解放军军事科学院出版 1975 年版，第 3 页。
② 李汝昭：《镜山野史》，载于中国近代史资料丛刊：《太平天国》（第 3 册），神州国光社 1952 年版，第 3 页。
③ 曾国藩：《曾文正公全集奏稿》（卷 1），传忠书局 2009 年版，第 7 页。

简，写不尽满地淫污，决东海之波涛，洗不净弥天罪孽"①。腐朽的清朝统治对太平天国运动的爆发起了加速的作用。

三是各地农民起义的推动。鸦片战争后清朝统治更为黑暗，导致阶级矛盾日趋尖锐，各地农民起义风起云涌。当时人民群众的起义斗争尤以两广、两湖颇为激烈，其中尤以广西为最。当时广西反动统治力量较为薄弱，而天地会反清活动却比较活跃，失业手工业者和散兵游勇较多。鸦片战争后，各地农民纷纷揭竿而起，聚众起义，势不可挡，广东高要人张嘉祥竖起替天行道的大旗，有万余人游离于梧州、浔州、宾州等地，梧州水盗张钊、田芳等攻打梧州、平南等地，天地会首领陈亚贵、罗大纲等也相继发动起义。起义军多至数十部，一般在数百至千人上下，形成了平乐、梧州、宾州三个起义中心。然而这些起义军互不统属，纪律性较差，无统一领导，"饥则蜂起，饱则远扬"、"旋起旋散"②、孤立奋战，容易被清政府各个击破或分化瓦解，或被清军镇压，因此，它不能领导广大群众打击内外敌人，但它却为洪秀全领导的拜上帝教的发展壮大，起了开路先锋的作用。

四是自然灾害的影响。近代以来，广西灾荒频发，几乎无年不灾。"1840 年，浔州（桂平）大旱，武鸣大水，藤县风灾，全州大疫；1842 年，玉林、北流、陆川雨雹，苍梧大水，上林旱，全州蝗灾；1843 年罗城县水旱灾交加，融县疫，玉林、北流蝗；1844 年，滕州、罗城大水，全州疫；1845 年，临桂大雨，柳城由于连年蝗灾大饥；1846 年，桂平大旱、大疫，临桂雨雹，玉林震，浔州、武宣大旱；1847 年，平乐大旱，恭城饥；1848 年，贵县、宾州、修仁等地蝗灾严重，藤县地震，浔州、武宣大旱；1849 年，灵州、永淳蝗，归顺疫，宾州、上林、象州风灾，怀集、北流、玉林大饥；1850 年昭平、崇善、龙州大水，三江瘟疫流行，平南、灌阳饥、全县蝗灾。"③ 频繁的自然灾害导致广西人民家破人亡，游离失所、衣不蔽体、食不果腹、性命难保，被逼走上绝路却又不愿向命运屈服，不愿坐以待毙，纷纷揭竿而起，加速了太平天国运动的爆发。

五是拜上帝教的创立及思想宣传。太平天国运动的爆发除了上述原因之外，还有一个重要的原因就是洪秀全创立拜上帝教，吸纳和发展教徒，宣传

① 中国史学会主编：《中国近代史资料丛刊　太平天国》（第 1 册），神州国光社 1952 年版，第 162 页。

② 太平天国历史博物馆编：《太平天国史料丛编简辑》（第 3 册），中华书局 1961 年版，第 3 页。

③ 李文海：《近代中国灾荒纪年》，湖南教育出版社 1990 年版，第 12－323 页。

基督教思想，倡导建立"有田同耕、有饭同食、有衣同穿、有钱同使，无处不均匀，无人不饱暖"的"理想天国"，这对处于水深火热的广大老百姓来说颇具吸引力。

洪秀全（1814—1864），出生于广东花县西北福源水村一个客家农民的家庭，他多次参加科举考试，都以失败而告终，因此，他对清朝的黑暗十分不满。一次偶然的机会，洪秀全得到了意大利传教士梁发的《劝世良言》，因此深受基督教的影响。1843 年洪秀全借教书之名，与同学冯云山秘密创立拜上帝教，在广西紫荆山一带传教，发展教徒，扩充势力，积蓄力量，以待时机。另一方面，洪秀全为发动起义进行了理论方面的创作，在传教期间，他撰写了《原道救世歌》《原道醒世训》《原道觉世训》，构建了天下为公的、"大同"式的理想社会的蓝图，并进行了广泛宣传，为金田起义的爆发奠定了舆论基础。

二、受命征剿

德国军事学家克劳塞维茨认为，"战争是双方精神力量和物质力量进行的一种较量"[1]。在人类数千年历史长河中，战争是随着私有财产和阶级社会的出现而形成的一种不可避免的社会历史现象，它不仅是流血的政治，是解决政治矛盾的最高斗争形式，也是利益驱动下的暴力行为。而求取生存则是战争发生的直接原因。

为了求取生存，抱有一线希望的农民揭竿而起，"粤西贼势披猖，叠窜城邑，戕害官弁，蹂躏地方"。"左右江各属股数众多，四处抢掠，势甚蔓延。"[2] 且"金云贼匪之害蕴蓄多年，近乃决裂不可制。同一匪而有内匪、外匪，同一内匪而又有土匪、会匪，其股数之纠纷，窜扰之远近，适与本省山复水复，邻省四通八达相倚为奸，迥异寻常贼势"[3]。起义军发展迅速，"浔州府之大黄江，现有贼匪结伙，排船伺劫，桂平之金田村另有会匪聚集，号称万余，并帖伪示诱胁。附近平南、郁林等处，贼踪出没诡秘，人数

---

① ［德］克劳塞维茨著、中国人民解放军军事科学院译：《战争论》（卷 1），商务印书馆 1982 年版，第 101 页。

② 李星沅：《遵旨驰往粤西会剿，叩谢天恩折子》，《李文恭公遗集》（卷 21），上海古籍出版社 2002 年版，第 667 页。

③ 李星沅：《恭报驰抵粤西，即赴柳州暂驻筹剿折子》，《李文恭公遗集》（卷 21），上海古籍出版社 2002 年版，第 668－669 页。

恐尚不少"①。为了维护清朝统治，清政府决定派林则徐赴广西镇压太平天国运动，不料林则徐在赴广西的途中病逝。鉴于李星沅以前征剿云南回民起义有方，在短时间内能够迅速谧除云州一带农民起义军，功勋卓著，被道光帝赏赐太子太保衔，赏戴花翎。于是，道光三十年（1850）十一月二十日清政府决定改派李星沅为钦差大臣，赴广西剿灭太平天国运动。"林则徐遵旨赴粤，行至潮州途次病逝。已有旨命李星沅为钦差大臣，颁给关防，驰驿前往广西剿办逆匪。并令周天爵署理广西巡抚，一并驰驿前往矣。李星沅、周天爵接奉此旨，谅即兼程赴粤。"② 李星沅于道光三十年（1850）十一月二十一日从长沙兼程出发，不久到达桂林，十一月二十八日到达粤西。"即飞速行催，务令择要截击，一面酌带员弁驰赴柳州府城，暂驻策应，分途饬防"，"仍将各路军情酌量远近驻扎，或分或合，随时移营调遣"，"令由思恩、百色行经南宁一带，探明何处有贼，立即向前轰击，无稍逗留"③。

三、用兵谋略

用兵，就是战争指导者在既定的客观条件的基础上谋划和指导战争。它是针对战争对手的情况，通过发挥人的主观能动作用，最有效地发挥自己的力量，夺取战争胜利的艺术。用兵是以客观条件为舞台的主观指导能力的竞赛，就是对战争的谋划和指导，它既是一门科学，也是一门艺术，既有严肃的科学性，又有鲜明的艺术性。用兵的基本原则就是趋利而避害，趋利而避害是军事指挥者指导战争的出发点和归宿，是检验战争指挥者主观指导能力的试金石。用兵必用谋，要求军事指挥者从客观实际出发，巧妙地运用战争规律和原则，以智胜敌，以最小的代价达成预定战争目的的艺术。不战而屈人之兵是用兵谋略的最高境界，它是以实力为后盾并作为威慑手段，兵不血刃，不战而使敌屈服，以谋略胜智谋，它不仅可使自己不受损失，不付出流血，免遭破坏而获胜，同时还可使对方在得到保全的前提下，服从于自己的意志，达到自己所追求的目的。总之，正确的用兵谋略是决定战争胜负的关键因素。李星沅为了镇压太平天国运动，肃清农民起义军，维护清朝统治，

---

① 李星沅：《恭报驰抵粤西，即赴柳州暂驻筹剿折子》，《李文恭公遗集》（卷21），上海古籍出版社 2002 年版，669 页。

② 李星沅：《遵旨驰往粤西会剿，叩谢天恩折子》，《李文恭公遗集》（卷21），上海古籍出版社 2002 年版，第667 页。

③ 李星沅：《遵旨驰往粤西会剿，叩谢天恩折子》，《李文恭公遗集》（卷21），上海古籍出版社 2002 年版，第669 页。

他事先厉兵秣马、未雨绸缪，制定了正确的用兵谋略，主要有以下六个方面。

1. 整军伍

李星沅认为整顿军队，严肃军纪，改善装备，建立一支训练有素的军队是战争取胜的重要保障。他主张官兵必须训练有素，反对临战招募，不教而战。"客兵人众气嚣，易形庞杂，必先申明纪律，静密无哗，俾将有谋而兵听之，兵有勇而将察之。寇至不惊，寇去不忽。小挫无怯，小胜无骄。总以扼要分捕为目前要着。又兵器利则胆壮，如应添枪炮火药等件，已饬省局赶办，又地雷火箭，湖南制造较精，现拟咨明抚臣委员上紧监造，陆续押运前来，以济缓急。"① 可见，只有整军伍，才能打造出一支强大的军队，才能在与敌交战的过程中所向披靡、势如破竹、攻无不克、战无不胜。

2. 联兵势

团结就是力量，李星沅主张水陆并进、相互声援、互为犄角，视机而动，机动灵活地把握战争形势，善于掌握以静制动的原则，取得战争的主动权，争取出奇制胜，一举击溃敌人。"贼匪无定数，官兵有定数，众寡颇不相敌，亟须相度地形，彼此列为犄角，水陆互为声援，无令囿于一处。即臣等驻扎处所，惟视贼氛所向，何处切近，何处吃紧，随时酌定，行营三路居中调遣。贼伙小则分击，大则合围，前则迎战，后则追剿，渐逼渐近，渐近渐少，庶不终于散漫。"② 可见，联兵势是一种机动灵活的战术，敌少则分兵追击，敌多则集中优势兵力，合围追剿并用，各个击破。

3. 侦"贼"情

刺探敌情，摸清敌人的具体情况，就能做到知己知彼，百战不殆。李星沅在出兵征剿之前，特别重视这一点。他认为"地方被贼扰害已及两年，其孰长孰短，当令官兵共悉。连日密切探防，如贼恃火罐，必用藤牌遮拦，利刃直接。贼熟水路，必于过渡轰杀，两岸伏兵。贼利在饱飏，必从间道袭之，而以疑兵迷其往。贼利在骤战，必遣游锋扰之，而以劲卒击其衰。臣即

---

① 李星沅：《遵旨驰往粤西会剿，叩谢天恩折子》，《李文恭公遗集》（卷21），上海古籍出版社2002年版，第669－670页。

② 李星沅：《遵旨驰往粤西会剿，叩谢天恩折子》，《李文恭公遗集》（卷21），上海古籍出版社2002年版，第670页。

密商署抚臣及提臣，遴选项骁将备，亲为指授，无许漏泄"①。"不入虎穴，焉得虎子。"只有深入敌营，才能准确无误地弄清敌情，进而制定正确的战略决策，然后在用兵上尽量做到虚虚实实，实虚结合，使敌不知我之深浅。这是克敌制胜的重要法宝。为此，李星沅亲自派得力人员前去打探敌情，经过一段时间的努力，摸清了各地起义军的一些具体情况，详情见表4-7。

表4-7 广西各属探禀农民起义军股数及堂名单

贼目堂名称	农民起义军股数及其基本情况
广义堂	贼首潘姓、陆姓，伙匪徐大阮，大约共二三千人，由上龙土司分窜。又龙州之罗回峒另有贼目黄晚，股匪数百人。
义胜堂	贼匪数千人，由龙安县属分窜至镇安之向武镇、远吞等各处，该匪共分三股，又名得胜堂、洪胜堂，号称七八千人。
永义堂	东兰州逸匪与永义堂广匪，约共一千人，由土田州窜至泗城之凌云县属，经兵壮剿捕，复窜凤山土司境内。
—	谢长、腰四一股伙匪千余人，由上林窜至定罗土司境内，现派兵壮剿捕。
—	钦州之大寺墟、长滩、小董墟、良利墟，灵山之奔塘、崎灵墟等处，大股贼匪人数约有万余，屡据南宁府探报，将窜上思州宣化县等处，已饬上紧严防。
—	新宁州之龙头墟，亦有另股贼匪窜至州属之渡头墟及萧村等处。
—	贼首刘八等纠党千余人，由石城县属青平墟被击窜至博白县之大峒墟，该县获犯讯供，此股人数约有万余人，现经饬带兵练会同东省官兵堵剿。
—	怀集县之桥头墟有贼千余人，由开建县属分窜，将至贺县铺门地方，现派兵练防守。

资料来源：

李星沅：《会奏查复现在贼首股数并请调云贵官兵折子》，《李文恭公遗集》（第21卷），上海古籍出版社2002年版，第707-708页。

---

① 李星沅：《遵旨驰往粤西会剿，叩谢天恩折子》，《李文恭公遗集》（卷21），上海古籍出版社2002年版，第670页。

4. 散"贼"党

李星沅主张攻心为上，采用说服教育的方法，进行心理攻势，以分散敌人的兵力，进而各个击破，化整为零，从而达到事半功倍的效果。他说："股匪裹胁日众，其中岂无良懦强为附和？即偶知自悔，亦恐官绳以法。臣即剀切出示晓以利害，慑以声威，令其速自解散，各营生计，以冀化莠为良。地方多一良民，即少一贼匪。其有杀贼自赎，臣即酌赏示劝。果能擒渠献酋，量为破格邀恩，似亦釜底抽薪之法。"① 可见，采取以晓以利害、慑以声威的说服教育方式，可达到分散敌之兵力，取得化莠为良的社会效果；践行赏罚分明的奖惩制度，可从根本上瓦解敌军，达到釜底抽薪的良好效果。

5. 严守望

李星沅主张要善于机动灵活地利用战场瞬息万变的形势，以我为主，以静制动，严格地坚守阵地，避其锐气，以逸待劳，击其惰归。同时，要广施保甲、兴办团练，充分利用民众的力量剿灭农民起义军。他说："粤西山水交错，地方窎远，贼已到处蔓延，势不能全资兵力，故以兵卫民，尤宜使民自卫。有贼处利用剿，无贼处利用守。其法以保甲、团练相辅而行。小村并入大村，平处移向险处，掘沟筑堡，人粮聚集。失业者得以佣趁，可免从匪。诚能坚壁清野，贼至无所得食，且进退牵缀，不敢纵其所之，将不战而亦困。"② 可见，李星沅的严守望的用兵谋略，体现出他稳中求变的攻势防御及以主待客、以静制动的战术原则，以达到以逸待劳、避敌锐气、蓄养士气的作用。

6. 广投效

李星沅为了征讨太平军，建立严格的训练考评制度，充分动员广大文武官弁，明赏罚，激发广大地主士绅剿灭农民起义军的积极性，鼓励他们捐躯沙场，报效国家。他说："粤西地瘠民贫，连年倍形困苦，地方官疲于奔命，亦几智尽能索，实皆勉力支持。故欲壁垒一新，惟在得人而理。如有文武官绅情愿投营效用，无论本省他省，均拟量材收录，借资群策群力。或能捐资助饷，及捐办军火器械，亦即由粮台分别验收册报，事竣核实奏奖，以

---

① 李星沅：《遵旨驰往粤西会剿，叩谢天恩折子》，《李文恭公遗集》（卷21），上海古籍出版社2002年版，第670页。

② 李星沅：《遵旨驰往粤西会剿，叩谢天恩折子》，《李文恭公遗集》（卷21），上海古籍出版社2002年版，第670页。

期事半功倍。"① 可见，广投效是一项行之有效的策略，充分体现了李星沅在国家危难的情况下，机动灵活地运用激励机制，群策群力，发挥集体智慧，集思广益，以充分动员民众、鼓励民众踊跃捐输为手段，以事半功倍地克敌制胜为终极目标。希冀通过上述策略，达到"振士气而寒贼胆，合群力以固民心，解散胁从之党，堵截分窜之路"的目的，最终实现消灭农民起义军的目标。

四、征剿举措

为了迅速剿灭各地农民起义军，李星沅制定了以下三个方面的征剿措施。

1. 明赏罚

为了调动文武官员和全体将士奋勇杀敌的积极性，朝廷建立了一套以有功必赏、有过必罚、该奖就奖、该罚就罚为主要内容的社会激励机制，不仅有利于优秀人才的脱颖而出，同时也有利于文武官员和全体将士恪尽职守，誓死效命，报效国家，形成战胜敌人的强大力量。但这套以赏罚分明为原则的激励机制，最终决定权完全操之于皇帝之手，由吏部文选或武选，再由清吏司分别掌管。一般情况下，先由督抚进行考核，分别功勋政绩，然后再根据具体情况颁发相应的奖赏。可见，考核是奖勤罚懒、奖功罚过的前提和依据，而奖赏与惩罚则是考核的兑现。李星沅作为督剿太平天国运动的钦差大臣和镇压太平天国运动的最高统帅，他依托朝廷制定的奖惩制度，秉公执法，严明军纪。一方面他对有功之臣加以提拔重用，予以表彰，李星沅曾高度评价了湖南随剿将备弁兵，他说："惟湖南官兵自随臣向荣入粤，分投击贼，勇敢争先，一月之间四获胜仗。柳庆、思恩一带贼颇望风知畏，良由诸将用命，士卒精强，临阵冲锋，一鼓作气，是以有战则克，顿挫逆氛。本省绅民莫不指为劲旅。"② 湖南随剿官兵为维护清朝统治，剿灭农民起义军立下了赫赫战功。另一方面，他对敷衍了事、庸碌无为、互相推诿的官员则予以处罚、降职，成为道光、咸丰两朝评价人才的表率与典范。其具体情况，现列表如下：

---

① 李星沅：《遵旨驰往粤西会剿，叩谢天恩折子》，《李文恭公遗集》（卷21），上海古籍出版社2002年版，第671页。

② 李星沅：《会奏遵旨保举湖南随剿将备弁兵及粮局文员折子》，《李文恭公遗集》（卷21），上海古籍出版社2002年版，第692-693页。

表4-8　李星沅对参与镇压农民起义军的部分官员奖惩情况表

姓名	奖或罚	奖或罚的具体情由
和春	赏	湖南永绥协副将和春，带兵入粤四次接仗，身先士卒，扼要指挥，奋勇攻剿，不遗余力，拟请赏戴花翎。
邓绍良	赏	湖南提标前营都司扬勇巴图鲁邓绍良，湖南镇标前营蓝翎都司郑魁士，湖南桂阳营蓝翎守备陈明志，该三员叠次带兵追剿，不避艰险，杀贼多名，邓绍良请以游击尽先升用，郑魁士、陈明志拟请赏换花翎。
米兴朝等	赏	湖南辰沅道标蓝翎千总米兴朝，新拔乾州协右营千总周维新，该两员屡次打仗紧逼贼剿，杀贼多名，米兴超凡脱俗拟请以守备尽先升用，周维新拟请赏戴蓝翎。
胡俊等	赏	湖南镇标右营蓝翎千总胡俊，辰沅道标蓝翎千总田宗扬，提标右营把总陈宗富，镇标中营蓝翎把总熊廷勖，镇压标右营蓝翎把总包顺科，该五员奋勇当先，叠次歼擒贼匪多名，胡俊、田宗扬拟请以守备尽先升用，陈宗富、熊廷勖、包顺科拟请以千总尽先拔补。
梅占魁等	赏	湖南常德协把总梅占魁，镇标前营外委田畯，乾州协外委张天得，保靖营外委段永福，常德协额外李九成，镇标右营额外田庆仁，永绥协额外舒兰，保靖营额外田宗，南河溪营额外聂永桢，该九员叠次追剿贼匪，歼擒多名，均拟请赏戴蓝翎。
徐统勋	赏	湖南镇溪营额外徐统勋打仗杀贼多名，拟请以把总尽先补用。
丁永贵等	赏	已革蓝翎外委丁永贵打仗杀贼二名，并往加炎侦探拿获贼匪温三等十一名，割获首逆张嘉盛首级一颗，拟请仍以蓝翎外委尽先拔补。同知衔署广西庆远府同知北流县知县曾绍星，经理粮局钩稽详慎，并首先访获首匪张嘉盛一名，又会获首匪王玉珍、张晚二名，伙匪四十余名，实属不辞劳瘁，可否请开知县本缺，以同知直隶州补用。镇安府向武土州州判王乐实，太平府佶伦土州吏目倪韶书，帮办粮台文案，采运粮米接济，昼夜辛勤，王东实拟请赏给六品顶戴，倪韶书请俟边俸期满，以州判遇缺即升。

（续表）

姓名	奖或罚	奖或罚的具体情由
贵廷方等	赏	湖南提标中营兵丁贵廷方，右营兵丁王士英、陈玉喜，前营兵丁姚洪春、萧开云，常德协兵丁罗振升，镇标前起兵丁刘上宾、侯大有、熊进、滕加友、胡占敖，后军兵丁杨光有、唐天祥，左营兵丁林茂然、宗星考、杨心钝、田康，右营兵丁向科富、邢成清、金光荣，前营兵丁聂永珍、戴廷秀、廖兴栋，镇标二起兵丁蒋立勇、曹兴隆、包占元、詹云全、裴光裕、滕成富，后军兵丁刘长培，左营兵丁胡胜永，右营兵丁滕代升，永绥协兵丁吴再升、熊天喜、杨兆瑞、侯定贵、冯得明、陈昌达、林正文，乾州协兵丁李荣升、林从根、张汉成、韩天瑞，镇溪营兵古向显亮、孙绍凯，河溪营兵丁祝士亮、杨再良，保靖营兵丁黄金友、安炳臣、向方得、王传训、罗朝兴，辰沅道标兵丁滕喜明、梁有芳、陈宗魁、陈开业、刘福祥、刘士发、陈开荣，该兵丁五十九名，均系随同打仗最为出力，拟请赏戴蓝翎。
李孟群等	奖	黎建勋拟请旨赏给六品顶戴，并赏戴蓝翎，以知县归部选用；桂平县知县李孟群本系赏戴花翎以同知补用之员，拟请旨以同知遇缺尽先补用。所有武缘县历勇出力之团生李美星、李可芳、李允标，职员韦最精、韦珠明，均拟请给六品顶戴。童生黄克明、李元纲，均拟请给八品顶戴，以示鼓励。
向继雄	赏	提臣向荣之子一品荫生向继雄，自随提臣入粤，于索潭、独山、陶邓墟、陶墟等处奋勇接战，连获胜仗。又协同委员密派兵壮，拿获大伙首匪张嘉盛、王玉珍、张晚三名，并奉委帮办粮台，均能任劳任怨，不遗余力。可否将该荫生向继雄赏戴花翎，以示奖叙之处自圣主逾格鸿施。
李殿元等	革职	浔州协副将李殿元、署提标游击事都司宋煜、署柳州城守营都司事守备陶玉德，带兵会县，堵御不力，经臣劳崇光、臣向荣具折奏参，摘去顶戴，责令戴罪立功。奉委防堵要隘，兵练并不为少，乃任贼匪冲突，且致署秦川司巡检张镛御贼被戕，胆玩已极。广西营务废弛，动以贼众为词，几成故套，亟须严切究惩。相应请旨将副将李殿元、都司宋煜、守备陶玉德先行革职拿问，仍确查是日遇贼如果李殿元等逃避不前，即行审拟奏明，按照军律治罪，以昭儆戒。

（续表）

姓名	奖或罚	奖或罚的具体情由
谭永德	革职	臣等查该署都司谭永德于贼匪尚未入境之先，即将关防、军装等件交与把总袁国璘等收管，情形已征惺怯，如果亟思防堵，自应查明贼匪来路，或水或陆，何处扼要，与该同知王淑元面商妥办，岂有并不会商亦不向人告知，即行他出，同城文武皆不知其所往之理？至所称赶回与贼打仗受伤，则更毫无所据。其为事先闻风逃避，事后捏词粉饰，均可概见。若不严行究办，何以整肃戎行？相应请旨将该署都司谭永德革职拿问，以凭严审确情，照律治罪。
李英	革职	臣等覆查该参将（李英）自随入粤西，连次剿贼颇有微劳，乃不一力奋勉，致有此失，咎无可逭。相应请旨将湖南桂阳营参将李英即行革职，仍枷号营门二个月示众，以昭儆戒。
闵正凤	革职	查该提督（闵正凤）身任一品大员，全省营伍皆其统制，平时既未能严饬操防，修整军械，以冀挽回积习。直至盗匪窃发，相距不远，又不亲身督剿，泄沓苟安。虽查无别项劣迹，而畏葸无能种种玩误，实属负恩溺职。相应遵旨查明，据实覆奏。
恒椿等	革职	查署宁明州兼署明江同知恒椿、署河池州知州邓树荣、河池州吏目张文栋、龙州厅照磨兼署宁明州吏目朱濂、署馗营都司罗起龙、署明江厅守备李陞荣、外委蔡荣尊、黄现达、宁明千总何光灿、永康州外委刘凤怀、左州把总刘克成、外委李峥发，当贼匪窜扰之时，土城本多坍塌，该文武仓猝抵御，匪徒旋即涣散，与失陷城池有间，并查无临时逃避情事，惟既已疏防于前，复不能追捕弋获，实属咎有应得，未便稍涉轻纵。应请旨一并革职，以示惩儆。
马芳春 麻长庆	革职留任	查此股贼匪经游击马芳春等督带兵壮剿捕开仗，甫有斩获，旋因山凹遇伏，以致弁兵伤亡。虽获胜在前，而疏失在后，实难辞咎。相应请旨将署右江镇标中军游击马芳春、护宾州营参将事都司麻长庆先行摘去顶戴，仍革职留任。
李庆什等	革职	李庆什以守城为词，未即下乡堵捕，迨贼匪窜扰里松，带兵抵御，复有损伤。至鹤年自缢后，又未能穷追贼踪，一力奋勇剿洗，实属庸懦不职。若不从严究办，何以整肃戎行，相应请旨将已革署富贺营都司李庆什从重发往新疆充当苦差，把总刘大刚、外委劳玉荣均请革职，发往军台效力赎罪。

（续表）

姓名	奖或罚	奖或罚的具体情由
惠庆等	革职	臣等查得右江镇总兵惠庆才具本属平常，于边地贼匪滋扰未闻设谋调度，渐收成效。右江道庆吉庸懦无能，形同木偶。臣等察看该员于地方盗贼情形，不过为人转禀，并不能设一合机宜之策，诚如圣训，实属株守偏隅，一筹莫展。署桂林府知府糜良泽貌似有才，心萦势利。凡事恐拂上官之意，虽查无贪劣实迹，而声名甚属平常，舆论亦多不协。又浔州府知府顾元凯心性粗鄙，亦郑祖琛所深许。公事诸多废驰，实难望其振作。相应请旨将右江镇总兵惠庆、右江道庆吉一并革职。署桂林府知府糜良泽、浔州府知府顾元凯一并革职，永不叙用。

资料来源：

①李星沅：《会奏遵旨保举湖南随剿将备弁兵及粮局文员折子》，《李文恭公遗集》（卷21），上海古籍出版社2002年版，第694－695页。

②李星沅：《会奏参革副将李殿元、都司宋煜、守备陶玉德拿问片子》，《李文恭公遗集》（卷21），上海古籍出版社2002年版，第675页。

③李星沅：《会奏查参都司谭永德革职拿问折子》，《李文恭公遗集》（卷21），上海古籍出版社2002年版，第676－677页。

④李星沅：《会奏参革参将李英仍行枷号片子》，《李文恭公遗集》（卷21），上海古籍出版社2002年版，第679－680页。

⑤李星沅：《遵旨查覆已革提督闵正凤总兵盛筠在任情形折子》，《李文恭公遗集》（卷21），上海古籍出版社2002年版，第700－701页。

⑥李星沅：《会奏查参上年失事厅州营员一并革职折子》，《李文恭公遗集》（卷21），上海古籍出版社2002年版，第712页。

⑦李星沅：《附奏查参游击马芳春、都司麻长庆摘顶仍革留片子》，《李文恭公遗集》（卷21），上海古籍出版社2002年版，第717页。

⑧李星沅：《遵查知县自尽实情并将营员严办折子》，《李文恭公遗集》（卷22），上海古籍出版社2002年版，第733－734页。

⑨李星沅：《会奏查参镇道知府各员折子》，《李文恭公遗集》（卷22），上海古籍出版社2002年版，第744页。

据表4－8可以看出，李星沅严格按照清廷的奖惩制度，对参与镇压太平天国运动的官员进行严格的考核。其考核的标准主要是根据其才能、政绩或战功，将其作为文武官员或全体将士升赏与处罚的考量尺度，并根据此标准划分等级，其中，一等为称积，二等为勤职、三等为供职。在镇压太平天国运动的过程中，李星沅一丝不苟地秉承朝廷的旨意，对有功之臣则根据实际情况实行相应的奖赏，其奖赏的方式囊括加衔、升官、晋级、加俸、封爵、赏赐财物、封赠上代，荫及子孙、表彰名声（赐谥、赐匾）等。尤以加衔与赏赐财物为主。其中加衔指的是朝廷赠封给官员高于本任的官衔，但所加之官衔并无职掌与实权，实则虚衔。其加衔的对象主要是功勋卓著的文武大臣，以示尊崇。其名目主要有太师、太子太傅、太子太保、太子少师、太子少傅、太子少保等。赏赐衣服等物亦是升赏的重要内容，其常见的方式覆盖黄马褂、花翎、补服黄带、朝珠、金银、刀剑、匾书、字联等，可谓形式多样。在镇压太平天国运动的过程中，李星沅对有功之臣请旨给予奖赏，当时涉及的官员主要有：湖南永绥副将和春，拟请赏戴花翎；湖南提标都司邓绍良拟请升迁为游击；湖南都司郑魁士拟请赏换花翎；湖南千总米兴朝拟请升用，把总熊廷勋、包顺科、陈宗富拟请以千总拨补；湖南把总梅占魁、外委张天得、段永福等均拟请赏戴蓝翎；黎建勋拟请赏给六品顶戴等等。同时，对贪生怕死、临阵脱逃、抵抗不力的官员予以严惩。如副将李殿元、都司宋煜、守备陶玉德，因抵抗不力，拟请革职查办，摘去顶戴，责令戴罪立功；都司谭永德闻风脱逃，拟请革职拿问，照律治罪；提督闵正风整军不严、玩忽懈怠，拟请遵旨查明；同知恤椿、知州邓树荣、守备李陞荣、都司罗起龙、外委蔡荣尊，请旨一并革职；等等。由此可见，李星沅对"踩红线""越底线""闯雷区"的官员进行严肃查处，不以其权势大而破规（如参奏一品大员提督闵正风），亦不以违纪问题小而姑息，更不以违者众而放任，始终坚持有责必问、问责必严，防范发生破窗效应。李星沅注重长远效益，长期做到警钟长鸣，使官员们从内心深处产生如履薄冰、如临深渊的警觉。

2. 筹军饷

筹措军饷是军队后勤补给工作的重要组成部分，充足的军饷是军队坚持斗争并取得战争最后胜利的重要保障。李星沅在担任钦差大臣期间，特别重视后勤补给工作，关注军饷的筹措。为了在镇压太平天国农民起义过程中筹措充足的军饷，上书朝廷，请求清政府恳拨发军饷30万两。"现在修仁、荔浦、柳州、庆远、思恩一带，尚感有留防兵勇，而浔州、南宁、太平等处，正当剿捕吃紧之时，兵勇云集，经费倍增，且由各府州县垫用各款，多半尚未给领，应请奏明续拨军饷30万两等情。臣等查广西此次军兴，本省外省官兵壮勇人数众多，调遣往来需费甚巨，既据该署司详称前拨银两支用已馨，自当续筹接济，俾免临时周章。合无仰恳圣恩，敕部于附近省分酌拨军饷银 30 万两，迅速解运来西，以备缓急。"① 随着太平天国运动的发展，李星沅镇压农民起义军的军饷日趋紧张，"粤西军务吃紧，各省兵勇云集，饷糈支用浩繁"，"一切军装、器械、粮饷、夫马逐渐加增，需用日巨"②。在迫不得已的情况下，李星沅再次请求清廷拨款，并提出了需要拨款的充分理由：军需紧急，库款已空，军饷已不足两个月之用；容易延误军机。"近因军需紧急，库款垫发已空，前请 30 万两即全数拨解到省，尚不足两月之用。且司库先垫各款势不能归，则应支俸饷存留一无所出，若不通筹全局，斟酌缓急情形，及早据实奏闻请拨大饷，诚恐辗转解运，延误事机。"③ 于是在咸丰元年二月初六日（1851 年 3 月 8 日）李星沅再次向清政府提出请拨军饷 80 万两，以镇压太平天国运动。"惟有吁请天恩，俯念军需紧要，敕部再于附近各省筹拨饷银 80 万两，迅速批解来西，以资转运。"④ 由此可见，军饷足，则军队稳；军队稳，则士气旺；士气旺，则战争胜。只有在保证拥有充分军饷的情况下，军队才能紧密团结、同仇敌忾、共同御敌，取得战争的最后胜利。从这个层面上讲，充足的军需供应是取得战争胜利的前提和保证。咸丰初年，由于国家财政困难、罗掘俱空、漕粮匮乏。因此，清廷的军需供应只能是捉襟见肘，无济于事。且在大多数情况下，军需物资迟迟不能到位，致使军心涣散、人心浮动，犯了兵家之大忌。

3. 调军队

纪律是军队的生命线，军队是国家的命脉。而军队的战斗力在于军队的团结、官员的协作配合以及官兵的上下一心。李星沅作为征剿太平军的最高统帅，深谙此道理。为了便于调兵遣将，统筹指挥，李星沅决定组建一支完全听命于他的军队，以便集中力量迅速歼灭太平军，巩固清朝统治。为了团结一致、上下一心、同仇敌忾，迅速荡平太平军，他决定上书朝廷，请调他熟悉的云贵将官为之效力。他认为"行兵之要，莫如选将筹饷"，"领兵接

---

① 李星沅：《会奏恳拨军饷三十万两折子》，《李文恭公遗集》（第 21 卷），上海古籍出版社 2002 年版，第 673 页。

② 李星沅：《恳拨军饷八十万两折子》，《李文恭公遗集》（第 21 卷），上海古籍出版社 2002 年版，第 698 页。

③ 李星沅：《恳拨军饷八十万两折子》，《李文恭公遗集》（第 21 卷），上海古籍出版社 2002 年版，第 699 页。

④ 李星沅：《恳拨军饷八十万两折子》，《李文恭公遗集》（第 21 卷），上海古籍出版社 2002 年版，第 699 页。

仗，专恃将才，署抚臣周天爵长于武备，到粤需时。现惟提臣向荣身先士卒，奋勇转战，臣爱之重之，恨不能披坚执锐，与之右。亟愿多得飙将借供臂指，查云南游击吕飞鹏、都司李廷楷、施嘉祥、贵州游击任大贵、何泽、都司彭长春，臣夙知其勇敢，应请敕下云贵督抚臣，分别檄令兼程来粤协剿"①。金田起义爆发后，太平天国运动迅速发展，蔓延到长江流域大部分省份，已成燎原之势，严重威胁清朝统治，"广西贼势披猖，各自为党。如浔州府桂平县之金田村，贼首韦正、洪秀全等私结尚弟会，擅帖伪号伪示，招集游匪万余，肆行不法"，"金田贼巢，前濒府江支河，后倚紫荆朋隘，诸山中环，村落距城四十余里，界连平南、象州、永安、武宣、修仁等处，时有贼匪出没"②。面临迅速发展的农民起义军，李星沅一时无力剿灭，他忧心如焚、心力交瘁，为了歼灭迅速发展的太平军，李星沅再次上书清廷。一方面他主张请求调遣提镇大员协剿太平军，他认为"广西幅员延袤，股匪纵横，官兵各路追捕，必须勇干大员统带接战。前蒙饬谕候补提督张必禄前来，业已至浔病故。现在分任乏人，臣等会查贵州提臣秦钟英，久居边要，晓畅机宜，贵州镇远镇总兵秦定三，曾任广西将官，情形熟练，皆可望其得力。恳恩准于两员中拣调一员，就近迅赴军营，即令统带黔兵分途搜捕"③。另一方面，李星沅决定请调湖南将官率楚兵来广西征剿太平军，令"湖南靖州协副将博春、准升镇右营游击曼腾龙迅即兼程来粤，分带楚省官兵，以期同心协力，早收成效，感荷鸿慈"④。李星沅请调自己以前统帅的军队，官兵熟悉、同仇敌忾、军令上传下达，在某种程度上有利于改善不堪一击、纪律涣散的清军的战斗力。

五、征剿成绩

由于李星沅谨慎从事，事先谋划，统筹全局，制定了较为正确的战略方针，如整军伍、联兵势、侦贼情、散贼党、严守望和广投效等方略，采取了

---

① 李星沅：《附奏请调云贵将官片子》，《李文恭公遗集》（第21卷），上海古籍出版社2002年版，第671－672页。

② 李星沅：《会奏筹剿金田逆匪，恳调提镇大员协剿折子》，《李文恭公遗集》（第21卷），上海古籍出版社2002年版，第673－674页。

③ 李星沅：《会奏筹剿金田逆匪，恳调提镇大员协剿折子》，《李文恭公遗集》（第21卷），上海古籍出版社2002年版，第674页。

④ 李星沅：《会奏筹剿金田逆匪，恳调提镇大员协剿折子》，《李文恭公遗集》（第21卷），上海古籍出版社2002年版，第674页。

明赏罚、筹军饷、调军队等措施。因此，他在镇压各地农民起义过程中，并非毫无建树，而是有所斩获。

1850 年 9 月，在广西左州一带，"左州知州保徵亲赴四乡传集团练进城剿捕，并知会把总刘克成、外委李峥发接应，轰毙贼匪数十人"①。1850 年 10 月，在广西修仁一带，"修仁县知县宝善拿获巨盗严亚汶 1 犯"②。

1850 年 11 月，在广西金田村一带，"云南临元镇总兵李能臣率滇兵 2000 名，在果化、土地塘杀贼数百名，割获首级耳记 80 余件，并夺获义胜堂大旗及枪炮火药器械甚多，25 日又杀贼匪多名，兼获枪炮等件"③。

1850 年 11 月，在广西龙州一带，"广西龙州上龙土司地方官兵剿捕贼匪，歼擒多名，守备杨致英由船登岸，忽于甘蔗园内冲出贼匪 200 余人，当经兵壮炮毙数十名，杨致英手刃执旗贼目 2 名，千总曾朝玉、贾中孚各砍毙 1 名，烧毁屯贼茅棚数十间，生擒蒙世梅等 13 名，夺获刀矛数十件"④。

1850 年 11 月，在广西南宁一带，"南宁知府邹峄会同营员带领兵壮在隆安县属之凌村地方，擒获凌俊青等 9 名，并搜获炮械多件，后至那重村歼毙贼匪 380 余名，贼首杜建达 1 犯，因伤重身死"⑤。

1850 年 11 月，在广西太平一带，"太平知府吴德徵率兵擒获匪犯蒙世梅等 13 名，又拿获匪犯黄亚陈 1 名"⑥。

1850 年 11 月，在广西梧州一带，"梧州知府汤俊拿获巨盗邓亚八、林亚三 2 名，后又拿获黎长头二等 30 名，蒙明希等 20 名"⑦。

1850 年 11 月，在广西柳城一带，"柳城县知县魏金声率文武管带兵勇

①　李星沅：《会奏查参上年失事厅州营员一并革职折子》，《李文恭公遗集》（第 21 卷），上海古籍出版社 2002 年版，上海古籍出版社 2002 年版，第 712 页。

②　李星沅：《会奏南宁、太平、梧州、修仁、贵县、柳城、来宾、武宣等处拿获匪犯片子》，《李文恭公遗集》（第 21 卷），上海古籍出版社 2002 年版，第 690 页。

③　李星沅：《会奏筹剿金田逆匪，恳调提镇大员协剿折子》，《李文恭公遗集》（第 21 卷），上海古籍出版社 2002 年版，第 674 页。

④　李星沅：《会奏右江官兵剿捕上龙土司贼匪获胜并派员剿办都结等土州股匪折子》，《李文恭公遗集》（第 21 卷），上海古籍出版社 2002 年版，第 688–689 页。

⑤　李星沅：《会奏南宁、太平、梧州、修仁、贵县、柳城、来宾、武宣等处拿获匪犯片子》，《李文恭公遗集》（第 21 卷），上海古籍出版社 2002 年版，第 690 页。

⑥　李星沅：《会奏南宁、太平、梧州、修仁、贵县、柳城、来宾、武宣等处拿获匪犯片子》，《李文恭公遗集》（第 21 卷），上海古籍出版社 2002 年版，第 690 页。

⑦　李星沅：《会奏南宁、太平、梧州、修仁、贵县、柳城、来宾、武宣等处拿获匪犯片子》，《李文恭公遗集》（第 21 卷），上海古籍出版社 2002 年版，第 690 页。

驰剿，歼毙贼匪数十名，拿获黄添应等 40 余名"①。

1850 年 11 月，在广西来宾一带，"来宾县知县赵启昀拿获匪犯江大脚二等 13 名"②。

1850 年 11 月，在广西武宣一带，"武宣县知县刘作肃拿获匪犯及金田贼探曾建幅等 35 名"③。

1850 年 12 月，在广西庆远一带，"梧州知府汤俊访闻邓立奇等现在逃匿十都地方，密带兵练迅速驰往，拿获该犯邓立奇，另获匪犯蒙明希等 20 名"④。

1851 年 1 月，在广西桂平一带，"临元镇李能臣、镇远镇周凤岐连环施放枪炮，刀矛并击，轰毙贼匪 200 余名。后官兵奋力冲杀，连开枪炮，又毙贼匪数十人。后来水陆兵壮两次夹击，复毙贼匪多名"⑤。为顺利进剿农民起义军、消灭其有生力量奠定了坚实的基础。

1851 年 1 月，在广西贵县一带，"拿获文亚英、徐亚汶 2 犯，生擒徐亚汶之子徐亚长，另获匪犯姜见孙、黄十二等 13 名及黄三被等 29 名"⑥。

1851 年 1 月，在广西永安一带，"盐法道林士传盘获陆广南等 6 名，并搜出腰牌、红巾、大刀等件"⑦。

1851 年 1 月，在广西梧州一带，"梧州知府汤俊督饬印委各员在苍梧县属之夹石岭两次剿捕，歼毙贼匪多名，生擒陈四等共 53 名"⑧。

1851 年 1 月，在广西迁江一带，"迁江县知县严正圻拿获首伙蒙大方、覃特开等 14 名，并搜出拜会白布，另获私贩硝磺之吴朝贤等四名及蒙大方

① 李星沅：《会奏南宁、太平、梧州、修仁、贵县、柳城、来宾、武宣等处拿获匪犯片子》，《李文恭公遗集》（第 21 卷），上海古籍出版社 2002 年版，第 690 页。

② 李星沅：《会奏南宁、太平、梧州、修仁、贵县、柳城、来宾、武宣等处拿获匪犯片子》，《李文恭公遗集》（第 21 卷），上海古籍出版社 2002 年版，第 690 页。

③ 李星沅：《会奏南宁、太平、梧州、修仁、贵县、柳城、来宾、武宣等处拿获匪犯片子》，《李文恭公遗集》（第 21 卷），上海古籍出版社 2002 年版，第 690 - 691 页。

④ 李星沅：《附奏拿获庆远贼首张晚片子》，《李文恭公遗集》（第 21 卷），上海古籍出版社 2002 年版，第 683 页。

⑤ 李星沅：《会奏官兵进剿金田逆匪追贼遇伏，请将伤亡弁兵议恤折子》，《李文恭公遗集》（第 21 卷），上海古籍出版社 2002 年版，第 686 - 687 页。

⑥ 李星沅：《会奏南宁、太平、梧州、修仁、贵县、柳城、来宾、武宣等处拿获匪犯片子》，《李文恭公遗集》（第 21 卷），上海古籍出版社 2002 年版，第 690 页。

⑦ 李星沅：《会奏永安、苍梧、迁江、象州、平南、宣化、来宾、东兰、河池、博白等处拿获匪犯片子》，《李文恭公遗集》（第 21 卷），上海古籍出版社 2002 年版，第 708 页。

⑧ 李星沅：《会奏永安、苍梧、迁江、象州、平南、宣化、来宾、东兰、河池、博白等处拿获匪犯片子》，《李文恭公遗集》（第 21 卷），上海古籍出版社 2002 年版，第 708 页。

之妻、纠众复仇之黎特卯等 3 名"①。

1851 年 1 月，在广西象州一带，"提标中营守备苏春华，防守花路等处，拿获匪犯陈老九等 3 名，解赴象州，实系金田逆犯遣来探听消息之匪；象州知州彭作檀会同委员丰安，拿获匪犯许亚苟、蔡老水 2 名"②。

1851 年 1 月，在广西平南一带，"平南县知县周诚之，拿获匪犯杨九、李二等 2 名，讯供亦系金田逆犯遣来打听消息之匪"③。

1851 年 1 月，在广西来宾一带，"来宾县知县赵启昀拿获积盗麦亚保并伙犯韦老汉等 2 名"④。

1851 年 1 月，在广西东兰一带，"东兰州知州曹燮培，会同凤山土司带领兵壮团练，在凌云县属之谋隘古绷地方，剿捕歼毙贼匪 50 余名，生擒贼目黄四王等 4 名、伙贼李唐客等 4 名"⑤。

1851 年 1 月，在广西河池一带，"河池州知州邓树荣在三旺之喇相山两次剿捕，歼毙贼首韦世尧及匪伙 90 余人，生擒首伙韦世贵、李老晚等"⑥。

1851 年 1 月，在广西博白一带，"博白县知县游长龄，拿获匪犯刘亚十等 13 名，均饬分别解审处决"⑦。

1851 年 2 月，在广西桂平一带，"桂平县金田逆匪窜踞大黄江牛排岭等处，兵勇迭次攻剿，歼擒一千数百名，夺获炮械无算；后同知英秀带八步勇船 5 只，奋力冲击，杀毙贼匪数百名，烧毁贼屋 3 处，匪船 1 只，夺获军械多件；官塘团练亦轰毙该匪多名；刘继祖督率壮勇枪炮齐施，伤毙该项匪多名，夺获器械多件；向荣催督官兵飞速追剿，歼毙贼匪数十名，生擒 10 余

---

① 李星沅：《会奏永安、苍梧、迁江、象州、平南、宣化、来宾、东兰、河池、博白等处拿获匪犯片子》，《李文恭公遗集》（第 21 卷），上海古籍出版社 2002 年版，第 708 页。

② 李星沅：《会奏永安、苍梧、迁江、象州、平南、宣化、来宾、东兰、河池、博白等处拿获匪犯片子》，《李文恭公遗集》（第 21 卷），上海古籍出版社 2002 年版，第 709 页。

③ 李星沅：《会奏永安、苍梧、迁江、象州、平南、宣化、来宾、东兰、河池、博白等处拿获匪犯片子》，《李文恭公遗集》（第 21 卷），上海古籍出版社 2002 年版，第 708 - 709 页。

④ 李星沅：《会奏永安、苍梧、迁江、象州、平南、宣化、来宾、东兰、河池、博白等处拿获匪犯片子》，《李文恭公遗集》（第 21 卷），上海古籍出版社 2002 年版，第 708 - 709 页。

⑤ 李星沅：《会奏永安、苍梧、迁江、象州、平南、宣化、来宾、东兰、河池、博白等处拿获匪犯片子》，《李文恭公遗集》（第 21 卷），上海古籍出版社 2002 年版，第 709 页。

⑥ 李星沅：《会奏永安、苍梧、迁江、象州、平南、宣化、来宾、东兰、河池、博白等处拿获匪犯片子》，《李文恭公遗集》（第 21 卷），上海古籍出版社 2002 年版，第 709 页。

⑦ 李星沅：《会奏永安、苍梧、迁江、象州、平南、宣化、来宾、东兰、河池、博白等处拿获匪犯片子》，《李文恭公遗集》（第 21 卷），上海古籍出版社 2002 年版，第 709 页。

名，夺获抬枪抬炮及五子炮等 20 余杆，并贼械多件"①。

1851 年 2 月，在广西上林一带，"游击马芳春、都司麻长庆督率兵丁壮勇，驰往剿捕，施放枪炮，歼毙贼匪 20 余名，夺获长针藤牌等件，并生擒刘其发 1 名，搜出小旗 1 枝；后又联合当地练勇，合力围捕，歼毙贼匪 25 名，生擒 33 名，并夺获长针刀械数十件"②。

1851 年 2 月，在广西武宣一带，"向荣亲率官兵中途截杀，提勇由左边接杀，枪毙贼匪数十人，向荣亲燃鸟枪连毙贼匪 2 人，后又歼毙贼匪数十人。兵壮追杀，沿途斩获首级数颗，夺获器械多件"③。

1851 年 2 月，在怀集、贺县一带，"时有游匪往来，都司周庆龙分领兵壮前去进剿，督令攻击杀贼 10 余名"④。

1851 年 2 月，在广西太平一带，"太平府吴德徵，带兵壮剿捕，左江镇德亮饬弁兵上前攻击，杀伤贼匪 10 余名，轰毙四五十名，落河淹毙多名，并将竹筏船只击散凿沉；驮卢司巡检贾中孚带勇生擒贼匪杨亚庆 1 名，外委蒋得龙、李峥发等夺获子母炮 2 杆，藤牌 6 面，大小铁弹 1 篓，长针、挑刀各数十件；2 月初 5 日，兵勇分路夹击，杀毙贼匪数十人，生擒杨老六等 5 名；署千总曾朝玉深入搜捕，格杀贼匪 2 名，后又杀贼匪多名，生擒放炮之农昌秀等 2 名，夺获贼马 7 匹，器械、藤牌、喷筒等件；2 月 13 日，左江镇德亮督饬兵勇开放枪炮，杀毙贼匪六七十人，枪炮轰毙 100 余人，被火焚毙多人，生擒贼匪 11 名，夺获二百斤洋炮 1 门，子母炮 2 门，抬炮、铁炮、竹节炮及鸟枪、长针、挑刀、铅丸并单印板等件，共轰毙歼擒二三百人，并夺获炮位军械各件"⑤。

1851 年 2 月，在广西各土司州一带，"副将伊三图、土州冯世勋、生员廖钊裔饬令兵壮歼毙贼匪 33 名，生擒吕闻 1 名，夺获刀矛藤牌多件；把总张承恩用长矛戳毙贼目 1 名；把总潘士杰轰毙执旗贼目 1 名，并伙匪多名，

---

① 李星沅：《会奏官兵焚攻金田逆匪巢穴，贼党败窜折子》，《李文恭公遗集》（第 21 卷），上海古籍出版社 2002 年版，第 714 – 715 页。

② 李星沅：《附奏查参游击马芳春、都司麻长庆摘顶仍革留片子》，《李文恭公遗集》（第 21 卷），上海古籍出版社 2002 年版，第 716 – 717 页。

③ 李星沅：《会奏添派镇将堵剿武宣、东乡逆匪情形折子》，《李文恭公遗集》（第 22 卷），上海古籍出版社 2002 年版，第 721 – 722 页。

④ 李星沅：《会奏派委道员督剿贺县贼匪折子》，《李文恭公遗集》（第 22 卷），上海古籍出版社 2002 年版，第 723 页。

⑤ 李星沅：《会奏官军剿捕太平府属股匪护协及文员等伤亡折子》，《李文恭公遗集》（第 22 卷），上海古籍出版社 2002 年版，第 724 – 726 页。

外委张廷瑞带兵毙贼 20 余人，巡检萧逢源带壮勇毙贼匪 3 名，生擒 2 名；外委刘名登枪毙骑马贼 1 名，共计歼毙 40 余名，擒获带伤者 12 名，用炮轰毙该匪 70 余人；生员李家锦生擒巨匪姚赞斗、马玉等 5 人；曹燮培督率官兵格杀骑马贼目 1 名、伙匪 10 余名，后又生擒贼匪 3 名；黄辅相率绅士开炮轰击毙贼 40 余人，生擒 27 名，后又擒获 16 名，格杀多名，贼窜至上石岭村，兵勇格杀 60 余名，生擒 52 名，初 7 日，捕获贼首陈亚猪满与妻妾女 4 人及苏三之妻韦氏；初 10 日至 15 日，陆续拿获首伙贼匪 123 名；郁林州顾谐庚与博白县游长龄，杀毙伙匪数十人，炮毙骑马贼 1 名，生擒陈二 1 名；外委李桂芳及乡勇擒获卢八、李晚、朱三、刘建兴、李五、叶晚等多名；横州知州黄辅相督率绅练查拿贼匪，生擒歼毙共有 300 余名；博白县游长龄督饬兵勇擒斩匪徒数十名，并夺获器械"①。

1851 年 2 月，在广西郁林一带，"职员朱允恭等带兵勇奋力冲击，杀毙贼匪 100 余人，壮勇李春蔚杀毙贼目周八、灵五 2 名，练勇擒获邱二等 6 名"②。

1851 年 2 月，在广西博白一带，"博白县练长黄云光等调集练勇，于 2 月 13 日轰毙贼匪数十人，后又毙贼匪 100 余人，受伤者不计其数；博白知县张琳率兵轰毙贼匪数人"③。

1851 年 2 月，在广西武宣一带"向荣亲督楚兵开放枪炮，连环火箭，喷筒一齐施放，轰毙贼匪数十人；秦定三奋勇抵住，黔兵火器齐施，毙贼 200 余人，兵亦杀贼 20 余名"④。

1851 年 2 月，在广西怀集、贺县一带"时有游匪往来，都司周庆龙分领兵壮前去进剿，督令攻击杀贼 10 余名"⑤。

1851 年 2 月，在广西东兰一带，"东兰州曹燮培分遣兵壮团练在岳口村及玩石、那英等处格杀枪毙贼匪 9 名，生擒梁二等 4 名；在劳石峒楞里村等

① 李星沅：《附奏各土司州县缉捕匪徒片子》，《李文恭公遗集》（第 22 卷），上海古籍出版社 2002 年版，第 727 - 729 页。

② 李星沅：《附奏剿捕郁林、博白两属股匪片子》，《李文恭公遗集》（第 22 卷），上海古籍出版社 2002 年版，第 729 页。

③ 李星沅：《附奏剿捕郁林、博白两属股匪片子》，《李文恭公遗集》（第 22 卷），上海古籍出版社 2002 年版，第 729 页。

④ 李星沅：《会奏官兵二次进剿武宣逆匪未能得手，请旨严议折子》，《李文恭公遗集》（第 22 卷），上海古籍出版社 2002 年版，第 730 - 731 页。

⑤ 李星沅：《会奏派委道员督剿贺县贼匪折子》，《李文恭公遗集》（第 22 卷），上海古籍出版社 2002 年版，第 723 页。

处炮毙追杀贼匪 200 余名，生擒贼目黄陆、贼伙黄亚胜等共 13 名，并夺获贼旗 1 枝，大小炮 5 杆，贼马 12 匹，火药 2 担，铅子 3 篓"①。

1851 年 2 月，在广西平南、宣化、柳城等地，"宣化县知县李天钰带领兵壮绅团，拿获首伙各犯赖大、何可元、李胜采等 23 名；平南县知县周诚之率兵壮绅团拿获贼目周大顺等 3 名，匪党谢社胜、杜士佳等 9 名；苍梧县知县张凯嵩督饬团练，陆续拿获盗匪邹光诗等 18 名；柳城督营委各员及兵壮绅团，用枪炮火药抵御，先后轰毙贼匪共 120 余名，夺获马 2 匹，器械 30 多件，竹梯 104 架"②。为剿除农民起义军奠定了坚实的基础。

1851 年 3 月，在广西郁林一带，"临元镇总兵李能臣率滇兵拿获贼探奸细张十一，郁林团练拿获匪犯胡八、陈二、陈四，守备秦如虎拿获贼探奸细卢亚溃等 5 名；总兵李能臣、郁林州知州顾谐庚率兵勇奋力直前，击毙贼匪 200 余人，割取首级 28 颗，耳记 27 枚，生擒贼匪 15 名，夺获大炮、药铅、器械无数，后又击毙贼匪 100 余名；3 月 27 日李能臣、杨彤如带领兵勇击毙贼匪数百名，郁林州知州顾谐庚亲督练丁生擒贼匪先锋黄三、黄八 2 名，后来滇兵施放抬炮，打毙贼匪三四十人，放连环枪炮，击毙数十名"③。

1851 年 3 月，在广西大胜堂一带，"武定营参将都司李廷楷、守备杨致英，带领兵丁壮勇枪炮兼施，杀毙贼匪 200 余名，生擒 37 名，壮勇谢锡祥、姚有高、陈鹏时等斩获著名首匪苏晚、潘六等首次 5 颗，夺获大炮 1 口，藤牌刀杆多件，初 3 日又杀毙贼匪 300 余名，生擒 9 名，夺获小炮数口，马 2 匹，刀杆数十件；守备杨致英、千总戴玉魁等率领兵丁轰毙贼匪 110 余名，生擒数名，用火筒竹铳烧毙该匪左右先锋 2 名，杀毙贼匪数十名，又用炮轰毙贼匪 200 余名；外委梁兆清、张国梁带领兵壮点放五百斤铜炮，轰毙贼匪 30 余名，受伤落水者不计其数；后张国梁、赵秉恭带兵壮团练奋勇杀敌，杀毙贼匪 500 余名，夺获大炮 10 尊，子母炮 6 口"④。

1851 年 3 月，在广西陆川一带，"刘八一股匪连日于陆川县城附近村庄

① 李星沅：《会奏东兰、宣化等州县拿获匪徒片子》，《李文恭公遗集》（第 22 卷），上海古籍出版社 2002 年版，第 739 页。

② 李星沅：《会奏东兰、宣化等州县拿获匪徒片子》，《李文恭公遗集》（第 22 卷），上海古籍出版社 2002 年版，第 739 – 740 页。

③ 李星沅：《奏报滇兵进剿郁林州会匪，连获胜仗折子》，《李文恭公遗集》（第 22 卷），上海古籍出版社 2002 年版，上海古籍出版社 2002 年版，第 748 – 750 页。

④ 李星沅：《会奏大胜堂股匪连获胜仗折子》，《李文恭公遗集》（第 22 卷），上海古籍出版社 2002 年版，第 753 – 754 页。

分伙焚掠，各村团练先后杀毙贼匪 20 余名，并毙贼首 2 名，夺获枪炮、藤牌、刀矛多件，贼马 1 匹"①。

由此可见，作为封建地主阶级利益的代表，李星沅始终站在封建统治阶级的立场上考虑问题的，他对各地农民起义军进行了残酷的镇压，以迅速扑灭将成燎原之势的熊熊大火，维系危机四伏、风雨飘摇、大厦将倾的清王朝，表现出一位封建地主阶级政治家的基本立场。

六、失败原因

"野火烧不尽，春风吹又生。"尽管封建统治阶级的严厉镇压，但不能迅速扑灭潜在于人民心中的怒火，将各地农民起义军剿灭殆尽、斩草除根，以绝后患。起义军反而愈战愈勇，呈现燎原之势。各地农民起义军风起云涌、此起彼伏、潜滋暗长，形成了一股锐不可当、所向披靡的强大的反清力量。李星沅虽殚精竭虑，使尽浑身解数，但不可能扭转整个战局失利的局面，挽狂澜于既倒，反而使清军陷入进退维谷的境地。究其原因主要有以下四个方面。

1. 将帅不睦

广西民变发生后，清政府任命李星沅为钦差大臣，广西巡抚周天爵、将军向荣协助李星沅征剿太平军。周天爵到达广西时，年事已高，已 80 岁，其资历远在李星沅之上，他于 1811 年考中进士，科名比李星沅早 21 年，李星沅任河南粮监道时，他已任湖广总督。周天爵个性倔强偏执，虽勇于负责，但一意孤行，早在 1840 年任湖广总督时，在审理候补知县楚镛时，使用酷刑被革职发往伊犁，充当苦差。鸦片战争期间，他在广东和江苏戴罪立功，不久得以重新起用。1842 年任署漕运总督，后兼署南河河道总督；1843 年，他因滥刑及失察，被吏议而请病开缺，以二品顶戴休致。1850 年广西民变四起，当时最为咸丰帝信任的帝师、协办大学士、刑部尚书杜受田保举周天爵知兵，咸丰遂起用他为署广西巡抚，协助李星沅扑灭民变。周天爵个性如此骄横，加上杜受田这样强固的靠山，不甘心屈于李星沅之下。相反，李星沅对他也素无好感，而仕途通达、后来居上，更视周天爵为累赘，二人落落难合，不能和衷共济，实是意料之中的事情。事实上，周天爵到达桂林之后不久，清政府即注意到周、李二人性格不同，易发生歧见，因此寄

---

① 李星沅：《会奏怀集、陆川、博白等县剿捕匪徒片子》，《李文恭公遗集》（第 22 卷），上海古籍出版社 2002 年版，第 755 页。

谕他们及广西提督向荣须通力合作，不必争吵。"周天爵敢于朴诚，甚有血性，向荣亦勇敢过人，但恐过于勇往，转不免轻进疏率之失。李星沅计虑务出万全，自属老成持重，但恐过于慎重，又不免迟误事机。使三人如一人，协力同心，刚柔互济，泯意见而杜推诿，于事方为有济。"① 李星沅奉到谕旨后，即复奏表示会与周天爵等妥商缓急，不负朝廷所托。他指出周、向二人年纪都比他大，职分差不多，彼此同办军务，以诚相接，"如果刚柔互济，实有万难之处，容即据实上闻，断不敢缄默"②，字里行间，透露了他两人不合的线索。

1851 年 2 月中旬，在李星沅指挥下，广西提督向荣率清军与本地壮勇约共 1 万人，赴浔州前线进攻太平军，太平军佯装被打败，诱敌深入，清军中伏大败，锐气大挫，一连 10 余日不敢出战，而太平军则突围直入武宣县境。周天爵获悉清军在浔州溃败，即率亲兵及沿途招募的壮勇取道武宣，赴前方督战。3 月中下旬之间，太平军向周天爵、向荣统率的兵勇进攻，清军败退，稍作休整后，周天爵、向荣二人部署完毕，布置新阵势，集结兵力 6000 人，分四路进攻，唯太平军人数多于官军 3 倍，加上四路清军中伏被围，全军瓦解。"自此役后，周、向放弃进攻战略，必用长围坐战之法，对付太平军，战事遂陷于胶着状态。"③ 清军在军事上连番失利，除了军政腐败积重难返外，李星沅、周天爵、向荣三人意见相左、事权不一、意见日深也是一重要原因。李星沅、周天爵曾两次在公文上发生了摩擦，"一、周见向荣所统军队师老无功，有意请调北方劲旅万人前来助战，而李认为南北异宜，驰书阻挠甚力。二、周屯驻武宣，李商请他移驻浔州，而周坚拒"④。二人嗣后互相攻讦，周对李星沅的指挥调度尤不以为然，认为他治兵无方，"一言兵则省城仅有懦劣八九百之兵，一言饷则藩库拨米朝不继夕之饷，一言官则通省皆求参不得之官，一言将则通省皆石郎之将，一言案牍则通省皆是被焚被杀之案牍"⑤。就在武宣首战失利的四日后，李星沅即萌退意，请求清政府委派重臣领军，以一事权，他在奏折中说："臣李星沅随护行营并

---

① 俞炳坤主编、中国第一历史档案馆编：《清政府镇压太平天国档案史料》（第 1 册），社会科学文献出版社 1992 年版，第 172 页。

② 俞炳坤主编、中国第一历史档案馆编：《清政府镇压太平天国档案史料》（第 1 册），社会科学文献出版社 1992 年版，第 221 页。

③ 简又文：《太平天国全史》，猛进书屋 1962 年版，第 266 – 267 页。

④ 简又文：《太平天国全史》，猛进书屋 1962 年版，第 282 页。

⑤ 李滨：《中兴别记》（第 2 卷），宣统二年铅印本，第 19 – 20 页。

无一兵一将，即兼筹各路，亦只因地因人设法支持，不能以无为有。若非添调劲兵重臣为统领，一力分堵合剿，全局殆不可问，伏乞圣谟乾断，特简总统将军，兼程来粤督剿"。半月后，李星沅奏请周天爵年老体衰，不能统军作战，他认为"军务至重，会商至难"①，故重申前奏，请清政府派重臣来广西督办剿务。

不久，清政府派文华殿大学士、首席军机大臣赛尚阿率兵驰往湖南防堵，接着又命他抵达湖南、广西交界处，即驰赴广西军营，接替李星沅办理军务，亦即取代李星沅为钦差大臣，并令他传知李星沅返回湖南，"会同湖南巡抚骆秉章办理防堵事宜"②。周天爵于清政府发布赛尚阿赴湖南办理防堵时，致书赛尚阿，指责李星沅计划不周，调度失宜。他在信中说："爵自到武宣，贼已成直驱北上之势，未曾不叹息痛恨李石梧视事太轻，调兵太少，欲省费而反费多，欲弥缝而漏鳞转大，以致将帅作难，而促战催急，急战急败，而贼焰日炽。设石梧莅事之初，明知西粤稔恶已久，岂有雍疽内蕴而有不溃于外者！且既惜费又胆小，何用万余兵勇守浔而反空紫荆山为不必守？即爵到柳州，面兴之诤，渠仍言，贼焉有雄才大略者如阁下乎？独作此讽刺语，其庸而愎可知矣。而石梧入奏，一味含糊搪塞，亦不知其居心是何等孔，而反列爵名衔，令人愤愤。"③ 周天爵所言固为推卸自己在兵事上应负的责任，但身为统兵大帅的李星沅，在强兵面前无法胜任棘手而又艰巨的任务，内外交困的情况对他十分不利。

2. 军队腐化

战斗力弱。清朝的肇建主要依靠由满洲人所组建的"八旗兵"而一统天下的，清军入关后因地位显赫、高官厚禄、养尊处优，战斗力早已丧失殆尽。康熙年间，又组建了以汉人为主的"绿营兵"，成为平定三藩叛乱的武装力量，进而成为大清征剿农民起义、捍卫封建统治的擎天大柱。至嘉道年间，绿营兵战斗力每况愈下，尤其是军饷甚少，将帅克扣，士兵生计艰难，甚至依靠经营生意来维持生活。嘉庆年间，山东白莲教林清起义，主要依靠团练等地主武装，绿营兵已无力拱卫风雨飘摇、危机四伏的清王朝了。鸦片战争以后，清朝的军队腐化透顶已暴露无遗，他们沾染吸食鸦片的恶习，造

---

① 俞炳坤主编、中国第一历史档案馆编：《清政府镇压太平天国档案史料》（第1册），社会科学文献出版社1992年版，第242－243页。

② 简又文：《太平天国全史》，猛进书屋1962年版，第286页。

③ 简又文：《太平天国全史》，猛进书屋1962年版，第286－287页。

成身体孱弱，在洋枪、洋炮武装起来的西方列强面前犹如摧枯拉朽，不堪一击，已失去了昔日的辉煌。

军纪败坏。常言道："军令如山。"纪律是军队的生命线，是维系军队紧密团结和提升军队战斗力的至关重要的因素，也是军队战无不胜、攻无不克的重要保障。没有纪律或军纪涣散的军队只能是一群乌合之众、一盘散沙，毫无战斗力可言。若军队纪律严明、上下齐心，全军将士用命奋勇杀敌就会形成一股强大的合力，达到高度的团结与统一，让铁规发力、让禁令生威，营造令行禁止、步调一致、上下团结、攻必克、退可守、守必固、战必胜的风清气正的良好军队氛围。纪律不是天然的，是军队统帅在长期的作战过程中，通过制定赏罚分明的奖惩制度，以规范控制抑或软控制的方式将全体将士的各项外在的规章内化为他们自身的生活方式和行为习惯的一个过程。因此，军队必须有严肃的纪律。要想掌控军队，就必须建立一套体系完备、衔接配套、科学规范、治理有序的纪律规范休系，确保可执行、可监督、可检查、可问责。唯如此，才能使军队发挥安民保国的神圣职责，才能最终赢得百姓的支持和拥护。纪律是对自身行为起潜移默化作用的外在约束力，是通过施加外来压力来达到纠偏的目的。良好纪律的形成过程乃是一个由外在强制逐步转化为内在自律的演迁过程，为确保军队所向披靡，必须有铁的纪律作支撑。由于长期的养尊处优，近代以降，大清军队已军纪荡然，如同一盘散沙，一击则溃。由此可见，军队腐化是造成李星沅镇压太平军失败的一个重要原因。正如李星沅本人所言："驱策的军队，为风纪败坏，懦怯畏葸，战斗力薄弱的乌合之众；加上大部分的清军是由云、贵、湘、粤等省临时调拼而来，数虽逾万，但军心摧贰，指挥调度困难，致整体战斗力大为削弱。"①

3. 决策有误

战略决策是战争获胜的重要法宝，是军事统帅为指挥军队实现战略目标的总体谋划。战略决策正确与否，对整个战争有着至关重要的影响。

李星沅本是一介书生，虽曾任统制一方的总督，在担任云贵总督期间，曾成功地指挥军队镇压云南回民起义，因功勋卓著，被道光加赐太子太保衔，赏戴花翎，具有一定的军事指挥才能。但这次李星沅所面临的太平军与以往所面临的云州回民以及盗匪那些缺乏训练的乌合之众相比大相径庭，不

---

① 简又文：《太平天国运动全史》，猛进书屋1962年版，第278-279页。

可同日而语。这次李星沅所面临的太平军则是一支以宗教狂热组织起来的、号令严明、具有作战目的和作战宗旨的、训练有素的劲旅。相反，李星沅所指挥的军队，纪律涣散、军纪荡然、营武松弛、缺乏训练、一盘散沙，是临时拼凑起来的军队。不难想象，对李星沅来说，指挥这样一支军队去征剿太平军岂有不败之理。更何况李星沅并不是行伍出身，与专门的军事指挥家相比，还是稍有逊色。因此在战争过程中便不能指挥自如、运筹帷幄、决胜千里，出现了错失良机、决策失误的现象。比如，李星沅在镇压太平军的过程中，未能集中优势兵力消灭太平军。"战争的到来并不能取消各地守军平时的任务，相反，局势使统治者们觉得更有必要监视民众，以防乘机生事，因此，即便在交战地区，当地清军并不能全部取得原先的汛塘哨卡，而集中兵力，只能在这些汛塘哨卡中抽调一些兵弁，组成临时编制的部队，准备应战。"①

4. 其他因素

战争的成败并不是一两种因素决定的，它是多种因素综合起来的结果。首先，清朝大失民心。中国有句古话，"得民心者得天下"。近代以来，西方列强入侵，民族危机加深，清政府为了赔款，加紧搜刮百姓，征收苛捐杂税，大失民心，加之自然灾害频繁，人民处在水深火热之中，终于引发农民起义，这是官逼民反的必然结果。因此，李星沅在镇压太平天国运动过程中，岂有不败之理，焉有取胜之理？其次，李星沅本身的问题。李星沅患有严重的肝病，健康本有问题，在太平天国运动爆发的关键时刻，清政府咸丰帝却起用他来镇压太平天国运动，使他力不从心，不能集中精力思考战略决策作出正确的判断来集中力量对付太平军。再次，李星沅比较稳重，办事谨慎周全，但过于周全却很有可能错失作战的时机，为太平军突围创造了有利的条件。最后，是清朝制度本身的问题。长期以来，绿营将领由皇帝任命调遣，兵无定属、不随将走、兵将分离，造成兵不知将，号令难从；将不知兵，权威难具。李星沅临时奉命征剿太平军，指挥这样一支军队，很难做到令出必行、士兵绝对服从统帅。

---

① 氏著：《中衢一勺》，载《包世臣集》，黄山书社 1993 年版，第 54 – 57 页。

第五章
英年早逝

　　李星沅是一位有远见、有抱负、勤于政事的地主阶级政治家，长期在地方为官，积累了丰富的工作经验、锻炼出了出色的办事才能。他以身作则、执法严明、清正廉洁、事必躬亲，加之他富有灵活的治理头脑、坚定的政治魄力、雷厉风行的工作作风，因而在担任总督、巡抚期间，所主政之区域，治理得井井有条，政绩十分突出。但由于李星沅过于勤劳于政事，积劳成疾，过早便撒手人寰，未能充分施展其才华，留下了许多遗憾。

第一节　积劳成疾

　　清朝自道光以来，中国内乱频繁，英法等西方列强不断加强对我国的侵略，侵略领土、强迫赔款，为所欲为、无恶不作。加之自然灾害频发，人民流离失所、举家迁徙、苦不堪言，处在水深火热之中。鸦片战争后，朝野震惊，清朝统治者开始从天朝上国的迷梦中苏醒过来，认识到要挽救清王朝的危局，必须倚重有为的封疆大吏，哪里告急就派往哪里。李星沅为官19年，迁调10余次，行踪几历神州大半，在当时落后的条件下千里跋涉，其辛苦可想而知。在19年为官中，妥善处理了缅宁、云州起事，严禁鸦片，整顿盐务，兴修水利，主持赈灾，稳定粮价，改革财政，长期以来过度劳累积劳成疾，致使1849年初肝病严重复发。俗话说，"冰冻三尺，非一日之寒"，早在1838年李星沅担任河南粮道的时候，李星沅已发现自己患有疾病，道光二十九年（1849）三月，他在给女婿何伯源的家信中说："我自在河南戊戌（道光十八年，即1838李星沅任河南粮道）年底著意胸口即生小颗似一朱砂痣，十余年胀大如鸡肝，色亦相同。因不关痛痒遂亦听之，去年夏间为梅生事郁闷,偶遇心烦,便觉胸口掣痛,今春肝气作胀,更加红肿可怕……医生审视内无根脚,尚非阴症。"①(现代医学表明,蜘蛛痣系严重肝脏病人的体征之一。由于腹壁静脉曲张,导致"胸部形成水母头状物突起",大如鸡肝。这被当时的中医称之为"肉结"。)李星沅在信中所提及"去年夏间为梅生事郁闷"是指道光二十八年(1848)三月李星沅之长子李杭(字梅生)病故。陈太夫人痛失长孙而病倒。李杭早慧,24岁中进士并入选翰林院,深得林则徐(林为此作诗祝贺)、汤鹏、何绍基等人的器重与厚望。受此打击,李星沅心境闷郁,健康状况大为衰退。是年秋,江淮发大洪水。作为两江总督李星沅亲临第一线巡察赈灾,可谓辛劳之极。再加之江南官场积弊,督抚政见歧出,涉外交之事又进退两难,诸事不顺,李星沅心力交瘁,道光二十九年正月(1849年1月)李星沅病势日沉,时感"肝气时作胀,小疙瘩亦抽掣不止"②;当时为李星沅治病的常州医生吴仲山诊断为:"以心虚肝燥脾滞为病源,肉结近于痰疽,亦因郁闷积劳,恐多日更决裂,幸内无根盘,尚非危症,第一养心为要药。"在续假半月中,"连服平肝药不验,亟需静养,即附片请假半月";"病源在心,非药石可求速效也"③。由此可见,李星沅肝病的复发是长期劳累忧伤的结果。

第二节　因病请辞

由于勤于政事,长期奔波、过度劳累,李星沅肝病复发,病情严重。李星沅的病症是一种慢性病症,病人需要静养,不能求速效。于是1849年初他上书道光帝,请准予请假半个月。"臣自上年冬间偶患两胁闷胀,食辄呕逆,右手指亦木强。维时正兼河篆,旋回省署医治,未敢冒昧上闻。入春以来外感风热,仍发肝气,由胸膈串至背脊,时形胀痛,手臂不能自如。心口旧有肉结,坚实如核,亦复抽掣作痛,近连心络。医者虑其成疽。臣自揣年力似系有馀之证,目前未必为患,少资静摄,当可就痊。相应吁恳慈恩,赏假半月,上紧调理平复,照常任事。所有日行文牍暂令江宁藩司代拆代行,

① 袁英光、童浩整理:《李星沅日记》,中华书局1987年版,第774页。
② 袁英光、童浩整理:《李星沅日记》,中华书局1987年版,第774页。
③ 袁英光、童浩整理:《李星沅日记》,中华书局1987年版,第774页。

其稍涉紧要者，臣仍慎勉筹办，不致因病延误。"① 李星沅在家休养了半个月，但病情未见起色，于是向道光帝详细汇报了半个月来病情调理的基本情况，"窃臣前因入春肝气复发，胸口肉结作痛，请假半月调理，连旬服药内治，专主顺气平肝，清散浮火积痰，尚未妄投猛剂。惟肝患总未平复，背肋闷胀，俯仰不能自如。又添腹间气坠，夜常数起。肉结部位逼近心络，时复抽掣痛楚，皮色深红，肌里亦加紧束。据医家云，病由积劳内郁，春令木旺失调，尚须专意静摄；等语。臣渥膺重寄，夙认错未遑，何敢暂图将息？且气体充实，平日颇足耐劳，偶遇微疴，绝不介意。无如目前病证未能迅速就痊，愈上紧，愈难安心。仰荷慈廑，刻深焦急。不揣冒昧，续恳赏假半个月医调。凡有紧要事件，臣乃力疾办理。设再调治无效，另容据实上闻，务全报国之身，勉效致身之义。不孟浪以投药，不因循以误公"②。又经过续假半个月的调理，李星沅的病情未见根本好转，他觉得自己这样拖下去，恐怕耽误了国事，于是他决定告病还乡，回归故里。主意已定，李星沅遂向道光帝请辞两江总督，奏请开缺带太子太保衔回籍，李星沅开缺获批准，四月二十日动身回家，于五月十八日到家。《李星沅日记》亦有记载，"道光二十九年（1849）四月十四日，酉刻接准部文引疾奉邀俞见，且于开缺回籍调理，复有安心之谕，重肩既卸，归省有期，感激恩施实无涯量……二十日，未刻登舟，市人偶语，若有所失，不知何以得去思也。五月十八日，辰初登岸至家，兹颜为开，一堂欢喜"③。

第三节　危难受命

道光三十年（1850）太平军兴，太平天国运动的兴起严重地威胁到清朝的统治。而李星沅在担任云贵总督期间，运筹帷幄、统筹全局，做到军民一心、官兵一心、上下一心、指挥有方、剿抚得当，迅速剿灭回民起义，显示出卓越的军事指挥才能和战略家的睿智眼光，不失为大清的一名栋梁之才。李星沅为巩固清朝的统治立下了汗马功劳，被道光帝重用，加赐太子太

---

① 李星沅：《附奏因病请假半月片子》，《李文恭公遗集》，第20卷，上海古籍出版社2002年版，第638页。

② 李星沅：《奏请续假半月调理折子》，《李文恭公遗集》，第20卷，上海古籍出版社2002年版，第646页。

③ 李星沅：《奏请续假半月调理折子》，《李文恭公遗集》（第20卷），上海古籍出版社2002年版，第651－678页。

保衔，并赏戴花翎。这年冬天，由于林则徐被委以钦差大臣征剿太平军，在赴任的途中病逝。因此，朝廷不得不重新起用病中的李星沅为钦差大臣以接替林则徐前往广西督剿太平军。"林则徐遵旨赴粤，行至潮州途次病逝。已有旨命李星沅为钦差大臣，颁给关防，驰驿前往广西剿办逆匪。并令周天爵署理广西巡抚，一并驰驿前往矣。李星沅、周天爵接奉此旨，谅即兼程赴粤。惟粤西贼贼势披猖，叠窜城邑，戕害官弁，蹂躏地方。虽经郑祖琛等督兵追捕，于平乐一带屡获胜仗，并擒首要各匪。而左右江各属股数众多，四处抢掠，势甚蔓延。"① 李星沅接旨后不敢迁延，立即由长沙兼程出发，旬日抵达桂林。"现在各路官兵已到若干，未到若干，贼氛或远或近，股匪孰少孰多，应如何侦探掩捕，决策制胜，臣身任督师，应否驻扎梧州，先扼粤西门户，以防贼之出入，署抚臣及两提臣应否分布犄角，择隘堵剿，以防贼之纷歧，统俟驰抵该省，会商熟计，相机调遣，随时吁请训示。"② 李星沅采用上次征剿云州回民起义的方法和战略方针，在主动进剿太平军之前厉兵秣马，事先做好准备工作，首先提出了整军伍、联兵势、侦贼情、散贼党、严守望、广投效等征剿方略，后又提出了整军容、募精勇、劝乡团、察地形、务解散五条征剿方针，为围剿太平军制定了正确的指导方针。因此，在征剿太平军的初期，李星沅绞尽脑汁、殚精竭虑，团结广大将士上下一心、同仇敌忾，将太平军从金田追至大湟江口，随后又追到武宣东乡，沉重地打击了太平军，取得了较大的胜利，为清军暂时赢得了喘息的机会。但是，随着太平军进入武宣后，洪秀全的兵力得到了迅猛地发展，已由星星之火，演变成燎原之势。主要表现为："钦州、灵心、宣化三处连界地方，匪徒聚集10000 余人，将至府城附近之亭子墟开角滋扰"③，"贼匪 1000 余人由广宁、怀集一带窜入该县近城三步梯，即在河东盘踞"④，"石城贼匪刘八、信宜贼匪凌十八两股纠伙，共一万三四千人，窜扰博白县境"⑤。在这种新的形势

① 李星沅：《遵旨驰往粤西会剿，叩谢天恩折子》，《李文恭公遗集》（第21卷），上海古籍出版社 2002 年版，第 667－668 页。

② 李星沅：《遵旨驰往粤西会剿，叩谢天恩折子》，《李文恭公遗集》（第21卷），上海古籍出版社 2002 年版，第 667－668 页。

③ 李星沅：《会奏请简将军督剿并添调皖豫官兵折子》，《李文恭公遗集》，第 21 卷，上海古籍出版社 2002 年版，719 页。

④ 李星沅：《会奏请简将军督剿并添调皖豫官兵折子》，《李文恭公遗集》（第 21 卷），上海古籍出版社 2002 年版，第 719 页。

⑤ 李星沅：《会奏请简将军督剿并添调皖豫官兵折子》，《李文恭公遗集》（第 21 卷），上海古籍出版社 2002 年版，第 719 页。

下，清军分兵把守，说明兵力严重不足。在双方各有胜负对峙的态势下，不仅不能剿灭太平军主力，而且在调兵进剿太平军的方略上，李星沅与周天爵发生了严重的意见分歧。为了阻止太平军的迅速蔓延并加以歼灭，李星沅不得不向咸丰帝上书，请求迅赐有权统领全军、级别更高的"总统将军"及带有精兵的各地管带迅来广西，合力进剿。"据目前贼势，蚁集蜂屯，少亦数千，多辄累万。西匪固倏远倏近，东匪亦时往时来。若非添调劲兵，重臣为之统领，一力分堵合剿，全局殆不可问。于曾经行阵诸臣中特简总统将军，兼程来粤督剿。并调安徽、河南精兵数千名，速派得力镇将管带前来合之。续请云贵官兵、练壮分途派拨，痛加剿洗。"① 但始终未能扑灭农民起义军的熊熊烈火，致使李星沅心力交瘁。

第四节　病逝军中

战事不顺、将帅不睦以及皇帝的言词训示，使李星沅陷入空前的困境之中，"深惧顾此失彼，滋蔓难图，筹饷征兵焦虑万分，重以力与心违，积忧废餐寝。自二月以来衣带日宽，肌肤锐减（严重消瘦）"②。

李星沅自道光三十年十二月（1850）抵广西柳州军中会办军务，督剿太平军，至咸丰元年二月（1851），在这不到三个月的时间里，李星沅本已沉重的肝硬化症，再次严重爆发，不仅原有的症状如两胁闷胀、呕吐、厌食、严重乏力，胸间如针刺扎疼均加重，并严重消瘦。正如他上书咸丰帝奏折所言："臣自上年十二月十五日驰抵柳州会办军务，已历数月，所有金田大股逆匪窜入武宣、东乡，虽经抚臣周天爵、提臣向荣督兵攻剿，而贼氛方炽，未能克日歼除。臣昕夕焦劳，寝不安席，旧时心疾复发。又感受山岚瘴气，寒热间作，四肢疲软无力，医治未见全愈。"③ 而且还出现了一些肝硬化病晚期的症状。

现代临床医学诊断肝硬化的症状主要有食欲减退，时伴恶心、呕吐，肝区隐痛、自感严重乏力，腹胀、腹疼，体重减轻。体征：患者呈慢性病容，

---

① 李星沅：《会奏请简将军督剿并添调皖豫官兵折子》，《李文恭公遗集》（第21卷），上海古籍出版社2002年版，720页。

② 李概：《李文恭公行述》，清同治四年刻本，第105页。

③ 李星沅：《附奏旧疾复发，医治未愈片子》，《李文恭公遗集》（第22卷），上海古籍出版社2002年版，第756－757页。

面色黝黑，皮肤表现常见"蜘蛛痣"，肝掌，胸腹壁皮下静脉可显露或曲张，甚至在脐周静脉突起，形成水母头状。李星沅胸部的肉结正是腹壁静脉曲张而形成的水母头状物，大如鸡肝，肝脏在早期肿大，晚期坚硬缩小，中晚期会有腹水、休克或发生肝性脑病。肝性脑病过去称肝性昏迷，是严重肝病引起的以代谢紊乱为基础的中枢神经系统功能失调的综合病症。其临床表现是意识障碍，行为失常和昏迷。

李星沅自咸丰元年二月中旬以来，深感自身病势沉重，并虑及今后可能会发生的某些不测，本来上年冬离长沙来广西赴任时，身有沉疴的李星沅带三子李桓同行随侍，并让李桓做些文秘方面的工作。李桓平时在家读书应考，时年 23 岁，并无社会活动及处理复杂问题的能力。此时，遂修家书调次子李概来军中以替换三子。李概时年 27 岁，在家主持家务，侍奉祖母陈太夫人及修建柑子园住宅等诸多事宜，有比较丰富的社会经验。李星沅二月二十九日在柳州致好友彭舒蕚信中说："二儿出月到此即令三儿南下（乘船顺柳江南下，绕道梧州返回长沙）。"果然，李概于三月二十五日赶到军中，二十六日李星沅即出现肝硬化晚期的肝昏迷危重症状，觉头目晕眩，几乎跌倒。但是李星沅却在这种病危的状态下，偏偏于四月一日在李概的陪侍下，离开柳州大营，登舟南行，向武宣前线移军，亲临前线督战。"臣渥膺重寄，未敢因此稍存诿卸，已于日内力疾驰赴武宣。"①

咸丰元年（1851）四月三日抵达象州，州县官员谒见时，他已步履维艰。第二日，抵武宣，周天爵和广州副都统乌兰泰与他会面时，"李星沅精神大减，人已不能站立，语言不甚清楚，不能谈及军务，服药后仍无起色"②。这正是严重肝硬化病引发的"肝性脑病"症状。终于在咸丰元年（1851）四月十一日郑重地将钦差大臣关防交周天爵保存。最后，李星沅于咸丰元年（1851）四月十二日在弥留中口授遗折，由次子李概记录成文："窃臣自柳驰武宣，病势日增，医药罔效，恐有贻误，谨于本月十一日将钦差大臣关防暂交抚臣周天爵收贮，即日专折奏明在案。独憾臣染疾，不能灭贼，又伏枕悲念臣母卧疴在家，臣心如割，目不能瞑。伏思臣受先朝隆遇，自翰林编修，历典蜀粤试事，出知汉中府，旋擢河南粮盐道，迁陕西按察

---

①　李星沅：《附奏旧疾复发，医治未愈片子》，《李文恭公遗集》（第 22 卷），上海古籍出版社 2002 年版，第 757 页。

②　俞炳坤主编，中国第一历史档案馆编：《清政府镇压太平天国档案史料》（第 1 册），社会科学文献出版社 1992 年版，第 406－407 页。

使，历江西、江苏布政使，通籍未十年，即由两司晋陕西巡抚，调江苏巡抚，未几升云贵总督，加回汉事，赏戴花翎，加太子太保，恩荣已极。调任两江，倚畀愈崇，政务日冗。臣以病乞归并侍母疾，道光三十年（1850）正月，宣宗成皇帝升遐，哀请叩谒梓宫，以旧臣荷蒙召对，瞻奉天颜。皇上大孝，推仁锡类，俯允微臣归养，臣母及臣感受入肌髓。其后以粤西贼氛未靖，复自家起用为钦差大臣，受恩深重，军务至急，臣于老母亦不遑顾矣，遂兼程驰赴广西柳州，就近调度。臣思议兵必先筹饷，先后奏请帑金百余万。又思任将为制贼要务，粤中宿将独向荣可倚，甫入粤增，四战皆捷。其后贼由大黄江溃出武宣，滇镇李能臣、黔镇秦定三皆能力战，署抚臣周天爵索性朴忠，匹马督阵，而贼负隅据险，尚稽天诛。臣在柳州寝不安席，食不甘味，力疾登舟，决计亲赴武宣以激励将士，扫平群丑，稍纾圣主南顾之忧。此志不遂，遽陨瘴乡，奄奄一息，以手自扪，臣之奉命远出，不遑将母者，为平贼计也。今督师已历数月，贼不能平，而臣病垂危，永与圣朝相辞，于臣母亦已矣。"[①] 带着"贼不能平，谓之不忠；养不能终，谓之不孝"[②] 的遗憾于十二日未初刻离开了人世。享年54岁。

李星沅逝世后，咸丰帝为其撰写祭文，"朕惟靖安，夙懋勤施，早著于先朝巽命，用申优恤，宜邀夫渥眷，邮章告逝，莫斁增凄。尔太子太保衔，原任两江总督李星沅，科第蜚声，清华养望，直銮坡而珥笔，依鳌禁不禁以轴书。追领麾幢，弥隆简任。旋因病体遽赋闲居，朕，嗣统之初，来京召对，缘亲年之已迈，令侍养而遣归。属以小丑跳梁，粤西滋扰，驰驿望举旗之捷，颁符倚荡寇之功。积劳而遂染沦殂。览奏而尚形忧愤，向使胜谋悉协，逆匪成擒何难，贼党全除边隅，永定擅枪，誓扫妖魔，方有待速殄。筹画失宜，功过固不能相掩。惟念致身于王事，爰稽恤典于春官。库镪特颁，用示鞠躬之节。参枝优给，俾纾将母之忧纶，悖载哀荣备至，戏表生平之节"[③]。谥号"文恭"。曾国藩闻讯后，非常悲痛，作挽联悼云："九洲作督，一笑还山，寸草心头春日永。五岭出师，三冬别母，断藤峡外大星

---

① 李星沅：《遗折》，《李文恭公遗集》（第22卷），上海古籍出版社2002年版，第760 - 761页。

② 李星沅：《遗折》，《李文恭公遗集》（第22卷），上海古籍出版社2002年版，第761页。

③ 五修家谱编辑委员会编：《湖南省汨罗市高华冲李氏家谱》（未出版），2008年12月版，第32页。

沉。"① 这是曾国藩对李星沅一生的高度评价。

第五节　魂归故里

人老病故，这是人世间难以避免的事情，也是自然界发展的客观规律，是不以人的主观意志为转移的。咸丰元年（1851）四月十二日李星沅带着"贼不能平，谓之不忠；养不能终，谓之不孝"的遗憾离开了人世。他的灵柩由其次子李概等人由广西前线护送到老家湖南湘阴高华冲，村民根据本地的土葬风俗，将装有李星沅遗体的棺木葬于长沙县魏家山。李星沅的坟墓坐南朝北，山下是一片肥沃野千里的稻田，远望丘陵起伏，青山绿水白云相伴，闹中取静，静中存幽，风景绝佳，可谓是一块风水宝地。李星沅的坟墓前面立有一块石碑，题有咸丰帝撰写的碑文，碑文曰："朕，惟驰驱王事，致身堪动，夫哀矜眷念臣劳，赐恤不嫌于优厚。既已歆香鼎俎，自应纪实丰碑。尔，太子太保衔，原任两江总督李星沅，初擢词垣，屡司文柄，继膺郡守，荐任封圻。溯持节于滇黔，曾息干戈于回汉。荷先朝之殊遇，遽缘抱疾而辞归。迨嗣服之方新，复命来廷而召对。不忍拂其养亲之志，用俾遂其引退之情。旋因粤匪跳梁，思得旧人秉钳。何意早经出甲，逾数月而莫报捷书。及呼再议济师，无几时，而遂来遗疏。虽失运筹帷幄，未靖妖氛。究为致命于边疆，堪怜劳勋。爰锡帑以资夫葬事，更颁参以慰其孝思。谥曰：文恭易名斯称，逮于后嗣，延赏宜推于戏。万里从征，特悯舍生之义：一勤必绿，悉捐既往之愆，服此温纶，勒诸贞石。"② 碑文对李星沅波澜壮阔的一生进行了简单的追述，肯定其成绩，批评其过错，客观公正，实事求是。李星沅一生平步青云、扶摇直上，官至两江总督、兵部尚书，加赐太子太保衔，赏戴花翎，死后被赐封为"文恭公"，体现了皇帝对忠臣的表彰，也是对李星沅一生的高度肯定，具有道德教化的功能。

---

① 李崧峻：《湖南湘阴李氏与早期西泠印社》，载《百年名社千秋印学国际印文研讨会论文集》，2015 年，第 402 页。
② 五修家谱编辑委员会编：《湖南省汨罗市高华冲李氏家谱》（未出版），2008 年 12 月版，第 33 页。

第六章
主要政绩

　　"天下兴亡，匹夫有责"，生逢乱世，乱象丛生，如何能挽狂澜于既倒，拯国家于危难之中，这是任何一个有责任感和担当精神的士人不得不思考的问题。作为道光时期一位有才能、有胆识的封建地主阶级改革家，李星沅关心社会现实、倡导经世致用、力行践履、躬于实践。为了改变山河破碎、满目疮痍、万牛难挽的社会现状，挽救日益衰败的封建经济，他披荆斩棘、筚路蓝缕，充当前驱先路，勇敢地站在时代的风口浪尖上，与抱残守缺、墨守成规的封建守旧势力展开了针锋相对的斗争。他不拘泥于古法，不囿于成规，不持门户之见，主张因势利导、循序渐进，克服重重阻力，进行一系列的经济改革。为此，他摇旗呐喊、大声疾呼，为挽救风雨飘摇、江河日下的清王朝统治进行了艰辛而又曲折的探索。

第一节　整顿盐务

　　俗话说："民以食为天，食以盐为先。"盐是人类日常饮食中不可或缺又无法替代的一种原料。中国食盐资源丰富，分布不均，但相对集中，便于统治阶级实现对食盐的专卖。我国食盐专卖制度始于春秋时期，并且日益成为封建统治阶级牟取暴利的有效手段。在专卖制度下，食盐的生产、销售和定价都牢牢掌控在官府的手中。尽管在国家专卖制度下的盐价远高于其成本，但食盐作为一种生活必需品又迫使百姓必须去购买，统治者便可从中牟取暴利。盐业也顺理成章地成为了历代封建王朝的经济命脉之一。对食盐进行控制既是增加国家财政收入的重要手段，也是加强中央集权的有力工具。可以说，盐政的好坏与王朝的兴衰紧密相关。

一、盐政危机

嘉道时期，封建专制制度日趋腐朽，吏治败坏，官贪吏猾，人欲横流，盐务之坏自不待言。"盐课居天下财赋四分之一，两淮最矩，其弊亦最甚。"① 整个晚清出现了严重的盐政危机。具体表现在以下三个方面。

1. 官盐滞销

按照规定，两淮每年应销纲盐 160 余万引。可是，自嘉庆十五年（1811）年至嘉庆二十五年（1820）的 10 年之间，仅仅全运六纲 960 余万引；而道光元年（1821）至道光十年（1830）则情况更为糟糕，"以（道光）十年（1850）而办五纲之盐，仍有积滞存岸之盐 60~70 万引"②。可见，20 年中两淮官盐因滞销而大量积压聚集。官盐滞销的原因归纳起来主要包括以下三个方面。其一，价格昂贵。本来 1 斤官盐的价格仅仅"10 文，加课银 2 厘有奇，不过 7 文，而转运至汉口以上，需价 50~60 不等"③。官盐购销价格相差悬殊，形成剪刀差主要是因为中间环节颇多，浮费过重，成本剧增所致。"查成本之输于官者为科，则有正项、杂项、外支、带款等名目；用于商者，有引窝、盐价、捆坝、运费、辛工、火足等名目。此外，应征杂支各款尚多，而外销、活支、月折、岸费等款，皆总商私立名目，假公济私，诡混开销。种种浮费，倍徒正课，统名为成本，归于盐价，以致本重价悬，销售无术，转运愈滞，积引愈多。"④ 由此可见，在官盐运输及销售过程中，要经过买引、验收、纳课及转运等一系列环节，且每一运作环节均需支付相关费用，导致成本不断攀升，盐价随之上扬。百姓不堪重负，遂造成官盐滞销的局面。其二，商业资本不足。清承明制，实行纲盐法，为盐商操控盐业提供了契机，他们依托政治权柄获取超额利润，成为富甲一方的大户。他们在享受权利的同时，亦要承担一定的义务。主要承担河工、军需、赈灾、帝王出巡等费用，开支浩大。至道光时期，许多盐商不堪重负，家道中落，日渐没落。"查淮商向有数百家，近因消乏，仅存数十家，且多借资营运"，"能运四五万引者无多，十数万引者更少"⑤。盐商财力匮乏，无流动资金可用，官盐滞销的局面便可想而知了。其三，盐质低劣。道光时期，

---

① 鼎臣：《论盐二》，盛康辑：《皇朝经世文续编》，文海出版社 1966 年版，第 5434 页。
② 陶澍：《陶澍集》（上），岳麓书社 1998 年版，第 278-279 页。
③ 黄钧宰：《金壶浪墨》（第 1 卷），文明书局出版 1923 年石印本，第 4 页。
④ 陶澍：《陶澍集》（上），岳麓书社 1998 年版，第 159 页。
⑤ 陶澍：《陶澍集》（上），岳麓书社 1998 年版，第 159-300 页。

传统的伦理价值观缺失，广大商人由舍利求义趋向舍义求利。受拜金主义的影响和物质利益的驱使，在官盐运销过程中，经常出现一些奸商往食盐中"搀和污泥、杂入皂荚、蛤灰等"① 现象，致使官盐的质量每况愈下，百姓的官盐购买欲日趋下降，官府的经济信任出现了严重危机，从而在一定程度上影响了官盐的销路。由此可见，道光时期两淮地区的官盐滞销现象已十分严重，沉疴已久。

2. 私盐猖獗

盐是百姓日常生活中不可缺少的必需品，又是国家的统制产品，为政府专卖。为了维系国家利益，增加政府财政收入，政府一直严厉缉私，禁止贩卖私盐。因此，贩运私盐问题在中国古代一直十分突出。嘉道时期，私盐问题愈演愈烈，一发而不可收，场私、商私、邻私、枭私、官私现象迭见迭出。两淮地区的食盐境况更有甚嚣尘上、愈演愈烈的势态。这主要体现在以下两个方面。其一，私盐充斥。据不完全统计，两淮地区的私盐达 11 种之多。囊括官商夹带的私盐、盐枭贩卖的私盐、拨船的走私盐、漕运私盐等。"官盐船户，自带私盐沿途销售者，船私也。灌安、襄、荆、郧者，潞私也。灌宜昌者，川私也。灌宝永者，粤西私也。灌吉建者，粤东与闽私也。灌归陈者，芦私也。灌饶州、宁国者，浙私也。回空粮艘，夹带以灌江广腹内者，漕私也。又有各口岸商巡捕获私盐入店，名曰功盐，作官售卖，而不遵例按斤配引输课者，功私也。"② 可以看出，道光时期，邻近私盐多如牛毛，盐枭私盐有恃无恐。在贩卖私盐过程中，他们暗地里组织起纪律严密、系统庞大的私盐贩卖集团，人数多达 500~600 余人，不仅贩运私盐，甚至连官兵也不敢招惹。由此可见，私盐泛滥、大行其道便可略见一斑。其二，贩卖私盐花样迭出。不法官员和奸商在贩运私盐的过程中，逐渐设计出隐蔽性较强、风险性较小的跑风、整轮、放生、淹销、补运和过笼蒸糕等贩运方式。总而言之，为了牟取暴利，私盐贩子可谓无所不用其极。"司盐官吏以及地方有司，因与众商交往亲密，称挈之时，往往任其夹带，不完课税，皆称官盐，态意取利。"③ 综上所述，私盐泛滥的原因归纳起来主要包括五个方面。一是奸商及船户的贪欲是私盐泛滥的内部驱动力和腹心之患。二是政

---

① 陶澍：《陶澍集》（上），岳麓书社 1998 年版，123 页。
② 包世臣：《包世臣全集·中衢一勺·艺舟双楫》，黄山书社 1993 年版，第 69 页。
③ 曹一士：《请停商捐并申盐禁疏》，贺长龄辑：《皇朝经世文编》，文海出版社 1966 年版，第 1806 页。

府缉私不力。淮南的深江、孔家涵、老虎井，淮北的古寨、新坝、龙直城等码头，均为盐枭所占据。官员收受贿赂，沦为盐枭的保护伞与护身符，与奸商沆瀣一气，致使缉捕不力，私盐泛滥猖獗。三是邻私乘虚而入。"如湖北之荆襄一带，则有潞盐之私；江西之南赣一带，则有粤盐之私；他若河南之芦私，安徽之浙私，皆由各省越境透漏，占碍淮纲。"① 四是邻私越境嵌入频频发生。五是私盐具有竞争优势。由于官盐价昂质劣，没有竞争优势，且价格居高不下，造成滞销。而私盐价廉物美，颇受百姓欢迎，销路甚好。凡此种种，两者一经权衡考量，私盐明显占据上风。进而促使私盐泛滥成风、大行其道，造成了"两淮纲盐引地，无论城市村庄，食私者十七八"② 的后果。私盐占据了官盐的生存空间，不仅导致了官盐的销路不畅，而且造成国家财政收入的锐减，直接威胁到清政府的统治，严禁私盐的呼声与时俱增，改革盐政已迫在眉睫。

3. 盐课短绌

清代时期两淮地区盐课是清政府财政收入的重要来源。两江总督陶澍指出："淮盐内外正杂支款，岁需 700 万～800 万，已足抵数省之钱粮。"③ 因此，两淮盐务被视为国家财政收入的顶梁柱，备受关注。然而，自道光以降，盐课收入锐减，呈每况愈下之势。至道光十年（1830），"则库储全空，课项日细，外欠丛集，共达 5000 万两之多"④。两淮地区盐务日益疲软，江河日下，其原因有三个方面。一是官商相互勾结滥用库款，致使库款损失浩大。"官受商贿，有挟而求，于是巧立名目，任意取携，名为噬散，实则噬库。"⑤ 由于官商狼狈为奸、巧立名目、瞒天过海，恣意挪用、侵吞粮款，致使府库钱粮严重亏损。二是官盐滞销。由于官盐滞销，致使盐课收入锐减。为了息事宁人，于是，地方官员在奏销时，故意弄虚作假、欺骗弥缝。或东挪西借，或寅吃卯粮。长此以往，遂形成连锁效应，产生恶性循环，不仅库存毫无起色，盐课亦无着落。两江总督陶澍针砭时弊、一针见血地指出："为虚报奏销，更起悬垫那（挪）移之渐。前纲悬垫，后纲复难那（挪）补，解响无措，于是遮掩弥缝，有预纳、减纳、贴色、贴息之名，或

---

① 陶澍：《陶澍集》（上），岳麓书社 1998 年版，第 167 页。
② 包世臣：《包世臣全集·中衢一勺·艺舟双楫》，黄山书社 1993 年版，第 128 页。
③ 陶澍：《陶澍集》（二），岳麓书社 1998 年版，第 227 页。
④ 陶澍：《陶澍集》（上），岳麓书社 1998 年版，第 26 页。
⑤ 包世臣撰、李星点校：《包世臣全集》，黄山书社 1993 年版，第 128 – 129 页。

折减若干作为正数。"① 由此可见，盐课无着与官盐的积压有密切的关联。三是弥补积欠所致。在官盐滞销、盐课细分的情况下，又要弥补以前的积欠，更使两淮地区的盐务火上浇油，很难有重振盐纲的机会。道光时期，两淮地区的盐课积欠达 4000 余万两，主要由浮费严重所致。而浮费又无从查起，"无账目可查，诡混开销，每由库内垫支而摊之于众商，归补无期，遂成积欠"②。这表明，两淮盐务已凋敝不堪，加之旧欠不法偿还，以致两淮盐务背上了一个沉重的经济负担，陷入进退维谷的困境，无疑是雪上加霜，犹如泥菩萨过河，自身不保。"整饬又整饬，弥缝又弥缝，而银价愈昂，私充愈甚，官销愈滞"③，两淮盐务已到了穷途末路的地步，不可收拾，其面临的财政危机便可想而知了，实非补偏救弊所能转机。

二、改革盐务

李星沅接任两江总督时，淮南盐务早已积重难返，坏到难以收拾的地步。李星沅认为："惟课之来源在乎引，引之去路在乎销，必有年销年额之盐，乃有年销年额之课。"④ 他把纲盐销售不畅视为此时淮南盐务的首要问题。官盐的大量滞销，不仅使纲盐无法按定额完课，还占用了盐商的大量资金，使其资金运转步履维艰。同时，李星沅还认为："占搁运本不少，固由销路未畅，亦商私、脚私、贩私诸弊，为积年所不免。"⑤ 因此，李星沅认为，两淮盐局应详加勘查，设法予以疏通，确保官盐畅通无阻，另外还要合力堵截，打击私盐，裁减浮费，降低成本、制定盐法。简言之，严厉缉私、裁减浮费、严惩淹销、调整盐法是李星沅在治理淮南盐务时所采取的重要措施。

1. 严缉私，振盐纲

私盐是食盐专卖制度下的产物。道光时期，私盐泛滥甚为严重，成为清代盐政的重要威胁。各种正杂课银的摊派与加征，官吏们的浮费勒索，盐商们的高额利润等，都摊派于食盐的价格上，造成了食盐价格飞涨狂飙、扶摇

---

① 陶澍：《陶澍集》（上），岳麓书社 1998 年版，第 160 页。
② 陶澍：《陶澍集》（上），岳麓书社 1998 年版，第 162 页。
③ 魏源：《魏源集》，中华书局 1976 年版，第 431 页。
④ 李星沅：《整理江安纲食引地事宜折子》，《李文恭公遗集》（第 17 卷），上海古籍出版社 2002 年版，第 464－466 页。
⑤ 李星沅：《整理江安纲食引地事宜折子》，《李文恭公遗集》（第 17 卷），上海古籍出版社 2002 年版，第 464－466 页。

直上，形成了高价食盐。另外，全国盐价缺乏统一规划，各地盐销区划分亦不太合理，以及各盐区引盐课税轻重不一，又造成了各地食盐的差价。凡此种种，导致了私盐的出现与泛滥。

在清代前期，官盐对私盐有着较强的竞争力，故而销售总体态势良好。嘉道年间，官盐在课税、捐输、帑金、浮费等因素的交相叠加、综合作用之下，成本不断增加，价格也随之不断攀升。使越来越多的百姓难以承受高昂的官盐价格，导致百姓怨声载道。但日常生活又不能缺盐，在万般无奈之下有人开始通过购买私盐来避免淡食。私盐的日渐猖獗，对官盐产生了巨大的冲击波。面对这种状况，李星沅认为兴利必先防弊，要增加政府财政收入，必须严禁私盐泛滥，坚决打击私盐。"兴利必先防弊，疏引尤在缉私。查江西省额行淮南纲盐 277000 余引，所有行销地面多与广东、福建、浙江三省毗连，淮盐道价昂，邻私路近价贱，每多越境充赚，占碍正纲……久为淮鹾之害。"① 李星沅在调查研究的基础上，认为严厉缉私是解决官盐滞销的当务之急。主张委派官员，设卡盘查、扼要堵巡，合力打击私盐，以保障官盐的畅通，维系社会稳定。并规定将缉私效果作为考核地方官政绩的主要指标和作为升迁的依据，以调动官员群策群力、合力缉私的积极性。"惟有严切缉私，实为目前要务。查楚岸地处腹里，粤私、川私、潞私、票私、脚私四面侵灌，占碍销路，不可胜数。节经臣裕泰委员分赴边界巡查，访拿窝囤、枭贩不遗余力，各州县考核功过，总以销盐畅滞、获私多寡为凭。现又派委文武大员，酌带兵役在于走私要隘上下查缉，并于盐船经过之武穴及泊船之塘角地方，原设卡巡盘验办理，未尝稍懈。至场灶透私之所，首当设法清厘。臣李星沅先后委员勘明水陆隘口，扼要堵巡，并饬分司、场官督率灶头、灶长，逐日稽煎填注火伏，务令盐尽归垣，不准颗粒透漏。"②

由于李星沅缉私措施得力，文武官员团结一致、上下齐心，共克时艰，缉私有所收获。"自上年九月起获贵池官运私盐 115 万斤，奏参严审，并陆续拿获盐犯 300 余名、私盐 70 余万斤。"③ 又经过一段时间的努力，缉私又取得了很大斩获。"协同淮北监掣同知童濂、都司宋天麒查出私盐 23183 包，

---

① 李星沅：《整理江安纲食引地事宜折子》，《李文恭公遗集》（第 17 卷），上海古籍出版社 2002 年版，第 466 页。

② 李星沅：《会筹淮南盐务，仍宜合力缉私折子》，《李文恭公遗集》（第 17 卷），上海古籍出版社 2002 年版，第 464 - 465 页。

③ 李星沅：《会筹淮南盐务，仍宜合力缉私折子》，《李文恭公遗集》（第 17 卷），上海古籍出版社 2002 年版，第 465 页。

计重 115.9 万余斤，拿获船户葛长富等 20 名"①，经审讯，"丁九焕等各向不识姓名担上陆续收买私盐，又向富尼场扫丁周善金、周善银收买场盐 10 余万斤，刘顺高向韩金仁买盐 4 万斤，又代伍登发买盐 2000 斤。罗安详、萧名发各向丁九焕买盐 5 万斤，又代蔡洪顺、王士贡、谢春山、汤锦全各买盐 2000 斤，代屈文沅买盐 5000 斤。黄荣辉向蔡庭阮买盐 5 万斤，又代刘仁旗、周又林各买盐 2500 斤。周文发向周发葵买盐 6 万斤，又代武三买盐 2600 斤。邵泳发向杨如焕买盐 12 万斤，又代周尚德买盐 2.5 万斤，代吴之连买盐 2000 斤"②。李星沅对盗买私盐的不法分子给予了严惩，"江船户刘顺高等受雇装运官盐贩私夹带，各至数万斤，丁九焕、蔡庭阮各收买兴贩至 100 余万斤，周善金、周善银身充富安场扫丁，偷漏场盐数至 10 余万斤，均应从重问拟。刘顺高、罗安详、黄荣辉、萧名发、周文发、邵泳发、丁九焕、蔡庭阮、周善金、周善银十犯，均请照兴贩官司引盐至 3000 斤以上例，发附近充军……王士贡、蔡洪顺各托刘顺高等代为购私贩卖，数至百斤以上，请照犯无引私盐律杖一百徒三年，陈堂、徐详、周泳菖、杨升代领买私，卞焕登记账目，均请照私盐引领牙入律杖九十徒二年半"③。由此可见，李星沅在打击私盐泛滥方面的确取得了较大成绩。主要归因以下三项措施。

（1）合力堵缉

江西南昌府长期以来分销淮盐 10 余万引，而南昌县、新建县又分销该府食盐的 50%，由于人口众多，该府食盐销路一直很好。但近年来，该府已颇感官盐滞销，经查实为官府与奸商暗中勾结贩卖私盐，打击官盐所致。"星子县所属青山地方，收帮停泊，该处濒临鄱湖，距省较近，江船、剥船及划脚小船皆聚于此，非盗官引以济私，即卖脚盐以影射，挖包改组，过笼真舱，种老路弊混，不可枚举。以政蔓延省岸，销路愈难。"④ 针对私盐泛滥、官盐滞销的实际情况，李星沅责令府县官兵会同地方驻军成立统一指挥系统，集中优势兵力合力堵剿，打击私贩。"地方营县会同实力堵缉，俾得

---

① 李星沅：《审拟官运夹私各员折子》，《李文恭公遗集》（第 17 卷），上海古籍出版社 2002 年版，第 479－481 页。

② 李星沅：《审拟官运夹私各员折子》，《李文恭公遗集》（第 17 卷），上海古籍出版社 2002 年版，第 479－481 页。

③ 李星沅：《审拟官运夹私各员折子》，《李文恭公遗集》（第 17 卷），上海古籍出版社 2002 年版，第 479－481 页。

④ 李星沅：《整理江安纲食引地事宜折子》，《李文恭公遗集》（第 17 卷），上海古籍出版社 2002 年版，第 466 页。

呼应较灵。"① 并严格核查，以防偷梁换柱，"稽查剥船，按数编号、姓名、籍贯书写船房，即船身之大小，定装盐之多寡，给发印票，俾资核对"②。由于决策正确，文武官员分工明确，堵剿方法得当，指挥统一、上下齐心。因此，李星沅在此次合力缉私方面取得了较好的效果。

（2）设卡查验

在交通要道上设卡查验，是防止食盐走私的有效办法。李星沅为了严惩私贩，派人勘查路道，在险要位置设置路卡，对过往商旅进行盘查。"勘明要隘，添设卡巡，务为保卫藩篱之计。"③ 李星沅针对宁国府所属旌德、太平二县溪流、险滩较多，运输艰难、运费较重的实际情况，加之私盐贩卖成风、盐枭集聚，责令藩司统率府县会同查办。"民间买私成为习，亟应招徕水贩分设子店，于附近湾址地方，领买商盐运回转售，或由该岸商加贴脚费，或由各祠长约数分销，并严拿抽费，纵私之担头，放债济枭之匪徒，札饬安徽藩司督同府县分别查办。"④

（3）禁止夹私

道光以来，许多地方官员收受贿赂，暗中与盐商勾结，大量贩卖私盐，迅速聚集起盈千累万的财富。他们利益熏心、肆无忌惮，致使私盐贩卖成风。为了牟取暴利，一些不法盐商铤而走险，抱着侥幸的心理夹带私盐，以图蒙混过关。为了打击淮南私枭，重振盐纲，增加国家财政收入，李星沅主张严禁夹带私盐。"窃查江广各省军船由通州交卸，归次于舵水手每因芦盐价值贱于淮南，勾串风客，随帮贩运，盈千累万，除本分肥，甚至枭匪入伙，肆行无忌，大为淮纲之害……惟近日淮南纲盐汉西各岸销数益形短绌，年复一拥，其受病不止带私，而带私尤著，即带私不止空运，而空运较多。闻天津盐商利于售私，粮船停泊时，在公埠交易。其附近天津地面如青县、静海、沧州、南皮等处，临河商店亦多私盐窝留，专候迎船上载。不于此首先禁绝，若辈既费资本，护私必坚。来源未清，去路丛杂，淮纲壅滞，疏畅

---

① 李星沅：《整理江安纲食引地事宜折子》，《李文恭公遗集》（第17卷），上海古籍出版社2002年版，第466页。

② 李星沅：《整理江安纲食引地事宜折子》，《李文恭公遗集》（第17卷），上海古籍出版社2002年版，第466页。

③ 李星沅：《整理江安纲食引地事宜折子》，《李文恭公遗集》（第17卷），上海古籍出版社2002年版，第467页。

④ 李星沅：《整理江安纲食引地事宜折子》，《李文恭公遗集》（第17卷），上海古籍出版社2002年版，第467页。

愈难。即空运沿江迁延，辗转售卖，于漕务极有关系。"① 针对私盐泛滥成风、官盐壅滞，盐纲不振的社会现象，为了增加政府财政收入，提高官盐的合法性地位，缓解社会矛盾，李星沅请旨朝廷，选派文武大员，调动所辖区域官兵全线出击，联合打击贩卖私盐行为，禁止民间买卖、严禁夹带，一经发现，严肃查处，决不姑息、决不手软，以形成强大的震慑力。"敕下长芦盐政，严切示禁，各场店于军船回空例买食盐以下，不准颗粒运售，有犯即惩，以杜夹私之由。臣仍飞咨漕臣加意严查防范，不准弁丁勾结，稍有夹带。并咨会直隶督臣、山东抚臣橄饬沿河营县，一体堵截查拿。俟入江南地界，臣即选派文武大员迅速迎查，兼防河北透私，并于杨庄勾水起卸，渡黄后，自扬州驶出瓜口，沿江洲汉各关隘逐段搜查，务尽勒催攒行。"②

2. 整吏治，严纪律

事前教育、事中控制、事后惩治是杜绝私盐泛滥、确保官盐畅通无阻的路径依赖。在预防失效后，朝廷必须依托政权的合法性地位诉诸权力，坚持利剑高悬，有腐要反、有贪要肃的原则，以形成对不法官员和奸商违法乱纪行为的强大震慑力。李星沅为了整饬淮南盐纲，坚持用制度管权、按规则办事，靠法制管人，对不遵纪守法的官员予以严惩，决不心慈手软，以打击官运夹私的行为。一方面李星沅对盐运违纪贪污官员实行严惩。如浙江省捐输盐运判范守诚，"不安本分，钻刺取巧，串商牟利之员"③，李星沅为持正从严，挽回社会风气，奏请以盐大使留淮降补，以示薄惩；又如安徽六安直隶州文廷杰在其管辖境内"设有卡房，凡票盐由该处至霍山、英山售卖者，过卡时查明包数，每包索费钱 50 文，方准放行"④，对这种私自擅立盐卡、违章设局验票的违纪腐败行为，李星沅奏请先行撤职查办，"其家属丁胥勒令按名交出，押解来省，由臣委员严惩究办"⑤。另一方面，李星沅对拖欠盐课的官员予以严惩。如安徽贵池官运委员试用知事颜晋敏"承领官盐

---

① 李星沅：《请旨饬禁粮船回空夹带芦私折子》，《李文恭公遗集》（第 15 卷），上海古籍出版社 2002 年版，第 373 – 374 页。

② 李星沅：《请旨饬禁粮船回空夹带芦私折子》，《李文恭公遗集》（第 15 卷），上海古籍出版社 2002 年版，第 373 – 374 页。

③ 李星沅：《特参候补盐运判范守诚折子》，《李文恭公遗集》（第 15 卷），上海古籍出版社 2002 年版，第 373 – 374 页。

④ 李星沅：《特参六安州知州文廷杰折子》，《李文恭公遗集》（第 20 卷），上海古籍出版社 2002 年版，第 650 – 651 页。

⑤ 李星沅：《特参六安州知州文廷杰折子》，《李文恭公遗集》（第 20 卷），上海古籍出版社 2002 年版，第 650 – 651 页。

3500 余引，应缴课银 1.3 万余两"，"造销成本核有亏折，亏欠课本"①，李星沅奏请予以先行革职；全椒官运委员试用知事何锦，"领捆官盐圩 1500 百引，应缴课银 7000 余两"，"课银不随售随解，盈馀复未呈缴，延不报完，任意悬宕，实属玩误，且恐有侵好肥已情事"②，李星沅奏请摘去顶戴，交运司但明伦彻底清查，勒限追缴剩余款项，核实办理。

3. 建制度，保盐课

道光以降，清政府的社会控制力量大为削弱，政治失控、社会失序、功能失调、结构失衡，出现了政治合法性危机。因此，建立和健全盐政制度体系势所必然。只有建立完善的盐政制度，才能有效地打击私盐贩卖行为，提高官盐的合法性地位，确保为官盐畅通创设必要的制度生态。李星沅认为要重振淮南盐务，必须建立一个较为完整的制度体系，打击私盐、肃清销路，才能确保纲盐的畅销，实现政府盐税收入的增加。为此，他进行了八个方面的制度建构，形成了以打击私盐为前提，以确保官盐畅销为目标，以增加财政收入为旨归的盐政制度体系。

第一，慎出纳。"慎出纳以重库贮"，水有源，树有根。打击私盐泛滥，必须追本溯源。李星沅认为必须从官库清查出发，核算其出入，使其原形毕露，事情真相水落石出。"运库正杂商课，丝毫均关要款，当此慎筹国计，尤宜撙节实存。嗣后额解额支，应查照各藩库于动放时专案报明备查，其无定活支等项，不分银数多寡，均查明原委，按款具详，由臣核准饬遵，不得先行动放，以凭斟酌删减。"③ 可见，扬汤止沸，不如釜底抽薪。只有慎出纳，才能防微杜渐，从源头上杜绝私盐贩卖、避免呈现燎原之势的可能性。

第二，提绥课。道光以降，国库亏空、财政困窘，面临严峻的财政危机。"提绥课以备解支"，为了维系大厦将倾、摇摇欲坠的清王朝，李星沅认为官府开支必须厉行节约，量力而行，实行量入为出的原则，以保商课。"近年办理折运，收数较少，放款仍多，必得量入为出。现饬运司及早预筹，除运库实存银数之外，计今岁秋单，来年春单应完商课，是否足数支解？如有不敷，即将节年绥课，飞咨楚西盐道赶紧提回。并本年悬引绥课

---

① 李星沅：《特参官运委员颜晋敏等折子》，《李文恭公遗集》（第 20 卷），上海古籍出版社 2002 年版，第 650－651 页。

② 李星沅：《特参官运委员颜晋敏等折子》，《李文恭公遗集》（第 20 卷），上海古籍出版社 2002 年版，第 650－651 页。

③ 李星沅：《奏陈酌议现办淮南盐务章程折子》，《李文恭公遗集》（第 20 卷），上海古籍出版社 2002 年版，第 400 页。

银，饬商就近在扬完缴，毋许延欠。"① 以维持官府财政的正常运作。

第三，派悬引。道光中后期，吏治腐败贿赂公行，盐政弊端丛生，社会乱象迭出。在盐运过程中，很多商人化名认领，甚至有一名商人化十余名的情况。这造成了大量有了委派的纲盐无人认领。仅丁未新纲就虚悬 30000 余引，往年积存已派未认的纲盐则到达 140000 余引。为了保证纲额全部肃清，李星沅认为必须派悬引、查冒领、除假，严厉打击奸商的违法越轨行为。"楚西引盐，历派纲商认办，其有倒歇退悬之引，始准酌派招徕。近日率多化名诡避办运，有一商化作十余名者。现查丁未纲虚悬 3 万余引，又历纲积存，已派未认 14 万余引。应将捏造假名一概删除，禁止所有朦退引数，均归各本商名下认回照办。其实在无着者，酌派通河各商。至历纲未认积引，责令已派各商纳课投请，如有违混，即照商欠盐课例从严追究。"②

第四，删繁文。通过删除一些官件，可以减少一些胥吏盘剥盐商的机会，这对减轻盐商成本多少会有一定的帮助。淮南每年要为缉私花费大量巡费，但由于巡查人员早已腐化不堪，这些投入的经费往往收效甚微。面对这种情况，李星沅主张通过删除衙门的繁文缛节和繁杂的运输手续，来减少盐商成本，增加盐课。"淮南重运引盐，自完课请票，以至盐船开江，凡管盐各衙门给发官件，如印本、银票、引单、底马、桅封、水程之类名目甚多，需索勒掯诸弊即由此起，大为商运之累。现与运司熟筹，应裁者裁，应并者并，务使删繁就简，直捷易行。一切公件随到随办，毋许牵掣延阻，如有胥吏把持需索，严提究惩。"③

第五，配运残引。李星沅认为配运残引可促进食盐运输，改善食盐的销路。"楚西两岸岁约销盐 80 余万引，而折实留运止 60 余万引，是运足新纲之外，尚可带销 20 余万引。应自丁未纲起，饬令各商将额派引数，赶紧纳课发重，凡请运新盐 1000 引，配运残盐 300 引，不得尽残盐请办。其宁国、上江等食融楚者，本系轻则之盐，运销重课之地，未便转为占压，拟俟新纲

---

① 李星沅：《奏陈酌议现办淮南盐务章程折子》，《李文恭公遗集》（第 20 卷），上海古籍出版社 2002 年版，第 400－401 页。

② 李星沅：《奏陈酌议现办淮南盐务章程折子》，《李文恭公遗集》（第 20 卷），上海古籍出版社 2002 年版，第 400－401 页。

③ 李星沅：《奏陈酌议现办淮南盐务章程折子》，《李文恭公遗集》（第 20 卷），上海古籍出版社 2002 年版，第 400－401 页。

运竣，再准请办。"①

第六，提售新盐。湖广存盐的数量很大，不下百万引。为了销售这些积引，过去曾规定以 300 万包为一档，按到船的先后顺序逐档售卖。由于纲盐在销售上十分吃力，过多带销积引只能给新纲的售卖带来困难。李星沅决定对此进行适当调整，提售新盐可免除纲盐销售不畅的风险。他说："湖广存盐计引不下 100 万，前经奏明以 300 万包为一档，按到船前后逐档售卖。惟先销积引，似与丁未新纲有碍，不能不酌中通变，即拟咨商湖广督臣，每于一档之中将盐船到岸停泊两年以外者，先提 80 万包。仍以 300 万包为一档，均匀派卖，毋许争先抢跌，亦不准高抬价值，自阻销路。"②

第七，裁减浮费。由于食盐收购价格过低，灶丁不得不通过出售私盐来维持生计。将裁减掉的浮糜巡费用来收买灶盐，可以在一定程度上提高灶丁的收入。为了保障纲盐销售顺畅，李星沅还对盐务章程进行了一些相应的调整。过去楚西的引盐一直由纲商认领销售，只有出现倒歇退悬之引时，才准酌派招徕。李星沅认为裁浮糜巡费有利于打击私盐，收买灶盐。"查淮南巡费每年所需甚巨，从不得收实效。今拟酌留走私各要隘，照旧派巡，其余一律裁撤。即以所省经费收买灶盐，使穷丁得有口食，不致偷卖济私，仍饬商配搭捆重，按引扣还接济。至州县营汛，本有缉私之责，查获私盐变价充赏，不准因裁除巡费，稍为松劲。如有庇纵，分别参究。"③

第八，严究淹消。盐船淹消只准补运，不准免课。如果查明盐船确实为遭遇风险，可以量为矜恤。然而近些年来，报案数量剧增，甚至有盐船到岸停泊也有捏报淹消的情况。其中多为船户为了盗卖官盐所进行的捏报，致使每年仅补运之盐就约三五万引。为了防止船户捏报淹消而进行盗卖，"禁捏报淹消以防船户盗卖"，李星沅主张严厉打击捏报淹消的不道德行为，"盐船淹消，自道光十年（1830）奏定，止准补运，不准免课。迨后查有行舟实系遭风失险者，复经奏明，量为矜恤。近则报案迭出，甚至到岸停泊，亦报淹消。虚捏必不能免，即就补运之数约计每年 3 万引，积少成多，纲引亦形占碍。嗣后停泊盐船呈报淹消，概不准免课，补运船户盗卖之引，追赃给

<hr />

① 李星沅：《奏陈酌议现办淮南盐务章程折子》，《李文恭公遗集》（第 20 卷），上海古籍出版社 2002 年版，第 400－401 页。

② 李星沅：《奏陈酌议现办淮南盐务章程折子》，《李文恭公遗集》（第 20 卷），上海古籍出版社 2002 年版，第 400－401 页。

③ 李星沅：《奏陈酌议现办淮南盐务章程折子》，《李文恭公遗集》（第 20 卷），上海古籍出版社 2002 年版，第 400－401 页。

领，亦不准免课。其在大江行驶猝遇风暴失事，经地方官勘讯属实，仍随时酌准，以示区别"①。由此可见，李星沅这些盐政改革主张，带有明显的时代印痕，是对恩师陶澍治理淮南盐务政策的继承和发展。

4. 行票盐，增盐课

"为国家度支所关，淮北改行票盐著有成效。"② 鉴于票粮在淮北实施取得了较好的效果，李星沅任两江总督期间，决定继续实施票盐，票盐的实施加快了食盐的销售速度，增加了政府的盐课收入。"入奏正杂课银 318898 两 9 钱 8 分 9 厘，同协巾之 36 万，共银 678898 两 9 钱 8 分 9 厘，统归淮南造报入奏正带正杂课在案。丙午纲溢请票税 249769 两 9 分 9 厘，又加增杂课共银 94349 两 8 钱。又票贩所完经费及上纲余存银两，除拨商课及应支各款外，盈馀经费银 158240 两 4 钱 5 分 6 厘零，三共合银 502359 两 3 钱 5 分 5 厘。"③ 但淮北盐务仍存在着不少问题，各盐商往返皆有夹带私盐之虞。"惟各贩携带重资，往来运送，既有慢藏之虞，而时在冬腊，数纹银会集扬郡，计须二三月之久，于州县办漕、商贾贸易银路不无妨碍"④，为确保淮北盐业畅通，李星沅采取了凭票运盐、规定盐价、建立局厂等措施，"本年正月丁未纲票盐开局，共据各贩呈投银 830 余万两，其实额征正税、杂课及认纳淮南悬课只收银 89.4 万余两，体察贩情，咸以馀全行发还"，"届期请票运盐，以归简便"⑤。丁未淮北纲盐课照数全清，在一定程度上改变了官盐日益颓废的局面，逐步将官盐纳入社会正常运转的轨道上来，有利于增加官府的社会公信力，缓解政府的政治合法性危机。"丁未纲应征入奏不入奏正杂各课银 311125 两 7 钱 2 分 7 厘，内票贩请运引内征完银 20045248 两 9 钱 8 分 1 厘，商运引内征完银 65876 两 7 钱 4 分 6 厘，以上丁未纲正引额课业已征足。又丁未应征道光八年丙丁铣引案内铣销乙酉残引节年引课银 16324 两，内于票贩引内拨收银 3747 两 6 钱，商运引见征收银 12576 两 4 钱。以

---

① 李星沅：《奏陈酌议现办淮南盐务章程折子》，《李文恭公遗集》（第 20 卷），上海古籍出版社 2002 年版，第 400 – 401 页。

② 李星沅：《奏陈酌议现办淮南盐务章程折子》，《李文恭公遗集》（第 20 卷），上海古籍出版社 2002 年版，第 399 页。

③ 李星沅：《附奏淮北馀银折子》，《李文恭公遗集》（第 17 卷），上海古籍出版社 2002 年版，第 455 页。

④ 李星沅：《附奏淮北民贩并纳税课片子》，《李文恭公遗集》（第 17 卷），上海古籍出版社 2002 年版，第 483 页。

⑤ 李星沅：《附奏淮北民贩并纳税课片子》，《李文恭公遗集》（第 17 卷），上海古籍出版社 2002 年版，第 483 页。

上丁未纲带征课款亦已征足，一共征完正带课银 327449 两 7 钱 2 分 7 厘，此淮北民贩商运征课各额之实数也。至运盐引额，查淮北丁未纲纲食各岸额引共 296982 引，内票贩止该请运正盐 215362 引，今自 27 年造报奏销后起，至 28 年底止，共请过 462483 引，内除应行造报正额盐 215362 引，并以溢请之盐拨补江运不足盐 18738 引，仍有溢请盐 228383 引，计溢税银 240030 两 5 钱 3 分 3 厘。"① 由此可见，李星沅推行票盐，满足了广大百姓的利益诉求，使官盐价格急剧下降，在较大程度上挽回了政府信誉，缓解了民众对政府的信任危机，对维系社会稳定也起了积极作用。

综上所述，可以看出，李星沅在改革盐政方面可谓尽心尽力、竭尽全力。他从两淮盐务的实际出发，针砭时弊、切中肯綮，基本上建构起一套以禁私盐、整吏治、定制度，删繁文、裁浮费为框架体系的盐政改革方略，各项改革措施紧密衔接、环环相扣，相互促进、良性互助形成整体合力，具有一定的可操作性。在一定程度上抑制了不少贪官污吏浮收勒索行为的发生，减少了食盐运输过程中的中间环节，对遏制私盐的泛滥起了一定的积极作用。李星沅承继和发展了陶澍盐务改革思想，敢于坚守道义、不屈权势，在淮北一以贯之地实施票盐，保证了盐务政策的持续性和有效性，防范奸商投机取巧、囤积居奇，进而使食盐成本大为下降。由于票盐价格大大低于纲盐并且也较私盐略低，加之票盐质优、价廉、保险、便民，因此，百姓弃私盐而食票盐，使私盐失去了潜滋暗长的销售市场和生存发展的空间而日益走向衰退，致使走私、贩私者急剧减少，弃暗投明者日益增多，有利于化枭为良，进而使官盐销售速度大为加快，政府的盐课收入亦因此有了较大幅度地增加。实行票盐也有利于满足百姓对价格适宜的食盐需求，反映了基层民众的利益诉求，纾缓了政府的信任危机，赢得了民众的合法性政治认同，在一定程度上为官盐的畅销及大行其道廓清了障碍、扫清了道路。

李星沅的盐政改革继承传统而不囿于传统，时有创新之见、骇俗之行，为后世盐政改革提供了参照和合理依据，可圈可点颇多，实属功不可没。但在半殖民地半封建社会的政治生态下，李星沅小修小补、缺乏整体观念的改革理路，不可能化腐朽为神奇，从根本上根除盐政之弊、实现重振盐纲的美好愿景。其原因是复杂多样的。归纳起来，主要有以下四个方面的原因：一是李星沅整饬盐政没有从根本上触及封建专制制度，撬起深置于社会底层的

---

① 李星沅：《奏报古未纲淮北盐课照数全清折子》，《李文恭公遗集》（第 20 卷），上海古籍出版社 2002 年版，第 632－633 页。

基石，加之习惯势力历时长久的累积效应使之具有强大的历史惰性和顽强的抵抗能力，千方百计地阻挠稍具近代化色彩的盐政改革，使其步履维艰，收效不大。二是中央政治权威的合法性大为削弱。道光朝中后期，政治失序、社会失范，清廷的社会控制力明显下降，地方势力开始恶性膨胀，不听中央号令自行其是，致使政令无法上传下达，形成整体合力，进而影响政策的执行力，使改革举措颇难贯彻执行。三是缺乏系统完备、衔接配套的行政监督体系。在人治社会盛行的半殖民地半封建社会的环境里，以权压法、以权代法的现象十分普遍，行政监督成为官样文章或装饰品，形同虚设，难以对社会越轨行为形成真正的威慑力。因此，在改革过程中很难做到秉公执法。四是利益表达机制不畅。道光以降，清廷为防范外重而内轻，强力管控地方，导致中央与地方关系产生隔膜，缺乏有效的利益沟通及表达机制，导致国家财政条块分割，难以整体推进、重点突破，有效地整合社会资源，进行统筹全局的社会改革，以实现社会利益的重新分配和满足社会各阶层的利益诉求。

第二节　改良漕运

漕运，是中国古代特有的一种水运方式，直接关系到国计民生，被视为朝廷的血脉，备受历代统治者的重视。康有为曾描述这一历史现象，"自京城之东，远延通州，仓连百，高樯栉比，运夫相属，肩背比接。其自通州，至于江淮，通以运河，沼递数千里，闸官闸夫相望，高樯大舸相继，运船以数千计，船丁运夫以数计，设卫所官数百以守之，各省置粮道坐粮厅以司之，南置漕运总督，北置仓场总督两大臣以统之。其漕米则民纳于县，县上于粮道，乃船通于运河，而后连樯续进，循闸而上，累时费月，乃达通州，搬丁 2 万人，背置仓中，然后次第运至京师"①。由此可见，在中国古代，漕运规模之大、牵连之广、事务之繁、耗费之巨、延续时间之长实属罕见。自古以来，中国的粮食主要产自南方，中央政府为了满足官俸、军饷以及宫廷的庞大需要，依托国家政权力量，对地方政府的财赋收入加以转运，由南而北，便是漕运。由此可见，所谓漕运是指以封建集权政治为母体，以封建

---

① 康有为：《康有为政论集》（上册），中华书局 1981 年版，第 354 页。

自然经济为土壤的封建产儿，通过封建政权强制转运官粮的一种形式，主要运往京师，满足京城皇室、官兵以及百姓的用粮需求，与封建社会各个领域有着广泛的联系，是中国封建社会中央集权专制制度下的产物。

漕运是我国封建社会一种独特的社会经济现象，是封建政府的重要经济支柱，同时又是封建王朝的生命线，与历代封建王朝相始终。"国家建都燕京，禀官饷兵，一切仰给漕粮，是漕粮者，京师之命也。"① 因此，"国家大计，莫过于漕"②。漕粮运输，清承明制，实行军运。中央设漕运总督，驻江苏淮安，下辖一套独立的机构。嘉道年间，漕运机构庞大，漕运官吏腐败无能、中饱私囊，造成漕粮运输困难、运费昂贵、耗损巨大。运送一石漕粮，需要花费几倍乃至十几倍的价钱。而清政府将漕运支付的巨大开支，全部摊派到贫苦的农民身上。由于农民负担过于沉重，广大农民经常无法完纳税粮。因此，时而不时地出现拖欠漕粮的现象。这种情况的存在，严重地影响了首都及军队粮食的供应，减少了政府的财政收入，激化了阶级矛盾，影响了社会的稳定。因此，漕运成为威胁清朝统治的一大弊政。

一、漕运危机的表现

嘉道年间，漕运弊政日益凸显，表现在以下三个方面。

1. 官府勒索，浮费日增

清代将交纳漕粮的农户称之为"花户"，各州县命县域所属花户填写三联单，造册备案以作为征收赋税的依据。换言之，即官府根据花名册，征收粮米。州县收足之后，由粮道发送完粮单，统一装船，发给水运单，运送漕粮的船只在漕运总督衙门备案，由粮道押运、领运。粮船过淮后，必须复查，到通州后，由运送官呈送户部等部门查验，这样从基层征粮起到通州交粮为止，其间历经多道转运，程序相当繁琐，为贪官污吏敲诈勒索打开了方便之门。

漕船抵达通州后，考量米质好坏和斛量盈缺的是经纪，这是一项需花钱贿买的肥缺。经纪因权力过重，遂借机向运丁索取各种费用。"仓场、粮厅皆无如何，其验收大要全在经纪，经纪每缺值2万以外，本身养尊处优，坐收厚利，一切雇人承值，名曰代役；代役曰粮色可则收，曰不可则驳，轻则风扇，重则封舱，只一呈覆验，帮丁受累无穷矣。大通桥京仓人役皆一气，

---

① 王心敬：《裕国便民饷兵备荒兼得之道》，《切问斋文钞》第17卷，道光十七年刊本。
② 王命岳：《漕弊疏》，《皇朝经世文编》（第46卷），世界书局1964年版，第478页。

故弊端百出，未有厘剔之法。经纪外更有舍人，经纪担待收米舍人伺应，收米所得由经纪瓜分，权亦不在经纪下也。"①

各地关卡和漕运衙门官吏对漕船旗丁进行敲诈勒索。另外官吏与地方势力勾结，衿棍包揽漕运，又凭空增加了许多浮费，加之，衿棍又有官吏作保护伞和后台，更加肆无忌惮，为所欲为；欺压百姓，作威作福；侵吞漕运费用，为害甚巨。嘉道年间，漕运浮费之高十分惊人，正如当时官员蓝鼎元所言："为力甚劳而为费甚巨，大低 1 石至京，縻 10 石之价不止。"② 封疆大吏陶澍说："漕米至京，1 石费 20 余金，官民交困。"③ 漕河沿途各处有关官吏向运丁勒索盘剥，层出不穷，漕船运丁支出剧增，入不敷出，遂转向漕粮州县增案帮费补偿，帮费有各种名色，数额逐年递增，虽因地区而多寡不一，尤在苏省，特别是苏、松两府各州县开支中，占有相当比重，19 世纪20 年代初期，"苏松每船兑费不过约洋钱 600 元；到 1833 年，苏州每船兑费竞涨至洋钱 1300 元上下，松江则约涨至 1500 元"④。1845 年曾任苏州知府的舒化民致书李星沅，指出懦弱的州县官员为运丁讹索，致帮费年年增加，阴险狡猾的地方官则年年拖欠帮费，"粮道所带备公银两，不足资众丁之所借"⑤。"仓场以米为生，大权操之经纪，而经纪揽米在署，则舍人朋分，在船则钓载偷漏，在坝则车夫勒捐，而部科坐粮厅各监督丁役浮费更不知凡几矣。漕船遇淮例须尽验，至挽过清江浦，向称 3 闸 5 坝，嗣称 4 闸 9坝，近则临黄各路且加至 14 坝，每船缆以头、二、三进为差，每船渡资索钱至百千，百数十千不等，而漕委催兑有费，间（闸）官启放有费，夫头短织有费，又不知凡几矣。"⑥ 在这种情况下，运丁虽向有漕州县增案帮费，但因各埏漕务官吏的贪索，帮船内丁头和尖丁的侵渔，其经济状况并没有改善，正如包世臣所言，"是故帮丁专言运粮，其费取给于官而有余，合计陋规贿赂，虽力索州长县之兑费尚不足"⑦。羊毛出在羊身上，运丁为了应付漕务官吏的贪索侵渔而向兑粮州县增索的大量帮费，最终转嫁到一般粮户身

---

① 袁英光、童浩整理：《李星沅日记》，中华书局 1987 年版，第 50 页。
② 袁英光、童浩整理：《李星沅日记》，中华书局 1987 年版，第 50 页。
③ 陶澍：《陶澍集》（下册），岳麓书社 1998 年版，第 140 页。
④ 魏源：《上江苏巡抚陆公论海漕书》，载《魏源集》，中华书局 1976 年版，第 425－426 页。
⑤ 袁英光、童浩整理：《李星沅日记》，中华书局 1987 年版，第 620 页。
⑥ 袁英光、童浩整理：《李星沅日记》，中华书局 1987 年版，第 647 页。
⑦ 包世臣：《中衢一勺》（第 3 卷）（下卷），载《包世臣全集》，黄山书社 1993 年版，第 66页。

上。"丁借口以搜求州县，州县又取偿于粮户，所谓斧打磬，磬打木。"① 李星沅也说："要之州县非出己私，不过取之吾民而已。"② 沉重的浮费，严重地影响了广大农民的生活，增加了农民的负担，进而影响了社会的稳定，影响了政府的财政收入，严重地威胁到清朝的统治。

另外，清朝权贵包揽漕运，从中敲诈勒索，获取暴利的现象也十分惊人。"江南文风佳而士风劣，动辄把持地方，漕务尤多掣肘。"③ 江苏为当日科甲至为鼎盛的地区，绅宦云集，揽漕成风，尤以苏、常为甚，元和、常熟官员不作为，这主要是因为两地漕务由吴廷琛、翁心存等显宦包揽有关。吴廷琛为元和人，1802 年状元，历任内外要职，包揽漕运，从中渔利，"今犹包漕渔利，殊不戒之在得，且无子息可付，并为牛马不如矣"④。"以致绅官成风，皆包漕粮合漕规，不以为耻而以自豪，如翁二铭（心存）理少止不食漕规，而包粮则一也。"⑤

2. 官商勾结，夹私盗卖

嘉道年间，漕运官吏及其兵丁利用手中之权力，损公肥私，损人利己，将漕运视为捞取钱财、进行敲诈勒索的工具。一些不法商人与漕运衙门官员狼狈为奸，相互勾结、互相利用，夹私、走私、盗卖花样极多，无恶不作、无法无天。不法商人与官吏、运丁勾结，偷运私货，不交运费，不纳课税，凭空获取暴利。甚至漕运总督的坐船，也不免成为船户夹带的工具。"漕帅坐船每用七大号，皆船户夹带轻软货；各帮则重笨货多，故遇浅全粮起空尚吃水 4 尺内外，此弊牢不可破。安发入首帮常至阻滞，以所带皆铅机也。"⑥嘉庆以来，粮船私带货物日多，日益造成官兵受贿、奸商获利、税收漏失、漕运滞后的严重后果。首先，回空粮船夹带私盐。军船运漕粮北上，回到南方时大都放空，清政府为补助旗丁之辛苦，准许在天津买盐 40 斤带回或食用，长期以来，旗丁利用此规定，扰乱盐法、贩卖私盐、漏交盐税，成为漕运的一大弊政。其次，弄虚作假，盗卖漕粮。嘉庆以来，漕粮在运输过程中，因水道变坏，运输困难，必然多次换船改行，军船不足，须雇民船，借

① 包世臣：《中衢一勺》（第 7 卷）（上卷），载《包世臣全集》，黄山书社 1993 年版，第 188页。

② 袁英光、童浩整理：《李星沅日记》，中华书局 1987 年版，第 647 页。

③ 袁英光、童浩整理：《李星沅日记》，中华书局 1987 年版，第 302 页。

④ 袁英光、童浩整理：《李星沅日记》，中华书局 1987 年版，第 302 页。

⑤ 袁英光、童浩整理：《李星沅日记》，中华书局 1987 年版，第 329 页。

⑥ 袁英光、童浩整理：《李星沅日记》，中华书局 1987 年版，第 55 页。

此机会，奸商、兵丁、水手以及官员相互勾结，往往有盗卖掺和之弊，更有甚者，有的船户、水手在漕粮中灌水、掺沙，使米质发霉变坏，难以贮藏。"桥北有厂屋如号棚状，暗而湿，米包累积以千百计，盖自坝起岸必屯此，为号头索费地，迁延不进仓，即干洁粮石未有变为潮杂者也。"① 号头的索费和仓政败坏造成漕粮的霉变，这些损失几经周折又全部摊派到粮户身上。李星沅对漕政的腐败深有体会，这正如他所总结的那样，"漕事自征收、起运，以至抵坝、过桥、交仓，夙称弊海，不可胜诘"②。漕运总督及仓场侍郎二职，非强毅精明的人不能胜任。

3. 江河堵塞，运输不畅

漕运作为天下之大政，它的好坏关系着王朝的安危。江南漕粮的运输，全靠运河。"举江浙两省两百数十万之漕，济之以一衣带之水，而又据最高之地，方涸之时，无他水之灌，徒借天潮，潮一日不至，即船胶于陆，万夫牵挽，行日以寸尺计。"③ 由此可见，运河之畅通，是完成漕运事务的关键。明清两代，由于每年大量的漕粮和贡赋，从经济发达的江南地区，通过运河运送到北京，以维持清帝国庞大的国家机器的运作。清廷对运河的顺畅通行颇为重视。乾隆后期，随着政治日益败坏，运河河道不断淤积、河水日浅，航运条件每况愈下，这是长期以来，大量泥沙注入运河、淤积于底，造成河床不断增高的必然结果。此时漕粮运输愈发吃力，各种陋规、浮费层出不穷，成为漕运的一大弊政，致使漕粮的运输成本大大增加，为社会所诟病。至嘉道时期，漕运问题愈发严重，已成沉疴，病入膏肓，非得动大手术不可。"从前官以漕为乐国，而近反视为畏途也。"④ 漕运已积重难返，引起当时朝野上下的广泛关注。思想家魏源就曾一针见血指出其病象所在。"官与民为难，丁与官为难，仓与丁为难，而人心习俗嚣于下；黄与淮为难，漕与河为难，而财力国计耗于上。"⑤ 由此可见，河运糜费扰民，痼疾累累。日益衰败的漕运，既威胁到了北方的粮食安全，又加重了国家和百姓的负担。漕运危机成为清王朝走向衰败的一个缩影，实在是到了需要大动手术的时候

① 袁英光、童浩整理：《李星沅日记》，中华书局 1987 年版，第 61 - 62 页。
② 袁英光、童浩整理：《李星沅日记》，中华书局 1987 年版，第 58 页。
③ 陶澍：《重修练湖黄金闸暨改建张官渡闸碑记》，《陶文毅公全集》，道光二十年淮北士民公刻本。
④ 包世臣：《中衢一勺》（第 7 卷）（下册），《答桂苏州第一书》，载《包世臣全集》，黄山书社 1993 年版，196 页。
⑤ 魏源：《魏源集》，中华书局 1976 年版，第 412 页。

了。

道光朝后期，江河堵塞，运输不畅现象更为明显。如 1841 年 4 月 27 日李星沅亲督漕船，李星沅"二十七日坐船抵张家湾，河道愈益淤浅，沿途虽有挑浚工作，似乎收效不大。二十八日清晨赶船往顺天府下属通州，见河水过浅，又为钓、货船所阻，船户畏葸不前，几寸步难移，晚始抵通州"①。更为糟糕的是瓜州至镇江一段长 20 里的水道，"河床都是浮沙，向由镇江府属四县负责分段挑挖，每岁糜费甚巨，唯浮沙旋挖旋长，迄无成效；挖出的淤泥亦无地可倾倒，陶澍任苏抚时，曾有每船出长江运泥一二石的构想，但恐累及船户而未果行"②。1842 年 5 月初，苏省的粮船刚过浒墅关，而徒阳的河水早已干涸，而河水仅浅至八九寸，"船因浅阻，行走吃力。附近民田更赖练湖水灌溉，引湖水以济运恐有困难"③。由此可见，道光后期河道淤塞、漕运不畅的现象便可略见一斑。

二、漕运改革的具体措施

针对道光后期的漕运危机，李星沅在担任封疆大吏期间，对漕运进行大刀阔斧的整顿。

1. 督漕船，保顺畅

漕粮能否及时顺利抵京，关系到国家安危，统治者对此也最为关心。道光年间，黄河泛滥频繁，河道堵塞严重，漕运愈加不畅。粮船不能按时重运、回空的情况时有发生。"漕事一顺，百事皆理，不足虑也。"④ 及时督催粮船，保证漕运顺畅，成为了相关督抚的重要职责。

粮道的主要任务在于监督一省漕粮的征收和起运。1840 年李星沅担任河南省粮道，负责从河南督运漕粮到通州。"漕船先于正月十三日启行，二十四日李氏离开封，出发督运，宿封邱县。早一日前往运输。"⑤ 二十九日李星沅出银 300 两，以 100 两支付船价，200 两作零用。从上船迄回署这段期间的随行人员，总计书役为 15 人，轿夫 9 人，每日每人需工食钱 120 文，轿夫上路每名加至 300 文。李星沅认为他们"所得太厚，但行之有年，已

① 袁英光、童浩整理：《李星沅日记》，中华书局 1987 年版，第 386 页。
② 袁英光、童浩整理：《李星沅日记》，中华书局 1987 年版，第 307 页。
③ 袁英光、童浩整理：《李星沅日记》，中华书局 1987 年版，第 388 页。
④ 袁英光、童浩整理：《李星沅日记》，中华书局 1987 年版，第 593 - 594 页。
⑤ 包世臣：《中衢一勺》（第 3 卷）（下卷），《包世臣全集》，黄山书社 1993 年版，第 66 页。

不能减少"①。道光二十年（1840）二月初一日，"李星沅登坐船，因风大，船行不久即停王庄，他得悉尾帮已于前日过龙王庙，昨日应过小滩，而首帮料可过山东馆陶，进入临清境内；卫河下游水势横溢，浅消息报也深愈 2 尺"②。初二日中午风止船行，李星沅接到统运史永铭二十八日来书，获悉行船次序最前的是临清卫，后两帮已于二十七日过浅滩，月底即可抵达临清，以后各帮接着按次序前行。他"对豫省当局不修治漳、卫二河，颇感忧虑"③。船泊直隶南乐县的袁村。初三日大西北风，船停行。初四时早，风止天晴，李星沅坐船行至泊龙王庙。"该处为长芦盐入豫之集散地，因去冬运河水量不足运输，故沿岸芦盐屯集不下数十处。河南粮船十帮之一的任城邦间运千总苑超群向李星沅禀报，谓上月廿九日遇首帮于北馆陶，翌日遇尾帮於小滩，约计此时均应先后抵达临清关，临清以北惟夏津县境河身较浅，其余的河道足供漕运用途。初五、六两日因风阻，日各仅行 20 余里。初六晚宿直隶大名府元城县属的小滩。李从馆陶来船处获悉粮船已远离该地。"④ 初七日清晨坐船开航，至山东东昌府属的南馆陶宿。直至三月初一日以后他从德州赶赴馆陶，费尽气力，方能前进。

道光二十五年（1845），驶入江苏境内的粮船回空较晚。江苏巡抚李星沅对此心灵如焚，于十二月初二日赶赴江口，"严饬镇江府县及文武各委员，昼夜迎提，并押令各帮起卸货物以利遄行"⑤。由于当时正值冬天，较为寒冷，加之河流冻结，行走不便。他认为："江潮随风，涨落无定，天愈冷则潮愈弱，段不容诿诸天时致有从前回空留在江外过年之事。"⑥ 为了确保 2000 余只漕船能及时回空，在他的督促之下，"所有已进京口浅阁之船及未进横闸船只，或车水运送，或刨漕灌塘，或用关缆人夫并力拉拽，或将练湖起放引水归河。凡有可以济运之方，均饬印委各员遵照臣所指示，刻即举行"⑦。尽管这次粮船回空有闸船过多、天气寒冷、水势过小的困难，但

① 袁英光、童浩整理：《李星沅日记》，中华书局 1987 年版，第 14－18 页。

② 袁英光、童浩整理：《李星沅日记》，中华书局 1987 年版，第 18 页。

③ 袁英光、童浩整理：《李星沅日记》，中华书局 1987 年版，第 18－19 页。

④ 袁英光、童浩整理：《李星沅日记》，中华书局 1987 年版，第 20 页。

⑤ 李星沅：《附奏粮船回空情形片子》，《李文恭公遗集》（第 9 卷），上海古籍出版社 2002 年版，第 562 页。

⑥ 李星沅：《附奏粮船回空情形片子》，《李文恭公遗集》（第 9 卷），上海古籍出版社 2002 年版，第 562 页。

⑦ 李星沅：《奏报江浙漕船全数进口折子》，《李文恭公遗集》（第 9 卷），上海古籍出版社 2002 年版，第 563 页。

在李星沅的积极督催和下属官员的协同配合之下，终于在年内全部顺利进闸，水手也都平安无事。这直接为 1846 年江苏新漕运的开通提供了基本保证。

道光二十六年（1846）二月初四日，徒阳运河开启堤坝后，李星沅就立刻严令沿途文武官员认真催促，并委派了得力官员加以督催。截至道光二十六（1846）年三月二十四日，所率之粮船，"均已全数价过浒墅关，比道光二十五年（1845）提前了十四日"①。而重运船只截至四月初四日埽数渡江，比较道光二十四年（1844）和二十五年（1845）两年，"计早十三日及十八日不等"②。在他的努力催促之下，江苏省的重运粮船得以提早渡过长江。

道光二十八年（1848），黄河水涨，回空粮船又迟。李星沅事于躬亲，统筹安排督催空运漕船之事，为了保证漕船畅通无阻、早日返回，规定了空运灌放第一塘的具体方案（1848 年 10 月 10 日）和第二塘的具体方案（1848 年 11 月 3 日），回空漕船灌放第一塘的具体方案是："将回空首进大河前帮起至江淮 6 帮止，共 24 帮，计船 914 只，以次提进草闸，立堵临黄埝，启放临清埝，催令飞挽南下。至淮扬运河水势充盈，高邮四坝及昭关坝因来源尚旺，未即堵闭。而军船绕湖行走，历有旧章，先经饬令该管文武妥为筹备，沿途插立标杆，分派弁兵节节指引，可期顺利无阻。除再催提后船接续放渡外，所有空运灌放第一塘日期。"③ 回空漕船灌放第二塘日期的具体方案是："臣即于（道光二十八年，即 1848 年）十月三十日亲驻河口，督饬道将等启除临黄堰，将安庆前帮起至处州后帮止，共 28 帮，计船 1018 只，循序提进草闸，立堵临黄堰，启放临清堰，催令连樯南下。查淮扬运河水势充盈，高邮新坝、中坝、南关坝业已次第堵筑，车逻坝亦饬兴堵，扬运厅属昭关坝堵闭三分之二，即日进占合龙。俟一律报竣，军船照旧挽运，无须绕湖行走，即坝下民田亦可渐臻涸复。惟节逾小雪，天气渐寒，在后未到帮船为数尚多，仍虞冻阻。务令以速补迟，及时归次。除再加紧催提，接续

---

① 李星沅：《奏报苏省重运漕船陆续渡江并提浙帮跟进折子》，《李文恭公遗集》（第 10 卷），上海古籍出版社 2002 年版，第 607 页。

② 李星沅：《奏报江浙重运漕船扫数渡江日期折子》，《李文恭公遗集》（第 10 卷），上海古籍出版社 2002 年版，第 611 页。

③ 李星沅：《奏报空运灌放第一塘日期折子》，《李文恭公遗集》（第 19 卷），上海古籍出版社 2002 年版，第 573 页。

放渡外，所有灌放第二塘日期。"①

　　道光二十八年十月（1848）李星沅亲自督催空运粮船，"窃照本年回漕船首帮入境日期，已较上年迟至两旬，臣于到浦后，叠札提催，始得十月初十日灌放头塘，共船914只"②。接着李星沅委派漕标署都司德庆、河标候补游击王基棠先后持令驰赴山东交界，严格催促迅速前行。另外，李星沅令徐州镇总兵来英亲驻窑湾一带，缉拿盗匪提取船只，并联络山东巡抚、河臣共同督促。截至道光二十八年（1848）十月十七日，"陆续催过杨庄头坝尚只船364只"③。但无奈头塘灌放后，后船迟迟不能入境。眼见天气渐冷，水面已结冰，北路冻阻，他只得派人加紧催提后船，并严参脱空帮弁。"今节候相距大雪，为日无几，亟须尽力赶运，以速补迟，实属刻不容缓。除再由臣分咨飞挽，一面严切提催外，相应请旨敕下山东巡抚、河督暨漕运总督，一体迅速筹催，务俾空船跟接遄行，上紧挽入江境，无误灌塘次第。"④直至道光二十八年十一月十八日（1848）空运漕船全数渡黄完竣，"将浙江杭州四帮起至江西省南昌前帮止，共15帮，计船738只，以次提进草闸，立堵临黄堰，启放临清堰，催令跟艄南下。查本年空运，临清、临黄两堰各启闭3次，除黄河以北归次军船不计外，实渡黄船2670只，合共67帮，扫数完竣"⑤。直到道光二十八年（1848）十一月二十五日，二塘才被迫启放。李星沅又再次亲赴河口督催，但"第二塘余船不过700余号"⑥，未到之帮船数量仍然较多。直至道光二十八年（1848）十二月十三日，全部的67帮，2700只粮船才全部渡过黄河。

　　由此可见，道光以降，清朝漕运日渐疲软，粮船迟滞的情况亦越发严重。造成这种局面的因素是多方面的，但其主要原因是清王朝的政治日趋腐败不堪以及国家机器难以正常运作。作为督抚的李星沅，为了保障漕运能够

　　① 李星沅：《查报空运灌放第二塘日期折子》，《李文恭公遗集》（第19卷），上海古籍出版社2002年版，第587页。

　　② 李星沅：《请催空运后船折子》，《李文恭公遗集》（第19卷），上海古籍出版社2002年版，第580—581页。

　　③ 李星沅：《请催空运后船折子》，《李文恭公遗集》（第19卷），上海古籍出版社2002年版，第580—581页。

　　④ 李星沅：《请催空运后船折子》，《李文恭公遗集》（第19卷），上海古籍出版社2002年版，第580—581页。

　　⑤ 李星沅：《奏报空运全数渡黄完竣折子》，《李文恭公遗集》（第19卷），上海古籍出版社2002年版，第591—592页。

　　⑥ 袁英光、童浩整理：《李星沅日记》，中华书局1987年版，第766页。

顺利进行，在粮船回空较迟的年份都亲自前往尽力督催，使之能够勉强维持运作，可谓用心良苦。但我们也应看到，漕运的不畅是整个漕运体系所出现的问题，并非凭借督抚个人的尽职尽责就能够得以有效解决。因此，督催漕船、保障顺畅所能起到的作用是有限的。

2. 定期限，促漕运

常言道："无以规矩，难以成方圆。"要确保漕运畅通，漕船能够按时到达目的地，必须明确规定漕船的往返期限，否则就要受到相关规则的严厉处罚。但如何规定漕船的往返期限呢？这不是一件轻而易举的事情，需要广泛听取社情民意，拓宽意见表达渠道，提请藩漕相关官员讨论、充分酝酿，反复比较、认真筛选，最后由督抚大人在通盘考虑、权衡利弊的基础上决定的。对于清江漕运的期限的规定问题上，李星沅并非刚愎自用、独断专行，他在充分考虑其他官员的意见后，认为松江"连年比较迟早，不过数日，从无延误。此时若另立一限，刻期渡江，亦只上紧催趱，别无求速之法"①。由此可见，李星沅在规定漕运期限的问题上不是千篇一律，而是具体问题具体分析，从历年的历史纪录甄别、总结规律，探讨漕运期限的波动幅度以确定两江地区不同地方漕运的大体往返期限，从而避免了漕运期限规定的随意性、盲目性。

过去两江地区漕船渡过黄河的最后期限是由皇帝曾经钦限为四月初十日。然而，由于近期事务瞬息万变、错综复杂，"漕务繁重，几成具文"②。若要想避开朝廷规定的行程期限，负责漕运的官员必须破除贪污腐化的积习，建立奖罚分明的激励机制，决不姑息纵容，严格纪律制度，做到令行禁止。"惟在破除积习，多方激励，认真督催，县帮同一，积疲无可姑容，亦无可偏护，总以禁止令行为断。"③倘若只规定漕船的渡江限期，则可能会忽视不可测的自然因素，诸如下雨等，缺少弹性和张力，缺乏灵活变通的空间。"则未到限以前劾之太早，既逾限以后劾之又迟。"规定漕船航行期限有利于确保漕船顺利到达目的地，但漕船航行期限固定化就会招致周章，在遇到突发事件时就会难以从容应对，带来诸多的不便。"不如严催而随时政

---

① 李星沅：《覆奏松江重运渡江毋庸另立一限折子》，《李文恭公遗集》（第9卷），上海古籍出版社2002年版，第566页。

② 李星沅：《覆奏松江重运渡江毋庸另立一限折子》，《李文恭公遗集》（第9卷），上海古籍出版社2002年版，第572页。

③ 李星沅：《附奏松江重运实情片子》，《李文恭公遗集》（第9卷），上海古籍出版社2002年版，第568页。

做，将渡黄之限尽量提前。"① 李星沅认为漕运期限之规定应依具体情况而定，松江地区重运漕粮渡过黄河若另立期限，反而会适得其反，会因期限任意更改、无所适从而延误。因此，与其另立漕船航行期限，不如严加督催、严惩延误官员并提早赶办，使之符合惯例所规定的期限，从而确保漕船按规定时间顺利到达目的地。

总之，认真督促并尽量提前到达是李星沅任督抚期间确保漕粮及时运送的重要手段。体现出李星沅忠于职守，办事认真负责的工作态度。

3. 删浮费，禁勒索

浮费问题是清代官场的一种潜规则。在漕粮的征收、交换、查验、过坝、过淮、交仓、投文的整个运作过程中，各级官员通过各种手段勒索、盘剥所得的银两，统称为浮费。它是社会病态的一种反映，一直困扰着清代漕运，贯穿于其运输过程的始终。"凡论江苏漕政，均自裁减帮费始然。"② 道光以降，清廷的浮费数量已十分惊人。根据《清史稿》所载，"总计每帮漕须费五六百金或 1000 金不等"③。羊毛出在羊身上。如此数目巨大的浮费最终还是转移到苦不堪言的老百姓身上。总而言之，日益严重的浮费，不但加重了人民的负担，也进一步滋生了腐败，加速了国家的财政困难。因此，浮费问题成为清代漕运最主要的弊政之所在。

浮费的严重危害性决定了清政府将裁减浮费作为治理漕运的重点举措。在李星沅担任江苏巡抚和两江总督之前，江苏巡抚岳起、两江总督孙玉庭、江苏巡抚程矞、漕运总督杨殿邦等几任督抚都曾大力裁减浮费，但均未能取得良好的社会效果，足见其治理之难。

李星沅在担任督抚期间，深刻总结前任官员的经验教训，基本上形成了自己裁减浮费的计划和设想。李星沅对于浮费产生的原因进行了条分缕析地梳理，归纳起来主要有：委任丁胥虚与委蛇，不详加考察，致使用人不当；丁胥搜刮民脂民膏，中饱私囊，无所不用其极；胥吏老于世故，逢迎拍马，潜取权柄；上到官员下至弁丁，上下其手谋取私利，形成恶性循环。他说："浮费之起，始由有漕各州县漫不加察，委任丁胥朘削民膏，饱充私囊，甚至官为役用，亦思岁取盈余。于是漕称利数，弊端百出。其先，帮船之弁

---

① 李星沅：《附奏松江重运实情片子》，《李文恭公遗集》（第 9 卷），上海古籍出版社 2002 年版，第 568 页。

② 李星沅：《附奏办漕交涉弊端毋须联衔具奏片子》，《李文恭公遗集》（第 18 卷），上海古籍出版社 2002 年版，第 369 页。

③ 赵尔巽主编：《清史稿》（第 122 卷），中华书局 1976 年版，第 3582 页。

丁；其次，闸坝之夫役。通仓之经纪舍人递索规费，渐增渐浮至于此极。故变本加厉之害，实皆州县作俑，致以帮费启纷争。"① 水有源、树有根，要弄清浮费产生的根源，必须正本溯源。他将州县看做是浮费产生的始作俑者，他们胆大妄为、恣行不法、敲诈勒索是浮费产生的渊薮。长此以往，久而久之，上至漕衙、州县，下至丁胥、经纪、舍人、弁丁，上下勾结，形成了一张庞大的以利益为轴心的人际关系网。关系网一旦形成，为腐败的发展推波助澜，使不法行为合法化，为腐败披上一层温情脉脉的外衣，为其行为提供了一种厚实的保护层，使腐败更加有恃无恐、胆大妄为，产生连锁反应。

在李星沅看来，这一切均由一些不法州县官员最初的失职行为而引发的一系列弊病。这是当时较为普遍盛行的一种观点，基本上是站得住脚的。同时，李星沅认为，要裁减浮费，必须开源节流，截流清源；减轻帮费；州县厉行节约，节省开支。他说："截流清源之方，又必帮费从轻，乃为州县资遵节。"② 应当说办理漕运事宜州县官员收取浮费，固然与一部分不肖官员中饱私囊、假公济公有极大的关联，当然，也不可避免地存在着巨大的外部压力。在专制主义盛行的半殖民地半封建社会的国家里，在吏治黑暗腐败的道光朝，州县官员慑于淫威，不得不屈从于上司的意见，去办些违心事，以图明哲保身，这是出于自身安全的考虑。

譬如，州县官员因惧怕耽误漕运之事而遭受处罚，在不得已的情况下只好交纳运丁的索费；州县官员或出于应付上级官员的规费或出于阿谀奉承的需要而不得不加紧敲诈勒索。在浮费产生原因上，有着复杂的关联，州县、帮丁、仓场上下其手、互相勾结，共同维系这张水泼不进、针钻不进的利益链条网。并逐步形成恶性循环，产生多米诺骨牌效应，以致积重难返。

系统是一个有机的整体，是由许多纵横交错的节点构成。要想做到"州县资遵节"，绝不是只解决一两个环节的问题便能够实现。封建专制制度才是浮费问题产生的真正根源。

在李星沅看来，裁减浮费并不是轻而易举、一蹴而就的，而是具有相当难度的，需要不断地进行政策调适。这其中有着复杂的关联，在整个漕运的

---

① 李星沅：《附奏办漕交涉弊端毋须联衔具奏片子》，《李文恭公遗集》（第18卷），上海古籍出版社2002年版，第369页。

② 李星沅：《附奏办漕交涉弊端毋须联衔具奏片子》，《李文恭公遗集》（第18卷），上海古籍出版社2002年版，第369页。

运行过程中，涉及州县官员、老百姓、花户、弁丁、经纪、舍人、漕帮之间的利益分配问题。为了争取自身的利益，这些利益相关者势必会进行激烈地博弈和殊死角逐，进而会激化相关利益阶层之间的内部矛盾，致使漕运步履维艰、更为不畅，为不法官员收取浮费打开了缺口，致使收费环节增多。"试以收漕论官，与民相持，花户略为观望，而漕误矣；以兑漕论县，与帮相持，弁丁故为涣散，而漕误弁。又或漕行限迫，必参州县以迟延；地方累深，必指漕帮为挑斥。此不待过淮抵坝而已，各执一词，均非无见。盖督责愈急，则弊愈生；指陈愈繁，则弊愈杂。多一防弊之法，即多一索费之门。"①

在漕运问题上，由于利益分配不平衡，致使诸多社会矛盾不断加剧，也导致敲诈勒索的手段迭出。"多一防弊之法，即多一索费之门"，导致浮费越发严重，形成滚雪球效应。为此，李星沅借用一个具体的生活事例来生动形象地说明漕运进退维谷的处境。"今有人病在膏肓，形同痿痹，积日累月，寸步维艰。即令和缓医调，尚未必无他虑；若加攻伐之剂，遽求旦夕之功，诊候各殊，纷如聚讼始，则以药治病继。且以药治药势将动触危机，不可救药而后已。"②

漕运作为国家之大计，直接关系到朝廷的安危及社会稳定非同儿戏，必须认真对待、谨慎从事、妥善处理。一旦处理不慎，极易激化社会矛盾，导致社会失控，危及封建统治。李星沅对此颇有认识，他忧心忡忡地说："惟当防于未然，去其太甚。"③ 鉴于此，李星沅赞成户部的观点，他说，漕运关乎国运，错综复杂，必须谨慎从事；必须打破食利阶层的利益关系网，斩断利益链条；漕务处理问题上，各安其位、各负其责，建立问责机制。"经理漕政，事本相因，其中交涉弊端，则以各清各弊为主。"④ 他还认为要彻底改变漕运这种每况愈下的状况，重振漕政，相关部门必须摒弃成见、紧密团结、相互配合，改变相互扯皮、互相推诿的办事之风。"有漕各督抚及漕

---

① 李星沅：《附奏办漕交涉弊端毋须联衔具奏片子》，《李文恭公遗集》（第18卷），上海古籍出版社 2002 年版，369－370 页。

② 李星沅：《附奏办漕交涉弊端毋须联衔具奏片子》，《李文恭公遗集》（第18卷），上海古籍出版社 2002 年版，第370 页。

③ 李星沅：《附奏办漕交涉弊端毋须联衔具奏片子》，《李文恭公遗集》（第18卷），上海古籍出版社 2002 年版，第370 页。

④ 李星沅：《附奏办漕交涉弊端毋须联衔具奏片子》，《李文恭公遗集》（第18卷），上海古籍出版社 2002 年版，第370 页。

督、仓场、衙门，务各屏除成见，共矢同心，勉图整顿之宜，严绝推诿之习。"①

漕政关系重大，牵一发而动全身。稍有不慎，往往会造成灾难性后果，危及社会统治。因此，李星沅在裁减漕政浮费问题上表现得小心翼翼，抱着谨慎从事的态度来对待。李星沅在深刻总结前任督抚经验的基础上，对革除或减少浮费的做法显得信心不足，持不赞成的态度，认为这些做法大都是徒劳无益的，甚至会适得其反产生负面影响。李星沅十分清楚地认识到裁减浮费问题是一项复杂的系统工程，不能毕其功于一役，也不能想当然地认为只要解决漕粮运作过程中一两个问题，浮费问题就能迎刃而解，它是一个相当棘手的问题。

基于上述考虑，他认为当务之急是官府对浮费问题只能严加控制，加以规范，以防止事态的进一步恶化。同时，他希冀依靠相关部门摒弃成见、同舟共济、齐心协力加以整饬，最大限度地使不断飙升的浮费得以控制。这表明清代官员在对待漕运过程中的浮费问题上无妙手回春之能力，显得束手无策、无计可施。同时，也折射出了病入膏肓的清代漕运已彻底衰败。

四、反改折，严盘剥

嘉道以来，漕运勒索盘剥、层层克扣的现象十分惊人。"抽查衙门吏役由坐粮厅派拨，即与本厅为仇，至粮石上桥必入号，每号一人，曰号头，即车夫之类，以所得多少定粮石高低，口中雌黄，任意唆使抽查，身为傀儡，昏然不知，而犹以办理认真自诩，良可浩叹。"② 总之，漕官吃漕粮，经纪吃帮会，花户吃仓库，层层盘剥、层层克扣，为当时漕政的真实写照。

道光二十八年（1848），户部因财政短绌、支出困难，提议"南漕改征折色解部，于北省采买"③。于是，道光皇帝谕旨，令相关督抚进行商议，探讨是否有可行之处。李星沅于道光二十八年（1849）十二月初十日向朝廷上奏，他认为以米折银的做法需要根据本地区的实际情况进行定折。同时，必须以确保京城粮食得到充足的供应为前提。他认为漕粮改折是否切实可行现无法证明，只有采取先试点后推行的办法。若切实可行，可由点到

---

① 李星沅：《附奏办漕交涉弊端毋须联衔具奏片子》，《李文恭公遗集》（第18卷），上海古籍出版社2002年版，第370页。

② 袁英光、童浩整理：《李星沅日记》，中华书局1987年版，第59-60页。

③ 赵尔巽主编：《清史稿》（第393卷），中华书局1976年版，第11752页。

面，循序渐进，逐步推广。可先由盛京将军，河南、陕西巡抚先行试办，一旦成功，"外省再定成数，折银解部"。后经过实地调查和各级官员的论证，李星沅为此再次上奏，阐述了苏省漕粮不宜改折，反对漕粮改折。其理由主要有以下四个方面。

一是易造成国库亏损。他认为户部所定的例价过轻，同时各州县的具体情况不同，统一的例价不易施行。若强制推行，极易滋生盘根错节，徒增浮费，导致国库亏损。"查户部则例，内载漕米改折，江苏粳米每石折银 1 两，粟米每石折银 7 钱 5 分，正改兑米每石折银 1 两 2 钱，例价为数甚轻。照此折收，官民称便。惟南方粮值贱，北方粮值贵，加以水陆运脚，非例价所能采买，不得不酌量议增。而示谕例有明文，漕政攸关，迥非州县通融办法。若就州县折色分别轻重等差，无论各州县情形不同，即一州一县中，情形亦各不同，治丝而棼，几无端绪。且不能舍户部定例转执州县勒价为凭，多则征收不前，官项又将那（挪）垫；少则采买不足，仓储浍致周章，此国计之难也。"[1] 由此可见，若漕粮改折在苏省推行，有弊而无益。由于程序繁琐、标准不一，容易上下其手，滋生腐败，形成牢不可破的利益链条，致使国库亏损。

二是易导致民生艰难。李星沅认为在实施漕粮改折过程中，由于牵涉部门过多、财务细碎、流程繁杂、银价不稳、丰歉难料，只会累及百姓，导致民生日艰。"今以某州县额漕内折米若干，某里、某户额漕内又应折米若干，数目奇零，催科细碎，粮册、粮票开载愈烦。且如折银完漕按照市价，而银价时有涨落，将今日少完明日复多完乎？年景时有丰歉，将今岁少取，明岁复多取乎？小民正愁谷贱，兼值银荒，以有易无，辗转亏折，而又不得确数输将，恐后仍叹追呼，此民生之难也。"[2] 由此可见，将部分漕粮折色，会使征收程序更加繁杂琐碎，按照市价折银，又会使农民负担加重，导致民生艰难。

三是引诱州县浮勒。李星沅认为实行漕粮改折，为贪官污吏从中渔利打开了方便之门，诱使官员借折色之名，巧立名目、假公济私，收取浮费。"州县藉有帮需，不免私收折色。然以羡补不足，尚未敢显著为令。且皆制

---

[1] 李星沅：《缕陈南漕分成改折易滋流弊折子》，《李文恭公遗集》（第 20 卷），上海古籍出版社 2002 年版，第 648 - 649 页。

[2] 李星沅：《缕陈南漕分成改折易滋流弊折子》，《李文恭公遗集》（第 20 卷），上海古籍出版社 2002 年版，第 649 页。

钱、洋钱随便抵算，非若折漕解部，必须一色现银。今如明示折收，又未通行定价，州县将无顾忌，假公济私，甚至为通收分解之弊。征收从重，报解从轻，视帮需为盈余，并火耗以加费，迨经查出参究，间阎受累已深。况运费能减不能裁，如今折色若干，全行解部本色若干，将何交帮，势非折而又折不止，此防州县浮勒之难也。"① 由此可见，在明示折收却无统一定价的情况下，州县官员趁机瞒天过海，敲骨吸髓，变本加厉收取浮费，加重百姓负担。

四是促使吏胥讹索。李星沅认为，吏胥危害百姓由来已久。现实行漕粮改折，吏胥乘机勾结官员徇私枉法、打通关节、互通声气、隐瞒虚报、收取浮费。他说："吏胥为良民害，由来久矣。江苏漕额最重，科则最重，粮书经造勾串，诈混亦最重。即照定额，征漕弊已层出。若复兼收折色，听其参差不齐，此革因缘为奸，更可高下其手，多一名色，多一利孔。本官固为所挟持，上司亦不胜拿办，膏脂腴削，究惟编氓任之，此防吏胥讹索之难也。"② 由此可见，兼收折色为吏胥提供了更多讹索的机会。通过分析南漕改折的四个弊端，因此，李星沅认为江苏漕粮不易改折。其他省份因为赋轻额少，或可议行，江苏则很难推行。李星沅作为封疆大吏，更加关心的是江苏漕粮改折后对地方所引起的种种弊病。另外，江苏巡抚陆建瀛对本省的漕粮改折也持反对意见。最终，漕粮改折的建议胎死腹中，未能在江苏推广开来。

综上观之，李星沅实事求是，针对江苏赋重民穷的社会现实，反对漕粮改折，这是基于维护清朝统治，确保两江地区的社会稳定而言的。他反对漕粮改折，以规避漕粮折色所引发国库亏欠、民生艰难、官员浮勒、吏胥讹索等一系列社会问题，加剧社会危机，危及清朝统治。因而，有其合理的一方面。但漕粮改折的呼声与时俱增、不断高涨是不可避免的，这既是商品经济发展的必然结果，也是缓解当时财政危机的一种应对之策。这表明在漕粮改折问题上，包括李星沅在内的所有清朝官员一直都缺乏灵活变通和驾驭时局的能力，只是在万不得已的情况下，才进行了一些机械的小修小补或局部调整，没有从根本上触及封建制度，进行釜底抽薪式的漕运改革，因此，不可能使百病缠身的漕政实现脱胎换骨的改变。

---

① 李星沅：《缕陈南漕分成改折易滋流弊折子》，《李文恭公遗集》（第20卷），上海古籍出版社2002年版，第649页。

② 李星沅：《缕陈南漕分成改折易滋流弊折子》，《李文恭公遗集》（第20卷），上海古籍出版社2002年版，第649页。

五、修漕船，促运输

漕船是漕粮北运必不可缺少的运输工具，只有拥有相当多的漕船才能保证漕运的顺利进行。但在实际运输中，由于时间久远，加上风吹雨打，许多漕船已破损不堪不能够继续运输漕粮，需要不断修缮和及时补充漕船，才能保证漕运的正常运输。

针对此种情况，李星沅就漕船问题，曾多次奏报朝廷，请求补造遭受飓风损坏的拨路，以确保漕粮能够北运。道光二十七年七月初八日（1847）李星沅上书道光帝，请求动项补造漕运风损拨船。"窃照里河外南二厅经管关拨船各 100 只，在于黄、运两河常川拨粮运料，遇有风损，向系随时查明取结，专案咨部，一面发银补造，工竣造册咨销……所有每只照依原造减准工料银 161 两 9 钱 6 分 2 厘 9 毫，以上两厅共船 22 只，通共需银 3563 两 1 钱 8 分 3 厘 8 毫，即请发办归额应用，开折具详。"[1] 道光二十八年十二月二十六日（1848）李星沅再次上书请求动用官库银两修造损坏拨船，"乾隆五十三年（1788）捐造拨船 300 只，交里河、外河厅收管，为拨运漕粮、河工料物之用。岁需大小修及拆造经费，在于发交两淮盐商生息银内动用核销。经管拨船 300 只内，除历年风损及毋庸请修船只外，截至道光二十七年（1847），实轮应外河厅邳州拆造船 69 只，外河厅大修船 1 只，小修船 5 只，共计拆造船 75 只。俱系经年在黄、运两河拨银运料，击浪冲风，往来梭驶，船身腐朽罅裂，篷索器具多有损坏，亟应分别修造。所有外河厅邳州拆造拨船 69 只，每只工料银 133 两 3 钱 5 分 4 厘 3 毫，外河厅大修拨船 1 只，工料银 30 两，又小修拨船 5 只，每只工料银 15 两，通共银 9306 两 4 钱 4 分 6 厘 7 毫，核与例价相符，应请在于淮商生息本款银内动给修造，以济拨运，开折请奏前来"[2]。由此可见，李星沅在清政府财政困窘、入不敷出的情况下，不厌其烦地请求朝廷拨款修筑漕船确保漕运畅通，可谓殚精竭虑、不遗余力。

六、治江河，浚运道

李星沅为了保证漕运的畅通无阻，十分重视治理江河，疏浚运道。他在

---

① 李星沅：《动项补造风损拨船折子》，《李文恭公遗集》（第 15 卷），上海古籍出版社 2002 年版，第 370 – 371 页。

② 李星沅：《轮届修造拨船，估需银款折子》，《李文恭公遗集》（第 19 卷），上海古籍出版社 2002 年版，第 630 – 631 页。

担任河督期间，清除淤积、疏浚河流、修筑堤坝、筑牢堤基，尽最大努力来确保漕运的顺畅无阻，减少中途耽搁。"臣奉命兼权河篆，到浦视事后，筹堵义河等坝，需用尚多。河库正杂存银共止四万六千余两，尚有减平在内。兹据河库道法良会同淮扬、徐州、淮海、常镇各道详称，遵查河库减平一款，陆续扣存银二十三万余两，业为抢办险工先后借动，现存仅剩零尾。缘南河工用，查至道光二十七年止（1847），共不敷银八十八万余两，本年大汛工需，详经前河督奏准，添拨银五十万两。讵交伏秋洪湖异涨，里、扬、堰、盱各厅工程例用既已增多，接启林家西、义河、车、南、中、新、昭关等坝，及现在筹堵之需，均非常年所有。而黄河盛涨，各处堤扫，皆有刻不容缓之工，其时拨款不充，即以减平银两抢办。"① 李星沅在兼署南河总督期间，勤于政事，忠于职守，忙于河坝的疏浚上。他鉴于车、南、中、新、昭关等坝，每年都需要兴修，均需备料进行堵合。另外义河坝工程需费尤繁。"道光二十三年（1823）计用银二十余万两。彼时外越兴工，湖水已落至一丈一尺。此次情形小异，再需时日，即恐水势过泄，来年重运维艰。前河臣潘锡恩议俟湖水一丈三尺，即须上紧攒办，所需工用尚多，且水较深则费较巨，虽饬极力撙节，而度支不敷，道厅无从措手，此堵义河之难也。又河工岁料，例须早发银两，年内购足前五分，新年必应购齐，禀候河臣查验，实为春工急务。"② 可见，李星沅在总督两江期间，厉行节约，极力撙节，在度支不敷的情况，拨款修筑堤坝、清除淤积、疏浚河道，以确保漕运的畅通。

综上所述，李星沅在改革漕运过程中，立足本职、埋头苦干、向前展望、提前谋局，构建起系统较为完备、运作较为有序、措施较为得力的整顿漕政的制度体系，大体上保证了两江漕粮的正常运输，既增加了清政府的财政收入，缓解了清王朝的财政危机和粮食困难；也在一定程度上减轻了两江地区农民的负担，有利于缓和社会矛盾、稳定统治。同时，也有利于保证军队粮食的供应，改善了抵抗西方列强侵略的物质条件。客观上也促进了南北经济文化交流，推动了中国商品经济的发展，有利于中国资本主义因素的成长，加速中国由传统社会向近代社会转型。但是清朝漕运制度是封建社会的产物，完全建立在残酷剥削压迫广大劳动人民的基础之上的。近代以降，由

---

① 李星沅：《河库动用减平银两折子》，《李文恭公遗集》（卷19），上海古籍出版社2002年版，第567页。

② 李星沅：《恭报兼署南河总督日期并陈河工情形折子》，《李文恭公遗集》（卷18），上海古籍出版社2002年版，第560－561页。

于封建专制制度的存在，吏治腐败，以贵族官僚为核心的利益关系网牢不可破，权力制衡机制软弱无力，传统礼俗观念发生扭曲、价值观念发生倾斜，社会心理失衡，社会颓风滋生蔓延。致使漕运积弊与时俱增，百病缠身，积重难返，漕运沿途，陋规重重。囿于时代的局限，作为封建地主阶级改革家，李星沅的漕运整顿不可能从根本上根除漕政弊端。因此，李星沅在主张整饬漕运的同时，亦大力倡导整顿海运。

第三节　倡行海运

海运，顾名思义，是指将东南沿海地区的漕粮经海路运输到北方。清代以降，由于河道失修，运河泥沙沉积淤塞，河床抬高，漕粮河运，粮船经常受阻不通，加上吏治败坏，漕运困难重重。雍正年间，大学士蓝鼎元力倡海运，认为海运有节劳省费的好处。

海运是漕粮的一种重要运输方式，中国早在元朝就已进行过大规模的漕粮海运。在清初解除海禁后，海运也偶尔出现过，但都记载不详。例如乾隆十三年（1748），就曾从海上将 15 万石江南漕粮运往福建。这一时期的海运大都是零星稀疏地出现，且路途很短。河运可能是清前中期漕运中所采用的唯一的一种运输方式。嘉道时期，随着国力逐渐式微、政治腐败日趋加剧及自然环境的恶化，运河的河道淤积现象的日趋严重，河运很难满足清廷运输的需要。海运在这种时代背景下应运而生。道光六年（1826），清政府开始了首次大规模的漕粮海运，"苏、松、常镇、太仓四属一州之粟全由海运"。① 此次海运在陶澍的指挥下，管理较为成功。但随着河道的日渐疏通，道光帝却放弃了采用海运，仍旧实施漕粮河运。道光帝统治后期，漕粮河运所暴露出来的矛盾日益彰显，改用漕粮海运已成大势所趋。江苏巡抚李星沅针对苏省的实际情况，积极倡导海运。

一、倡导海运的基本主张：大力发展海运

鸦片战争后，国家财政困窘，漕粮短缺的问题也日渐加重。道光对河运日渐不满，转而又将目光投向了海运。道光二十五年（1845），朝廷命有漕粮的省份官员筹议招商海运事宜。道光二十六年（1846）初，江苏巡抚李

---

① 赵尔巽主编：《清史稿》（卷 122），中华书局 1976 年版，第 3594 页。

星沅上奏，详细地谈论了自己从上海招商买米，然而通过海运将漕粮运抵天津的事情。他认为："江苏地处海隅，现值银贵钱贱，粮价平减之时，似可相辅而行，以补捐输之不逮。"① 主张用海运辅助河运，有助于弥补河运之不逮，拓宽漕粮运输的途径。同时，李星沅亦转达了商人王学敏等人的建议："向有沙船赴奉天等处贸易，现愿备价收买米五万石，运往天津售卖。由该道议请，给予执照。将江海、天津两关税银免其输纳。仍俟事竣，将照缴销，并以天津海口相距市廛倘远，所有雇用剥船纤夫请咨直隶督臣，饬令地方官出示晓谕，毋任勒索。一俟运到，即由该处米行按照市价籴卖，仍严禁牙侩留难、羁阻。如一时不能销售，由地方官按数收买。"② 他对王学敏等人的意见持赞成态度，认为商人自置沙船，对海上的情况颇为熟悉，有着极其丰富的海上运输经验。让他们将漕粮从上海运抵天津售卖，极大地方便了京畿地区的百姓买米，改善了民众生活。在实施海运的过程中，要对商人尤加体恤，予以关心，严防流弊。另外，还应该免除商税，禁止官员收受勒索。"亦为商民两便起见。"③

官方在按数收买粮食的同时，由直隶总督根据库款的实际数量，酌情予以办理。按照李星沅的设想，一旦海运试验成功，必然会引起轩然大波，引发从众效应，使得其他商人群体响应，一呼百应，纷纷仿效，进而达到促进漕粮海运的目的，以方便国计民生。"在该商民等，自必争先恐后，踊跃转输，即将来捐米之员，亦可雇令带运交纳。较之派帮搭运者，尤觉简便易行，实于国计民生大有济益。"④ 同时朝廷也要采取激励机制，制定奖励的具体规制，大力奖赏海运批量多的商人，以鼓励他们从事海运。"第念该商等贸迁有无，虽与捐米不同，而往返经涉重洋，究有征劳足纪。应请仿照旗丁加装米石之例，查明运数较多之商，奏恳天恩，量予鼓励，以示激劝。"⑤ 可见，在针对漕粮运输究竟采用何种运输方式的问题上，李星沅的态度非常明朗，主张积极发展海运，将其作为河运的重要辅助手段。同时他也注重利

① 李星沅：《筹议上海招商买米由海运津折子》，《李文恭公遗集》（卷9），上海古籍出版社2002年版，第581页。

② 李星沅：《筹议上海招商买米由海运津折子》，《李文恭公遗集》（卷9），上海古籍出版社2002年版，第581页。

③ 李星沅：《筹议上海招商买米由海运津折子》，《李文恭公遗集》（卷9），上海古籍出版社2002年版，第581页。

④ 李星沅：《筹议上海招商买米由海运津折子》，《李文恭公遗集》（卷9），上海古籍出版社2002年版，第581页。

⑤ 李星沅：《筹议上海招商买米由海运津折子》，《李文恭公遗集》（卷9），上海古籍出版社2002年版，第581－582页。

用市场经济及时、灵活的特点，对商人进行善加引导和鼓励。这一主张是对陶澍等人的海运思想的承继与发展。

综上所述，可以看出，李星沅倡导大力发展海运是有一定道理的，与河道运输相比，海上运输具有运输速度较快、运输成本较低、途中可免遭贪官敲诈勒索的优点，同时，也有利于发挥商人的聪明才智为朝廷所用以及商业资本的功能。但也要看到，此时的海运并非完美无缺，面对不少的困难和挑战。一方面，来自河运受益者的阻挠，这主要体现在运输问题上不同利益集团就利益分割问题进行激烈地博弈和竞争，以实现以高额利益等稀缺资源的争夺，其实质体现了不同政治集团的利益之争。如江苏巡抚陆建瀛的态度则比较保守，认为从海上运米宜少不宜多，有安全之患，风险大。"且海补不得力，海运必不放心，似须河海并运再为衰益，今昔殊势，再为权宜不肯稍涉孟浪。"① 漕运总督杨殿邦更是顾虑丛丛，对海运持否定态度，其理由是：海运损害了运河沿岸人民的经济利益；使闲置的水手难以安置；粮船具有安全隐患，易遭受海盗的劫掠与侵扰；可能招致西方列强的干涉。另外，海运还存在着大量的风险性因素或不稳定性因素，譬如难以应对海上的狂风巨浪、海盗的袭击侵扰及其水手等人的炮轰等。西方殖民势力东来更是成为鸦片战争后漕粮海运所要面临的一个最大的挑战。很明显，道光末年的海运面临的风险越来越大，陷入了进退两难的境地。但河运的难以为继，使海运取代河运成为了必然趋势。表明了晚清的漕运正在从以河运为主的阶段逐渐转化到以海运为主的阶段。

一言以蔽之，清廷在对待漕粮运输问题上，既要一如既往地实行河运，又要大张旗鼓地倡导发展海运，既不能发展河运而否定海运，亦不能倡导海运而忽视河运，更不能让海运取代河运抑或河运代替海运，必须走海运与河运协调发展、同时并举、协同推进的发展之路。

二、倡导海运的措施：严厉打击海盗

海盗猖獗也是道光朝漕粮海运的一个重大威胁。清代海防长期以海盗为主要防御对象。由于统治者的海防思想一直较为保守并长期推行闭关锁国的海洋政策，阻碍了中西之间经济、科技和文化的沟通，致使清朝统治者狂妄自大、闭目塞听、愚昧无知，远远落后于世界发展潮流，使得清代的造船和航海技术不断退步，战船质量越来越差，水师的作战能力逐渐下滑、一落千

---

① 袁英光、童浩整理：《李星沅日记》，中华书局 1987 年版，第 712 页。

丈。尽管水师屡次围剿海盗，但效果却与理想相差甚远。此时孱弱的水师在对付海盗时，已显得力不从心。因此，防范海盗的袭击也就成为了漕粮海运所要面对的一大难题。

由于这一时期江苏洋面上的海盗十分活跃，每年均有海盗频繁袭击或抢掠商船事件的发生。"江南洋面劫案络绎不绝，并有伤毙人命、掳船勒赎情事，余山一带复有盗船伺劫商米，似此明目张胆。"① 李星沅在道光二十八年三月二十三日（1848 年 4 月 26 日）"闻米船有被抢者"后十分气愤，指责"水师护送安在？可为恨恨"②。直到道光二十八年五月十二日（1848 年 6 月 22 日）接到津门禀报"已到米船八百一十五只，合之续放十一只，买补九只，仅少十六只耳"③。海盗的侵扰严重地威胁到清朝海运的顺利进行。

为了打击海盗，保证海运的顺利进行，一方面，李星沅遵照道光帝的旨意，严令水师将弁，认真缉捕，实施搜查与围堵相结合的原则。"于海汊纷歧、容易窝藏奸宄处所，实力搜查。邻境交界地方，尤当知照会同堵缉，不得稍分畛域，务期将匪犯悉数擒拿，不留余孽。现在海运沙船陆续北上，不患不加意巡织，即运米事竣，亦应饬属常川搜捕，毋稍疏懈，俾安行旅。至金三案内在逃首伙高发波等二十余犯，即通饬各属，并移会邻村，迅速搜捕，按律惩办，无令一名漏网。"④ 另一方面，李星沅制定了较为切合实际的打击海盗的策略方针，具体表现在：

1. 摸清海盗活动的具体情况

李星沅是一位实干家，他在做任何一项事情的时候，总是要先摸清对方的具体情况，事先做好准备，未雨绸缪，然后才对症下药，找到解决问题的具体方法，做到知己知彼，百战不殆。摸清海盗活动的具体情况是打击海盗活动的第一步。"臣等查江苏省泛海商船由上海往来山东、天津、盛京者，每年不下六七千号，……其自山东等处往来海州、阜宁、盐城等州县商船，则由成山傍岸行驶，历东海、盐城、庙湾三营内洋而止，船数无多，与往来上海各船，行驶洋面有内外，南北之殊，盗匪踪迹因而各异。其伺动海州等

---

① 李星沅：《胪陈江苏洋面情形折子》，《李文恭公遗集》（卷 17），上海古籍出版社 2002 年版，第 491 页。

② 袁英光、童浩整理：《李星沅日记》，中华书局 1987 年版，上海古籍出版社 2002 年版，第 742 页。

③ 袁英光、童浩整理：《李星沅日记》，中华书局 1987 年版，上海古籍出版社 2002 年版，第 746 页。

④ 李星沅：《胪陈江苏洋面情形折子》，《李文恭公遗集》（卷 17），上海古籍出版社 2002 年版，第 491 页。

处商船者，多系本地土匪，即现在该项州会营拿获之金山等类是也；其伺劫上海商船者，如川沙、南汇等厅县，向多土匪私造船只，名曰阔头舢板，以采捕为名，与闽浙二省盗船各自行劫，并不结聚成帮。"① "不入虎穴，焉得虎子。"李星沅派人乔装打扮，混入盗匪之中，经过实地勘察，发现盗匪人数较多，大都为本地人，熟悉地形，主要以劫持商船为主；其活动范围广泛，主要分布在海州、阜宁、盐城等地，且行踪诡秘，飘忽不定，难以捕捉其踪迹，给剿灭盗匪带来很大的难度。此外，福建的盗匪更是肆无忌惮，尤为猖獗。他们人多势众，佩带枪炮，依靠抢劫过路商船为生，给清朝海运带来了很大的威胁。"惟闽省之鸟船、浙省之撑篷船，盗匪船大伙众，携有枪炮，游弈佘山左右，商船动辄被劫，且有连船劫去，将舵工放回取银勒赎之事。"② 可见，了解敌情，掌握其活动规律，弄清其组织管理情况才是制定应对之策的关键。

2. 制定机动灵活的缉盗策略

策略制定的正确与否与剿灭盗匪休戚相关，策略对，则剿匪顺；策略误，则剿匪难。可见，制定正确的策略是剿灭盗匪，确保海运畅通无阻的前提。李星沅通过调查研究，在掌握盗匪活动规律的前提下，制定了较为正确的缉盗策略。主要有：成立渔船管理机构；派海军带兵巡查；扼要关隘，巡查往返船只；严肃惩处违纪官员；堵剿并举，肃清海盗。"严饬该管道督同沿海州厅县将额设渔船一律编号私船，虽无为匪情事，船则锯示海滨，人则枷号责惩。……严饬游击黄登第、署参将刘长清管带兵船驶赴佘山，先行争占寄定之所，扼信要隘，堵截梭巡，如敢畏葸退避，即以军法从事。"③ "亟宜趁此声威，堵剿兼施，以冀肃清洋面。"④ 由于清朝水师是分区域防守，缺乏一个上下迭代嵌套、左右关联掣肘的互动机制，各水师各自为战，力量分散，形成不了强大的合力。因此，李星沅担心"若不责成浙江水师合理剿捕，甚虑此拿彼窜相应"⑤。鉴于此，他建议浙江水师会同江苏水师在两

① 李星沅：《胪陈江苏洋面情形折子》，《李文恭公遗集》（卷17），上海古籍出版社2002年版，第491－492页。

② 李星沅：《胪陈江苏洋面情形折子》，《李文恭公遗集》（卷17），上海古籍出版社2002年版，第492页。

③ 李星沅：《胪陈江苏洋面情形折子》，《李文恭公遗集》（卷17），上海古籍出版社2002年版，第492页。

④ 李星沅：《奏报兵勇赴浙协剿洋盗屡有斩获折子》，《李文恭公遗集》（卷19），上海古籍出版社2002年版，第600页。

⑤ 李星沅：《筹办防护海运情形折子》，《李文恭公遗集》（卷16），上海古籍出版社2002年版，第209－210页。

省交界的海域主动出击，联合夹击海盗，希冀一举歼灭之。"使之无隙可乘，势必舍舟归巢，搜拿较易得手。"① 只要策略正确、方法得当、措施得力，剿灭盗匪是完全有可能的。

3. 力主添船增兵

李星沅认为，沿海一带海盗分布范围广泛、武器装备较为先进、平日训练无数、出没无定律、为害甚巨。因此，要剿灭我国东南沿海一带的海盗，必须增添战船，充实兵力不可。他进一步分析了添造战船、增加兵力的理由：盗船行踪不定，难以寻觅其踪迹；海域面积广阔，兵少布控则难以面面俱到；围捕需要大量战船；堵截尤需大量兵力；船多兵众便于主动出击。"查盗船踪迹来去无常，大海汪洋迥非陆路可比，围捕则患船少，堵截则患兵单，兼之我出彼归，我劳彼逸，一时甚难收效。"② 经过深思熟虑后，李星沅主张欲迅速有效、出其不意地剿灭盗匪，必须添船增兵。"臣与抚臣、提臣往复筹度，计非添船添兵，不足大加惩创。……洋盗近因兵勇数次剿击，竟敢逞忿报复，乘我遭风击损之兵船尚未修竣，屡获胜仗之勇船分起护解船犯前赴上海，巡洋兵勇无多，辄由浙洋南渔山倾巢而出。追夺船犯不及，适商船三十余号连舟在洋，致有围劫之事。……当即密札上海道县添雇高大坚固之广船六只，会合原派兵勇飞速出洋；一面咨催提臣尤渤驰赴崇明十滧，相度机宜，指麾督捕。"③"现复催令委员将奏明倡造船十只，赶紧加工攒办，并将所获盗船择其可用者，一律修整，搭配兵勇，以备临时调遣。"④ 由此可见，只有添造战船，增加兵力，才能扩大布控面，增加布控点，便于及时发上海盗，然后集中优势兵力，机动灵活，以迅雷不及掩耳之势，快速歼灭盗匪。

4. 挑补捕盗水勇为弁兵

鉴于海盗长期活动于海上，熟悉水性，了解当地人文地理环境。因此，单独依靠普通绿营兵力很难将其彻底歼灭。鉴于此，李星沅主张将熟悉水

---

① 李星沅：《筹办防护海运情形折子》，《李文恭公遗集》（卷16），上海古籍出版社2002年版，第210页。

② 李星沅：《附奏办理洋盗情形片子》，《李文恭公遗集》（卷19），上海古籍出版社2002年版，第572页。

③ 李星沅：《附奏办理洋盗情形片子》，《李文恭公遗集》（卷19），上海古籍出版社2002年版，第572页。

④ 李星沅：《奏报兵勇赴浙协剿洋盗屡有斩获折子》，《李文恭公遗集》（卷19），上海古籍出版社2002年版，第600页。

性、了解地形、经验丰富的本地捕盗水勇增补为弁兵，为彻底剿灭沿海地区的盗匪提供了可能。他并详细地分析了将捕盗水勇增补为弁兵的理由：采取联合剿匪方略，可激发水勇捕盗的积极性；水勇作战勇敢，屡立战功；水勇熟悉水性，谙习沿海地形；水勇由绅商招募，户籍可查，便于管理；水勇无易聚难散之弊；优秀水勇人才，可为国立功。"查水师官兵近日颇知激励，又有水勇助势，彼此踊跃争先。而水勇雇由绅商，多系沿海渔户水手，来历尚易稽查，并举有身家顶戴者作为头目管领，既非乌合无籍之徒，亦无易聚难散之弊，是以二十日内四次拿船获盗，悉遵指麾约束。其中尽有可造之材，以之挑补弁兵巡洋，足资驱策。"①

李星沅在分析将捕盗水勇增补为弁兵理由的同时，并进一步提出要加强对水勇进行训练的必要性。他说，水勇不谙骑射，只有加强训练，才能激发其潜能、培养其本能，将其打造成为一支英勇善战、拱卫国家的胜利之师，同时亦有利于优秀人才脱颖而出、为国效劳。"惟念国家立贤无方，水师人才难得，合无仰恳天恩，俯准臣等于现在出力水勇内，择其材堪任使著有劳绩者，随时拨入水师，如外委、额外兵丁，即由臣等酌拨咨部，把总以上，请旨遵行，仍令于入营后学习骑射，以符定制，俾各水勇咸思上进，莫不勤奋图功。即本营各弁兵，愧愤交深，自当勉益加勉，或可习成劲旅，壁垒一新，上副圣主整饬水师之至意。"② 由此可见，将捕盗水勇挑补为弁兵，有利无弊，有益无害。一方面可以激发广大水勇奋勇杀敌，歼灭海盗，杀敌立功，报效国家；另一方面也可以增强我国水师实力，培养水师人才，为彻底歼灭海盗，巩固我国东南沿海地区的边防奠定了坚实的基础。

5. 重视培养水师

鸦片战争后，清朝一些有识之士开始从华夏中心的国家观念的窠臼中走出来，认识到加强水师建设的重要性，李星沅就是其中的一位。他认为只有建立一支强大的水师，才能剿灭盗匪，维护清朝的封建统治，并进一步分析了清剿盗匪须建立一支水师的必要性。其理由是：朝廷缺乏追捕盗贼之战船，建立水师迫在眉睫；士兵不熟驾船技艺，追剿盗匪颇难成功；水兵缺乏提升的激励机制，战斗力深受影响。"水师追捕盗贼全赖船只，而一船得力

① 李星沅：《议请将捕盗水勇挑补弁兵折子》，《李文恭公遗集》（卷18），上海古籍出版社2002年版，第552页。

② 李星沅：《议请将捕盗水勇挑补弁兵折子》，《李文恭公遗集》（卷18），上海古籍出版社2002年版，第552页。

要在舵工。近年江省水师从未闻出洋接仗击沉盗船之事，实由水师各营分有水兵、陆兵名目，水兵止管驾船，不习技艺，亦不挑拨弁缺，与民船水手相似。其积有年劳之舵工，名曰舟师额外，仅于季报册内声明咨部，向无升擢之弁。因之该水兵视为并无出身，遇事不肯上前。陆兵又多不识水性，此即原设营制不能尽善之一端。"① 基于此，李星沅主张建立一项严格赏罚的奖惩机制，不论资排辈，赏罚分明，奖能惩庸、奖功罚过，调动水兵为国效劳的工作积极性。"臣等廉知其弊，通饬各营不准于水师中再分水陆名目，遇有弁缺，先尽熟悉水务枪炮、获盗著绩之兵拔补，一切例外奖赏，舵工加倍，该舵水始有踊跃用命者。"② 海权关系到国家兴衰，得海权者兴，失海权者衰。增强海洋意识，建设海洋强国是时代的呼唤。不难看出，李星沅从国家维稳、国际形势的高度探讨要建立一支强大水师的战略构想，具有战略家的眼光和胆识，这在当时是进步的。

总之，在李星沅的努力和严格要求下，在打击海盗方面还是取得了一定的成绩，具体情况列表如下：

表6-1　李星沅饬令打击海盗情况表

时 间	打 击 海 盗 情 况
道光二十七年（1847）	福山镇标中营游击刘长清在川沙洋面擒获盗船一只，盗犯施茂等六名。福山镇标左营游击黄登第在佘山西北洋面遇见盗船，开炮轰击，盗匪纷纷落海。把总周明过船生擒盗犯高利能等二名，兵丁张秀学等过船格杀盗匪多名，搜获器械、原赃并所劫船照等物。
道光二十八年二月（1848）	拿获行劫有案之李得全等八十余名，分别斩枭发遣，川沙一带土匪渐知敛迹。 二月二十三日各兵船在佘山洋面遇见盗船二只，分投追捕。该盗匪胆敢开炮抗拒，刘长清首先施放当头大炮，把总张步青、外委曹志刚先后抛掷火罐，击沉鸟船一只。守备毛正和、千总龚成良、外委钱玉昆击沉撑篷船一只，生擒盗犯祝阿金等六名，余犯皆被斩杀，及枪炮火罐轰死并捞获杠具等物。 通州知州陈介眉雇募渔船，会商游击周震豫，借备枪炮火药，督率委员救护一船，并擒获盗匪庄来青等十一名及另案洋盗五名。

① 李星沅：《附奏请恤水师额外张书言等片子》，《李文恭公遗集》（卷17），上海古籍出版社2002年版，第494页。
② 李星沅：《附奏请恤水师额外张书言等片子》，《李文恭公遗集》（卷17），上海古籍出版社2002年版，第494页。

（续表）

时　间	打击海盗情况
道光二十八年八月（1848）	据水勇头目周鳌、周永清等会同巡洋营员，三次生擒盗匪四十二名，击杀盗匪十一名，击沉盗船二只，拿获大盗船二只，小船一只，救回被劫商船九只，被掳难民二十六名，均经臣等先后奏明在案。 兹又据上海县禀报，水勇头目胡维荣于八月二十三日随同兵船在洋遇见盗船四只行劫沙船，当即驶拢救护，击沉盗船二只。有大盗船一只，竟敢开炮拒捕，胡维荣首先趁势过船，各兵勇亦接踵而上，生擒盗匪七名，割取首级七颗，余皆落海淹毙。起获抬枪五杆，鸟枪二杆，小炮一门，刀械八件，救出被掳难民十一名。
道光二十八年八月至十月（1848）	督饬上海道县劝谕商民添雇水勇船只，仍派周鳌、胡维荣为总头，分带出洋，随同水师协力防剿，于本年八月五次接仗，生擒盗匪五十二名，击杀盗匪十八名，落海身死者不计其数，牵获盗船六只，击沉盗船四只，救回被劫商船十一只，难民三十七名。 即派都司施元敏等带领兵勇追赴浙洋，随同定海镇等夺回被劫商船十九只，复追至南韭山洋面，击沉盗船一只，生擒盗匪十七名，斩首五级，救回难民十六名，均经先后奏明在案。 据勇头周鳌协同官兵于十月十日在马迹山洋面击退盗船一只，救回商船一只，生擒盗匪一名，击落海者无数。 又据勇头胡维荣协同江浙委员官兵于十月初六日追至浙江南渔山洋面，遇见盗船十余只，掳住商船十只，该兵勇合力奋击，自辰至未拿获盗船一只，救出被掳难民七十余人，将商船全数夺回，就近解交浙海查办。该勇头胡维荣又于十月二十四日追到浙江东窑山洋面，会合两省委员官兵拿获盗船一只，并枪炮器械，救回商船一只。复舍舟登陆，追擒盗十六名，击杀落海者无数，焚毁盗巢三十余间。所获盗船，俱经解回上海。
道光二十九年初（1849）	江苏兵勇各船，会同浙江舟师，九次在洋生擒盗匪八十六名，击杀及落海身死者不计其数，牵获盗船八只，击沉盗船五只，救回商船三十二只，难民一百二十余人，均经臣等先后奏报在案。 自辰至未，牵获盗船两只，生擒盗匪二十二名，打毙投海者四人，救回难民八名。

资料来源：

①李星沅：《筹办防护海运情形折子》，《李文恭公遗集》（卷16），上海古籍出版社2002年版，第209页。

②李星沅：《胪陈江苏洋面情形折子》，《李文恭公遗集》（卷17），上海古籍出版社2002年版，第492－493页。

③李星沅：《议请将捕盗水勇挑补弁兵折子》，《李文恭公遗集》（卷18），上海古籍出版社2002年版，第551页。

④李星沅：《奏报兵勇赴浙协剿洋盗屡有折获折子》，《李文恭公遗集》（卷19），上海古籍出版社2002年版，第599–600页。

⑤李星沅：《附奏擒获洋盗片子》，《李文恭公遗集》（卷19），上海古籍出版社2002年版，第620页。

据表6–1所示，从1847–1849年李星沅在担任两江总督期间，竭尽全力打击海盗，在打击海盗方面取得了一定的成绩，沉重地打击了福山、川沙、余山、通州、上海、东窑等海域的盗匪，挫伤了他们的嚣张气焰，使其活动有所收敛。但海盗活动还十分猖狂，仍严重地威胁到清朝的海运，成为尾大不掉、相当棘手的问题，但这些战果还远不足以有效地肃清整个沿海地区的海盗。地方官员在应对这一时期的海盗侵扰时，仍显得力不从心。

综上所述，李星沅积极倡导海运有着十分重要的意义。首先，倡导海运，在一定程度上割断了以运河为纽带联系起来的贪官污吏的重要财路，减少了河运过程中官吏损公肥私的机会，革除了部分陋规，有利于减轻对农民的剥削，维护封建统治。其次，海运的实行，使广大农民免除了成年累月治河的无代价的劳役，同时为政府节省了大量人力、物力和财力，农民有更多的时间从事农业生产，不负农时，有利于社会生产的发展。官府有更多的精力考察民情，有利于社会稳定。再次，海运的实行，有利于南北物质文化交流和商业资本的发展。

第四节　整饬河政

近代以降，清政府已风雨飘摇，吏治败坏，两河道总督衙门冗员充斥。这些官员贪得无厌，为敲诈勒索、收取浮费而无所不用其极，他们整天过着醉生梦死、花天酒地的生活，很少过问世事，致使运河失修，河道淤积，河床抬高，水旱灾害频发，漕运不畅，严重地威胁到清政府的统治。

一、时代背景

李星沅整饬河政是在内忧外患交相叠加的背景下进行的，具体表现在以下四个方面。

1. 水患频繁

清代乾隆以来，由于国家财力日趋下降，财政支出短绌，加之河员偷工减料，河务官员玩忽职守，治河乏术，"头痛医头、脚痛医脚"，没有长远规划，因此水患频繁。据《中国自然灾害通史》（清代卷）统计，"清朝前期，顺治元年至雍正十三年（1644—1735年），共计92年，水灾次数为758次，平均每年发生8.2次，其中顺治朝18年共计水灾182次，平均每年发生10次；康熙朝61年共计水灾466次，平均每年发生7.6次；雍正朝13年共计水灾110次，平均每年发生将近8.5次，则顺治朝水灾发生最为频繁。清代中期：乾隆元年至嘉庆二十五年（1736—1820年），共计85年，水灾次数为428次，平均每年发生5次，其中乾隆朝60年共计水灾327次，平均每年发生5.5次；嘉庆朝75年共计水灾101次，平均每年发生4次多，则乾隆朝水灾发生年平均率高于嘉庆朝。清代后期，其中道光朝30年共计水灾155次，平均每年发生近5.2次"[①]。足见清朝前中期灾害发生之频繁。

另一方面，黄河是中华民族的母亲河，维系着中华儿女的血脉，承载着五千年的传统文化，它既是中华民族的骄傲，同时也给中华民族带来了无穷的灾害。"华夏水患，黄河为大"，历史上黄河大决口即达1500次左右，大的改道达26次，可谓"三年两决口，百年一改道"，而清朝决口尤为严重。清朝自嘉庆以来，黄河洪水泛滥更为严重，导致河堤经常决口，泛滥成灾，这是黄河下游河道淤积、泄洪不畅、河床抬高、泥沙沉积滞留的结果。黄河决口直接导致广大灾民流离失所、家破人亡、衣不蔽体、食不果腹，造成民田冲决、房屋倒塌、人畜淹毙的严重恶果。嘉道以来，由于白银外流，国库亏空，财政入不敷出，治黄不力，不得其法，河道官员总是停留在灾后防治措施上，大多为堵口抢险而忙于奔命，以致造成屡决屡堵、屡堵屡决的被动局面，致使清朝统治者几乎无岁不办河工。这除了河防本身不坚固外，还与以下因素有关：其一，河工偷工减料，或以旧工替代新工，埋下事故隐患；其二，河务官员玩忽职守，用人不当，导致治理毫无成效；其三，治河乏术，"头痛医头、脚痛医脚"，没有长远规划。因此，容易出现问题。

2. 浮费严重

乾隆中后期以来，由于河患频仍，河工费用成为仅次于军饷的第二大财政支出。道光年间，河工靡费更加严重。魏源揭露说："人知国朝以来，无

[①] 袁祖亮、朱凤祥编写：《中国灾害通史》（清代卷），郑州大学出版社2009年版，第50页。

一岁不治河，抑知乾隆四十七年（1782）以后之河费，即数倍于国初；而嘉庆十一年（1806）之河费，又大倍于乾隆；至今日而底高淤厚，日险一日，其费又浮于嘉庆，远在宗禄、名粮、民欠之上。"① 可见，道光朝河工费较以前各朝明显增加了，但黄河却越治问题越多。其一，泥沙淤积更加严重，河床越抬越高。"南河十年前，淤垫尚不过安东上下百余里，今则自徐州、归德以上无不淤。前此淤高于嘉庆以前之河丈有三四尺，今则淤高二丈以外。"② 其二，河堤修来修去，还是老样子。道光时期治河多采取加高堤坝办法，照理河堤应越来越高才对，但实际情况并非如此。魏源说，"试以每岁加堤丈尺，案册计之，必有二三十丈，其实今堤不及十分之二"③，根本没有加高多少，怪不得经常决口。由上可知，清政府河工费用大都泥牛入海，毫无效果，黄河越治越糟，为患甚烈。

3. 河督无能

清代，设东河、江南两河道总督，下辖若干道、厅专管治河。嘉道时期，黄河险情不断，于是，增设各道厅，河务部门因此得到较大规模地扩张。尽管参与治理黄河的官吏大量增多，但没有什么治河能力，治河已到了束手无策、一筹莫展的地步。由于治河不得其法，总停留在灾后防治的措施上，治河者多以堵口抢险而疲于奔命，以致形成屡决屡堵、屡堵屡决的被动局面。嘉道时期，出任东河河道总督者23人，江南河道总督者13人。他们对河患病根的认识不一致，各执一词。"河防之病，有谓海口不利者，有谓洪湖淤垫者，有谓河身高仰者。"④

然而，在具体落实问题上却大同小异，无非是加堤、夯固、堵塞之类，无独特之处。针对河员治河无术的情况，魏源曾批评说："自靳文襄以后，河臣不治海口，而惟务泄涨，涨愈泄，溜愈缓，海口渐淤，河底亦渐高，则又惟事增堤。"⑤ 河督治河束手无策，往往临渴掘井，治标不治本，以致水患频发。一旦发生水灾，河员便临阵脱逃，置灾民生死于不顾，每"当伏秋大汛，河员皆仓皇奔走，救护不逞"⑥。可一旦险情被排除，他们便以为万事大吉，不闻不问，不去探究问题的症结所在。畏缩、敷衍了事的官场习

---

① 魏源：《魏源集》，中华书局1976年版，第365页。
② 魏源：《魏源集》，中华书局1976年版，第367页。
③ 魏源：《魏源集》，中华书局1976年版，第367页。
④ 赵尔巽主编：《清史稿》，中华书局1976年版，第3733页。
⑤ 魏源：《魏源集》，中华书局1976年版，第366－367页。
⑥ 赵尔巽主编：《清史稿》，中华书局1976年版，第3737页。

气，是一种不负责任、相互扯皮、粉饰太平的官场习气。河督大多昏庸无能、任人唯亲、不负责任、地方保护主义十分严重。这种只顾眼前，不求根治的做法，是完全解决不了河患问题的。河督无能，其手下更加不肖，是以嘉道时期的治河工作毫无成效可言。河员之无能，极大地影响和妨碍了运河的治理，加剧了水旱灾害发生的频率。

4. 河官腐化

"黄河决口，黄金万斗"，这是当时河政官员腐败的真实写照。道光以来，大清帝国已走向穷途末路，腐败已十分严重，无论是上层统治集团，还是大大小小的官吏，生活奢侈靡费、贪污成风、挥霍无度，官僚主义弥漫着整个官场。河务官吏偷工减料、贪污中饱，将大量的河防经费以各种手段贪污挥霍，致使河防工程质量每况愈下，全国各大河流长期得不到有效治理，连年漫决，泛滥成灾。晚清时期尤为严重，夸大险情、多请公款，借以中饱，已是司空见惯的事情。1842 年李星沅路过宿迁县，与署县令陈介眉交谈，陈介眉指出河政官员的腐败，"河工积重难返，每领款十分，用不过二分，最好者用至五分，犹有空料垛"①。1846 年李星沅任江苏巡抚，查验常州至镇江段水道工程，河库道陈羲谈到"河工恶习三七开销即为廉吏"，南河总督潘锡恩不恤人言，毫无顾忌，"竟有一缺三买之谣"②。1847 年，李星沅从云贵总督调升两江总督，履任前，顺道回湖南湘阴省亲，湖南按察使徐泽醇在谈话中提到"河工以帑款三分至二七分入己，习以为常；河工各厅每年垫办达七十至八十万两，只有（1842 年和 1843 年）两年因河库力阻，为数较少。河库浮滥亦不遑多讲，领款每百平余七两，又有三厘办公，且有每百平余二十两者"③。由此可见，河政官员中饱私囊治河经费十分惊人，难怪当时人们说，"南京、扬州、清江三处几不见青天白日"④。综上所述，可以看出，道光以降，河官腐化现象已十分普遍，河务官员以偷减工料为能事；他们大肆贪污、挥霍，向过往人员任意求索。总之，河务官员贪污腐败，大量侵蚀河工费，真正用于工程的款项不多。

二、治河举措

河工是治理河道、预防水患的工程，在清代特指治理黄河、运河的工程

---

① 袁英光、童浩整理：《李星沅日记》，中华书局 1987 年版，第 454 页。
② 袁英光、童浩整理：《李星沅日记》，中华书局 1987 年版，第 644 页。
③ 袁英光、童浩整理：《李星沅日记》，中华书局 1987 年版，第 707 页。
④ 袁英光、童浩整理：《李星沅日记》，中华书局 1987 年版，第 649 页。

及其事务。它不但与漕运有着密切关联，而且关系到社稷安危及农业丰歉，故而一直被统治者所重视。晚清以降，随着政治腐败的日趋严重，河工便不可避免地成为贪官污吏贪污受贿或非法敛财的摇钱树。各级官员通过浮报工程数量、增加河工料价和偷工减料的方式，肆无忌惮地侵吞河工经费。以至于朝廷所拨付的治河经费越来越多，水患反而越来越重。正如魏源所说："黄河无事，岁修数百万，有事塞决千百万，无一岁不虞河患，无一岁不筹河费，此前代所无也。"① 一言以蔽之，日趋浩大的河工开支，成为清王朝沉重的财政负担。整饬河政已提上了议事日程，成为迫在眉睫的问题。为了解决两江地区的河政问题，李星沅主要采取了以下四个方面的措施。

1. 改革捐纳

捐纳制度形成于清朝中期，发展于鸦片战争前夕，完善于洋务运动时期。它是有钱的贵族阶层向官府提供财政资助的一种重要形式。对于捐纳者而言，官府往往会根据捐银数目的多少，给予相应的爵位或功名作为回报。道光时期，由于国家财政拮据，朝廷广开捐纳制度，致使捐纳人数剧增，使本应属于科甲人员的职位遭到严重挤占。不仅河工如此，其他部门也普遍存在这种现象。大量的捐纳人员的存在严重地冲击了正常的官员任命制度，加剧了官场的腐败。这些异途官员大多缺乏真才实干，任职期间多会想尽办法中饱私囊，成为官场的一大毒瘤。

因此，捐纳的盛行，使吏治更加败坏，成为当时的一大弊政，并进一步激化了当时的社会矛盾。因此，改革捐纳制度已是大势所趋，不可避免。道光年间，清廷的统治危机不断加剧，财政状况日益恶化。

为了应付严重的财政危机，李星沅变通章程，极力主张改革捐纳制度，以暂时缓解国家所面临的财政困难。道光二十八年（1848），李星沅上奏朝廷，对南河大挑知县在借补时所存在的问题进行了上报，提出了改革变通捐纳制度的想法。"窃照大挑知县分发河工学习，凡谙练河务，甄别留工者，定例先以佐贰借补。又佐贰之州同、州判、县丞三项，补缺次序先尽正途一人，次尽正途一人，试用大挑二人；捐纳先尽一人，捐纳次尽一人；教习并教职合为一班，酌量补用，二人投效分发，试用一人等语。是河工大挑按班借补，向系九缺得四，原以疏通寒畯，不致壅滞正途。惟自豫工例开及捐输

---

① 魏源：《魏源集》（上册），中华书局1976年版，第163页。

议叙，遇缺即补者接踵而至。绩奉部议新章，此项留工人员，应俟遇缺即补，无人再行按班序补。诚为鼓励捐输起见，不期河工大挑适为遇缺所压。"① 这一举措导致了捐纳人员数量的急剧膨胀，对河工的人事任用产生了较大的冲击波。"现已实繁有徒，非十数年所能补竣。来者正难预定，若俟遇缺无人，方准借补，则大挑竟无补缺之期。虽地方大挑知县序补，同属按班先尽遇缺之员第，知县加捐遇缺，银数既多，人数亦少；兼之大挑、本班均可一律加捐，尚无窒碍。独河工大挑借补佐贰，既与知县有间，即为佐贰不能，长此固穷，几同间散。较之地方大挑知县，一则序补有资，一则到班无日，相形见绌，未免向隅。"② 针对这种情况，李星沅请求道光帝灵活变通，实施轮流替补制度以及捐纳与捐输相结合的制度。"量予变通，准将河工佐贰州同、州判、县丞三项缺出补用，遇缺三人间用，先尽次尽正途，酌补一人试用大挑，一人庶于鼓励捐输之中，仍寓疏通正途之意。将来遇缺无人，查照旧例输补，俾寒素得以自效人材，亦资造就矣。"③

李星沅变通章程，改革捐纳、鼓励捐输，在一定程度上增加了朝廷的财政收入，暂时缓解清政府的财政危机，减少了因危机而引发的社会动荡。但捐纳制度也是一把双刃剑，导致了清政府权力的下移和地方势力的膨胀，呈现此消彼长的发展趋向，使晚清政府的经济陷入恶性循环的泥潭中无法自拔。

2. 裁减浮费

自道光以来，河工浮费普遍存在，触目惊心，已严重地威胁到清政府的统治，裁减浮费已成为当务之急。"臣于接见厅属，每诘以此等巨款从何而来，鲜有不辞穷者。究之厅员领项，又复于浮于实。非特自道而院，自院而库，丁胥勾串，易滋弊端，即经费夫工三厘等项，通计数颇不资，辄为各衙门吏役饭食、津巾以及各营各堂捐款、香火诸名目，层叠摊扣，所剩几何。且闻过客求帮，从前或具公领，请库垫发，随后划扣领款，尤堪骇听，皆浮费之为害也。"④

---

① 李星沅：《变通南河大挑知县借补章程折子》，《李文恭公遗集》（卷19），上海古籍出版社2002年版，第396页。

② 李星沅：《变通南河大挑知县借补章程折子》，《李文恭公遗集》（卷19），上海古籍出版社2002年版，第396页。

③ 李星沅：《变通南河大挑知县借补章程折子》，《李文恭公遗集》（卷19），上海古籍出版社2002年版，第396页。

④ 李星沅：《附奏请裁河工浮费片子》，《李文恭公遗集》（卷19），上海古籍出版社2002年版，第595页。

针对河工浮费的严重情况，李星沅认为浮费是河工腐败产生的真正根源，而河工腐化的渊薮在于道厅。他说："故欲杜绝虚糜，必自革除浮费始；欲革除浮费，必自严饬道厅始；欲严道厅，必自河臣正己无私始。"①为此，李星沅提出了裁减浮费的具体办法。主要体现在以下两个方面：

一是对河道机构的正常用度进行预算。预算是资金管理的基础，是实现资金良性运作的前提。李星沅主张对官府开销进行预算，为治理河工奠定了坚实的根基。"以臣约略计之，南河四属二十三厅，每年寻常例用，当以三百万两为率，内如淮扬道属准银一百三十万两，徐州道属准银八十万两，淮海道属准银八十万两，常镇道属准银十万两，似已度支无缺。虽水势有大小，工段有增减，原未可执一以求，要之成算在先，所请例销正款孰虚孰实，无难参考分明。"②

二是设立河工管理机构，制订河工管理办法。"设有另生新工，河臣督同该道立即驰往勘估，验收复加核实，或值仓卒之顷，小有垫用，亦应确查补给，不准空报浮开，留抵删数，似亦范围不过之理。"③ 试图从制度上杜绝河工浮费的横行，节省开支，增加收入。三是实施财务管理，严格稽查，厉行节约，杜绝浮糜。"本届销算，稽核从严，共删银四十万两，比较上年准销少银六十万两，无库欠之找发，有欠库之扣还。绝不敢操之过急，只以当费不可省，当省不可费。果能留意撙节，年复一年，积少成多，截长取短，财不虚耗，是亦生财。在河员不免相尤，于国用未始无补。惟当和衷商榷，务令全力钩稽，以期浮费先裁，虚糜渐绝，各清各款，无滥无苛。"④可见，李星沅试图通过加强管理的办法，来严格控制浮费。这些措施符合当时的实际情况，因而取得了一定的成效。

李星沅裁减浮费的措施取得了较好的社会效应，节省了政府的财政开支，府库亏空的状况有所改观。"将扬属删银十二万四千两，仍准销银一百四十一万四千九百余两，比上年少银十六万八千二百六十两；徐属删银八千

---

① 李星沅：《附奏请裁河工浮费片子》，《李文恭公遗集》（卷19），上海古籍出版社2002年版，第595页。
② 李星沅：《附奏请裁河工浮费片子》，《李文恭公遗集》（卷19），上海古籍出版社2002年版，第595页。
③ 李星沅：《附奏请裁河工浮费片子》，《李文恭公遗集》（卷19），上海古籍出版社2002年版，第595页。
④ 李星沅：《附奏请裁河工浮费片子》，《李文恭公遗集》（卷19），上海古籍出版社2002年版，第595页。

五百两，实准销银八十八万三千余两，比上年少银六万九千两；海属删银十五万八千两，实准销银九十万一千九百余两，比上年少银三十八万零九百两；常属扬运删银四万两，实准销银十五万零九十余两，比上年多银八千七百五十余两。以上四属共请准银三百七十五万七千七百四十余两，除删银四十万七千两，净准销银三百三十四万四千六百余两，共比上年少银五十八万九千余两。"① 由此可见，李星沅裁减浮费的举措取得了成效，使河工开销有了大幅度的下降，有利于增加政府收入。

在李星沅的精心治理下，到道光二十八年（1848）南河四道河工用银数与前三年相比明显减少。具体情况列表如下：

表6－2　道光二十八年南河四道河工用银数比较往年一览表（单位：两）

	道光二十八年	道光二十七年	道光二十六年	道光二十五年
河工用银数	2187121	2785000	2953524	3304808
少用银数	0	597879	766402	1117687

资料来源：

李星沅：《查明南河四道工用银数比较往年开单折子》，《李文恭公遗集》（卷19），上海古籍出版社2002年版，第608页。

从表6－2我们可以看出，道光二十八年（1848）南河四道的用银数，要明显少于前三年的用银数。李星沅通过删减大量开销，为国家节省了一定数量的开支，也使南河经费日益增长的状况有了暂时的改观。

3. 整肃吏治

吏治的好坏是衡量政治是否清明的重要标志和天然尺度，亦是考量地方官员政绩是否突出的重要标尺。李星沅在担任两江总督期间，针对地方上吏治败坏、官吏以权谋私、贪污腐化日趋严重的现实，进行了大刀阔斧的整治。

道光二十八年（1848），李星沅通过明察暗访，就清江地区河工广泛存在的腐败弊病向朝廷做了汇报。"清江为南北要道，往来官绅人等，间或希图沾丐，藉助旅资，在所不免，诚河工积弊之一端。然使河员办公果能洁己尽心，力图节省，焉有余财分润？是他人之因以为利，未始不因河员之自利也。向来例拨银两各厅视为故，常岁以抢险为词添设垫办，名目为数甚巨。偶值水势增长，仍请另备急需。国家大计攸关，河臣不能不奏拨，部臣不能

---

① 袁英光、童浩整理：《李星沅日记》，中华书局1987版，第765－766页。

不议准，其孰平孰险，为公为私，几至不可穷究。纵非意存恐吓，未必悉矢天良，则以工程保固，殊难尽信。且各厅领款虽多，库贮实少，幕友、丁胥耗之，差委营汛耗之，摊派酬应耗之，酒食游戏，骄奢淫佚（逸）又耗之。恶习相沿，牢不可破；弥缝秘密，指摘无凭。就使钦派大臣勘工点料，若革，巧诈百出，敷衍一时，或指东画西，或那（挪）前掩后，非夙知底裏，何能立发其奸？甚至徒烦供忆。"① 由此可见，作为最关南河利害之处的清江，其风气之坏，恶习之广，是触目惊心的。李星沅分析了河工腐败的原因，指出制度上的缺陷，对河工风气的恶化起了重大作用，是吏治败坏的主因。河政弊病在河工身上的表现是极为常见、不足为奇的。为此，李星沅针对河工腐败问题提出了四项应对举措。

一是慎选河督。道光以降，河工腐败问题日益显露，"习尚浮侈，牢不可破"②。面对百病缠身的南河河工，李星沅认为杜绝弊源、慎选河督至关重要。"惟于河督专责而已。"③ 他称自己"深恨未悉河防"④。不宜兼任南河总督。此前李星沅就以担任两江总督难以兼顾河工为由，对兼任南河总督之事予以推辞。在南河总督的人选上，他推荐阅历深，业务熟的潘锡恩。潘锡恩于道光二十二年（1842）开始担任南河总督，在治河上颇有建树，道光二十八年（1848）因病离职。在潘锡恩还担任南河总督之时，李星沅就认为他"精研河务，动合极宜，时能加意整顿，亦藉廉干道员，随同考察清厘"⑤，给予了很高的评价。他强调南河总督位置十分重要，必须由对河务最为熟悉并最富有经验之人来担任，认为此时潘锡恩"虽因病后精力微逊于前，而筹虑经营实未尝一息稍懈"⑥。在对河员的管理问题上，李星沅

① 李星沅：《附奏覆陈查访南河情形片子》，《李文恭公遗集》（卷18），上海古籍出版社2002年版，第509页。

② 李星沅：《附奏河工情形，请将淮扬、徐州两道对调片子》，《李文恭公遗集》（卷15），上海古籍出版社2002年版，第405页。

③ 李星沅：《附奏覆陈查访南河情形片子》，《李文恭公遗集》（卷18），上海古籍出版社2002年版，第509页。

④ 李星沅：《附奏覆陈查访南河情形片子》，《李文恭公遗集》（卷18），上海古籍出版社2002年版，第509页。

⑤ 李星沅：《附奏河工情形，请将淮扬、徐州两道对调片子》，《李文恭公遗集》（卷15），上海古籍出版社2002年版，第405页。

⑥ 李星沅：《附奏覆陈查访南河情形片子》，《李文恭公遗集》（卷18），上海古籍出版社2002年版，第509页。

强调要"以猛济之"①。由此可见，李星沅把慎选河督作为整治河工吏治的首选之策。

二是裁汰庸吏。李星沅认为，河务至关重要，河工与地方息息相关，互为表里。河工的关键在于得人，在于清正廉洁的干才。他曾参奏了一些不合格的河工官员，如道光二十七年（1847），将海安通判马廷樑、扬河通判孙乃坤、萧南同知孙銮、邳北通判金溁、河营参将李胜人、海安守备陈耀、邳北守备周宜、高堰守备韦大旺等不合格人员革职查办。"查有海安通判马廷樑，年少虚华，不务上进，扬河通判孙乃坤办工不力，习气已深，均应请旨即造型革职。萧南同知孙銮，甫经由繁调简，而轻浮自喜，仍于舆论未孚，邳北通判金溁，人尚明晰，而意存见小，修防每形竭蹶，均应请旨改归地方，以府经历县丞降补。又河营参将李胜不骄败不馁，人未驯谨，声名平常，海安守备陈耀、邳北守备周宜、高堰守备韦大旺，狃于积习，不知勤慎自爱，均应请旨即行革职。"②

道光二十八年（1848），将宿南通判雷体乾、中河通判张建勋、宿南营守备李臣彩、睢南营千总孟林勒令休致，"臣思河工各员果能端谨自持，修防勤慎，自应核实奖励；余则循分供职，均可策勉随时。若其行事立心渐染习气已久，虽不至劣迹昭著，即未便概予宽容。查有宿南通判雷体乾，债累颇多，不自振作；中河通判张建勋，质粗见小，舆论未孚，应请旨勒令休致。至河营备弁，向借资深事熟，与操防专尚壮勇，微有不同。然使老而不健，遇事仍难得力。除把总协防由臣稽核咨部外，查有宿南营守备李臣彩、睢南营千总孟林，年皆老迈，精兵就衰，应请旨勒令休致"③。李星沅裁汰庸吏、澄清吏治的措施，取得了一些成效，告病、告老归养的官员颇多，使得"风气略为儆动"④，焕然一新。

三是严格管理。机构重叠、冗员充斥、效率低下是晚清政府机构管理体制的一大显著特征。道光时期，南河四道之下所管辖的同知和通判共有23

---

① 李星沅：《附奏覆陈查访南河情形片子》，《李文恭公遗集》（卷18），上海古籍出版社2002年版，第509页。

② 李星沅：《甄劾河工人员折子》，《李文恭公遗集》（卷15），上海古籍出版社2002年版，第404页。

③ 李星沅：《附奏甄别河员片子》，《李文恭公遗集》（卷19），上海古籍出版社2002年版，第580页。

④ 李星沅：《附奏覆陈查访南河情形片子》，《李文恭公遗集》（卷18），上海古籍出版社2002年版，第509页。

人，本身就因"缺分繁简不同，里数远近不等"① 而造成了一些不便。各分汛地按例应常年驻工，以便随时修防。但实际情况是"惟徐州、常镇道属十厅照旧分驻工；次至淮扬道属七厅，淮海道属六厅，率多聚处；清江厅署几同虚设，非遇盛涨抢险，皆不到工。因而实任佐杂各官营汛备弁协防，鲜不尤而效之，视堤防如传舍。即奉委防汛候补人员，亦多安坐寓中，并不亲往帮办，殊非慎重要工之道"②。在情况最为严重的清江厅属，尽管其厅员都有各自职责，但机构臃肿，人浮于事，相互扯皮，互相推卸责任，导致工作效率低下。"乃若一无所事，游戏征逐，耗费实繁。甚或竟尚贪缘，希图侵胥，群居终日，弊不胜言，吏治、河防均有关系。"③ 由此可见，南河各员普遍工作懈怠，缺乏责任心，毫无效率可言。不难想象，在治理水患时的表现自然也就十分糟糕。

针对这种局面，李星沅主张加强对河员的管理，严饬该营道将，命令河厅文武各员都必须亲驻工次，"不准在浦逗留，自觖安逸"④。其余的防汛委员也必须到工办事，防止他们到处游逛，并对违反者进行严厉参处。一方面，李星沅对玩忽职守的官员加以惩处。"在工学习之刑部员外郎张道进、工部主事郭礼图，派防大汛，勤慎精详，除俟学习期满再行核奏外，查河库道法良、徐州道韩椿、淮海道颜以燠、常镇道姚熊飞、前署淮扬道周焘、署淮安府知府候补道胡调元、徐州府知府李正鼎、扬州府知府吴葆晋、署河营参将吕邦治、淮徐游击黄佩、署淮扬游击安振业，各勤厥职，拟均交部议叙。"⑤

另一方面，治河之要在于得人。为此，李星沅大胆提拔有才之士，为治河准备了大量贤才。"查现任徐州道查文经，精明廉洁，守正不阿，颇为河员所敬畏，惟驻扎徐州与清江较远，如蒙简调淮扬道，常在河臣左右，当收臂指之用。查新任淮扬道韩椿，由京员学习有年，才具谨饬，修防谙练，以

---

① 李星沅：《附奏通饬河工员弁各驻工次片子》，《李文恭公遗集》（卷19），上海古籍出版社2002年版，第570页。

② 李星沅：《附奏通饬河工员弁各驻工次片子》，《李文恭公遗集》（卷19），上海古籍出版社2002年版，第570页。

③ 李星沅：《附奏通饬河工员弁各驻工次片子》，《李文恭公遗集》（卷19），上海古籍出版社2002年版，第570页。

④ 李星沅：《附奏通饬河工员弁各驻工次片子》，《李文恭公遗集》（卷19），上海古籍出版社2002年版，第570页。

⑤ 李星沅：《奏保防工出力人员折子》，《李文恭公遗集》（卷19），上海古籍出版社2002年版，第574页。

之调署徐州道亦堪胜任。"① 李星沅对贪污腐化、怠慢河工的河防官员加以严惩，"查有候补通判孙旅，久任河工佐杂，声名本属平常，近值空运南行，循例委员分段催儹，经臣派往扬河，一面留心访察。该员气体单弱，不能耐劳，寻常早起为难，安望补缺署篆，克勤厥职？且风闻此次出差，有向河营借凑盘费之事，最为河工恶习，尤当惩一儆百，勉期挽此颓风。除再确切根究外，相应请旨将南河候补通判孙旅即行革职，以为不知慎勤者戒"②。

综上所述，可以看出，实施奖惩措施是整顿吏治的重要关节点，正确运用奖惩措施是实施有效管理的重要手段。李星沅实施奖惩措施旨在发挥激励和警戒的功能，鼓励先进、鞭策落后、扬善黜恶、奖优罚劣。这对防止违纪失误行为和惩治越轨不法行为具有重要作用，同时，对官场风气的改善亦有促进作用。

四是代缴赔项。为了追补其父在治河方面所欠的款项，政府下令要求其子代交赔偿，这在一定程度上有利于抑制河工官员的腐败习气，对重振河政有一定的促进作用。李星沅在担任两江总督期间，实施了代缴赔项的举措，对抑制治河官员的挪用公款、行贿受贿行为的发生具有一定的威慑力。"南河候补同知张渼有应缴伊故父张井前在江南总河任内分赔挑切关孟两滩银十一万六千五百一十六两，于道光二十四年（1844）五限届满，除将房屋、衣服变抵并完缴共银一万一千余两外，尚有未完银十万六千五百余两。经工部核议，张渼究系代赔，与本身应赔者有间。该员已丁忧回籍。"③ 并据该员禀称，"职于（道光）二十六年（1846）八月服阕到工，以代赔之款国帑攸关，岂容悬宕。复向各亲友处尽情告贷，两年以来又陆续缴银三万二千六百八十五两，连前共缴银四万三千六百九十四两。兹钦限届满，无可设措。所有未完银两，禀请转详奏恳天恩，俯念系属代赔，力难全缴，准俟补官日将应得廉俸全数扣抵，以其缴项渐清"④。可见，李星沅采取代缴赔偿的举措有利于朝廷追回河库所欠之银两，暂缓朝廷的财政危机，对狠刹官吏腐化

① 李星沅：《附奏河工情形，请将淮扬、徐州两道对调片子》，《李文恭公遗集》（卷15），上海古籍出版社2002年版，第405页。

② 李星沅：《特参南河候补通判孙旅折子》，《李文恭公遗集》（卷19），上海古籍出版社2002年版，第589－590页。

③ 李星沅：《代交赔项已逾七成，恳俟补官扣廉折子》，《李文恭公遗集》（卷19），上海古籍出版社2002年版，第569页。

④ 李星沅：《代交赔项已逾七成，恳俟补官扣廉折子》，《李文恭公遗集》（卷19），上海古籍出版社2002年版，第569页。

之风有警戒作用，对淳化社会风气亦有推动作用。

综而论之，治河必先治吏。一方面，李星沅正本清源，从源头上加强对河工的治理，罢黜了一些老态龙钟、庸禄无为的不合格官员，甄选了一些精明能干、经验丰富、工作认真负责的人担任河督；另一方面，李星沅雷厉风行地采取了一些切实可行的奖惩措施，惩恶扬善、奖勤罚懒、彰廉惩贪，从制度规范的角度内化河员的思想行为，自觉地服膺于传统的封建伦理观，使官场的部分弊病有所控制，部分恶习有所收敛。但早已腐败不堪的河工情况并未得到彻底的扭转。在腐败日趋严重、社会风气日渐败坏的道光王朝，河工难以独善其身，做到洁身自好。更何况河工历来就是腐败的重灾区。由于其恶习日积月累，形成涟漪效应，呈辐射态势，积重难返，已牢不可破。因此，单凭强化管理是远远不够的，显然无法将此弊病彻底根除。

4. 督修水利

水利是社会经济发展和农业进步的一个重要标志，与生产关系和上层建筑有着极为密切的关联。兴修水利是人类改造自然和利用自然的一项重要手段。水利事业的发展对社会经济的发展起着巨大的推动作用。水利是农业发展的命脉，"水利兴而旱涝有备"，兴修水利一直被视为防灾与减灾的法宝。储水可备旱灾，泄水可防水涝。水若用得合理，则可化凶岁为丰年，化硗瘠为肥沃。反之，则丰年变为灾年，化肥沃为硗瘠。兴修水利，在一定程度上讲，就是兴利除害，造福人民，同时也有利于改善人类的生存和发展的地理环境，是功在当代、泽被子孙的好事。

乾隆中后期以来，水利失修，河道淤塞，河床变浅，致使水旱灾害频发。为了缓和社会矛盾，争取民心，防止民变，巩固社会统治，李星沅在担任江苏巡抚期间，就十分重视兴修水利。其中影响最大的水利工程便是徒阳运河的修挑。徒阳运河作为江浙漕运的必经之路，地理位置尤为重要。该段运河自丹徒县境江口起，至吕城地方止，全长约140余里。由于该段运河无固定水源，完全靠江潮倒灌，"而潮汐夹沙，易于停滞"①。因此，地方政府必须命专人或百姓年年修挑。按照苏省惯例，每年回空漕船途经之后必须小挑1次，每6年尚需要大挑1次。

道光二十五年（1845）苏省一带大旱，赤地千里，河道水浅干涸，回空的漕船实在无法通过。鉴于此，李星沅决定对该段运河进行督修。他明确提出了兴挑运河需注意的原则，必须挖宽、挖深、挖通，确保漕船畅通无

---

① 李星沅：《附奏覆查访南河情形片子》，《李文恭公遗集》（卷18），上海古籍出版社2002年版，第306页。

阻。他说"必须格外挑挖深通，以期无误重运"①。李星沅是一个精明能干的人，特别重视调查研究，派人前往实地考察，根据常镇道及镇江府等处的禀报，"督同丹徒、丹阳二县逐段查勘，自江口坝起，至丹徒桥止，河长三千七百六十五丈，均属于淤浅，应行煞坝开挑"②。长期以来，徒阳运河段兴挑事宜由县差把持，挑夫由县差雇佣。在运河兴挑过程中，县差雇佣挑工极少，且经常克扣挑夫工资，极大地影响运河兴挑的进程。"挑河人夫均由县差夫头承雇，每多克扣工资，夫不足额，以致挑工迟缓。"③ 针对这种弊病，李星沅未雨绸缪，制定章程，确保运河兴挑有章可循、有规可依。并严令道府和督修运河各位官员，严格按照规章办事，认真督挑，一旦发现挑夫数额减少，立刻发布招募启事，直到补足数额为止。

质量是工程的生命线，而进行工程验收是确保工程质量至关重要的一环。为了保障苏省社会经济发展以及本地人民的生命财产安全，道光二十六年二月初三日（1846年2月28日），李星沅亲往工地验收。在徒阳运河工程的验收过程中，李星沅严格按照清廷制定的工程验收标准、检测方法进行验收，验收范围覆盖工程的图纸设计、材料的质量要求、挑夫的技术水平、工程的挑挖质量等。在验收时，他命督修水利之技术人员"以两岸信桩牵绳河心，用小舟载人持木尺正量，以合原估尺寸，水底稀泥较松，持水尺用力捺下即可虚占数寸，应亲诣查察令其恰到河底，且不必专量河心，应随量两边，以中间挑挖成洼，能两边合成即河底平坦，无垫崖贴腮之弊耳"④。经过认真验收，发现此处水利工程仍有几处不符验收标准，并对验收所遗留下来的具体细节问题提出了建议性处理要求。"丹阳挑工止估八百丈亦间段小不符，其草堰桥一段自行捐挑，积水尚少。"⑤ 另外，挑工还在"间段挑

---

① 李星沅：《附奏覆查访南河情形片子》，《李文恭公遗集》（卷18），上海古籍出版社2002年版，第306页。

② 李星沅：《附奏河工情形请将淮扬徐州两道对调片子》，《李文恭公遗集》（卷15），上海古籍出版社2002年版，第168页。

③ 李星沅：《附奏覆查访南河情形片子》，《李文恭公遗集》（卷18），上海古籍出版社2002年版，第306页。

④ 李星沅：《附奏覆查访南河情形片子》，《李文恭公遗集》（卷18），上海古籍出版社2002年版，第306页。

⑤ 李星沅：《附奏河工情形请将淮扬徐州两道对调片子》，《李文恭公遗集》（卷15），上海古籍出版社2002年版，第168页。

出石碑、木桩等物资，从前所未见"①。由此可见，水利工程质量的好坏是衡量挑夫工作做得好坏的试金石，这既是对工程质量的验收和把关，亦是对工程质量的有效监督。同时也说明李星沅办事认真，凡事亲力亲为，不敢懈怠，表现出严谨求实、勤于政事的工作作风。

李星沅在担任两江总督期间，重视河政，督修水利，抢修堤坝、疏浚河道，主持了六塘河、蔷薇河的挑筑，山盱义河越坝的抢修，修复了江宁水关闸座、涵洞等工程，为江苏水利事业的发展作出了杰出的贡献，同时对该省水旱灾害的防范及农业的丰收也起到了一定的积极作用。

表6-3　李星沅在担任两江总督期间督修的水利工程情况表

工程名称	类型	李星沅督修水利工程的主要原因	李星沅督修水利工程修建的基本情况及工程所需费用情况
六塘河堤	借帑兴办	该河纡绕海州、沭阳、桃源、清河、安东五州县境内，袤延数百里，周围堤堰甚长，均与农田水利、运河修防大有关系。海沭等处六塘河并南北两堤，前因河身淤垫，堤工冲缺，据士民呈请挑修。	专派佐杂一员驻堤防守，并分段设立堤长，实力巡查。如有应办之工，即由堤长禀知汛员，随时转报该管州县亲诣查勘，或令就近业户按田出夫，或照业食佃力之例，应挑浚者，乘时疏挑，应修补者，即行补筑，分别情形，酌量认真办理。其堤长各听士民公举，由该州县查取花名、年貌，造册送道备查。遇有更换，一律照办。固不准借端需索，亦不许稍涉懈弛。至堤工内外，两坡御水，均关吃重，虽此时帮戗培厚，诚恐沙土松浮，日久易坍，自当劝谕农民各就土性之宜，沿堤多栽树木，使树根日渐盘结，保护堤身。而地无空隙，并免占种刨挖之虑，仍严禁堤顶搭棚扦葬及牲畜作践等弊，以期工程经久，一劳永逸。惟堤间有沙土松浮，未能一律饱满，责令承办工员赔修完整。此项工程原估银十六万二千零一十三两六钱八分四厘，现计实发银十五万零九百二十一两，共节省银一万一千零九十一两。

---

① 李星沅：《附奏覆查访南河情形片子》，《李文恭公遗集》（卷18），上海古籍出版社2002年版，第306页。

（续表）

工程名称	类型	李星沅督修水利工程的主要原因	李星沅督修水利工程修建的基本情况及工程所需费用情况
海州蔷薇河工程	借款兴挑	蔷薇河近年河身淤塞，田亩受灾，湖水漫溢民田。	约需银万余两。饬委即补知府前江防同知王梦龄、即补通判孙沛莘、左营守备谈文贵会同海州直隶州毓彬亲诣该处，自青伊湖尾闾，由蔷薇河头，挨段逐细查勘，至大夫亭止，并海沭境内蔷薇河上游接连港尤为紧要各段、撙节确切估挑，口宽自一丈七尺二寸至五丈四尺不等，底宽自一丈至四丈不等，深一尺二寸至三尺不等，共长一万二千一百四十六丈，连拦水坝四道，计土方七万零一百六十一方五分九厘，并厢防风护扫以及车水人工，共估需银一万四千一百九十二两三钱一分八厘，并据该州禀请，趁此冬令水落农闲及时挑办等情，委系属实。 覆查本年挑办六塘河堤工竣案内，计有节省银八千零九十一两八钱九分二厘，堪以全数动拨，不敷银六千一百两四钱二分六厘，应请在于司库地丁、芦课等款银内借给赶办，分年摊征还款。
沛县民堰扫坝	借款修筑	雨水、山水叠涨，被冲缺口坑塘	西岸民堰刘昌庄迤北并常家口等处，漫刷缺口五处，均应补筑，计工长一百五十三丈五尺，又寨子民堰缺口、夹坝各工计工长一百六十五丈，其估需料土、夫工银四千七百九十六两一钱三分七厘。又寨子迤北临河滩面冲成大缺口二处，应抢筑扫坝一道，计长二十五丈，估需夫工、桩料银一千六百二十七两九钱三分九厘。刘昌庄以北至三孔桥人家头止，加高工长一千一百二十七丈，北寨子北首冲成缺口处，所应靠河唇圈筑共长一百五十二丈五尺六寸，又填筑常家口一带缺口二处，共长十八丈，总共工长一千二百九十七丈五尺六寸，估计土方银四千一百六十五两七钱一分一厘。又运河东岸有民便闸一座，请在该处创建双孔减闸滚水石坝一座，泄水入湖。每孔宽一丈八尺，实留金门三丈六尺，中砌鸡心垛一座、宽六尺，裹头及雁翅砌石十七层，滚水坝砌石十层，共估石料、桩木、锭扣、灰米、夫工等项银二千九百八十二两五钱八分二厘。以上民堰各工，通共估银一万三千五百七十二两三钱六分九厘。并无草率偷减，所用银两，议请归于民田，分作八年摊征还款。

（续表）

工程名称	类型	李星沅督修水利工程的主要原因	李星沅督修水利工程修建的基本情况及工程所需费用情况
山盱义河越坝	借款修筑	义河淤积	臣以工程较大，责成该管淮扬道查文经认真稽查，并专派淮扬河营游击安振业前往会率厅营，慎重攒办，先将坝基筑成，外厢护扫随即昼夜进占。查义河绕圈筑，原估工段九百五十三丈，比较历届，最长深水工居其半。当未经堵筑之先，群议必请另款，为数甚巨，臣坚持不行。因湖水重运攸关，要工当务不急，即于十月二十七日饬该厅营兴堵。彼时高堰志桩存水一丈二尺四寸，较道光二十一年十二月初六日、（道光）二十三年十一月二十八日兴堵，计早三四十日不等，较上两届水志亦多存水八寸及一尺三寸不等。河工风气浮伪，并不考核旧章，动辄造言倾轧，每出情理之外。臣一力屏除，严切督饬，惟以及时兴办，工坚费省为断。约计实用银数，亦可撙节数万两，除批饬淮扬道查明工段丈尺，核实验收造报外，仍即循旧于里首赶筑直坝一道，以作重障。并咨新任河臣杨以增就近勒限督催。
江宁水关闸座涵洞	筹款修筑	江宁省城地滨大江，一遇上游盛涨，下则海潮顶托，水无归注，叠致淹及城厢，而上年为尤甚；以防水患；向皆设立闸座涵洞，旱涝借以蓄泄，无如年久坍损，启闭不灵。	臣查省城重地，屡值江水灌溢，无可疏通、官署、民房均多波及，即贡院号舍时亦被淹，凡有可以设法保卫者，亟应次第筹办。本年又值乡试，今议修复涵洞，既堪捍患，宜先举行。惟地方捐赈甫竣，势难再资民力，即由臣捐廉饬交江宁府知府徐青照，会督厅县及公正绅董，趁此春水未生，集匠购料兴工，一律修建完整，以期有备无患。并饬查探水迹，再加谘访，或高宽丈尺应行比旧增修，或启闭机宜应行择要添造，及此外尚有御水之法，另容率属筹捐，随时酌办。
洪泽湖工程	筹款修筑	河防被损	自道光二十七年（1847）霜降后起至二十八年（1848）霜降止，洪泽湖历次掣卸石工，计高堰厅属共长三百九十九丈四尺；山盱厅属共长九百一十三丈三尺，内除新工着原办之员赔修外，实计旧工长八百九十六丈八尺，并新工下间有掣卸旧石层路，均已随时补修完整。

资料来源：

①李星沅：《查办六塘河事宜折子》，《李文恭公遗集》（卷16），上海古籍出版社

2002 年版，第 418 – 419 页。

　　②李星沅：《六塘河堤工丈尺、银数折子》，《李文恭公遗集》（卷 17），上海古籍出版社 2002 年版，第 473 页

　　③李星沅：《借项挑睿蔷薇河折子》，《李文恭公遗集》（卷 16），上海古籍出版社 2002 年版，第 424 – 425 页。

　　④李星沅：《沛县民堰、扫坝各工修筑完竣折子》，《李文恭公遗集》（卷 18），上海古籍出版社 2002 年版，第 535 页。

　　⑤李星沅：《山盱义河越坝厢筑工竣折子》，《李文恭公遗集》（卷 19），上海古籍出版社 2002 年版，第 617 – 618 页。

　　⑥李星沅：《筹修江宁水关闸座涵洞折子》，《李文恭公遗集》（卷 20），上海古籍出版社 2002 年版，第 647 页。

　　⑦李星沅：《附奏掣卸石工片子》，《李文恭公遗集》（卷 19），上海古籍出版社 2002 年版，第 579 页。

　　依表 6 – 3 所示，李星沅在两江地区督修的水利工程，归纳起来主要有以下七个方面的特点。

　　第一，明确规定了水利工程的兴修范围，同时，对工程的长度、宽度、深度及相关注意事项亦作了详细具体、条分缕析的规定和说明，使水利工程在施工过程中做到有章可循、有据可依，为保证工程质量提供了可参考的事实依据与技术指标。

　　第二，工程建设规模较为宏大。如海州蔷薇河工程总共长 12146 丈，计土方 70161 方 5 分 9 厘；沛县民堰扫坝工程总共长 1297 丈 5 尺 6 寸；山盱义河越坝工程总共长 953 丈；洪泽湖工程总共长 1312 丈 7 尺。

　　第三，重视实地勘察。实地调查是进行工程预算、绘制施工图纸、选择施工路线不可或缺的重要环节。只有进行实地勘察，才能为工程计划的制订提供事实依据、参考依据和必要的技术参数，才能选择经济合理、技术可行的施工路线。譬如，"如有应办之工，即由堤长禀知汛员，随时转报该管州县亲诣查勘"。

　　第四，注重工程预算。"凡事预则立，不预则废。"在施工之前，需要认真做好工程预算。工程预算是编制工程成本计划的基础，是控制施工材料消耗与成本支出的客观依据。李星沅在担任两江总督期间，其督修的水利工程均进行了精确的预算，制定详细的清单，以便做到心中有数，遇事不慌，为工程的正常施工创造良好的物质条件。如六塘河堤水利工程经过预算后估计共用银 162013 两 6 钱 8 分 4 厘，海州蔷薇河工程经过预算后估计共用银 14192 两 3 钱 1 分 8 厘，沛县民堰扫坝水利工程经过预算后估计石料、桩

木、锭扣、灰米、夫工等项银 2982 两 5 钱 8 分 2 厘，民堰各工总共估银 13572 两 3 钱 6 分 9 厘。

第五，体现量入为出原则。李星沅从清廷财政罗掘一空、入不敷出的现实出发，量体裁衣，根据总督府所掌握的资金或借用的银两，坚持以厉行勤俭节约、反对铺张浪费为原则，要求严格贯彻执行，做到令行禁止。由于李星沅的雷厉风行、率先垂范，确保水利工程的顺利完成，工程的实际开销远远低于工程预算，为清廷节省了不少银两。如六塘河堤水利工程共节省银 11091 两。

第六，杜绝工程建设过程中弄虚作假、浮报冒领现象的出现。李星沅为了确保工程建设质量，规避工程督修人员从中渔利，对施工程序作了明确的规定："固不准借端需索，亦不许稍涉懈弛。"①

第七，强调工程建设质量。质量重于泰山。健全制度、明确责任、加强监控、强化约束是保证工程质量的重要路径。基于此，李星沅在督修水利工程之前，就制定了一份操作性较强的施工监督办法。"至堤工内外，两坡御水，均关吃重，虽此时帮戗培厚，诚恐沙土松浮，日久易坍，自当劝谕农民各就土性之宜，沿堤多栽树木，使树根日渐盘结，保护堤身。而地无空隙，并免占种刨挖之虑，仍严禁堤顶搭棚扦葬及牲畜作践等弊，以期工程经久，一劳永逸。"② 另外，所有工程均为借款修筑。

综上所述，李星沅督修水利工程，一方面有利于农村地区的防洪灌溉，改善了农村地区的农业生产条件，增强了百姓抵御自然灾害的能力，确保了粮食等物资运输的畅通；另一方面亦有利于灾民能够得到及时赈济，对减少社会安全隐患，维系社会稳定具有重要意义。李星沅在督修水利工程的过程中，比较注意节省工费，减少府库的财政开支，注意减轻百姓负担。他对工程验收也认真负责、一丝不苟，对河工普遍存在的一些不良风气，进行了大力整治，使工程建设腐败现象严重的情况在一定程度上得到了有效控制。

---

① 李星沅：《查办六塘河事宜折子》，《李文恭公遗集》（卷16），上海古籍出版社 2002 年版，第 418 - 419 页。

② 李星沅：《查办六塘河事宜折子》，《李文恭公遗集》（卷16），上海古籍出版社 2002 年版，第 418 - 419 页。

第五节　整顿财政

财政乃办事之母，是一个国家机器正常运转的物质前提。道光以降、晚清政府风雨如晦、内忧外患交加，经济上财政拮据、入不敷出，面临着"囚徒困境"。为此，以李星沅为代表的封建士大夫大力倡导财政改革，以挽救日趋衰败、暮气沉沉的清王朝，挽回世道民心。但整顿财政是一项错综复杂的系统工程，往往牵一发而动全身，容易引发中央与地方、革新势力与守旧势力、国家与官僚地主、地方政府与乡村社会之间激烈的利益博弈与力量角逐。一些封建守旧势力受自身经济利益的驱使，双方之间经常剑拔弩张，互不相让，千方百计地阻挠财政改革，或反对钱粮清查，或反对整饬运库和国库，置改革于骑虎难下、进退维谷的境地。这就决定李星沅整顿财政不可能一帆风顺、一蹴而就，而是充满着艰辛的斗争。

一、清查钱粮亏空

"财政的亏空贯穿于整个清代，对亏空的清查也一直是整顿财政的重点。"① 钱粮亏空问题从清初就开始初现端倪，直至清末依然十分严重。康熙、雍正、乾隆、嘉庆四朝都曾进行过大刀阔斧的整顿，但钱粮亏空现象始终未能得到真正有效的遏制。正因为如此，道光朝对钱粮亏空问题亦尤为重视，进行了全面彻底的清查。

李星沅在担任陕西巡抚期间，就十分重视清查钱粮，他开宗明义、一针见血地指出："钱粮丝粒皆关国帑，此时善全大局，必须先事预防。"② 倘要确保钱粮不出现亏欠现象，首先就要尽其所能地做到合理用人，即"得人"；其次，要建立一套比较完善的、可量化的绩效考核体系，将州县官员的政绩与钱粮有无亏欠直接挂钩起来。"为吾州县得人，则仓库不敢亏；道府得人，则县不能亏；……故于州县专其责，必于道府考其成。"③ 最后，

① 陈峰：《清代的清查亏空》，《辽宁大学学报》（哲学社会科学版），2008 年第 36 卷第 6 期第 72 页。
② 李星沅：《查明各属仓库情形折子》，《李文恭公遗集》（卷 6），上海古籍出版社 2002 年版，第 477 页。
③ 李星沅：《查明各属仓库情形折子》，《李文恭公遗集》（卷 6），上海古籍出版社 2002 年版，第 477 页。

要合理用人，实现人尽其才，才尽其用，还要建立一套责权明晰的监督体系，成立有关机构，巡查地方，严格稽查。"饬司督属，随时严密钩稽。"①由上观之，李星沅试图通过合理用人，建立一套严明的绩效考核制度和监督体系，构筑起三位一体的钱粮监管运作体系以解决仓粮亏欠问题。这是近代以来解决钱粮亏欠问题一项较为可行的举措，同时，对官府实现财政收支平衡亦发挥了一定的作用。

对于财赋收入冠天下的江苏来说，钱粮亏损问题尤为严重。李星沅在担任江苏巡抚期间，该省正在进行钱粮稽查，且难度甚大，这是因为"江苏钱漕重大，库款繁多，即常年征解、留支、正杂捐摊各项，钩稽已非易事。况自三次清查历今二十余载，官非一任，事非一时，彼此推延，先后套搭，尤难悉数。即向来清查欠项有官欠，有民欠，有官垫民欠，又有书役欠等名目"②。

针对江苏纷繁复杂的亏损局面，李星沅提出了一套切实可行的办法，即"分年、分任，挨次清厘，溯委穷源，水落石出。不必迫之时日，而必综核之无遗；不必绳以科条，而必帑项之有著"③。此举措合情合理，具有一定的可操作性，为官府规避钱粮亏损方面提供了路径依赖，使其有章可循，有据可依。为了做好江苏省的钱粮亏欠清查事宜，李星沅还制定了较为科学规范的操作方案，并拟定了具体的运作流程。

首先，明确责任，划清责任阈限。"州县正署迭更，多者十余员，少亦数员不等。诚恐不肖者藉此清查，或将本任之动缺诿诸旧令未交，或将前任之实存作为现在筹垫，非清界限不足以杜牵混也。"④ 由此可知，界限明，则责任清，只有建立严格的问责机制，才能增强监督的透明性和有效性，从而使不法官员牵混过关的卑鄙行径无处藏身。

其次，对侵吞州县钱粮的不法官员要实行彻底追究。"亏那（挪）缓带之项而捏以分为摊，非究侵亏不足以防支节也。在核实追缴州县经营银项，

① 李星沅：《查明各属仓库情形折子》，《李文恭公遗集》（卷6），上海古籍出版社2002年版，第477页。

② 李星沅：《附奏现办清查大概情形片子》，《李文恭公遗集》（卷9），上海古籍出版社2002年版，第595页。

③ 李星沅：《附奏现办清查大概情形片子》，《李文恭公遗集》（卷9），上海古籍出版社2002年版，第595页。

④ 李星沅：《附奏现办清查大概情形片子》，《李文恭公遗集》（卷9），上海古籍出版社2002年版，第595页。

如侵蚀重情有著者，照数勒交；无著者，始议筹补；先以有官、有人分起，酌定限期。现在服官本省者，未经定案以前，准其设法措完；其已经离省与子孙出仕者，亦于定案后一律限催归款，非此则追缴无实际也。"① 可见，只有通过对亏损州县钱粮的彻底追究，多举措协调配合，齐头并进，重点突破，才能最大限度地挽回国家钱粮亏欠所造成的损失。再次，认真清查，规避亏损州县官员蒙混过关情事的发生。李星沅认为："以交代为盘查，以二参为限制，而尤以严提存库，使之无可腾那（挪），非此则绩亏无穷期也。"② 扬汤止沸，不如釜底抽薪。只有在确保杜绝不法官员转移府库粮食物资的前提下，进行全面彻底的清查，事实真相才能彻底浮出水面，查得水落石出，进而才能准确地查明府库钱粮储存的实际情况。

李星沅还规定了以会核印册和底册串簿为清查依据。清查中"凡经过交代者，以会核印册为凭；其未历交代者，以底册串薄为断"③。他进行此次清查的目的在于促使清查官员各安其位、各司其职，做到责任明确，清查工作运作有序，管理绩效良好。"务使各归各任，次序不淆，孰少孰多，分毫不爽。俟查明亏缺确数，即行追溯的亏之人推究致亏之由，分别因公、因私，是侵、是那（挪），据实奏明办理。"④

青浦、华亭两县长期以来是苏省钱粮清查工作的重点及难点。李星沅要求清查官员务必对这两处钱粮亏欠情况进行认真清查。"若不据实指参，势必相率效尤，通融接受伊于胡底。且此等交代，历未参办，原期上紧归补，帑项无亏。恐久之，视若固然，不肖者掩著日工，转以此为得计，不可不择尤示戒。"⑤

李星沅审时度势，借势而为，面对歪风邪气，敢于亮剑，对那些被查出的官员绝不姑息，绝不听之任之，而是严惩不贷，以形成对腐败官员强大的震慑力。"一经参追，断不顾惜功名，勉图措缴之理。即使限满未完，各上

---

① 李星沅：《附奏现办清查大概情形片子》，《李文恭公遗集》（卷9），上海古籍出版社2002年版，第595页。

② 李星沅：《附奏现办清查大概情形片子》，《李文恭公遗集》（卷9），上海古籍出版社2002年版，第657页。

③ 李星沅：《附奏现办清查大概情形片子》，《李文恭公遗集》（卷9），上海古籍出版社2002年版，第657页。

④ 李星沅：《附奏现办清查大概情形片子》，《李文恭公遗集》（卷9），上海古籍出版社2002年版，第657页。

⑤ 李星沅：《附奏现办清查大概情形片子》，《李文恭公遗集》（卷9），上海古籍出版社2002年版，第657页。

司仍应分赔库款，终归有著。如此惩一儆百，（道光）二十四年（1844）以前之款，归入清查追补；（道光）二十五年（1845）以后之款，责成知府盘查。界限务令划清，交收务令核实，庶各员稍知儆畏。故智不敢复萌，吏治当有起色。"①

由上观之，李星沅为了大清王朝的千秋基业，为了维护社会稳定，他在清查苏省钱粮亏损期间，顶住重重阻力，克服重重困难，以一位封建地主阶级改革家的远见卓识和过人的胆识查出了一批涉及亏欠的官员，将其革职查办并查封其财产，助朝廷追回了官府的大量的钱粮亏欠，暂时解决了清政府的燃眉之急。但这与全面彻底地解决清政府的钱粮亏损问题仍相差甚远。

李星沅颇具近代地主阶级改革家的政治眼光，他认为单独依靠定期的清查是不足以规避钱粮亏欠问题的出现，应标本兼治，防微杜渐，以防为主，不能在亏欠问题上愈积愈深、积重难返，最终也不好弥补。"与其补救于事后，莫若预绝于事先。"② 主张将清查与抽查两种手段有机地结合起来，两举并施，协调配合，形成合力。清查的主要作用在于事后弥补。如"江苏州县向多垫银完漕而以漕尾作抵。此外，官亏、役欠、待追、待变之款，率皆列为存库，非尽实在。现银恐日久套搭，渐成虚账"③。沉疴顽疾非一日之寒，融化坚冰也非一蹴而就。晚清政府的钱粮亏欠问题由来已久，具有滚雪球效应抑或多米诺骨牌效应，时间越长，亏欠就越多，难以从根本上根治。因此，官府在清查钱粮亏损时无从查起、无处下手，只好息事宁人，不了了之。为了应付朝廷追查，最后只能奏请朝廷派员进行清查，并派总督或巡抚会同查办。清查时，"必先厘定款目，分别有著、无著，现官本省、外省核实，照数催追，不肯任其决裂"④。但清查的作用只能尽量弥补旧欠，却无法从根本上杜绝新亏欠的出现。"顾欲清其源，必先截其流。如旧欠尚待勾稽，而新亏仍未杜绝，随查随欠，逾欠逾多，徒有清查之名，毫无清查

---

① 李星沅：《附奏现办清查大概情形片子》，《李文恭公遗集》（卷9），上海古籍出版社2002年版，第657页。
② 李星沅：《覆奏新定筹用章程力求有利无弊折子》，《李文恭公遗集》（卷19），上海古籍出版社2002年版，第454页。
③ 李星沅：《覆奏新定筹用章程力求有利无弊折子》，《李文恭公遗集》（卷19），上海古籍出版社2002年版，第454页。
④ 李星沅：《覆奏新定筹用章程力求有利无弊折子》，《李文恭公遗集》（卷19），上海古籍出版社2002年版，第454页。

之效。"① 由此可见，只有尽其所能、竭尽全力地规避新亏欠的出现，才能釜底抽薪，从根本上根绝亏欠问题的出现。

而防范新亏欠出现的行之有效的办法，在于抽查。李星沅将抽查的两种方式作了比较，各自的优势便瑕瑜互见了。"计奉钦使抽查，自须弥补以后，彼时已由藩司依限提银造册、报拨，并不存留属库，似应以藩司拨册部中，执为定案，指拨不能应解，即行从重究征。"② 这种抽查方式有利于及时、有效地发现新出现的亏欠。倘若"文案则冗繁难理，官员则接替靡常，既未能专驻一隅，致顾此而失彼。……行者有跋涉之劳居者，以送迎为事，追通而外，恐益差徭"③。由此窥之，不难看出，这种抽查方式亦并非完美无缺，费时花力耗资，效率低下，很难保障抽查的质量。

李星沅在清查亏空问题时，要求甚为严格，对相关亏欠人员绝不姑息手软，追查到底，产生了一定的威慑力量，因而，取得了一些成效。他重视通过抽查来防范亏空问题的出现，这在一定程度上有助于减少新亏欠的出现。

但我们也要看到，凭借清查和抽查的手段并不能使亏空得以杜绝，只能尽量控制亏空的规模和减轻亏空所带来的损失，是治标而非治本之策。同时，清查和抽查在实施过程中，也很难得以切实有效地执行。各级官员之间形成了"一荣俱荣、一损俱损"的利益关系网，结成了休戚相关的利益集团，因此，在危及他们自身利益的过程中绝对心照不宣，彼此相互包庇和袒护便在所难免了。另外，吏治的严重腐败和财政制度的不合理亦是导致银粮亏空的重要根源。总之，钱粮亏空问题直至清朝灭亡也始终未能得以真正有效地解决。

二、整顿运库收支

李星沅在担任两江总督期间，对运库进行了大力整顿。此时运库面临着入不敷出的局面。"至减运正项，虽应照额全完，而杂款分带，未免递有延

---

① 李星沅：《附奏查办交代情形片子》，《李文恭公遗集》（卷11），上海古籍出版社 2002 年版，第 657 页。

② 李星沅：《覆奏新定筹用章程力求有利无弊折子》，《李文恭公遗集》（卷19），上海古籍出版社 2002 年版，第 454 页。

③ 李星沅：《覆奏新定筹用章程力求有利无弊折子》，《李文恭公遗集》（卷19），上海古籍出版社 2002 年版，第 454 页。

缓。"① 另外，兵饷、军需、内务府所需银两、外省盐规、匦费、利息等，都需运库拨款。因此，他将整顿运库的重点放在了控制支出、节省开支上，努力做到开源节流。李星沅认为：运库正杂商课"当此慎筹国计，尤宜撙节实存。嗣后额解、额支，……不得先行动放，以凭斟酌删减"②。

道光以降，由于各项不平等条约的签订，通商口岸的陆续开放，运库的收入每况愈下，而放款数额却一直较巨，致使库存银两愈来愈少。因此，官府需要依据量入为出的经济原则来实现运库的收支平衡。此外，运库的其他各项收支也要预先筹划，除掌握运库实际的存银两数目之外，还要通盘考虑。"今岁秋单，来年春单，应完商课是否足数。支解如有不敷，即将节年缓课飞咨楚西盐道，赶紧提回。并本年悬引缓纳课银，饬商就近在扬完缴，毋许延欠。"③ 他希冀通过严格控制运库收支和尽量减少运库支出的办法来解决运库寅吃卯粮的状况，这是当时较为可行的选择。

另外，主张官府应尽量避免挪用正款，以保证运库收支的规范化和正规化，防止由此所带来的亏欠。"应即在于运库实存丙午纲正项盐课银内照改动。除饬据运司动放委解外，合无仰恳天恩，俯念官运余息无存，敕下户部准于报拨项下，作正开除，以防流弊。其官运余息并预筹经费，仍俟陆续征还，留存运库，以备紧要解支，随时输垫，不致那（挪）动正项。"④ 这对确保运库资金的顺利运作，产生了较好的社会效果，这是李星沅以早筹划、慎出纳、量入而出为核心原则的整顿运库思想的具体体现。总之，李星沅大力整顿运库，客观上增加了政府的财政收入，减少了国库的开支，在一定程度上规避了部分官员挪用运库款项现象的发生，对以后的经济改革亦产生了积极的影响，提供了有益的经验借鉴。

三、整饬河库收支

与运库相比，河库的收支更显得捉襟见肘。河库每年用银多时达 400 ～

---

① 李星沅：《奏陈酌议现办淮南盐务章程折子（附清单）》，《李文恭公遗集》（卷15），上海古籍出版社 2002 年版，第 161 页。

② 李星沅：《奏陈酌议现办淮南盐务章程折子（附清单）》，《李文恭公遗集》（卷15），上海古籍出版社 2002 年版，第 162 页。

③ 李星沅：《奏陈酌议现办淮南盐务章程折子（附清单）》，《李文恭公遗集》（卷15），上海古籍出版社 2002 年版，第 162 页。

④ 李星沅：《动项解济甘肃军需折子》，《李文恭公遗集》（卷16），上海古籍出版社 2002 年版，第 175－176 页。

500万两，少时也需300余万两。截至道光二十八年九月二十日（1848年10月16日），河库实存正杂各款只有4.6万余两。此外还有车南、中新、昭关等坝均须备料填堵。其中，尤以填堵义河坝所需要的工料费用最巨。"道光二十三年（1843），计用银二十余万两，彼时外越兴工，湖水已落至一丈一尺。此次情形小异，再需时日，即恐水势过泄，来年重运维艰。"①同时，南河河工的岁料按照惯例应当早发银两，在年内前采购所需材料的50%，新年必须全部采购齐全。稍后，再由河臣派员前去查勘，这是春工之要务所在。但此次120万两例拨银中，还包括了用于江苏、安徽两省的赈灾银两67.2万两，拨付给江西省赈灾费地丁银12万两。由于"河库无以应之"②。故而，此时的河工岁料也是无款可拨，陷入了进退维谷的窘境。

河库除了按惯例拨付款项之外，还可以领取办理土工银15万两，再加拨工需银50万两，这些库款均已动用无余。尚存的4万余两库存银，均为减平应解之款。此外，未发之银尚有60余万两。这些款项遵照惯例应于河督到任之后仔细盘查核实。然而此时的库款"其中应领、应销合之二十三厅，官非一任，事非一时，断非两三月所能清理"③，足见其清查的难度之大，所需时间之多。针对河库严重的入不敷出状况，李星沅使尽浑身解数，仍感巧妇难为无米之炊，除了分清轻重缓急，慎重支款外，不得不请旨动用减平银两来应急。他于道光二十八年十二月初二日（1848年12月27日）上奏朝廷，表示因本年"十三万余两，业为抢办险工，先后借动。现存仅剩零尾，缘南河工用查至道光二十七年（1847）止，其不敷银八十八万两。本年大汛，工需详经前河督奏准，添拨银五十万两。……而黄河盛涨，各处堤埽皆有刻不可缓之工"④。已经无款可解的河库"惟扣存减平银两"⑤。之后，李星沅又"拨付九江关道的缓征税饷四万八千两，以备岁料"⑥。李星

---

① 李星沅：《恭报兼署南河总督日期并陈河工情形折子》，《李文恭公遗集》（卷18），上海古籍出版社2002年版，第371页。
② 李星沅：《恭报兼署南河总督日期并陈河工情形折子》，《李文恭公遗集》（卷18），上海古籍出版社2002年版，第371页。
③ 李星沅：《恭报兼署南河总督日期并陈河工情形折子》，《李文恭公遗集》（卷18），上海古籍出版社2002年版，第371－372页。
④ 李星沅：《河库动用减平银两折子》，《李文恭公遗集》（卷19），上海古籍出版社2002年版，第383页。
⑤ 李星沅：《河库动用减平银两折子》，《李文恭公遗集》（卷19），上海古籍出版社2002年版，第383页。
⑥ 李星沅：《附奏请拨九江关税以拨岁料片子》，《李文恭公遗集》（卷19），上海古籍出版社2002年版，第413页。

沉在兼任南河总督期间，对于河库的困境亦是无计可施。尽管他在支出方面尽力节省，但鉴于河库收支的严重失衡状态，也只能疲于处置，勉强而为之。客观上折射出道光年间财政的拮据和国力的式微。

综上观之，李星沅的整顿财政改革取得了一些成效，使官府的钱粮亏损现象在一定程度上得到了遏制，严惩了一部分罪大恶极的腐败官僚分子，增加了国家的财政收入，暂时缓和了清政府的财政危机。但整顿财政改革并未能从根本上改变清政府江河日下的经济颓势和最终走向灭亡的历史命运。其原因是复杂的。归纳起来，主要有三个方面。一是封建守旧观念的阻挠破坏。封建守旧势力作为一种历史的惯性力，经历长期的积淀和累积，世代沿袭，成为支配人们思想行为的一种无形力量。因此，李星沅在进行近代化的财政改革过程中不可避免地受其阻挠和掣肘。二是缺乏和平稳定的社会环境。稳定是社会改革的前提。道光以来，列强入侵不断、社会控制弱化、农民起义频发、天灾人祸迭至，社会离心势力加强、盗贼土匪横行，这些因素的存在在一定程度上影响了社会改革的顺利进行。三是我国长期以来形成了以官僚、地主阶级利益为轴心的利益格局，这是长期以来利益博弈的产物，亦是重复性利益博弈的结果。道光以降，由于社会失控，社会结构的内在矛盾性日益彰显，而逆社会潮流而动的封建制度却万般阻碍新体制、新机制、新规范、新观念从晚清社会结构营垒的边缘缝隙中脱胎而出，进而使社会各阶级的利益矛盾得不到有效化解，制度化的利益表达机制缺失，广大苍生的利益诉求得不到满足。总之，晚清社会的这种利益刚性律的负面效应或多或少地影响李星沅财政改革的顺利进行。

第七章
重要著述

李星沅作为封疆大吏，一代大儒，不仅在政坛上成绩斐然，在文化领域方面也颇有建树，对后世产生了较大影响，他撰写的政令、文告、文集、书信、手札，也集中体现了他所处时代的历史面貌。

人的认识是由社会实践决定的。实践是认识的来源，是认识发展的动力，实践还是检验人的认识正确与否的唯一标准。李星沅担任地方官多年，其丰富的执政实践经验，为其著述提供了丰富的素材。纵观李星沅的一生，他给我们后人留下丰富多样的精神食粮。

李星沅作为封建士大夫，晚清的进士，知识渊博、才华横溢、文采出众。正如李文恭公诗文序中所云："吾乡官江南以经济而兼文章之美者三君子：一湘潭陈恪勤公沧州；一安化陶文毅公云汀；一湘阴李文恭公石梧也"①。他一生笔不停辍、辛勤耕耘，撰写了大量的著作，主要有《李星沅日记》《李文恭公遗集》《李文恭公诗文集》《梧笙唱和初集》（与其夫人合著）等，李星沅诗文誉满天下，其中《李文恭公诗文集》中收录了的序跋、表志、奏章、军书、骈文等，诗文集中收诗 1300 余首，其中更以骈体文 22 篇著称。这些作品均清丽典雅、辞采焕发、气势纵横。李星沅开创了芋园文化，丰富了湖湘文化的内涵，推动了湖湘文化向近代社会转型。李星沅一生著述丰富，主要体现在以下五个方面。

第一节 《李星沅日记》

日记是人们对自己的活动、交游、见闻、学习心得以及思想感情的记

---

① 熊少牧：《李文恭公诗文序》，载李星沅：《李文恭公遗集》（卷22），上海古籍出版社 2002 年版，第 765 页。

录。它是作者每天生活和思想记录，往往展示了作者生活年代的政治变迁、经济动态、社会生活、战事始末、文艺活动等各个方面，范围广泛，囊括万千。除了一些敷衍饰伪、空洞无物的日记外，凡是记叙作者的生活轨迹和发表观感的至性至情的日记，都属于文学的范畴。一般来说，日记所记多为作者的亲身经历，且又是当时的记录，因而它的内容也就比较具体、真实，具有很高的史料价值。《李星沅日记》系李星沅亲自所写，是反映当时社会的一面生动鲜明的镜子。文中记载了李星沅的亲身经历及其处理的重大事情。该日记内容十分丰富，较详细地描述了鸦片战争时期投降派的丑恶行径、侵略者的暴行和嚣张气焰、清军将领的贪生怕死以及官吏的昏庸腐败。概言之，其内容主要体现在以下三个方面。

一、积极参与庙会祭祀活动

庙会，"它是以庙宇为依托，在特定时期举行的，祭祀神灵、交易货物、愉悦身心的集会"[①]。它是商品经济持续发展和宗教繁荣的产物，具有浓厚的封建迷信崇拜色彩，但其产生和发展有利于经济发展、社会稳定、文化传播，是抒发感情、释放压抑、放松身心、寄托希望、安抚精神、调节生活的润滑剂和加油站。它具有区域性、季节性、集体性、神秘性、继承性、变异性等特点。庙会的首要活动就是祭祀神灵，上至王公大臣下至黎民百姓，举国上下共同参与，人口聚集、热闹非凡。

在古代，由于生产力水平低下、科技不昌明，为了解决现实生活的生老病死及天灾人祸的困扰，满足人们的心灵需求，神在这种社会环境下被创造出来了。人类的精神需求是多方面的，因此，人类在社会生活中创造多种神灵来满足人们的精神需求，客观上推动了宗教祭祀神灵场所的修建，譬如风神庙、雷神庙、水神庙、山神庙、龙神庙、关帝庙、玉帝庙、刘猛将军庙、武侯祠、观音阁、潮神庙等庙宇如雨后春笋般地涌现出来，以满足人们祭祀各种神灵的心理祈求。

中国是个以男耕女织为主、自给自足的自然经济社会，且历史上战事连绵、灾荒频仍，加之生老病死，民众十分无奈且无助。人们为了生存下去，暂时摆脱压抑的心理和无奈的境地，不得不借助崇拜和祭祀神灵来求得精神上的安慰，寄托对未来美好生活的向往和憧憬。于是庙会祭祀活动便成为民

---

① 小田：《庙会界说》，《史学月刊》2000 年第 3 期，第 104 页。

众及地方官员向神灵祈求福佑或趋避灾祸的一种行为方式，甚至连皇帝也概莫能外。它历经世代传承，已具有相应的仪式制度。晚清时期，庙会上举行的大型祭祀神灵活动主要是为了满足民众的精神需求，缓解民众平日的心理压抑，使之得到适当的放松与安慰，暂时忘记现实生活中的种种苦难和焦虑。

李星沅为官19年，且大部分时间在地方做官，参与庙会祭祀活动十分频繁，是其日常生活的重要组成部分。具体情况见表7-1。

表7-1　李星沅参加庙会祭祀活动情况表（部分）(1840—1849年)

参加庙会的时间	参加庙会祭祀活动的基本情况
1840 年 2 月 3 日	寅初二刻兴彩服向南四拜，祝阿母康福。恭诣文庙，随班行礼毕。即分诣东岳庙、火神庙行香。
1840 年 2 月 17 日	卯正起，诣游梁祠及太白祠、风云雷雨祠行香。
1840 年 7 月 19 日	卯初随中丞至城隍庙谢降，即至义庙、武庙、义昌庙、终南山神庙四处行香。首府县及各厅县佐贰随。并祭本署库神。
1840 年 7 月 20 日	卯刻至城隍、太白、西岳、龙王、五岳等庙行香。
1840 年 7 月 29 日	寅正诣文庙行香。
1840 年 8 月 8 日	寅正常服出西门祷雨于太白山神祠院，司道均分香默祷。
1840 年 8 月 9 日	寅正诣武庙拈香。
1840 年 8 月 10 日	寅刻仍诣太白庙拈香，十五日拈香，朝暮各一次，坛在省城隍庙、关帝、龙王、太白、山神，及风云、雷、雨诸神位皆入坛中受拜。
1840 年 8 月 12 日	寅初诣文昌宫行香，更素褂两缨帽，中丞、两都督、镇军、司道同行三跪九叩首礼，虔诚祷雨毕。
1840 年 8 月 17 日	寅正起。至城隍庙随班谢降。
1840 年 8 月 25 日	卯刻，首府县见，诣院商定月朔同诣太白庙祈雨。
1840 年 8 月 29 日	寅初起，诣西关外太白庙，随班祭祀。
1840 年 8 月 30 日	丑初诣西岳庙随班祭祀。
1840 年 9 月 1 日	寅初起，诣龙王庙主祭回。
1840 年 9 月 2 日	丑正起。诣文昌宫主祭，将军亦出陪祀。
1840 年 9 月 5 日	上丁，丑刻恭诣文庙主祭。寅刻复恭诣万寿宫拜牌。

（续表）

参加庙会的时间	参加庙会祭祀活动的基本情况
1840 年 9 月 7 日	寅正起。恭诣武庙主祭。礼毕出东门，至八仙庵小坐。
1840 年 9 月 11 日	寅初诣五岳庙主祭毕。
1840 年 9 月 14 日	寅初出西门数里，蟒服诣火神庙主祭。
1840 年 9 月 16 日	寅正出南门，朝服诣终南山神庙主祭。
1840 年 9 月 19 日	寅正出西门，蟒服诣刘猛将军庙陪祀。
1840 年 9 月 26 日	寅正起。补服诣武庙行香。
1840 年 10 月 10 日	卯初起。补服诣文庙行香。
1840 年 10 月 25 日	卯初超。补服诣文昌庙行香。
1840 年 11 月 8 日	寅正起。补服恭诣文庙行香。
1840 年 11 月 19 日	卯刻起。望阙行九叩礼，即诣本衙门各庙行香。
1840 年 11 月 24 日	卯初起。始穿貂褂诣武庙行香。
1841 年 1 月 23 日	寅初起。貂褂蟒服向南拜祝阿母福寿，孳朝衣冠诣万寿宫随班行九叩礼。
1841 年 1 月 24 日	寅初起。蟒袍补服随中丞诣五岳庙、龙王庙、西岳庙、太白庙、风神庙、刘猛将军庙、火神庙、城隍庙行香。
1841 年 2 月 21 日	寅正起。蟒服诣火神庙随班行六叩礼。
1841 年 2 月 22 日	寅初起。朝服诣文庙分献西配位九叩，凡三次礼毕，天始明。
1841 年 3 月 19 日	又二十里躬谒文昌庙，行九叩礼，庙东为关帝庙，亦行九叩礼。
1841 年 4 月 1 日	寅初起。卯初朝服诣汉先主庙行九叩礼，蟒袍诣丞相祠行六叩礼。
1841 年 4 月 3 日	卯初起，谒庙，首府县随。
1841 年 4 月 5 日	寅正起。谒庙，首府县及府厅随。
1841 年 4 月 6 日	卯初起。恭诣武庙行香。
1841 年 4 月 21 日	卯初起，补服至文昌宫行香。
1841 年 5 月 5 日	卯初起，恭诣火神庙拈香六拜。
1841 年 5 月 21 日	寅正起。补服诣城隍庙行香。
1841 年 6 月 4 日	寅刻起，卯初补服诣龙王庙行香。
1841 年 7 月 3 日	卯初起。补服诣文庙行香。

（续表）

参加庙会的时间	参加庙会祭祀活动的基本情况
1841 年 7 月 18 日	寅初起，补服诣文庙行香。
1841 年 8 月 1 日	寅刻起，补服诣文昌宫行香即回。
1841 年 8 月 17 日	卯刻起。补服谒火神庙行香，六叩。
1841 年 12 月 18 日	辰刻起，厅县学官见，申初入署，文昌庙、武庙、土地庙、库神祠俱拈香。
1841 年 12 月 19 日	卯刻起。朝服诣文庙、武庙，蟒袍诣城隍庙、纠察拈香。
1841 年 12 月 27 日	卯初起。貂褂诣文昌宫、太阳庙、都城隍庙行香。
1842 年 1 月 11 日	卯刻起。貂褂诣城隍庙行香，三叩礼。
1842 年 1 月 25 日	卯刻起。貂褂诣文庙行香。
1842 年 2 月 11 日	寅刻起。恭诣武庙、天后宫、火神庙、吕祖庙，均朝服九叩。
1842 年 2 月 24 日	卯初起，恭诣文武庙行香，均朝服九叩，文昌、太阳宫行香，均蟒袍九叩，都城隍庙三叩。
1842 年 3 月 12 日	寅正起，补服诣武庙、都城隍庙行香。
1842 年 3 月 24 日	寅正朝服诣风神庙，蟒袍诣龙神庙、都城隍庙、苏文忠祠致祭。
1842 年 4 月 11 日	卯初起，补服诣武庙、城隍庙行香。
1842 年 5 月 10 日	卯起。补服诣文庙行香。
1842 年 6 月 23 日	寅刻起，补服诣文庙行香。
1843 年 2 月 8 日	卯正起，蟒袍貂褂亲诣文庙、武庙、文昌庙、终南山神庙行香。
1843 年 7 月 27 日	卯刻起，天雨，补服诣五岳庙行香。
1843 年 11 月 6 日	卯正起。补服诣文昌宫行香。
1844 年 1 月 20 日	卯正起。貂褂诣武庙行香。
1844 年 4 月 7 日	卯初起，蟒服诣城隍庙专祭，自今岁始。
1845 年 2 月 8 日	卯初起，蟒服诣五岳庙、龙神庙、西岳庙、太白庙、风雨祠、刘猛将军庙、火神庙、城隍庙行香。
1845 年 3 月 19 日	卯刻起，朝服诣西岳庙主祭。
1845 年 9 月 22 日	卯起，蟒服出西门至火神庙秋祭。
1846 年 1 月 28 日	卯起，貂蟒诣武庙、府城隍庙、火神庙、刘猛将军庙、天后宫、吕祖殿行香。

（续表）

参加庙会的时间	参加庙会祭祀活动的基本情况
1846 年 3 月 2 日	卯起，诣风神龙神庙行香。
1846 年 7 月 8 日	寅起，补服诣武庙行香。
1847 年 2 月 27 日	卯起，补服诣武侯祠行香。
1847 年 3 月 22 日	卯起，蟒服诣龙神主祭。
1847 年 10 月 23 日	卯起，补服诣武庙行香。
1848 年 2 月 6 日	卯起，蟒服诣火神、风神、龙神庙行香。
1848 年 3 月 19 日	寅正起，补服诣文庙行香。
1848 年 8 月 13 日	寅刻诣武庙行香。
1849 年 1 月 25 日	卯初诣风火龙神行香。
1849 年 2 月 7 日	卯起诣文庙行香。

　　注：①时间均为阳历；②资料来源：袁英光、童浩整理：《李星沅日记》，中华书局出版 1987 年版，第 1－733 页。

　　据表 7－1 所示，李星沅参加庙会祭神活动频繁、次数多，祭祀的神灵以龙神、文神、武神、火神为主，将它们视为保护神，具有明显的政治性、功利性。

　　李星沅参加庙会祭祀活动为何以龙、武、文、火神为主？究其原因何在？笔者认为主要有以下三个方面的成因：首先，寻求精神寄托的需要。我国是一个自然灾害频繁的国家，为了避免洪水泛滥成灾，人们去水神庙祈求水神显灵，寻求神灵庇佑，消除水灾。晚清以降，各地水灾频发，黄河多次决口，泛滥成灾，总以为是鬼神作怪，整个社会洋溢着神秘主义的色彩，因此，对水神的崇拜便极为兴盛。其次，维系清朝统治的需要。鸦片战争以来，英国的坚船利炮打开中国的大门，"天朝上国"的迷梦被打破，英法美俄等西方列强加紧侵略中国，中国半殖民地半封建社会的程度不断加深，封建政权大厦将倾，封建统治岌岌可危，面临着严重的民族危机，通过祭祀这些神灵，希望国家武力强盛、文化昌盛、经济发达，将外国侵略者赶出中国。最后，加强社会控制的需要。以李星沅为代表的封建官员，试图通过庙会活动，发挥宗教的规范性控制功能，以约束人们的思想、动机、意识、价值观念，鼓励天下臣民的活动符合社会规范，防止越轨行为，从而达到社会控制的目的。

李星沅频繁地参与庙会和祭祀活动，大则从国家角度来讲，祈祷大清统治千秋万载、国泰民安、风调雨顺、百姓安居乐业、经济发展、社会稳定；小则就个人目的而言，祈求可以祛灾免祸、子孙满堂、全家康健、衣食丰足。具体言之，首先，试图通过祭祀神灵来寻求精神寄托，消除或减轻水患，祈求风调水顺，国泰民安。其次，参加庙会活动有利于忠孝节义等中国传统文化的传承和弘扬，使儒家思想在人们头脑中根深蒂固，自觉地维系封建统治，并且通过参与庙会活动向人民群众宣扬仁、义、礼、智、信等儒家思想，劝导人们积善行德，遵守法度，使其在无形当中深受影响，不敢越雷池半步。综而论之，李星沅参与庙会祭祀活动，有利于提高社会自身的整合能力，对维护社会秩序起了很好的作用。同时，也拉近了社会各成员之间的距离，建立起相互依赖与信任的关系，激发社会成员个体心灵中的自我约束与调节力量，可有效地降低人们越轨行为发生的概率，便于国家加强对地方的控制。

二、公开揭露晚清社会弊病

1. 大胆揭发官场腐败

官场黑暗腐败是整个封建社会的一大顽疾和最大弊病。下至知县差役上至王公大臣，绝大部分官员贪赃枉法，贿赂公行、假公济私、损公利己、敲诈勒索、横征暴敛、鱼肉百姓，无恶不作。整个官场上行下效，大肆搜刮民脂民膏，社会弥漫着腐朽的气息，贪污腐败现象可以说与整个清代社会相始终，即使在康乾盛世时期，贪污腐败现象也无法根除。乾隆中后期以降，贪污蔚为风气，嘉庆、道光朝更是如此。朝野上下皆习以为常，不足为怪，成为当时社会的一个普遍现象。在封建社会里，皇权高于一切，人治重于法治，各级官吏贪污受贿、营私舞弊，地位越高，权力越大，贪污就越多，整个社会世风日坏，腐化透顶。贪污、贿赂瘤疾迅速恶化，像癌细胞一样在清王朝的肌体中迅速扩散、蔓延，实难根除，不仅屡禁不止，而且越来越严重。综论道光朝官场贪污腐败现象，主要表现在以下三个方面：接受馈赠、挪用公款、索取贿赂。《李星沅日记》对此类丑行多有揭露与批判。

一是接受馈赠。馈赠是官员彼此相互交结、应酬以及互通声气的重要手段。馈赠"表面上看不出是贿赂，事实上是艺术化的贿赂行为"①。外吏对京官的馈赠是一种重要的投资手段，正如张德昌先生所言，"馈赠是京官外

---

① 氏著：《清季一个京官的生活》，香港中文大学出版社1970年版，第2页。

官勾结之关键。京官仰给于外官之馈赠，外官乞援于京官之通声气"①。当时道光朝的馈赠贿赂主要包括上司过境时的"程仪"；学政典试时的"棚规"；地方官送给京官的"规礼"；下级馈送上级的"节寿礼"；等等。名目繁多，花样迭出，令人眼花缭乱。李星沅在其日记中对此类腐败现象多有揭露。如前嵩县知县刘彬"以修庙勒派至万余金，嗣以抚军巡阅又派，已收至两千余……卢氏文焞在任尤谬，演掌责生员至一千二百（金），诚闻所未闻。惟幕友秦友松颇揽权，有廿金批准、五十金批提、百金批专差守提之说"②。又如李星沅的同年赵霖任户部贵州主簿，"殖利蔽贤，殊不满人意，职二十四关钞赋，所得颇不赀"③。可见，道光朝时期，中饱私囊甚至敲诈勒索的现象并不少见。再如历任四川按察使、布政使及署川督的苏廷玉"则大含细入，贿赂公行，崇庆州送二百（金）以少麾之"④。可见，馈赠已成晚清官场的社会常态和游戏规则，下级官吏通过向上级官员馈赠，借以拉近关系，寻求提升的人际空间、防范东窗事发的安全庇护与挡风遮雨的保护伞，进而形成相互勾结、官官相护的牢不可破的利益关系网。

二是挪用公款。所谓公款，政府官员用于公共开支的费用，侵吞挪用公款，指利用职务之便非法将公共财产一部分或大部分挪为己有、中饱私囊，以权谋私，特别是指相关官吏的公然需索、勒派，如地丁之外的"火耗""平余"；潜项之外的"潜规""解面"；盐课之外的"匣费""节规"；关税之外的"盈余""存剩"⑤；等等。此类侵吞挪用公款之事在政治腐败、吏治败坏的道光皇朝，更是俯拾皆是，已是司空见惯的事情了。李星沅在其日记中对官员滥用权力、侵吞挪用公款之事亦多有检举和揭发，现列举数例便可窥其大端。钟祥在担任福建巡抚期间，"喜事好货，为害地方"⑥。后降任四川布政使，"一次收分即达二万两之多"⑦。当他被召到京城听候新任命时，行前他从藩库提取数千两，"提库项数千报作剩存余铜之费，暗入私囊。色厉内荏，其空蒙之小人乎?"⑧

---

① 氏著：《清季一个京官的生活》，香港中文大学出版社1970年版，第2页。
② 袁英光、童浩整理：《李星沅日记》，中华书局1987年版，第7页。
③ 袁英光、童浩整理：《李星沅日记》，中华书局1987年版，第54页。
④ 袁英光、童浩整理：《李星沅日记》，中华书局1987年版，第175页。
⑤ 郭成康：《18世纪的中国与世界》，辽海出版社1999年版，第282页。
⑥ 袁英光、童浩整理：《李星沅日记》，中华书局1987年版，第182页。
⑦ 袁英光、童浩整理：《李星沅日记》，中华书局1987年版，第246页。
⑧ 袁英光、童浩整理：《李星沅日记》，中华书局1987年版，第377页。

三是索取贿赂。即上级官吏向下属索贿。上级官员利用"官大一级压死人"的封建官僚等级体系，完全掌控了下级官员的权势、利益、考核、升黜等政治命运，为上级官员收受贿赂提供了权力保障。1839 年罗绕典新任陕西省粮道，由于迟了 10 天到任，署粮道豫泰与仓储书吏利用这个机会，先期渔利，收受贿赂，罗绕典因而少了 4 万两银子的收入。"苏溪去年履粮储任，为迟十日，少收四万。"① 陕西襄城县令郑云锦为人贪婪，常授人以把柄被讹索。"郑令鄙而贪，常予人以柄，致被讹索。居者、行者怨声塞途。"② 陈鉴历任江西、江苏巡抚，胆天包天，敢于贪财，致使被人挟制。"芝楣翁聪明出其上，亦不能无私，以致为人挟持计，劾者竟可改榜究之，迫于酬应，遂尔失已，所谓一生攫取忙送入他人口也。"③ 1843 年前乌鲁木齐都统惠吉因病开缺，路经西安，行李车多达数十辆。正如李星沅所言，"前广西获咎殆如此类"④。大臣琦善两次被抄家，被清廷没收的财产计黄金七千两、白银十余万两，典本各二万余两，数目之大，令人汗颜。"青候籍入黄竿七、白草十余两，典本各二万余。"⑤ "青候两次抄出黄金七千余两，白银十数万两，所积良不訾，然所见犹不逮所闻也。"⑥ "琦相家产查封时，馈遗者尚有浮签，幸官人撤去，不致成大狱如和相时党祸。"⑦ 由此可见，琦善的财产很大一部分来自于贪污受贿所得。沈莲叔以权谋私，中饱私囊，继而被人抓住把柄，深受其害。"沈莲叔始而贪利，继而受害，兹复移害于人，以冀免害于己，岂君子之用心邪？淮运事办理亦谬，几为商人所挟，可为见小利者戒。"⑧ 可见，道光朝贪污腐败之积弊年久日深，积重难返，已成万牛难挽之势，索贿官吏之嚣张便可略见一斑。几乎每一个腐败案件东窗事发，皆牵连颇众。

2. 深刻检讨军队弊病

八旗和绿营是清朝的主要正规军，早在清兵入关尚未统一全国之前，八旗兵的战斗力已经削弱并开始腐化，因此，清政府不得不依靠绿营。乾隆中

① 袁英光、童浩整理：《李星沅日记》，中华书局 1987 年版，第 5 页。
② 袁英光、童浩整理：《李星沅日记》，中华书局 1987 年版，第 172 页。
③ 袁英光、童浩整理：《李星沅日记》，中华书局 1987 年版，第 312 页。
④ 袁英光、童浩整理：《李星沅日记》，中华书局 1987 年版，第 532 页。
⑤ 袁英光、童浩整理：《李星沅日记》，中华书局 1987 年版，第 182 页。
⑥ 袁英光、童浩整理：《李星沅日记》，中华书局 1987 年版，第 201 页。
⑦ 袁英光、童浩整理：《李星沅日记》，中华书局 1987 年版，第 216 页。
⑧ 袁英光、童浩整理：《李星沅日记》，中华书局 1987 年版，第 354 页。

期以来，绿营的战斗力也因自身的腐朽及其统治机构的瘫痪而衰退，导致营伍废弛，军机败坏，已不堪一击。李星沅根据自己的亲身经历，在其日记中深刻地检讨晚清军队存在的弊病，归纳起来主要表现在以下三个方面。

一是兵骄将儒。清朝中期以来，兵骄将儒，致使"帅不能制将，将不能制兵"①。究其原因何在？林则徐在给李星沅的信中分析了这一原因，指出造成清朝兵骄将儒的原因在于官僚地主阶级大部分骄奢淫逸、贪图享乐，贪污腐化的风气盛行所致。"军骄由于将儒，儒从贪生，骄从玩生，积重难返，比比皆是。虽有独清独醒之人，不能不权宜迁就，以避违众激事之过，此江河所以日下也。"② 道光以来，清军兵骄将儒的现象十分普遍，甘肃布政使梁萼衔调任云南，路过四川，与李星沅谈到甘肃省"将贪兵悍尤不可制"③。据前任福建藩司郑祖琛相告，李星沅获知鸦片战争时期赴浙江作战的扬威将军奕经，率领陕甘之兵"估领月粮，押借兵饷，几乎一军弃甲"，李星沅认为奕经"既不能约束，又不能撤防，庸儒无能，辱国实甚"④。而兵骄的另一个方面则是将儒。道光时期，大部分将领儒弱、畏葸不前、不以身作则，平时又不检点，中饱私囊，在他们潜移默化的影响下，致使兵骄跋扈，不听约束，几乎一盘散沙，毫无战斗力。陕西巡抚富尼扬阿对李星沅谈及1832年的台湾民变中说，当时清政府命令闽浙总督程祖珞前往镇压，但程祖珞畏葸不前，贪生怕死，直至钦差大臣盛京将军瑚松额前来施压，他才渡海作战，取得胜利。"先是总督不过台，提督不行，继而星使不过台，总督不行，身膺高爵，坐拥专坼，乃沓沓至此。"⑤ 鸦片战争时期，直隶总督讷尔经额负责直隶省海防，儒弱不堪，畏首畏尾，"有以枪打野鸭者，几令一军皆惊"⑥。更有甚者，一些将领置军务于不顾，沉溺于酒色之中，无所事事，过着纸醉金迷的生活，李星沅在日记中写道："汉中知府保岱谓陕西提督胡超挟妓纵饮，到处流连，全不把营伍之事放在心中。"⑦

二是营武废弛。清朝建立以来，军队长期未经过严格的训练，素质极

---

① 袁英光、童浩整理：《李星沅日记》，中华书局1987年版，第112页。

② 《致李星沅》，林则徐全集编辑委员会编：《林则徐全集》，海峡文艺出版社2002年版，第216页。

③ 袁英光、童浩整理：《李星沅日记》，中华书局1987年版，第235页。

④ 袁英光、童浩整理：《李星沅日记》，中华书局1987年版，第436页。

⑤ 袁英光、童浩整理：《李星沅日记》，中华书局1987年版，第159页。

⑥ 袁英光、童浩整理：《李星沅日记》，中华书局1987年版，第297页。

⑦ 袁英光、童浩整理：《李星沅日记》，中华书局1987年版，第171页。

差。李星沅在日记中写道："各汛兵又不勤练火器，点放均无准头，且不及彼药箭，岂能使之望风生畏哉。"① 晚清军队营武废弛，长期缺乏训练已是妇孺皆知的事情，这在李星沅的日记里亦是多有提及。如鸦片战争时期，清政府调兵至上海以西沿河布防，"其中安徽兵四营分驻多处，却竟无将官统率，实不成事体"②。又如1843年李星沅任陕西巡抚，检阅六营兵马和步兵射箭情况，在三百余名军士当中，中五矢者一百一十余人，中四矢者百余人。第二年，李星沅复检阅三营马枪，九十名军士中，"其中靶者寥寥，且施放均不合式"，他认为"咎在平时将备训练不勤，以致荒疏此"③。

三是军纪败坏。纪律是军队的生命线，是建设一支能征善战的威武之师的基本要求。然而，由于长期的骄奢淫逸，清军军纪荡然，如同一群乌合之众。现以《李星沅日记》为例加以说明之。1842年李星沅正在担任江苏按察使，在鸦片战争中积极备战，防止战火从浙江沿内河向江苏苏州蔓延。一天乘马车出行，道中川兵二人与他的随从皂壮发生争执，几将动武，幸亏李星沅出面，将其二人痛斥，才避免了冲突。于是他认识到："客兵之害，官者不畏何况民？少且不畏何况众？非严以御之，未有不愤于事者。"④ 可见，晚清士兵毫无军纪可言便可略见一斑了。李星沅在日记中对晚清军纪荡然的实情多有揭露，如鸦片战争时期，参赞文蔚统率清军入浙江作战，"兵至上虞，即抢动粮台"⑤。"及退守绍兴，见食辄抢，竟至商人罢市，因而绝粮"⑥。李星沅从而体会到这支军队纪律松懈，如同一群乌合之众，不堪一击，无法承担起抵御外侮、解除内忧的社会责任。

3. 正面直陈府库亏空

道光以来，府库亏空现象十分惊人，成为当时社会的一大弊政。1840年李星沅与时任山西孝义厅郑姓厅丞谈及府库仓储情况时说："甘省亏累全在地丁、仓谷。地丁则收民以钱，解司以银，连兑交易，徒滋烦费，而市贾居奇肯勒，尤为州县之害；仓谷则向不出易，陈陈相因，久且红朽，每遇粮多，仓少实不能容，则用天堆囤积，后先交接，亦不敢启囷清查，仅有成数入账而已。咎在甘省定例不收折色，故粮食甚多，即照陕省出易，亦非十年

---

① 袁英光、童浩整理：《李星沅日记》，中华书局1987年版，第235页。
② 袁英光、童浩整理：《李星沅日记》，中华书局1987年版，第327页。
③ 袁英光、童浩整理：《李星沅日记》，中华书局1987年版，第557页。
④ 袁英光、童浩整理：《李星沅日记》，中华书局1987年版，第336页。
⑤ 袁英光、童浩整理：《李星沅日记》，中华书局1987年版，第365页。
⑥ 袁英光、童浩整理：《李星沅日记》，中华书局1987年版，第363页。

八年所能一周，而收多则累官，收少则累民，欲为纾累之计，惟有核计兵粮，微收本色，盖甘省本无大粮户，多不过银十两，民不以为苦，而官则以为便，似为简易可行。各色粮惟大豆、豌豆可藏久，次则稻谷，久亦不至大坏；若二参不过三年，玉米不过一年，断不能久贮也。甘省收粮有上色下色之说，如豆为上色，参为下色，收上色五石抵收下色十石，州县于此大得便宜，而蚩蚩者不知，但从官收上下色并无准折也。至甘省仓粮所以专收本色者，心因西口多事，万一军兴，则臭粮具备，至不临时采买，此亦先事预防之意。"① 详细具体地阐述了清代中期以来府库亏空的具体过程或来龙去脉。道光时期府库亏空的情况到底如何呢？李星沅在日记对此类情事的发生多有介绍。如祥符县令邹尧廷担任该县令前，"曾服官洛阳，期间亏累达五万三千两，其后任马恕承担这项亏空，极为吃力"②。又如许州知县萧虚谷先任祥符令，许州在任，"亏在十草（万）外"③。再如署渑池县令王绥林因前任嵩垣亏空 3 万余两，致使"接收交代力不能，禀讦又势不可，殊出两难"④。

三、大力言说民众社会疾苦

俗话说："得民心者得天下，失民心者失天下。"民生问题处理的好坏直接关系到社会稳定、国家政权的兴衰成败。李星沅从小生活清贫，深知百姓疾苦，比较关心和同情百姓，对鱼肉百姓、贪赃枉法的官员疾恶如仇。为官以来，关心民众疾苦，兢兢业业地为百姓办实事，成为造福一方的好官。对民众的社会疾苦深表同情，这在他的日记中也有所体现。

道光时期，灾荒连年，百姓家破人亡、妻离子散、苦不堪言，处在水深火热之中。李星沅在其日记中对民众的社会疾苦表求深切同情，并呼吁政府实施急赈，安抚百姓。他说："江南大饥，桃源、清河一带买男鬻女者多，而兴贩大炽，鳌翁严饬查拿，共得一百七十名。"⑤ "东南民力之竭由来久矣，频年水患，比户鸿嗷，议赈议蠲，都难补救。"⑥ 道光年间，水灾频仍，实非天灾，乃是人祸。清朝官员贪污行贿、侵吞公款，将治河经费据为己

---

① 袁英光、童浩整理：《李星沅日记》，中华书局1987年版，第148－149页。
② 袁英光、童浩整理：《李星沅日记》，中华书局1987年版，第10页。
③ 袁英光、童浩整理：《李星沅日记》，中华书局1987年版，第465页。
④ 袁英光、童浩整理：《李星沅日记》，中华书局1987年版，第282－283页。
⑤ 袁英光、童浩整理：《李星沅日记》，中华书局1987年版，第113页。
⑥ 袁英光、童浩整理：《李星沅日记》，中华书局1987年版，第318页。

有，接受河工馈赠，致使在治河方面敷衍了事，任凭河工偷工减料，瞒天过海、欺瞒朝廷，导致水患频频，灾害连年、百姓遭殃。正如李星沅在日记中所言，"邛州被水淹毙者约五六百人，惨极"①。又如道光二十一年七月二十二日（1841年9月7日）他在日记中对河南洪水泛滥后的惨剧及庸碌无为之官员的不作为和乱作为进行系统的描述，他写道："河南黑冈于六月十六日漫口八十余丈，省城外四面皆水，城不没者数版，危机情形何堪设想？既不能预防于事前，又将粉饰敷衍，殊非大臣敬而无隐之道。"②

再如，道光二十一年八月十九日（1841年10月3日），李星沅在日记中对河南百年不遇的特大洪水灾害致使房屋倒塌、哀鸿遍地、百姓流离等惨状进行了条分缕析的描述，他写道："天雨陂陀，肩舆或行石隙，或行石下，或行石边，颇逼仄。知开封下南三十一堡张家湾堤工六月十六日水漫口三十余丈，彼时大溜尚走中涨，易于堵筑，不意二十三日溜忽南吹，侧注口门，大势奔腾，建瓴而下，省城五门皆闭，因南门堵塞稍迟，进水至五六尺不等，淹塌民房不计其数，现在溜分三股，由城外西南绕折东趋，陈留、杞县被冲，通许、太康一带亦被水困，省城西南随修随溃，工料已费二十余万金。"③

水灾频发给广大劳动人民带来了深重的灾难，百姓流离失所、家破人亡，饿殍载道的现象随处可见，真是惨不忍睹。李星沅在日记中悲痛地写道："河南灾民四出，赴直隶者更多，地方官抚恤颇难着手。不平之鸣，亦向来所未有。"④ 面对天灾人祸，广大清朝官员却视而不见，视百姓为草芥，弃黎民生死于不顾，不积极采取措施加以补救，而相信所谓的迷信邪说，错失良机，更加剧了灾情。李星沅在日记中毫不掩饰地写道："闻文一飞当（道光二十一年）六月十六日（1841年10月26日）张家湾决口可二十二日堵合，乃必拣二十四日上吉，以致是夕大溜冲突，附省死亡以数万计，现筹工料已估四百八十五万，殃民糜帑，其罪诚不可逭，又密遣人决水，声言冲死牛犊子，果尔，尤痛恨。"⑤

灾荒的频繁发生也使流民问题日益凸显，成为影响社会稳定的一大因素、威胁社会治安的一大隐患。一些地方官员也认识到流民宜散不宜聚，要

---

① 袁英光、童浩整理：《李星沅日记》，中华书局1987年版，第251页。
② 袁英光、童浩整理：《李星沅日记》，中华书局1987年版，第259页。
③ 袁英光、童浩整理：《李星沅日记》，中华书局1987年版，第270页。
④ 袁英光、童浩整理：《李星沅日记》，中华书局1987年版，第271页。
⑤ 袁英光、童浩整理：《李星沅日记》，中华书局1987年版，第283页。

巩固封建统治，必须采取措施赈济流民，迫使其疏散，避免聚众闹事。否则将会引发民变，威胁清朝统治。针对灾荒引起的流民问题，李星沅在日记中直言不讳地写道，"闻松江、嘉定多难民逃徙"①，并从维系社会稳定的角度出发，要求政府采取果断措施，"即委员查明饬地方官安抚，毋使游离失所"②。以消弭社会矛盾，巩固晚清统治。

第二节　《李文恭公遗集》

奏折是一种封建专制色彩浓厚的特殊文体，即纵论国事的政论性文体。它既是封建社会中君臣之间交流信息的非常特殊的政治性文体，也是大臣写给皇帝的公文，是为社稷、为民办事的奏本。因此，奏折主要是大臣向皇帝反映实际情况、请示报告，陈述治国方略的折子。首先，奏折在写作时要抓住问题的关键与本质，分析事理要详尽、深透，不论是直陈其事，还是从正反面加以引证剖析，都要求把事理说得清晰明白、深入透辟，富有说服力，使圣心愉悦，献策才会被朝廷所采纳，在社会上推广践行，产生现实的价值。其次，奏折中所提出的问题或建议，要旗帜鲜明突出，不能模棱两可、似是而非，也不能含糊其辞、令人费解。再次，奏折写作时要注重考察历史，分析现状、比较研究，提出有分量的证据，论证要有与时俱进的新观点、新理论、新思想。最后，奏折的语境要得体，语境是否得体，对国计民生影响巨大，小则误事，大则误国，有时甚至可能危及作者的生命。由于奏折的阅读对象是封建社会的最高主宰——皇帝，因此在写作过程中必须有胆有识，选择最恰当的语境，有策略地表达，不能过分激烈，不仅要仔细琢磨皇帝的心境，同时还要通盘考虑到同朝大臣的心理接受环境，使之容易被采纳。《李文恭公遗集》作为李星沅写给皇帝的奏折集，其大部分是讨论吏治、盐政、漕运、救灾、考试、水利、剿匪等大政的，比较全面系统地阐述了他对当时一些重大问题的看法，有着自己独到的见解，独具匠心、别出心裁，也反映了他寻求国家长治久安的治国良方，这些是研究李星沅政治、经济思想的重要材料。现从以下四个维度分门别类地探讨《李文恭公遗集》。

---

① 袁英光、童浩整理：《李星沅日记》，中华书局 1987 年版，第 408 页。
② 袁英光、童浩整理：《李星沅日记》，中华书局 1987 年版，第 408 页。

一、时间分布维度

从纵向的时间分布维度来看，以李星沅为官的发展轨迹为主线，以重要时间段为节点，按时序依次划分为广东学政时期（1835—1837）、汉中知府时期（1837—1839）、豫陕川苏臬司时期（1839—1843）、陕西巡抚时期（1843—1845）、江苏巡抚时期（1845—1846）、云贵总督时期（1846—1847）、两江总督时期（1847—1849）、钦差大臣时期（1850—1851）。具体言之，李星沅在担任广东学政时期，共撰写了奏议 11 篇，占其奏议总篇数的 1.59%。李星沅在担任豫陕川苏臬司时期，共撰写了奏议 16 篇，占其奏议总篇数的 2.31%。李星沅在担任陕西巡抚时期，共撰写了奏议 168 篇，占其奏议总篇数的 24.34%。李星沅担任江苏巡抚时期撰写了奏议 83 篇，占其奏议总篇数的 12.02%。李星沅在担任云贵总督时期，共撰写了奏议 50 篇，占其奏议总篇数的 7.28%。李星沅在担任两江总督时期，共撰写了奏议 293 篇，占其奏议总篇数的 42.46%。李星沅在担任钦差大臣时期，共撰写了奏议 69 篇，占其奏议总篇数的 10%。总体而言，李星沅从广东学政到担任钦差大臣，其撰写的奏议在各重要时间段分布不均衡，集聚度呈现出由升—降—升—降的发展势态。

二、具体内容维度

李星沅奏议内容丰富、涉及面广，囊括漕运、盐政、海运、河政、财政、赈济、教育诸项。具体言之，漕运方面，李星沅撰写的奏议主要有：《奏报苏省重运漕船陆续渡江并提浙帮跟进折子》《奏报江浙重运漕船归数渡江日期折子》《请将漕项秋拨册籍展限办理折子》《奏报江浙漕船全数进口折子》《附奏办漕交涉弊端毋须联衔具奏片子》等。盐政方面，李星沅撰写的奏议主要有：《奏陈酌议现办淮南盐务章程折子》《会筹淮南盐务，仍宜合力缉私折子》《整理江安纲食引地事宜折子》《附奏办理南盐力求库贮商情两无窒碍片子》《奏报古未纲淮北盐课照数全清折子》等。海运方面，李星沅撰写的奏议主要包括：《筹议上海招商买米由海运津折子》《筹办防护海运情形折子》《胪陈江苏洋面情形折子》等。河政方面，李星沅撰写的奏议主要有：《变通南河大挑知县借补章程折子》《附奏请裁河工浮费片子》《附奏覆陈查访南河情形片子》《甄劾河工人员折子》《附奏通饬河工员弁各驻工次片子》《奏保防工出力人员折子》等。财政方面，李星沅撰写的奏议主要涵盖：《查明各属仓库情形折子》《附奏现办清查大概情形片子》《附奏查办交代情形片子》《覆奏新定筹用章程力求有利无弊折子》《河库动用减平银两折子》《恭报兼署南河总督日期并陈河工情形折子》等。赈济方面，李星沅撰写的奏议主要有：《附奏动用息银添廒买谷片子》《庐陈江潮积涨情形并回署日期折子》《附奏缕陈办赈情形片子》《查明盐场已未成灾情形折子》《附奏派员查赈片子》《附奏赈恤盐属灾区动拨银谷各数片子》等。海防方面，李星沅撰写的奏议主要有：《附奏整顿水师片子》《酌筹外海水师章程折子》《筹捐添造外海水师战船折子》《夏季轮阅江防炮堤情形折子》等。教育方面，李星沅撰写的奏议主要有：《恭报到广东学政任折子》《附奏由京抵粤所过地方情形片子》《恭报接行考试折子》《覆奏饬禁考试陋规折子》《恭报考试高雷廉琼四府情形折子》《恭报考试广惠潮嘉四府州情形折子》《恭报考试肇罗南韶连五府州情形折子》。

三、思想认识维度

《李文恭公遗集》是李星沅一生最重要的著述，体系庞大、内容丰富、涉及面广。从思想认识维度而言，囊括了多元化的人才观、复合态的民生观、"五位一体"的社会治理观等。

1. 多元化的人才观

李星沅多元化的人才观归纳起来，主要表现为唯才是举的选人观、量能授官的用人观、举贤任才的重人观、赏罚分明的管人观。首先，唯才是举的选人观。对经世致用人才的渴求是道光时期社会有识之士的强烈政治诉求。为了选拔具有真才实学、才华横溢的官吏，李星沅大声疾呼，倡导改革传统的教育体制流弊，革除积习已久的考试陋规，严格人才选拔制度。"崇实黜浮，遴才剔蠹"[1]，"秉公遴选，拔取真才，其一切陋规尤应严行禁革。"[2]李星沅认为，要选拔才华出众、学富五车、德才兼备、以德为先的人才，为官者必须祛除私心、秉公办事、作出表率。"去弊尤在去私，正人必先正己。"[3] 其次，量能授官的用人观。李星沅坚持量才提拔、扬长避短的用人

---

①　李星沅：《恭报到广东学政任折子》，《李文恭公遗集》（卷1），第11页。
②　李星沅：《覆奏饬禁考试陋规折子》，《李文恭公遗集》（卷1），第12—13页。
③　李星沅：《恭报到广东学政任折子》，《李文恭公遗集》（卷1），第11页。

原则，提出了"年强才裕""办事勤能""廉明勤慎""办事实心"的用人观，强调官员的任用要特别重视提拔一些年轻有为、德才兼备、清正廉洁、勤于政事等方面的官吏，竭力做到人尽其才，才尽其用。再次，举贤任才的重人观。人才兴，则事业兴。李星沅作为地方封疆大吏，在长期的社会实践过程中，形成了一套具有地方特色的举贤任才的重人观，其衡量标准主要有"年力富强""才具明练""熟悉地方事务""精明干练""劳资卓著"，强调官员的任用要特别注意契合年富力强、熟悉地方情况、政绩突出、精明干练等方面的考核标准，方可委以重任。最后，赏罚分明的管人观。李星沅坚持能者上、劣者汰的用人导向，认为地方政务殷繁，"非精明干练之员不足以资治理"，[1] 始终不渝地贯彻奖贤惩庸、赏罚分明的人才管理观。一方面，对品学兼优的官员予以举荐；另一方面，对敷衍塞责、庸禄无为的官员请旨予以罢黜。

2. 复合态的民生观

李星沅民生观内涵丰富，是一个由多维建构的比较庞杂的思想体系。具体说来，主要体现在以下八个方面：

一是恤民说。借银两、施缓征以恤民。李星沅认为："边地穷黎，盖藏素乏，补种无资，自应量加体恤。除饬令就近在道库先行垫给银两，委员会同认真散放，俾得赶紧补种。"[2] 为纾解灾民压力，给他们以暂时喘息的机会，李星沅提出："应征本年下忙新旧钱粮兵米及带征各年出借籽种等项，一概缓至秋后启征，以纾民力。"[3]

二是安民说。保境以安民。李星沅认为，整肃社会治安、剿灭盗匪是保境安民的前提条件，而要达到保境安民之目标，就必须重视人才。"窃惟安民以弭盗为先，弭盗以得人为为亟。"[4] 并表明其捉拿盗匪、保境安民的信心和勇气，"严密查拿，总期有匪必擒，有犯必获"[5]。

三是爱民说。李星沅拥有朴素的"存百姓"思想，要求各级官吏要体

---

① 李星沅：《拣员调补南汇县知县折子》，《李文恭公遗集》（卷15），上海古籍出版社2002年版，第396页。

② 李星沅：《北山被雹地方酌借银两折子》，《李文恭公遗集》（卷5），上海古籍出版社2002年版，第125页。

③ 李星沅《北山被雹地方恳恩缓征折子》，《李文恭公遗集》（卷6），上海古籍出版社2002年版，第136－137页。

④ 李星沅：《请奖获盗出力人员折子》，《李文恭公遗集》（卷6），上海古籍出版社2002年版，第150页。

⑤ 李星沅：《请奖获盗出力人员折子》，《李文恭公遗集》（卷6），上海古籍出版社2002年版，第150页。

察民情，爱惜民力，与百姓休养生息，方可化解矛盾、平息纷争，达到维系封建统治的目标。他说："频年水潦偏灾，民隐尤须体察，全在地方官实心抚字，经画（划）得宜，俾元气日固于中，则奸萌自绝于外。"①

四是救民说。施赈以救灾民。李星沅在水旱灾害发生前后，既提出了"兴修水利""添仓积谷"的防灾主张，也提出了"采买粮食""施放赈粮""发放银两""蠲缓赋税""收容灾民""捞尸掩埋""补种杂粮"的善后救济主张，强调防灾与救灾的有机结合。

五是保民说。建水师以保民。为了防范西方异族入侵，保护当地人民的生命财产安全，李星沅提出了"筹设外海水师""加强江防""添造战船""强化训练""变通营务"等主张，弭外患以保民，借以消解国家安全危机，维系风雨飘摇的清王朝的统治。

六是惠民说。兴义学以惠民。"十年树木，百年树人。"教育是培养人才的摇篮，是开启民智、拓宽视野的重要渠道。为了给那些孤苦伶仃、无依无靠的儿童提供受教育的机会，李星沅提出"添设义学，洵属急公好善、利国利民"②等主张，并请旨奖励捐修书院义学的官员和百姓。

七是化民说。旌表节孝以化民。旌表节孝制度作为维护封建统治秩序的路径选择，亦是封建统治阶级用来进行软性控制强有力的思想武器。为了达到道德控制的目标，李星沅提出"烈妇烈女、孝子顺孙、义夫贞女及各州县采访汇建总坊之案，仍照旧例办理"③等建议，通过开展旌表节孝活动，使天下臣民自觉服膺于封建统治，达到化民、教民的目的。

八是利民说。兴水利以利民。水利是农业发展的命脉。为了减轻百姓的劳役负担，李星沅提出抢修扫坝民堰，"泄水济运""以资宣泄而利漕行"④等切中肯綮的主张，借款修筑了六塘河堤工程、海州蔷薇河工程、沛县民堰扫坝工程、山盱义河越坝工程、江宁水关闸座涵洞工程、洪泽湖工程等水利工程，防灾备荒、保障漕运畅通、化害为利。

综上所述，李星沅的民生观是以民生为内核，以恤民、安民、爱民、救

---

① 李星沅：《奏谢调补江苏布政使并接篆日期折子》，《李文恭公遗集》（卷2），上海古籍出版社2002年版，第30页。

② 李星沅：《请奖捐修书院义学官民折子》，《李文恭公遗集》（卷4），上海古籍出版社2002年版，第74页。

③ 李星沅：《请将节妇总坊改建各州厅县折子》，《李文恭公遗集》（卷1），上海古籍出版社2002年版，第272页。

④ 李星沅：《借项修筑沛县民堰扫坝各工折子》，《李文恭公遗集》（卷16），上海古籍出版社2002年版，第448页。

民、保民、惠民、化民、利民为价值取向的民生思想体系。

3. "五位一体"的地方治理观

李星沅的地方治理观是集经济治理观、政治治理观、军事治理观、社会治理观、文化治理观五位于一体的综合性的治理思想体系。

一是经济治理观。经济治理是地方治理的基础。李星沅的经济治理观主要包括盐政观、漕运观、河政说、财政论四个方面。首先，盐政观。李星沅通过提出"合力堵缉""设卡查验""禁止夹私""整饬吏治""严明纪律""慎出纳""提绥课""派悬引""删繁文""配运残引""提售新盐""裁减浮费""严究淹消""改行票盐"等主张，来整顿盐政，改善民生，增加国家收入。其次，漕运观。李星沅通过"督漕船保顺畅""定期限促漕运""删浮费禁勒索""反改折严盘剥""修漕船促运输""治江河浚运道"等建言，来改良漕运，改善民众生存环境。再次，河政说。李星沅通过倡导"改革捐纳""裁减浮费""整肃吏治""代缴赔项""慎选河督""督修水利"等主张，来整饬河政，减轻百姓负担，缓解水患危机。最后，财政论。李星沅通过建言"清查钱粮亏损""严查库存数目""免征百姓所欠钱粮""缉查灾缓积欠""杜绝库存新欠""整饬河库收支"等举措，来整顿财政，缓解财政危机，改变官府寅吃卯粮的状况，以增加政府存在的合法性筹码。简言之，通过整顿盐政、改良漕运、整饬河政、改革财政等主张，在一定程度上消解了百姓的生存危机、官府的合法性危机和财政危机，实现了经济治理。

二是政治治理观。政治治理是地方治理的保障。李星沅的政治治理观包括人才培养、吏治整顿、司法诉讼三个维度。首次，人才培养观。李星沅通过大力倡导兴建学校，普及学校教育，整饬考场纪律、剔除科场陋规、严惩舞弊考生等主张，为国家选拔真才实学的人才营造了较好的科场考风；其次，吏治整顿说。李星沅提出"整肃吏治""严惩贪污""慎选河督""淘汰庸吏""奖能罚庸"等主张，有利于提升官府的管理绩效，打击歪风邪气，营造较好的官场风气；最后，司法诉论观。李星沅提出"整饬诉讼程序""勒限结案""恪遵法纪""避免牵连无辜""严禁敲诈勒索""严究讼棍"等主张，来清理积案冤狱，回应民众诉求，消弭民众不满情绪，化解政治安全危机。

三是军事治理观。军事治理是地方治理的强大后盾。李星沅通过提出"施保甲""办团练""分途堵剿""攻心为上""乘胜追歼""加强巡防""整军伍""联兵势""侦敌情""散贼党""严守望""广投放""明赏罚"等征剿策略或主张，首先成功地镇压了云南回民起义军，之后又在一定程度上消耗了太平军的实力，试图通过武力的手段扑灭农民起义军的熊熊烈火，消解清王朝的国家安全危机，实现刚性维稳的目标。但这是一种"临渴掘井式"的、"灭火式"的治理，治标不治本。

四是社会治理观。社会治理是地方治理的重要支撑。李星沅的社会治理观主要包括惩治盗匪说、严禁拐卖论、禁赌缉娼说三个层面。首先，惩治盗匪说。李星沅通过提出"探访结合""搜（查）（侦）察并施""奖惩结合""剿抚并用""以匪制匪"等策略或主张，基本上剿灭了其辖内的大部分盗匪，整饬了社会治安。其次，严禁拐卖论。李星沅通过提出"关闭人口牙市""严惩凶棍""严密查访""有犯必获""按律惩办"等主张，诉诸武力，严惩人口拐卖，以消解社会公共安全危机，达到维护社会稳定的目的。最后，禁赌缉娼说。李星沅提出"严禁赌博""关闭妓馆""勒限拿解""严行究办""饬差查拿"等建议，对江苏的社会治安进行了综合治理，消解了社会的不稳定因素，淳化了社会风气。

五是文化治理观。文化治理是地方治理的关键，是一种釜底抽薪式的治本模式。面对江河日下、风雨飘摇的道光王朝，李星沅从当时的实际出发，在强调刚性维稳的基础上，也十分重视柔性维稳，倡导刚柔相济的文化治理观。一方面，李星沅主张"旌表节孝""宣扬教化""颂扬理学""建贞节坊"，宣扬"三纲五常"等封建伦理道德，充分发挥儒家文化的正向引领功能，起到砥砺风俗、凝聚人心的作用，达到道德教化的目的。另一方面，对美化西方侵略、掩盖侵华罪行的外族宗教文化则采取坚决取缔的办法，以防借传教之名，行侵略之实，妖言惑众、蛊惑人心，以致产生民变，直接威胁清朝统治。"查教会传徒惑众，其名目不同而流弊无异。但使稍宽一线，即恐潜伏诸邪，避重就轻，出此入彼，诚不可不防其渐。"[1] 同时，对散布谣言、蛊惑民心、心怀叵测之人严惩不贷。"另立教会，混写灾劫邪言，传布煽惑，实属不法，应按律问拟"；"妄布邪言，书写张贴，煽惑人心，为首斩立决例，拟斩立决。"[2] 旨在杀一儆百，以儆效尤，达到树倒猢狲散的目的。综上所言，可以看出，李星沅的文化治理观，是以惇孝弟、崇节义、守国法、遵家训、端品行等为基本要义，以维护封建伦理道德、纲常名教为主要手段，以巩固封建专制主义中央集权制度为旨归的框架体系，带有明显的

---

① 李星沅：《覆奏天主教弛禁未便明示折子》，《李文恭公遗集》（卷7），上海古籍出版社2002年版，第171－172页。

② 李星沅：《审拟教匪折子》，《李文恭公遗集》（卷8），上海古籍出版社2002年版，第182页。

刚柔相济的控制特征。

综上所述，李星沅"五位一体"的地方治理观，是以地方治理为"点"，以经济治理观、政治治理观、军事治理观、社会治理观以及文化治理观为"面"，以经济、政治、军事、社会、文化等治理方式的相互关联、互相促进、互助耦合为"线"，构建的一个以经济治理观为基础、以政治治理观为保障、以军事治理观为后盾、以社会治理观为支撑、以文化治理观为关键的点、线、面相结合的复合态的治理思想体系。一言以蔽之，李星沅的地方治理观不落窠臼、独树一帜，以消解社会公共安全危机为抓手，以社会维稳为目标，以维系清朝统治为依归。

四、社会心态维度

社会心态作为反映社会现实的晴雨表和风向标，它与特定的社会运行状况或重大的社会变迁过程相联系的、在一定时期内广泛地存在于各类社会群体内的情绪、情感、社会认知、行为意向和价值取向的总和，具有时代性、民族性与发散性特征，从表现形式来看，往往是以情绪化的方式表达出来。

1. 攻坚克难、勇往直前的求变心态

孙中山说："世界大势，浩浩荡荡，顺之则昌，逆之则亡。"变革是社会的常态，只有与时俱进，不断改革创新，才能不被历史的浪潮所淘汰。但变革并不是一帆风顺、一蹴而就的，而是充满荆棘丛生、甚至是流血冲突。鸦片战争清政府的失败，充分暴露了中国"天朝上国"美梦的彻底破灭。以李星沅为代表的经世致用派痛定思痛，竭尽全力地冲破封建思想长期固化的藩篱，不遗余力地抛弃了封建顽固派所倡导的"祖宗之法不可变"的谬论，积极寻求医治中国沉疴痼疾的良方，在其所辖区域内进行了较大范围的改革。这在李星沅所撰写的奏议中有充分的体现。现仅以盐政方面的改革为例，加以说明之。此方面的奏议主要有《整理江安纲食相地事宜折子》《会筹淮南盐务仍宜合力缉私折子》《审拟官运夹私各员折子》《请旨饬禁粮船回空夹带芦私折子》《奏陈酌议现办淮南盐务章程折子》等。盐政改革实质上是一场涉及社会各阶层利益博弈和角力的改革，在改革过程中势必会触犯一些人的利益，遭到一些人的反对。李星沅在江南进行盐政改革的拳拳之心不言自明，充分彰显出其攻坚克难、勇往直前的求变心态。

2. 反对盲目从众的务实心态

李星沅在担任地方督抚期间，在治安、盐政、漕运、河政、财政、海运、海防等方面进行了大刀阔斧的改革。但并不是要求什么都必须改革，而是根据实际情况，具体问题具体分析。如在漕粮改革方面，当时江苏、安

徽、江西三省地方官员大都主张漕粮改折，李星沅却力排众议，与众不同，认为苏省漕粮不宜改革，反对漕粮改折。他在《缕陈南漕分成改折易滋流弊折子》中提出反对漕粮改折四个方面的理由：一是"易造成国库亏损"，二是"易导致民生维艰"，三是"引诱州县浮勒"，四是"促使吏胥讹索"。毋庸置疑，这在社会危机四伏、传统伦理道德失范、社会治理失序、封建统治合法性受到冲击的情况下，具有一定的合理性。同时，也凸显出李星沅反对随波逐流、盲目从众的务实心态。

3. 化解危机的忧虑心态

一定时期的社会心态是一定时期社会现实的真实反映。鸦片战争以降，中国面临严重的政治、经济、社会、国家安全等方面的危机。政治上，吏治腐败、冗员充斥，整个官场乌烟瘴气、死气沉沉。经济上，鸦片大量输入，白银大量外流，导致府库亏损，财政入不敷出，寅吃卯粮。军事上，八旗、绿营已失去昔日辉煌，因贪图安逸，长期缺乏训练，军纪荡然，失去了战斗力，成为一群乌合之众，无力对付西方列强的入侵和镇压蓬勃兴起、风起云涌的农民起义军。在这种内忧外患的时代背景下，忧虑心态成为当时社会心态的主基调。如何化解道光王朝严重的国家安全危机，成为摆在李星沅等封疆大吏面前一个重大的历史课题。对此，李星沅忧心忡忡，表现出强烈的忧虑心态。为了消弭外患，化解国家安全危机，李星沅向道光帝递交了《酌筹外海水师章程折子》《筹捐添造外海水师战船折子》《附奏周历江防综度全局形势片子》等奏议，针对清朝武略去松弛、军机荡然、军队羸弱的社会现实，提出了构建以"磨砺人才""变通营巡""核实会哨""堵缉扼要""配足兵额"五位一体为基本内容框架的外海防御战略思想。李星沅的奏折涉及面广、内容丰富，体现出作者关心时政、发展经济、缓解危机、选拔人才、重视民生，具有强烈的时代特点。

综上所论，《李文恭公遗集》内容体系庞杂，涵盖了吏治、盐政、漕运、救灾、考试、水利、剿匪、对外交涉、镇压起义、打击海盗等诸多方面。李星沅不墨守成规，方法上改弦更张，注重现实，从晚清社会的实际出发，兴利除弊，励精图治，针对当时吏治败坏、官场黑暗、道德缺失、人才匮乏、财政支绌、国计民生等社会问题以及脱离实际、厚古薄今、空谈义理、不问民生的社会风气发表了一些真知灼见，提出了一些切中肯綮的观点，以整顿道德、端正人心、刷新风气、整饬吏治、讲求功利、改善民生，展示出一位政治改革家犀利敏锐的眼光和高瞻远瞩。李星沅正视社会现实，大声疾呼社会改革，揭发社会病痛，积极探求医救之道，其呼啸呐喊，表现出作者对国势衰微的清王朝忧心忡忡，希冀能挽狂澜于既倒，拯社稷于倒悬，表现出一位爱国者的远见卓识，其爱国之情、忧国之心，令人肃然起敬。这与当时那些虚骄自大、粉饰太平、阿谀奉承的封建守旧官员形成了鲜明的对比。总体而言，李星沅的奏折大多着眼于社会现实，抒发感慨，议论纵横，其论证严密，说理性强，以理服人。具体言之，其奏折有鲜明的论点、有充分的论据，既说明了道理，又列举了事实。与此同时，也不露痕迹地揭露了官场的腐败与改革的艰辛。

第三节　《李文恭公诗文集》

李星沅生活的时代，是中国开始由传统社会向近代社会转型时期，即从封建社会向半殖民地半封建社会嬗变，中国社会的内部正在发生一系列的断裂与递嬗。中国文化经历了剧烈的震荡，由闭关走向开放，从传统走向近代。李星沅作为一位有才能的政治家、改革家，公务倥偬之余，留下了不少的诗文创作。李星沅是嘉道年间的一位杰出诗人，他学识渊博，既精于古文字学，又对儒家经典烂熟于胸。他博览群书，在融会贯通的基础上，善于驱使文字，因此许多历史典故信手拈来，熔注入诗，使其诗篇璀璨瑰丽。典故的运用使得其诗歌更加深邃含蓄。正如《李文恭公诗文集》序中所言："公少少孤贫，笔耕以为养，而志意宏远。所作皆雄博，寓风骨于藻缋中。及入官，从颂于侍从，诹询于驱征，以扩其观；回翔于封疆，砻砥于盘错，以固其植；吐纳乎高山巨海，容接乎魁儒硕彦，以昌其气而发其机。故其为言，如光风、如晨曦、如金如玑，如瑞冕而立于廊庙之上，如鸾鹤之振响层宵。邤邤乎其若愉，恂恂乎其若戚。因事感遇，忠孝悱恻，适肖乎情与物之真，而充然有余。吁，此古大臣信今垂后之文，非乡曲之士、道器不全者所得而与也！"① 这一论述生动形象地概括了李星沅诗歌创作的艺术特点及其杰出成就。李星沅一生共创作了721首诗歌（包括3首五言排律），丰富了中国传统文化的内容。现从结构形式、性质类型、思想内容三个维度进行条分缕析的分析。

一、结构形式之维

综观李星沅的诗歌，从结构形式上划分，可分为五言古诗、七言古诗、

---

①　熊少牧：《李文恭公诗文集序》，转引自［清］李星沅撰、王继平点校：《李星沅集》，岳麓书社2013年版，第765页。

五言律诗、七言律诗、五言绝句、七言绝句。

1. 五言古诗

五言古诗是两汉、曹魏时期形成的一种新的诗歌体裁。它没有一定的格律，不限长短，不讲平仄，用韵也相当自由，但每句五个字的句式却是固定不变的。因为它既不同于汉代乐府歌辞，也不同于唐代的近体律诗和绝句，故称五言古诗。晚清的五言古诗虽发端于汉魏，但绝不是沿袭模仿，而是在其基础上进一步发展和完善，呈现出自身独特的面貌，具有鲜明的时代特色。李星沅在五言古诗有较高的造诣，共撰写53首。其代表作主要有《论诗》《述怀》《夜泊溪州》《书事》《呈陶云汀师》《君平卜肆》《望白云起处》《自重庆解缆作》《江行杂诗》《枕上有怀》《代圻姊遣愁》《穿石》《夜坐》《寄墀妹》《寄题黄冈竹楼》《偶然作》《望华山》《望金台观》《春日园居杂诗》《朱张渡》《太乙寺》《湘城守风作》《答人问疾》《赔胡问鸥》《为解》等。

2. 七言古诗

七言古诗简称七古，在古代诗歌中，它是形式最活泼、体裁最多样、句法和韵脚的处理最自由，而且也抒情叙事最富有表现力的一种形式，诗体全篇每句七个字抑或以七字句为主。简单地讲，就是篇幅较长、容量较大、用韵灵活。李星沅一生笔不停辍，共撰写了68首七言古诗。其代表作主要有《酒星歌赠芙蓉阁侍者》《道乡台》《汨罗江怀古》《银瓶曲》《相思树歌》《月夜偕内子笙愉对芙蓉小酌》《宿辰州界亭驿》《望滴水岩》《焦桐吟寄蔡云帆》《过石塔诸峰》《望武陵山》《渝州得内子书》《金碧山堂怀古》《除夕舟中作》《银杏沱遇风》《乞画》《送穷词》《月华篇》《裴公亭双竹歌》《冬夜闻大风作》《懊恼歌》《寄罗芝麓》《白沙洲遇雨》《清浪滩放歌》《新别离》《怀朱二同木》《西楚霸王墓》《芙蓉楼》《长歌赠江次园》《韩侯岭》《平阳望姑射山》《晚泊乔口》《熊罴岭》等。

3. 五言律诗

五言律诗是律诗的一种，就是指五言八句而又合乎律诗规范的诗歌，属于近体诗范畴。律诗发轫于南朝，至唐初基本定型，成熟于盛唐时期。五言律诗每首八句，每句五个字，共四十个字。一般逢偶句押平声韵，一韵到底，不可换韵。五言律诗的四联，各有一个特定的名称，第一联叫首联，第二联叫颔联，第三联叫颈联，第四联叫尾联，第四联叫尾联。颔联和颈联必须对仗，首联和尾联可对可不对。据统计，李星沅一生共创作的五言律诗159首。其代表作主要有《丁丑元日》《水月林夜坐》《江干步月访家可北不遇》《宿旅店书壁》《晓发》《梦瀛秋弟却寄》《凤滩》《九里山》《涪州晚泊》《六月十四夜作》《过洞庭》《自枝江至沙市》《抵家》《夜起》《即事》《重阳》《游裴公亭》《久雨》《即景》《望桃源》《即席有赠》《渡黄河》《车中杂诗》《泊黄陵庙》《山行》《栈道纪行》《入成都》《忽觉》《兴平道中》《故关》《白马泷》《续和》《广济道中》《东道》《别两弟》《辰龙关》《白水河望瀑布》《松岿关》《武昌赠陈花农》等。

4. 七言律诗

七言律诗是我国近体诗的一种，格律严密。发轫于南朝，发展于唐初，成熟于盛唐。七言律诗讲求诗句字数整齐划一，七言律诗每首八行，每行七个字，每两行为一联，共四联，其中第一、二句称为首联，第三、四句称为颔联，第五、六句称为颈联，第七、八句称为尾联。颔联和颈联必须对偶，第二、四、六、八句最后一个字必须同韵。李星沅一生共创作七言律诗253首，其代表作主要有《清明书感》《立秋》《秋柳》《赠内子笙愉》《龙桥道中》《武侯祠》《相如桥》《小憩觉林寺》《赠真武寺僧》《晚泊关溪》《荆州道中》《雨中望岳阳楼》《秋日偶成》《除夕怀人诗》《重阳书感》《再赠》《遣怀》《春暮》《观闲阁晚步》《放论》《伏波庙》《岳阳楼》《石头关》《仓颉墓》《岳庙》《温泉》《秦中杂感》《闻喜遇雨》《赤壁谒武侯祠》《留别成都》《重宿汉台》等。

5. 五言绝句

五言绝句是中国诗歌体裁的一种形式，是指以五言四句而又合乎律诗规范的一种小诗，属于近体诗的范畴。主要有仄起、平起二格。五言绝句发源于汉代的乐府小诗，深受六朝民歌潜移默化的影响。至唐朝与近体律诗如同孪生姐妹，并蒂双花，以其崭新的异彩出现在诗歌的舞台上。五言绝句仅仅二十字，便能展现出一幅幅清新的画卷，传达一种种真切的意境。以小见大、以少见多，在短章中包含着丰富多彩的内容，这是其最大的特色。李星沅的五言绝句数量不多，共15首，其代表作主要有《代人寄莲子》《留别周石帆》《咏斋前石》《枕上》《闻雁》《寓意》《清浦寄笙愉》《书旅店壁》《鄹城晚眺》《濒行晤王瑜奕却赠》等。

6. 七言绝句

七言绝句是绝句的一种，属于近体诗的范畴。七言绝句是由四句诗组成的，在形式上有相当严格的格律要求。一般而言，七言绝句第一、二、四句平声同韵，第三句仄声不同韵。第二、四句倒数第三字通常为仄间。总体而言，七言绝句的整首诗的意境高远、文辞优雅、寓意深刻。李星沅一生辛勤耕耘，共创作了170首七言绝句。其代表作主要有《八月初五夜成都见月》《柬朱云岑》《郭汾阳祠》《过易水》《赠别罗芝麓》《乐昌道中》《题画》

《杂忆诗》《对月》《江行即景》《武昌口号》《石头关》《黔南道中杂诗》
《对月柬雨楼》《洪恩寺》《磁州道中》《晓行》《上元即事》《戏柬雨楼》
等。

　　李星沅除了创作五言古诗、七言古诗、五言律诗、七言律诗、五言绝
句、七言绝句之外，还创作了《冬夜感事》《谒伏波祠》《题李竹溪师静虚
山房诗集》三首五言排律。

二、性质类别之维

　　从性质类别维度来看，李星沅的诗歌主要分为政治诗、山水诗、咏史
诗、应酬诗、爱情诗。

1. 政治诗

　　政治诗是指以涉及国家制度政策、国事治理、社会治乱兴衰，以及君
民、君臣、吏治、外交关系的政治事件为题材和背景，以抒发主体政治情怀
为主旨，且与时代政治变幻密切相关的一类诗歌。内容囊括关心黎民百姓、
政治生涯感怀、褒忠正批奸佞、精忠爱国四个方面，除了直接反映时政和重
大政治事件的诗篇外，既包括抒写政治抱负的抒情诗，也包括讽喻弊政的政
治诗；既包括反映民生疾苦的现实诗，也包括边关战事的忠勇报国诗；既包
括政治受挫之后的失意之情，也包括政治上的踌躇满志。李星沅一生撰写的
政治诗较少，主要有《送穷词》《彭泽怀陶靖节邀贺虎师劳辛陔作》《奉命
典试四川恭纪》等。

　　揭露社会现实，摆脱列强控制是李星沅政治诗的一个显著特点。如李星
沅在《送穷词》中写道："咄嗟此穷胡为哉，使我少小拥尘埃。路鬼揶揄妇
人笑，壮士颜色如死灰。光阴倏忽势奔电，春秋冬夏纷相催。一年三百六十
日，日日不得心怀开。租人敦迫况除夕，仓皇避债登谯台。点金仙术亦幻
耳，直须烂醉屠苏杯。酒酣拔剑发狂叫，升斗醒醒非奇才。穷乎于我本秦
越，若何终岁时追陪。结柳车兮山之曲，缚草船兮水之限。更阑烛拖誓逐
客，愿尔穷鬼一去不复回。"① 这反映出作者对政治态势的认识、反映、感
受，对国家、民族、社会、时代的强烈关注。诗人以敏锐的政治观察力和强
烈的政治责任感，强烈呼吁国人团结一致、同仇敌忾，将外国侵略者赶出中
国，实现民族独立和国家领土完整。

---

　　① 李星沅：《送穷词》，《李文恭公诗文集》（卷2），转引自〔清〕李星沅撰、王继平点校：
《李星沅集》，岳麓书社 2013 年版，第 803－804 页。

2. 山水诗

山水诗是指以自然山水为审美对象，以歌咏山水名胜为题材，是一种以描写自然景色而著称的抒情诗歌。它强调对自然景物的观察要细致入微、形象逼真、语言富丽精妙，以达到借景抒情、情景合一的艺术效果。李星沅一生撰写了不少山水诗，主要有《望华山》《望武陵山》《芙蓉楼》《熊罴岭》《九里山》《过洞庭》《即景》《望桃源》《大油溪》《汶上遇雪》《山行》《松岩关》《辰龙关》《岳阳楼》《平遥即景》《冷泉关》《温泉》《剑外即景》《罗江即景》等。

李星沅的山水诗描写了山之巍峨、险峻。如他在《望武陵山》中写道："昔闻武陵洞，今见武陵山。武陵之洞不可觅，武陵之山何可攀。冈陵往复比如栉，一峰陡插青冥间。峭壁摩空势孑立，石牙鳞错苔花斑。"① 他笔下的山，或奇险挺拔，或幽深冥渺，或清丽闲静，在诗人的笔下得到了绝妙的表现。

李星沅的山水诗描绘了水之汪洋恣肆、气势磅礴。如他在《望滴水岩》中写道："辰山百丈嵯岈立，上有飞流倾石隙。状如黄河之水天半来，又如珠宫之泉龙喷出。白日光皎皎，忽闻骤雨声。中间万木阴岩号，丰钟响答蛟鼍奔。路人仰首皆帽落，藤萝险绝不可扪。……濡毫欲写观瀑图，天风吹我出云外。"② 那隆隆的水声、乱珠飞溅的水花、将瀑布横冲直撞的磅礴气势，坠落时的奔腾浩荡、雷霆万钧展现得淋漓尽致。总之，自然界山水雄奇壮美的一面在李星沅的笔下得到了较完美的演绎。

3. 咏史诗

咏史诗是指以历史人物、历史事件为题材和基本出发点，对其进行吟咏、议论和思考，以此用来抒发感情、发表见解、表达感悟的一种诗歌类型。咏古诗题材多样、主旨各异、纷繁复杂而又多姿多彩。李星沅爱好写诗，一生撰写了不少的咏史诗，其代表作主要有《周节愍公祠》《金碧山堂怀古》《汨罗江怀古》《西楚霸王墓》《韩侯岭》《书韩武烈公传后》《泊黄陵庙》《沔县谒武侯祠》《谒孟庙》《武侯祠》《相如桥》《岳庙》《赤壁谒武侯祠》《谒武侯祠》等。

李星沅咏史诗的鲜明特色在于将咏史与哲理相互结合，寓理于史，史中

---

① 李星沅：《望武陵山》，《李文恭公诗文集》（卷2），转引自［清］李星沅撰、王继平点校：《李星沅集》，岳麓书社2013年版，第801页。

② 李星沅：《望滴水岩》，《李文恭公诗文集》（卷2），转引自［清］李星沅撰、王继平点校：《李星沅集》，岳麓书社2013年版，第800页。

言理，歌颂古人超凡脱俗的高贵品质及抵御外侮的英雄气概。如李星沅在《汨罗江怀古》中写道："君不见汨罗江水绿茫茫，芙蓉泣露秋兰香。哀江南兮魂不归，一声啼鸠青穹荒。我思公子荆之阳，阳台梦雨迷巫襄。美人姗姗来何暮，玉虬缥带骖翱翔。……我愿从君精琼粮，纵马阆风浴扶桑。我愿随君酌琼浆，遨游天阙开天阆。前有九嶷之英皇，后有洛浦之明珰。翠旌孔盖纷总总，赤水不到流沙长。灵之来兮云飞扬，灵之去兮神周章。山阿山鬼啸秋雨，秋风袅袅吹潇湘。"① 整首诗叙议结合得非常紧凑，诗中议由史发，史为议用，夹叙夹议，见解独特，可谓布局精巧，独具匠心。追怀屈原、悼念荆之阳，抒发了作者对这些历史名人壮志未酬的感叹、对历史兴衰更替的叹息、对人生无常的感慨。

4. 应酬诗

应酬诗是指诗人在人际交往过程中因娱乐、联络、劝谏、送别、庆贺、哀挽等交际之需要而创作的诗歌，常以分韵、次韵、和韵、联句、赠答、题跋等方式出现。李星沅为官多年，撰写了大量的应酬诗，主要有《怀朱二同木》《即席有赠》《赠谭醒渔少尹》《赠别谭醒渔》《赠主试陈子嘉太史》《甲辰秋闱赠主试甘薪圃太史》《送罗五芝麓还长沙》《武昌赠陈花农》《别吴门同官诸子》《别大姊二妹》《别两弟》《将之蜀中留别》。

直抒胸臆，思念友人，寄托了诗人依依不舍的情怀，这是李星沅应酬诗的一个重要特征。李星沅在他的《武昌赠陈花农》中写道："岭峤一判袂，重逢在鄂城。合离增老境，出处共劳生。家近迟归计，途长耐晓征。旧巢多眷恋，客主廿年情。"② 该赠别诗流露了作者对友人的思念之情，言简而意深，表达了作者相见不能见的无限思念、惆怅和对重逢的殷切渴望。

5. 爱情诗

爱情是人类社会生活过程中最夺目、最灿烂而又具有强大生命魅力的客观存在。爱情诗专指言说男女之间情爱的一种诗歌体裁，集中表现为男女双方或男女一方对另一方的爱慕、思念、眷恋及追忆之情。爱情是自发的情感冲动，给人们以微妙而又复杂的情感体验，因而能够成为诗歌创作过程中的一个永恒的时代主题。李星沅一生创作的爱情诗屈指可数，主要有《相思树歌》《月夜偕内子笙愉对芙蓉小酌》《渝州得内子书》《中秋偕笙愉觞月》

---

① 李星沅：《汨罗江怀古》，《李文恭公诗集》（卷2），转引自［清］李星沅撰、王继平点校：《李星沅集》，岳麓书社2013年版，第798页。

② 李星沅：《武昌赠陈花农》，《李文恭公诗集》（卷3），转引自［清］李星沅撰、王继平点校：《李星沅集》，岳麓书社2013年版，第855－856页。

《予屡梦中见内子笙愉，貌匆匆不怿，若有惜别之苦，率书一律尉之》《对月怀笙愉》《立春试笔偕笙愉作》《和笙愉秋寄怀原韵》《赠内子笙愉》《岁除杂咏偕笙愉作》《夜坐寄笙愉》《将之辰阳留别笙愉》《江上寄笙愉》《别笙愉》等。

李星沅爱情诗的一个显著特点在于动景牵情、借景抒情，以景色凸显人的情感，从动静相谐的景色搭配中引发人的悠悠情怀，凸显人的深深情思，将夫妻离别之后的那种忧伤感、苦闷感以及情梦难圆的失落感描绘得栩栩如生、跃然纸上。如李星沅在《长至寄笙愉》中写道："鹊噪知春晓，琼闺乍理妆。远山描黛色，初日掠钗光。刺绣慵添线，薰衣静蓺香。若兰诗好寄，飞雁到辰阳。"① 再如李星沅在《赠内子笙愉》中写道："仙乐声中谱玉徽，绮梅香里正于归。荆钗待汝齐鸿案，步障随郎解议围。雪白三升司马饭，春风五色老莱衣。试看绛蜡芙蓉蕊，应照鸳鸯比翼飞。绣阁留题有旧章，簪花初艳女儿箱。裁诗好卜先生拜，问字新添弟子行。话尽寒宵人不寐，修成清福我非狂。怜卿伴读殷勤意，愿取朝簪为理妆。"② 通过深入细致的描述，将其妻子郭润玉那梨花带雨的脸庞、婀娜多姿的身段、楚楚动人的情态、望穿秋水般的情思惟妙惟肖地展现给我们，同时，也将他们夫妻之间那种长久离别所产生的相思之苦婉转含蓄地表达出来，使之蒙上了一层美丽而又十分忧伤的面纱。

三、思想内容之维

从思想内容维度来看，李星沅的诗歌可分为忧虑衰世国运、关注国计民生、盛赞祖国大好河山、缅怀历史古人、应酬官宦士友、宣扬封建伦理六个层面。

1. 忧虑衰世国运

李星沅所处的时代正是大清王朝由盛到衰并最终走向没落的时期。当时，吏治败坏不堪，贪污贿赂盛行，经济发展迟慢，天灾人祸接踵而至，阶级矛盾日益尖锐，弄得民不聊生、百姓怨声载道，致使农民起义风起云涌、

---

① 李星沅：《长至寄笙愉》，《李文恭公诗文集》（卷3），转引自［清］李星沅撰、王继平点校：《李星沅集》，岳麓书社2013年版，第834页。

② 李星沅：《赠内子笙愉》，《李文恭公诗文集》（卷4），转引自［清］李星沅撰、王继平点校：《李星沅集》，岳麓书社2013年版，第869页。

此起彼伏。在先进工业文明取代落后的封建文明的鸦片战争之后，一些先进中国人为了摆脱挥之不去的梦魇，将重睹太平盛世的繁荣景象视为他们义不容辞、责无旁贷的使命。他们一方面以封建士大夫的身份以切中肯綮的言辞向全社会预告危机；另一方面，则上下求索，积极寻求补救弥缝的良方，寻找医治中国社会病态的药石，希望通过对封建专制制度和封建专制文化的自我完善与调节来消解危机，应付世变。因此，兴利除弊，治阴柔有余而阳刚不足的弊病便顺理成章地成为那个时代精神的最强音。

19 世纪 40 年代初，针对国势渐衰、积重难返、江河日下的社会现象，李星沅怀着"先天下之忧而忧，后天下之乐而乐"的人生理想，哀叹国运衰落。"莽莽乾坤拓雍州，八方险要一隅收。天光隐割南山翠，地势高县白帝旒。……龙蟠虎啸升沉事，并入流波咽玉沟。白草黄沙历劫新，西戎曾为赋车邻邦。二陵风雨今日，四塞河山剩几人。试抚碑铭若彝鼎，就论槐棘亦周秦。曲江一角斜阳影，照送莺花无限春。莫花荒寒瓦砾场，繁华转眼阅沧桑。阿房一炬残灰热，羌笛三更古月凉。石马不闻嘶故隧，钿蝉何处问昭阳。昨宵原上秋萧瑟，吹堕铜人泪数行。十年豪想入关中，奉使初乘万里关。边徼销烽犹警卫，书生放笔要英雄。酒杯跌宕无前代，云气飞扬有大风。明日陈仓挥手去，剑门西指渭川东。"① 这首诗平和流畅、感情丰富激昂、气势磅礴，其思如泉，其言滔滔，其辩净净。诗人用沉痛的笔调、委婉含蓄的语言进行淋漓尽致的描述，避免了锋芒毕露、粗浅直白，从而达到婉转而又深入之目的。该诗如实地记录了哀鸿遍野、家破人亡、尸骨如山的惨景，简洁的语言传达着无尽的愁思，诗人借用暗喻的手法来反映社会现实，抒发悲痛的情感，深刻地揭露了晚清统治者不思国事、不理朝政，强烈地表现了作者的忧患之重，悲愤之深。他的诗让人雾里看花，不仅能给人以回味无穷的余地抑或广阔的想象空间，而且发人深省、扣人心弦、催人泪下，从而达到深化主题的目标。

再如，李星沅在民族危机、社会动荡、战乱四起的社会乱象背景下，对衰势国运表示深切表关注，写下脍炙人口的佳作《留别成都》，诗中写道："闻道东南积困深，吏才民力两难任。泽中鸿集千仓峙，海上鼍鸣万甲森。

---

① 李星沅：《秦中杂感》，《李文恭公诗文集》（卷3），转引自［清］李星沅撰、王继平点校：《李星沅集》，岳麓书社 2013 年版，第 903 页。

匡济要当储国计，平反何以慰亲心。朝天拜献惭无补，回首岷峨盼好音。"① 诗人以通俗易懂的语言，急切的口吻，开宗明义地表达了对祖国山河破碎的深切关注，对衰世国运的深沉忧虑，旗帜鲜明地提出欲救社稷必先储才的时代呐喊，在社会上起到了振聋发聩的作用，感人至深、催人泪下、使人振奋。

2. 关注国计民生

李星沅从小生活在下层知识分子家庭里，具有敏锐的观察力，同情下层劳动人民的悲惨生活。李星沅对于人民的苦难和悲惨的命运始终保持着高度地关注和深切地同情。由于统治阶级的无能，不重视水利兴修，以致黄河水患频繁发生。嘉庆、道光朝以来，黄河不断决口改道，泛滥成灾，给人民带来了深重的灾难。李星沅关注民生，重视解决灾荒，安定民心，正如他诗中所言："吁嗟众生堕苦海，天公垂泣向真宰。赖此菩提度厄心，跣足袒肩大自在。想当西山煮赈时，一粟一泪哀穷黎。不度金钱度蝼蚁，雪窗诗梦先征奇。梦缘诗果如相告，卧听霞宫宣佛号。何处风吹米字旗，五月粥郎入怀抱。乃知仙佛争活人，活人汤火非常恩。八功德水甘露雨，持钵永缔慈悲因。信哉有诒孙子，我友奉持勤积累。将同无量恒河沙，一门鼎盛纡青紫。"② 此诗声韵铿锵，抑扬缓急，顿挫有致。寥寥数语之间，形象地刻画了滔滔大水过后的惨不忍睹的景象。孤零零的一座荒废祠堂独自伫立在此地，以残垣断壁无声地诉说着悲苦之情，没有人烟，不见房舍，是天灾，更是人祸。李星沅的这首诗活生生地叙述了最下层劳动人民的苦难，真实而又深刻，其间包含的深情如果没有对人民真挚的爱心是无论如何也展现不出来的。这首诗表达了作者对社会的反感是强烈的，斥责是犀利的，言词之激烈，情感之痛切，诚可谓无以复加。全诗格调深沉、感情真挚，深切关注与深沉忧虑渗透于字里行间。简言之，这首诗借助生动的比喻，揭露出经济凋敝、满目疮痍、物价狂飙，民生日蹙的社会现实。同时，也对清王朝的腐败无能、不作为、乱作为进行了辛辣的嘲讽和大加挞伐的批判。

3. 盛赞祖国大好河山

李星沅一生足迹甚广，遍及祖国大江南北，所到之处，都留下了许多诗

---

① 李星沅：《留别成都》，《李文恭公诗文集》（卷5），转引自［清］李星沅撰、王继平点校：《李星沅集》，岳麓书社2013年版，第919页。

② 李星沅：《书西山赈粥纪梦诗后》，《李文恭公诗文集》（卷2），转引自［清］李星沅撰、王继平点校：《李星沅集》，岳麓书社2013年版，第822页。

篇，歌颂和赞美祖国的大好河山。山水诗在李星沅的创作中占有很大的比重，这与他外放为官，接连担任广东学政、豫陕苏按察使、陕西巡抚、江苏巡抚、云贵总督乃至两江总督的仕宦经历不无关联。"千古词客自，万古凭栏意"，把自然山水作为描写对象是古今文人墨客的一大共同爱好。李星沅面对着秀丽的山川风物当然也不例外地抒发其无限的悠悠之情，这其中浸透了诗人对社会人生的深刻体验，广博的舆地学知识和济人利物的经世情怀，又使得他笔下的山水诗打上了作者个人的印记，别具一番风味。

　　山水诗作为抒发人与自然和谐相处情怀的极好载体，也是称古颂今的桥梁与纽带。李星沅将主体人格与自然山水融而为一，在神奇有趣的大自然界中寻觅自我表现的无限空间，将自我存在的价值和意义寄情于山水之中。正如钱仲联先生认为，"思想性靠艺术性，形象性来表达"①。李星沅诗歌在思想内容上偏重于政治抒情，在艺术上则继承了我国古代诗歌的浪漫主义传统，同时又有所创新。李星沅诗歌的旨趣与其政治生涯息息相关，他的经世思想、济世利民的情感抱负，始终放在国计民生视角的高度上加以考察，从未出现脱离政治生活的迹象。具体言之，他从现实主义的立场出发，深切关注社会矛盾，寄希望于改造现实社会，寻求医治中国孱弱的药石；同时，其诗歌亦充满了浪漫主义的风格，他将满腔的豪情投入了诗歌，洋溢着浪漫主义的色彩，因而具有浪漫主义与现实主义的双重倾向。他的浪漫，不是空中楼阁般的轻飘飘，而是有现实内容为基础，其诗歌的思想性通过浪漫主义的艺术风格体现出来。如他在《酉山》中写道："秘书何年空洞嵌，白云隐露青峭岩。石屋重崖邨侯架，牙签细字仙人函。案头鳞次有鱼化，佛脐洼深无鼠衔。琅环福地旧游遍，更乞灵枢为发凡。"② 写云写雾，气势磅礴；写岩写树，生机盎然；写泉写壑，瑰丽壮观。奇特的诗境，丰富的想象，腾挪跌宕，曲折变幻。全诗运用高超的艺术手段栩栩如生地描写了奇异的山水景色，雄伟壮观、气势磅礴，抒发了诗人开阔奔放的胸襟和深沉幽远的情思，表达了他超越自我的豪气壮志。又如他在《画眉关》中写道："石沟流水送潺潺，晓色随人又入山。奇句不来残梦觉，秋心只在画眉关。"③ 这首诗生

① 钱仲联撰、魏中林整理：《钱仲联讲论清诗》，苏州大学出版社2004年版，第1页。
② 李星沅：《酉山》，《李文恭公诗文集》（卷4），转引自［清］李星沅撰、王继平点校：《李星沅集》，岳麓书社2013年版，第885页。
③ 李星沅：《画眉关》，《李文恭公诗文集》（卷7）转引自［清］李星沅撰、王继平点校：《李星沅集》，岳麓书社2013年版，第979页。

动地描绘了大自然的雄伟、神奇、险峻，将大自然的奇妙、山河的壮丽淋漓尽致地展现在我们的面前。具有语浅情深、韵味醇厚、音节和谐、气势畅达的特点。这是诗人感悟生命的层累符号，亦是诗人热爱祖国大好河山潜意识的触动与激发。其笔触、基调和节奏，使人感到精力充沛、意气昂扬。

在旅途之中，路边野花飘香，垂柳婀娜，远处层峦叠嶂、云气蒸腾，忽远忽近，忽隐忽现，亦动亦静，有上有下，有虚有实，俨然一幅美不胜收的画卷。这类对祖国之大好河山的热情讴歌，在李星沅的诗歌中随处可见。如他在《舟过桃源杨惺广文》中写道："云水苍茫古洞春，一官小住欲闲身。地饶诗境供名士，天与桃花作主人。世外桑麻皆列土，山中鸡犬亦仙邻。飞桥隐隔清溪路，不遣渔郎来问津。"① 再如他在《蔡黄楼袖诗过访却赠》中写道："洞庭南北各分居，犹记彝陵返棹初。衣上峡云千叠重，枕中江月半轮虚。诗情跳脱重关外，酒兴苍茫独酌馀。一事自招黄鹤笑，未能饱食武昌鱼。壮游两度入辰阳，秋燕飞时影颉颃。人在骚坛逢大敌，天教奇士聚蛮荒。丰城远合雄雌剑，枉渚平分兰杜香。寄讯长沙张子野，肯来鼎足竖词场。"② 这些诗都是触景生情，情景交融，融情于景物之中，反映了李星沅构思奇特，气势恢宏，描绘生动，不同凡响。但瑕不掩瑜，在这些诗中，也有过分追求新奇之嫌，时而有拗调硬语，时而有偏字晦语，反而损害其美感，似觉有不雅之处。但从整体上来看，这些诗语言流畅生动，意境优美深邃，想象丰富奇特，喜用夸张暗喻，具有浪漫主义色彩和气质，给人一种心胸开阔、积极向上之感；从艺术角度来看，实不失为李星沅诗歌创作之佳作。

4. 缅怀历史古人

怀古诗是古今文人墨客于有限的情景中抒发无限感慨的载体，附在这类诗作中的怀古伤今之情，是来自世人心目中最坚守的部分，往往能充分展现出创作之人积淀已久的真挚情感。李星沅确实是一个性情中人，着眼于他留传至今的那一首首怀古诗，其中包含着悠远的情思，对古之人、对今之事，情感与忧思在怀古的层面上达到了一个很好的结合，不由得让人增添出一份赞美之意。李星沅一生足迹遍及大江南北，每到一处，总是喜欢参观古迹，

---

① 李星沅：《舟过桃源杨惺广文》，《李文恭公诗文集》（卷4），转引自［清］李星沅撰、王继平点校：《李星沅集》，岳麓书社2013年版，第885页。

② 李星沅：《蔡黄楼袖诗过访却赠》，《李文恭公诗文集》（卷4），转引自［清］李星沅撰、王继平点校：《李星沅集》，岳麓书社2013年版，第887页。

考察历史，怀念古人，指点掌故，考据史实，破解传闻，留下了不少怀古之作。

李星沅是时代的幸运儿，赋闲京师没多久，他就外放为官，踏上了为国效忠、为民谋利的征程，在这段曲曲折折的旅途中，他的怀古诗有了新的内容、新的情感、新的时代精神。如他在《武侯祠》中写道："十年前诵出师文，慷慨高歌泣暮云。汉末事空灰五丈，隆中策已定三分。蛟龙破壁将军垒，桧柏春山帝子坟。咫尺庙堂瞻未得，成都车马日纷纷。"① 这些诗夹叙夹议，既有自然景物的生动描写，又有严肃的历史理论阐释，别开生面。这首诗是李星沅对诸葛武侯的无限敬仰之语，一字一句中透露出的都是钦佩之情。无论是在南阳还是在污县，只要是有诸葛武侯的古迹，他必定去凭吊一番，在历史人物面前追忆往昔、反思当下，将诸葛武侯那种深谋远虑，高风亮节，鞠躬尽瘁，死而后已的精神深深印记在心中。

又如，他在《岳庙》中写道："撼山容易撼军难，铁骑纵横战血殷。赤县欲恢全宋业，蜡丸不放两宫还。十年功败垂成日，三字冤埋和议间。莫话东窗前日事，风波亭外雨潺潺。"② 李星沅对于岳飞的欣赏，在很大程度上是基于岳飞的人格力量的感召，岳飞对国家的忠贞不贰和对人民的体恤关怀都是李星沅所称颂的，在实际行动上也是以这种精神为典范的，在嘉道时期那种内忧外患的情形之下，需要的正是这样一种巨大的爱国主义精神。李星沅当下追忆岳飞的忠君爱国之情是对自己的勉励，也是对世人的激励，更是贯穿于李星沅一生经世思想的生动体现和精神折射！

再看他在《赤壁谒武侯祠》中写道："宗臣遗庙峙晴空，曾付周郎第一功。胜算已制强敌胆，奇兵岂借大王雄。沉沙折戟残碉紫，夕照横江宿火红。我似南飞乌绕树，归舟愿乞半帆风。"③ 这些怀古诗笔调流畅自然，文辞清丽生动，写景抒情，一气呵成，风格独出心裁，同时也表现了李星沅爱憎分明的立场，对忠臣的褒扬和对奸臣的蔑视以及热爱祖国的情感。他以亲身的所历所感入诗，见识了几度繁华与几度衰凉之后，在古迹前回思历史，心中的文字尽诉沧桑，诗歌表达融景物、人事感叹、哲理三者于一体。这是

① 李星沅：《武侯祠》，《李文恭公诗文集》（卷4），转引自［清］李星沅撰、王继平点校：《李星沅集》，岳麓书社2013年版，第870页。

② 李星沅：《岳庙》，《李文恭公诗文集》（卷5），转引自［清］李星沅撰、王继平点校：《李星沅集》，岳麓书社2013年版，第896页。

③ 李星沅：《赤壁谒武侯祠》，《李文恭公诗文集》（卷5），转引自［清］李星沅撰、王继平点校：《李星沅集》，岳麓书社2013年版，第900页。

常人所不能体味的，也同时引出了强烈的知音之求，隔代相识的祈盼来得也是那么的真切，这集中体现了李星沅对诸葛亮、岳飞等名臣的高度赞扬。

总之，李星沅在考察古迹、缅怀古人之际，臧否人物、评点史事，融入了褒贬之意，场面壮观、气势恢宏，对英雄人物和历史事件作出了自己的感想，体会其精神，既可惩前毖后、又可给人以警示，催人以奋进，不失写诗之旨。

5. 应酬官宦士友

人在现实性上是一切社会关系的总和，一个人的成长过程伴随种种条件的制约与影响，交友在其中扮演着十分重要的角色。深厚的感情是交友的一个纽带，是建立友好交往的一个动力，一个切入点。简言之，朋友之间的友谊是一种无穷的力量，不仅使生活欢乐，而且能够增强战胜困难的勇气，获得蓬勃向上的力量。

李星沅之所以能够享誉近代文坛，成为一代大家，便得益于众多的师朋好友。为官期间，特别重视交朋友，并且是君子之交，在这些朋友之间，彼此都不以地位高低或金钱的多少去决定态度，而是注重朋友的道德品质、气度和作风等等，鄙视酒肉朋友之间的那种无原则的互相吹捧、互相利用而又尔虞我诈的庸俗作风；他们相互之间有真诚的关心，也有直率的批评，有热心的帮助，又有严格的要求，开诚相见，肝胆相照，经得起时间的考验，日久情愈深，岁远谊更浓，这才是志同道合的真正友谊。

李星沅是一名位高权重的官员，同时也是在传统文化环境中熏陶出来的文人，官员的气息加上文人的气质，经常有亲人、朋友、同僚之间的诗酒唱和、宴请雅集。由此而创作出的大量应酬性诗歌，在李星沅的全部诗作中也占据了相当一部分的比例。这些你来我往的唱酬之作，并不是单纯的粉饰太平、美化人生，在有识有知的读书人之间，经世思想和民本意识也潜移默化地渗透到社会各个不同的角落之中。

李星沅一生交游广泛，结交甚广，喜欢广交天下朋友，以诗会友。饮酒、赏花、游山、访古都要吟诗，诗一经传出，一出一答，形成了风气。此外，生日、赴任、节日、离别、相会，都有诗歌酬唱。因此，这类应酬诗，亦是李星沅诗歌中的一个重要内容。如他与好友的离别诗《即席赠邓容容少尹，并送吴香圃之长沙》，"篆影茶香杳蔼中，卷帘相对话西风。名花入座诗宜雅，巨蟹堆盘酒亦雄。薄宦心情如水淡，书生事业尚科烘。明朝又送吴郎别，湘上烟波感断蓬"①，他的赠别诗《赠朱同木》，"北上骡车南上船，与君分手忽三年。重温旧句抛离绪，又脱征衫换酒钱。药裹半铛才小病，桃笙一幅且高眠。关心销夏湾头月，香到亭亭并蒂莲。六月长沙火伞垂，赤云照我坐樊篱。已拚俗态犹嫌傲，欲讳狂名强学痴。快马奇鹰豪士赋，高山流水故人思。独怜咫尺还惆怅，何似松棚对话时"② 表达了李星沅对朋友依依不舍的感情。这类诗主要是联络感情之用，因此，这类诗存在着相互吹捧、故作矫情的倾向，但是李星沅是一个讲求实在的封疆大吏和学者。总的来讲，李星沅与志同道合的朋友在饮酒赋诗、游山玩水的同时，互相切磋学问，思考济世利民的方略，不但增进了彼此的理解，加强了互相的信任，而且表达了对国家、民族命运的深切关怀。这是其酬唱诗的主流。至于李星沅受当时时代风尚的影响，官场应酬之作也是在所难免的，有少量歌功颂德、表彰封建节孝及鉴赏古董、碑帖、字画、铭砚的作品，内容空泛，佶屈聱牙，为世人所诟病。这类作品为数极少，白璧微瑕，细枝末节，姑且略而不论。

总之，李星沅应酬官宦士友之诗，大多有优美的语言、真挚的感情，格调优雅，辞藻华丽，对仗工整，写得情真意切、生动感人，仍不失为李星沅诗歌的上乘之作。透过封建社会，我们可以看出，一个人的成长及社会交游状况往往与其家庭背景有密切的关联，在封建社会里更是讲究门第出身，人与人的交往反映着门第与门第的交往、家族与家族的交往。表面上看是一个人的交往，背后却隐藏着错综复杂的社会关系。

6. 宣扬封建伦理

在中国封建社会的历史长河当中，长期以来以君臣、父子、夫妇、兄弟、朋友为五伦，封建卫道士把它们作为中国两年来封建统治的精神支柱和理论基础，认为这是不可改变的常道。君权神授、三纲五常这些封建伦理纲常在人们的头脑中根深蒂固，它像一根无形的绳索，时时刻刻地禁锢着人们的思想，束缚着人们的行动。为了适应巩固封建统治、维护地主阶级利益的需要，宣传封建伦理道德的诗歌便应运而生了。

---

① 李星沅：《即席赠邓容容少尹，并送吴香圃之长沙》，《李文恭公诗文集》（卷4），转引自〔清〕李星沅撰、王继平点校：《李星沅集》，岳麓书社2013年版，第879－800页。

② 李星沅：《赠朱同木》，《李文恭公诗文集》（卷5），转引自〔清〕李星沅撰、王继平点校：《李星沅集》，岳麓书社2013年版，第898页。

　　这类诗歌大都以歌颂皇帝的丰功伟绩、粉饰天下太平、鼓吹割股剜肉以疗亲长、守节不嫁以殉丈夫之类的内容为主题，充满封建卫道士的腔调，其语言晦涩、思想迂腐、毫无诗意。如 1850 年道光皇帝驾崩宾天，时染重病的李星沅闻讯恸哭，回想起道光帝对自己的提携，不禁感激涕零，感恩戴德。"六龙回日万方悲，慈驭攀跻仰孝思。智勇早承天眷佑，升恒胥祝帝期颐。绍衣法祖诚无息，宣室求贤念在兹。骤听鹤言今岁雪，上元春黯紫宫旗。宵旰亲劳励健行，文谟武烈重持盈。仁周施济逾尧舜，时遇忧危益圣明。慎德艰难殷国计，休兵悱恻恤民生。悬知凭几申遗命，帱载弥隆保赤情。特简孤寒出翰林，菲材夙沐主知深。超迁疆吏萦丹注，稠叠纶褒贲玉音。常恐宦堕本色，钦依奎藻固初心。得人毕竟虚宸勖，臣荷奚容力小任。昨从白下返江村，卧病缠绵恋九阍。载捧芝泥垂切望，亟思黍谷幸重温。匜年蚁慕俄惊梦，末路驽驱已负恩。北向鼎湖遥雪涕，乌号凄断痛生存。"① 这首诗一方面表达了作者对道光皇帝不幸驾崩的深切哀悼之情，另一方面也表达了作者对皇恩浩荡的感激之情，决心以身报国；同时也反映出作者在平步青云、扶摇直上的仕途中诚惶诚恐，担心官场险恶，恐难胜任。整个字里行间洋溢出君为臣纲的封建伦理思想。总而言之，这类诗作格调不高，意境尚欠优美，无论在思想上还是在艺术上，都是其诗作中的下品。

　　综上所述，李星沅之诗歌格调总体上来说是健康的、积极向上的，他的诗歌与其思想、志向、政治活动紧紧地结合在一起。他的诗大多是记亲历之事，耳所闻、目所见，感情真实、吟咏生动，无搜肠刮肚之词，无矫揉造作之意，无论抒情、叙事、怀古、论今，都表现出以国事为重，以民情为念的志向和意趣，既是诗人，也是政治家。他的诗亦是这样，写诗与为政，融二而为一，相得益彰。总之，李星沅其著作所包含的思想，既有精华，也有糟粕，我们应本着"古为今用"、实事求是的态度，采取扬弃的立场，批判地加以继承和借鉴。综上所言，李星沅创作的诗歌，从结构形式来看，句式灵活多样，既有五言古诗，也有七言古诗；既有五言律诗，也有七言律诗；既有五言绝句，亦有七言绝句。从性质类别而言，绝大部分是山水诗、咏史诗、应酬诗，也有少量爱情诗和政治诗。可以说，李星沅撰写的诗歌融写诗与为政合二为一，既是政治家、改革家，也是诗人、学者。他的诗大多是记

---

　　① 李星沅：《道光三十年庚戌正月，大行皇帝龙驭上宾。时臣引疾家居，惊闻号恸，即具折请谒梓宫。泣成四诗，敬摅圣德，附申哀悃》，《李文恭公诗文集》（卷6），转引自李星沅撰、王继平点校：《李星沅集》，岳麓书社 2013 年版，第 939－940 页。

亲历之事，耳所闻、目所见，感情真实、吟咏生动，无搜肠刮肚之词，无矫揉造作之意。无论抒情、叙事、怀古、论今，都充分表现出作者以国事为重、以民情为念的志向和意趣。

第四节　《李文恭公墨宝》

中国的书法自秦汉至隋唐，其功利性、实用性便一直占据着中国书法目的论的主导地位，这主要是由于书法艺术的物质载体——汉字本身便承担着实用性与功利性的崇高使命。李星沅作为一位杰出的书法家，既是行书的行家，也是草书的行家里手。他认为书法艺术贵在创新与个性张扬。他对前人的艺术理论进行了深刻的总结与反思。他认为对艺术理论应该根据自己时代的审美标准来重新审视和评价；在书法创作上，他主张重神轻形；对于书法家自身而言，他崇尚个性张扬。他认为书法创作应当超越传统的功利性、实用性目的，应当以书法家个人的"自娱"为终极目标，强调书法家个人的遣兴抒怀、怡然自乐的审美功能，将自己的"心""意"融入作品之中，追求一种个性的抒发和张扬，求其洒脱，求其信手遣兴，求其天真烂漫。换言之，作品不应该仅仅是停留在纸上的汉字，更重要的是必须体现出书法家本人的精神面貌和心理状态，祈求主体意识不加雕饰的展现。

一定时期的思想文化是由一定时期的社会存在决定的，创作的目的决定了创作的总体精神和主导形态。一般来讲，先秦书法古茂质朴，汉魏书法雄强浑厚，两晋尚韵味，隋唐尚法度，两宋尚神韵，元明尚书态，清人尚书质。可见，中国历代、历朝书法的精髓和基调在于审美情趣的追求和精神境界的提升，要求将书法家的主体人格精神贯穿到作品之中，使作品能体现出书法家本人的理想人格和审美情趣。深厚的文化修养有益于"意"的彰显。反过来，要使字体富有浓厚的意趣和韵味，则要求书法家必须有丰富的生活阅历、深邃的学识修养、独特的思想见解以及强烈的艺术个性。下面我们具体介绍一下晚清重臣李星沅的墨宝。

如图 7-1 所示，此书字迹前小而后大，行气错落，字形欹侧中见平正。用笔上，粗壮丰满，笔锋多变，肉丰骨劲，藏锋不露，内美外拙，具有外柔内刚的特色。结构上，凝重而不呆滞，婀娜而不轻佻，似欹而正，似曲而直，舒卷自如。章法上，字的长短搭配合宜，气势苍劲，通篇气韵生动、流畅自然。

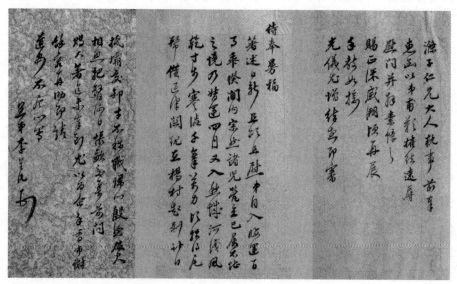

图 7－1

如图 7－2 所示，此字帖用笔老辣雄放，酣畅含蓄。结字稍欹，大小相杂，错落有致，各具情态。章法布局疏朗，神采飞扬，气势贯通，首尾如一，节奏感强。

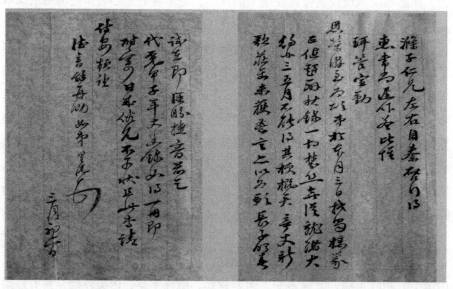

图 7－2

如图 7 – 3 所示，此字帖笔力雄健用笔淳朴如"绵里裹铁"，结字茂密严谨，多左低右高，以横扁向右上取势。章法上，字距疏密不一，疏朗自然。行距也较疏开，透露出清爽的气息。风格圆劲有韵，厚重之中见清秀，丰腴之中显筋骨。此行书犹如高山流水，一泻千里，字与字、行与行之间的疏密开合，既随心所欲而又统一和谐，既能入古，又能善于出新，重神而不求形，不落窠臼，辗转腾挪，富有生机，其书法既保持古法特色，又具书家情趣。

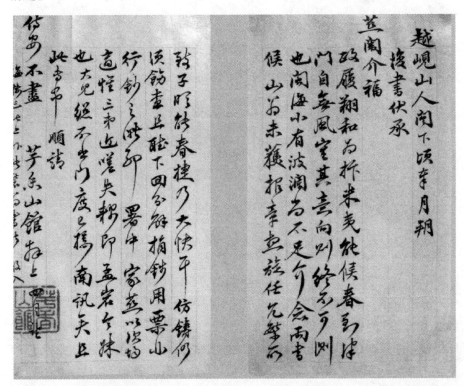

图 7 – 3

如图 7 – 4 所示，此字帖字字珠玑，纸精墨佳，气色如新。笔意雄劲，潇洒飘逸，既沉着痛快、又妙得自然有趣，墨色凝聚，神采焕发。体势遒劲有力，笔力险峻，横纵取势，或直或斜，似直非直，似斜非斜，变化百出，纵敛有度，非野非拘，首尾呼应、上下相接，字体大小连贯而又相称，显得生动活泼，妙趣横生，达到了随心所欲而又不逾制的自由境界。给人以飘逸洒脱、高雅古淡之感。变化多姿，实乃神来之笔，令人莫测。运笔上下连贯、轻巧、富有抑扬顿挫之乐感，鹤立鸡群，一枝独秀。

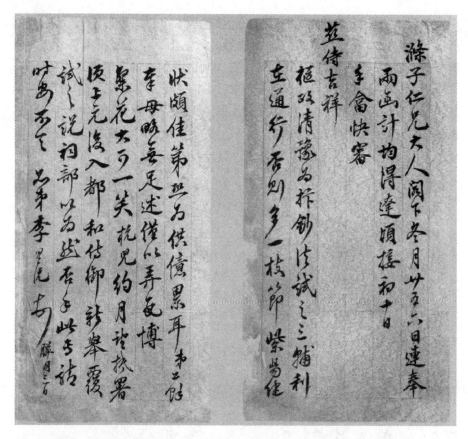

图 7-4

综上所述，李星沅在吸收古代书法家精神养分的基础上，巧妙地结合了魏晋书法家浑厚拙朴的风貌，进行了大胆创新。其用笔渐趋丰腴跌宕，既端庄淳朴如棉裹铁，又不失天真烂漫之趣。他的书法在凝重厚实中，显得遒劲豪放。他学习古人，不单纯追求"形似"，更追求"神似"。从书法造型上看，其书法具有三个方面的显著特点：一是丰腴饱满、遒劲姿媚。二是字形偏扁，取欹侧之势。三是用笔上的偃卧手法。以上三点，构成了李星沅书法的独特风格，足见其研究之深、学习之广、观察之微、探索之细、用笔之妙。概而言之，他的书法造诣是比较深的，既张扬了人的个性，又追求神韵意趣，在中国近代书法史上占有十分重要的位置。

第五节　《李文恭公家谱》

人们常说："国有史，州有志，家有谱。"这生动地体现了中国古代有一套比较完善的修史原则。"家谱"又叫"族谱""宗谱""世谱""房谱""全谱"，或单称"谱"。家谱中记录皇帝世系的称帝系，记载诸侯家世的称世本，记载家族中一支世系的称支谱，记载一个大的家族世系的称统谱，记同姓不同宗的称总谱或称合谱。何为家谱？所谓家谱是指"记述宗族的脉络关系、姓氏源流、宗族迁徙、婚姻状况、丧葬坟茔、风土人情以及族人的政治、经济、文化、教育、宗教等活动的综合反映，是宗族历史与现状的传世谱籍。它与国史、方志构成了史学领域的三大体系，具有存史、资政和育人三大功能。其中，家谱所体现的育人功能更为源远流长，它是"利用本族成员创造的精神财富对族人进行教育的教材。"① 家谱是一个家族历史和现状的反映，是家族关系的黏合剂，有利于我们了解家族的本土水源、来龙去脉、兴衰概况、历史演变，是中华民族悠久历史文化的重要载体，其主要特点是要求内容完整和专记一姓一族。重视家谱，是人类尊重祖先的天然感情的表现。

高华冲李氏家族重视建立宗祠，编写李氏家谱，乾隆庚戌年间，即1790年，高华冲李氏家族率族众择书馆乐贤堂旧址建祠，祠基广8丈，长17丈，高华冲族人为建祠非常积极，纷纷捐款，具体情况见表7–5。

表7–5　1790年捐资修建高华冲李氏宗祠基本情况表

捐款者姓名	捐款数目	捐款者姓名	捐款数目
李逢鸾	贰百壹拾千文	李逢避	肆千柒百文
李逢甲	壹百千文	李发位	肆千柒百文
李逢顺	壹百千文	李发武	肆千柒百文
李逢泰	壹百千文	李发礼	肆千贰百文
李逢玫	贰拾伍千伍百文	李发宪	肆千文
李逢佩	贰拾千文	李逢璪	叁千文
李逢道	壹拾壹千文	李发裕	叁千文

---

① 张宪平：《家谱演变及其道德教化功能述略》，《中共山西省委党校省直分校学报》2005年第3期，第48页。

（续表）

捐款者姓名	捐款数目	捐款者姓名	捐款数目
李发聪	壹拾壹千文	李逢科	贰千玖百文
李逢序	陆千陆百文	李逢聪	贰千伍百文
李逢琅	伍千陆百文	李逢武	贰千贰百文
李逢俄	伍千文	李逢柄	贰千文
李发伦	伍千文	李逢立	壹千伍百文
李逢桂	壹千文	李逢遇	壹千文
李发经	壹千文	李发安壹千文	
胜先、胜轩、胜魁	三公公项银伍拾两	李逢第	贰百千文
李可选、可元、可进、可让、可鉴、可求	六公公项银壹百两	李逢芍	壹百千文
李发岳	壹百千文	李逢璜	肆佰贰千文
李逢椿	贰拾壹千文	李逢松	贰拾壹千文
李发先	壹拾壹千文	李逢高	柒千文
李逢瑞	陆千文	李发章	伍千叁百文
李逢瑀	伍千文	李逢贵	壹千贰百文
李逢登	壹千文	李逢彬	肆千柒百文
李发鹏	伍千文	李发高	肆千陆百文
李逢王	肆千文	李发方	叁千贰百文
李发贵	叁千文	李逢万	贰千玖百文
李发泮	贰千陆百文	李逢琇	贰千肆百文
李逢权	贰千文	李逢玖	壹千陆百文
李逢材	壹千壹百文	李发照	壹千文
李贤孔	壹拾千文	李贤森、贤永	共壹拾千文
李贤秀	陆千文	李逢玩	壹千文
李发岳	叁千文	李逢第	贰午壹百文
李发间	肆千柒百文	李发科	肆千叁百文
李发岳	肆千贰百文	李发越	肆千柒百文
李发开	肆千贰百文	李发英	肆千陆百文
李发秀	肆千玖百文	李发杏	贰千伍百文
李生槐	贰千玖百文	李生凤	贰千柒百文

资料来源：五修家谱编辑委员会编：《湖南省汨罗市高华冲李氏家谱》（未出版），2008年12月版，第19页。

另一方面，高华冲家族人特别重视家谱的编修，清朝雍正八年（1730），贤振公首修李氏家谱，手写笔录。清朝嘉庆十五年（1810）霞岭公倡修二届李氏家谱。道光二十七年（1847）李星沉任两江总督兼兵部尚书，第三次重修李氏家谱，李氏家谱倡修主要人物具体情况如表7-6。

表7-6　第二次与第三次倡修李氏家谱情况表

倡修次数	倡修人员名单	
首次倡修李氏家谱	倡修：十二派孙　李贤振、李公远	
第二次倡修李氏家谱	倡修：十三派孙	李逢鸾、李逢珏
	十四派孙	李发越、李发英、李发开
	十五派孙	李生高、李生照、李生泮
	十六派孙	李枝芳
第三次倡修李氏家谱	倡修：十五派孙	李生崧、李生典、李生书、李生茞、李生猷
	十六派孙	李枝密、李枝淦、李枝锦、李枝烂、李枝鳌
	李枝灼	
	十七派孙	李星溶
	监修：十五派孙	李生亮、李生溥、李生蘅、李生融
	十五派孙	李生崑、李生谟
	十六派孙	李昀、李枝成
	协修：十五派孙	李生宋、李生凰、李生瑜、李生洛
	十六派孙	李枝洁、李枝瑾、李枝芸、李枝芸、李枝选
		李枝增、李枝樟、李枝贰、李枝和、李枝锐
		李枝东、李技旦、李枝河、李枝梁、李枝席
		李枝庚
	十七派孙	李星泰、李星斯、李星有、李星佳
	纂修：十六派孙	李光藻、李世范
	十七派孙	李星渔
	十八派孙	李杭
	校对：十六派孙	李枝熳
	十七派孙	李星立
	十八派孙	李联山
	缮写：十六派孙	李枝珩
	十七派孙	李星汉、李星河、李星菱
	十八派孙	李联壁

资料来源：五修家谱编辑委员会编：《湖南省汨罗市高华冲李氏家谱》（未出版），2008年12月版，第7页。

李星沅重视李氏家谱的编修，并亲自为李氏家谱作序，撰写李氏支谱序。其主要内容是：

（1）提出重修李氏家谱的原因在于祭祀祖先、宣扬圣谕、教化族众。"古者，有大宗小宗之法。大宗率小宗，小宗率群弟，以纪理族人。其时，族姓世系，皆掌之官。辨章亲疏、经纬、图籍全乎。尚已，后世宗法既废，官书渐失。於是伐阅世家，自为记注。昭继序合疏，属谱录之设重焉。事族自始祖迁伍公，由江右丰城，占籍湘阴，聚族而居，已数百岁。旧谱涣散，浸益残缺，族中诸长者，惧其久而湮佚也。乃综述遗闻，参考世次，纂缉详审。"① 通过重修李氏家谱，承继祖训，制定家规，通过长期教化而从外将祖训、家规内化为行为习惯，对其产生敬畏感，从内心加以接纳，以规范本族成员行为，自觉地服膺于以三纲五常为基本框架体系的封建专制权威的统治。

（2）主张重修李氏家谱应坚持以实事求是、分门别类、图文并茂、按时间顺序为编撰原则。"其迁伍公以上，世代悠远，谱阙有间，传疑之辨，概不著录。自迁伍公而下，相次，相次为五代世系也。其后支分派衍，别而缀之。检括条贯，轨统画一，案图考谍，规制略备，复推阐家诫列之简端。"② 简言之，通过编写家谱，可考究家族之源流、探讨其兴衰、梳理其演迁、彰显其业绩，将家族文化发扬光大，扩大其影响力，增强其凝聚力和亲和力。

（3）李星沅主张重修李氏家谱之目的在于辨美丑、明是非、分贵贱、序尊卑、定亲疏，自觉维护统治秩序。"示后之子孙，尊祖训重家法也。"③ 当然，李星沅主张重修家谱的目的还包含规制和约束族众的行为，实现光耀门楣的目标。

（4）主张重修李氏家谱要做到恪守祖训、家规。祖训、家规是本族子孙做人的行为准则，它可以具体而细致地教育族人，规范族人生活的方方面面，具有潜移默化的影响力，是一种无形的具有强烈感情色彩的教化，有利于告诫子孙后代化恶为善、光宗耀祖，为本族争光。体现了崇尚气节、自律

---

① 五修家谱编辑委员会编：《湖南省汨罗市高华冲李氏家谱》（未出版），2008 年 12 月版，第 5 页。

② 五修家谱编辑委员会编：《湖南省汨罗市高华冲李氏家谱》（未出版），2008 年 12 月版，第 5 页。

③ 五修家谱编辑委员会编：《湖南省汨罗市高华冲李氏家谱》（未出版），2008 年 12 月版，第 5 页。

自立的教育理念，带有很浓厚的封建色彩。"吾族本根盘固，生齿日蕃，内行敦饬，相习於善，或折节向学，砥历廉隅；或尽力耕稼，专务本业。岁时伏腊共祀事，惟仅父老子弟，欢欣相往来。凡载在斯谱者，咸斌斌礼让，无怙侈、无傲戾、无惰、无惰游。"① 由上观之，祖训、家规是以皇权主义为宗族秩序旨归，以道德理性为宗族核心规范，以和睦稳定为宗族运行旨趣，以等级秩序为宗族结构安排，以修身、齐家、治国、平天下为宗族运作路径，具有明显的规范和教化功能。它是化导、教诲与约束宗族成员的一支重要力量，对国家的法律起着重要的辅助和支持作用。宗族通过制定祖训、家规，明确规定了惩罚措施，使族众人人奉公守法，不敢越雷池半步，对保证国家税收的顺利征收以及维系社会秩序的稳定发挥了权力控制所不能发挥的重要作用。

（5）主张重修李氏家谱还要制定家范。李星沅用第十六派子孙李光藻撰写的家范十二条来规范和约束李氏子孙，使他们遵纪守法、尊老爱幼、发奋读书、勤劳持家、为李姓争光。其主要内容是："惇孝悌、崇节义、守国法、遵祖训、端品行、习诗书、勤本业、尚节俭、延宗祧、省坟墓、慎丧祭、和族邻和家规二十四条：戒乖讳骨肉、戒亏欠国税、戒忍心溺女、戒同姓为婚、戒盗葬盗卖、戒异性窜宗、戒毁污家庙、戒侵蚀公顷、戒嫁娶生妻、戒转房干法、戒内外无别、戒游行懒惰、戒贪诱牌赌、戒吸食洋烟、戒结交匪类、戒肆行盗贼、戒冒犯尊长、戒刁唆词讼、戒凌虐卑幼、戒轻生尤赖、戒倡邀戏班、戒学习邪术、戒舍为僧道、戒充当隶卒。"② 由上窥之，家范依于仁、约于礼、据于德、重于情，它是以仁义为基础，以礼仪为核心的一部封建伦理规范体系，是对家族成员进行道德说教和伦理灌输的一种重要表现形式，为规范家族成员的行为提供了依据和准绳。它通过规范族众的道德礼仪、信仰习俗、舆论伦理来影响人们的思想和行为，使人们尊祖敬宗、恭从长上、孝顺父母、和睦乡里、信义待友、严教子孙、各务本业、任劳任怨、安分守己，屈从于一切传统权威，以达到教化族众、增强本宗族的凝聚力、向心力和亲和力，发挥规范控制的功能。

（6）主张重修李氏家谱的出发点在于呼吁族人谨记祖训、奋发图强、

---

① 五修家谱编辑委员会编：《湖南省汨罗市高华冲李氏家谱》（未出版），2008 年 12 月版，第 5 页。

② 五修家谱编辑委员会编：《湖南省汨罗市高华冲李氏家谱》（未出版），2008 年 12 月版，第 12－18 页。

光宗耀祖。这不仅有助于维护社会秩序，而且有利于子孙成才立业。"窃幸谱牒修举，伦纪笃叙，敬宗收族，雍然见古之遗风。所愿后之人，聪听彝训，继绳罔替，庶几家庆写奕，俾先世仁厚之泽，流衍于无穷也。"① 由此可见，一个家族要想发展壮大，除需要雄厚的物质条件外，还需要足够的家族精神条件作支撑。一个家族要想形成良好的家族风气，一方面要靠家族教育，另一方面要靠家族法律。而家族法律也就是家规族训，是规范全体家族成员必须遵守的行为准则。中国古代先哲早就意识到家族管理的重要性，他们把齐家、治国、平天下相提并论，家齐才能国治、国治才能天下平。而齐家的根本意义其实就是养成一种家庭氛围，形成一种良好的家风。要遵纪守法，做君主的顺民，用儒家思想规范族人。

总之，家谱是一本集强制性与非强制性、硬性和软性、外在性和内在性、他律性与自律性于一体的规范体系，其实质是以儒家伦理意识形态对乡土社会进行的一次文化上的融合，在认同封建主流意识形态的前提下，使祖训和家规强化对乡村基层社会控制的努力，实为国家所认可并最终成为国家权力的文化网络的一种延伸。李星沅倡导重修李氏家谱，旨在巩固封建等级秩序，强化社会结构和社会生活以及人际关系的秩序，维护家庭及社会的稳定，发挥了比权力控制更深刻、更广泛的社会作用。

李星沅主张重修李氏家谱对其后人也产生了广泛而深远的影响，后来李星沅之子李桓续修李氏家谱，并为家谱题写了继修李氏支谱序。到目前为止，高华冲李氏家谱共经历五次修订。在李氏家谱所倡导的家族精神的熏陶和感染下，此家族涌现出许多杰出的历史人物，李星沅长子李杭 24 岁高中进士，林则徐十分看重，当时林则徐正谪戍伊犁，喜讯传来曾三度叠韵赋诗致李星沅表示祝贺，其中有"夕秀朝华识楚才"之句，同科入选还有陈少舫、魏默生、王子寿三位"楚才"，而以李杭（梅生）弱冠连捷，又和林公自己 17 年前同样列为二甲四名进士，感慨良深，企盼李杭有所作为，但可惜李杭因病早卒，享年仅 28 岁，留有《小芋香山馆遗集》存世。李星沅之三子李桓，官至江西布政使署江西巡抚，同治四年（1865）病退后，弃官从文，著有《宝韦斋类稿》100 卷及我国最大的一部人物传记汇编《国朝耆献类征初编》720 卷（该书大陆与台湾均有新版问世），成为名垂青史的大作家。李星沅之长孙李辅燿（1848—1916），字补孝，同治九年（1870）优

---

① 五修家谱编辑委员会编：《湖南省汨罗市高华冲李氏家谱》（未出版），2008 年 12 月版，第 5 页。

贡，光绪三年（1877）以道员就任浙江省海塘工程局驻工督办，领导全面整修钱塘江海塘工程，历时四年。工程完工后，李辅燿以工程技术先进，质量一流，慈禧太后赏李辅燿按察使衔二品顶戴。为使工程技术不失传于后人，李辅燿著《石塘图说》一书。光绪三十四年（1908），李辅燿年再任官制改革后新成立的钱塘江海塘工程局的首任总办。百余年来这段绵延数十公里的钱塘江巨石海塘堤坝仍然保护着杭嘉湖人民的生命和财产，也成为浙江一道亮丽的人文科技古迹。李辅燿之子李庸是一位书法家，外孙唐醉石是一位篆刻艺术家，曾任国民政府印铸科长。李辅燿之长孙李青崖是复旦大学教授，著名的文学家、翻译家。李家还涌现出李运成、李肖白两位抗日名将，可谓人才辈出。

　　一言以蔽之，一个家族的家族精神集中体现了一个家族所特有的精神风貌，而且直接影响到家族的荣辱兴衰。

结　语

　　历史唯物主义认为，"时势造英雄"，杰出历史人物的出现是时代发展的产物。杰出历史人物，不仅能为社会的向前发展指明正确的发展方向，而且还能够提出解决这些历史任务的可行方案。人类社会的发展历史也一再表明，在任何一个历史发展阶段，都必然会产生出一些杰出人物，正如伟大的革命导师列宁同志所说的那样："历史上取得统治地位的每一个阶级，都推出了自己善于组织运动和领导运动的政治领袖和先进代表。"[①] 平心而论，任何一个阶级，倘若没有自己能够发起、组织和领导运动的杰出领袖，那么上层建筑就得不到统治，历史的车轮就不可能向前发展。我们伟大的中华民族，自古以来，"就有埋头苦干的人，有拼命硬干的人，有为民请命的人，有舍身求法的人，……这就是中国脊梁"[②]。李星沅，就是鲁迅先生所言的脊梁式的杰出人物，是中国近代史上杰出的地主阶级改革派领袖。

　　历史的本质总是深藏于扑朔迷离、错综复杂的诸多历史现象之中。作为历史的创造者，由于受主客观条件的限制，譬如出身、秉性、教养、环境、经历、性格等主观或客观因素的掣肘，因而其表现、活动乃至成效也会迥然不同、各具特色。但其历史价值只有以满足当时社会需要的实际贡献大小来评估，除此之外，无其他衡量尺度。如对李星沅的评价，时人以此为准则，对其进行综合考量。现举一两例加以说明之。如道光时期政治家熊少牧是这样评价的："事君非言之难，而遭际为难。禹不遇尧舜，则谟弼无繇谐；……贾长沙董江都不遇文景，则对策无繇嘉纳。何则？下有启沃之臣，必上有恭谦之主。泰交一德，然后韪吾说，而敬信之。否则累牍连章，如水投石

[①] 列宁：《我们运动的迫切任务》，《列宁全集》（卷 4），人民出版社 1972 年版，第 64 – 65 页。

[②] 鲁迅：《中国人失掉了自信力吗》，《鲁迅全集》（卷 6），人民文学出版社 1981 年版，第 118 页。

已耳。君子读史至陆忠宣苏文忠传，所为掩卷太息，惜其才而悲其遇之乖也。吾友李文恭公受知宣宗成皇帝，起家词垣，屡持文鉴，繇太守存擢开府，历粤、秦、豫、蜀、滇、吴，最后承文宗显皇帝命督师西粤，以卒。编奏议，都为22卷。凡朝政之得失，民生之利病，属吏之殿最，靡不为上力言。或专陈，或合议章，或再三上，不得其请不止。宣宗虚怀聪听，有立从者，有逾时卒从者，其不从者不过二三焉。方是时，国家休养二百余年，民物殷昌，吏静将逸，而患气乃隐萌其间。西海陬丑夷，逐利昧法禁，扬帆阑入中国。……公沈几密画，摧其角牙，任劳任怨，为僚属先威，不亵而事以集。滇池回民，与汉忤，操矛弩，撞搪叫□□，不人而兽，摇毒四应。公持节驰讨，不动声色，奸魁散胁，边境肃然。至若漕运、河防、盐策、学校、军伍，以皋振罹灾黎，访惩邪匪诸政，文簿山积，咸归劳主者。公文臣，能精兵法。其督师桂管，使事权一。而旧疾不作，贼岂容久稽，天诛惜哉，数为之耶？公每发封事，寝食为辍。少牧尝得其一奏，读之。烛跋而纸未竟。要皆持大体，具卓识，辞足以畅其情理，足以制其务。思周虑远，忠荩之忧流溢于行墨间。乌呼！公固一心精白，以陈善纳诲为拳拳。然非天子忧勤惕厉，悉臣工之贤否，妙时势之经权，亦乌能辟广凝旒寤寐忠言。为社稷计两朝遭际之盛，洵千载一时也。公风仪秀伟，音吐如洪钟。遇人坦易，无城府，性笃孝。陈情叠次假省，上必动容嘉劳之。博闻强记，于学无所不窥。奏牍非常例其皆手撰。惟陈密勿者，外莫能知。孔子曰：事君先资其言，拜自献其身，以成其信。医公克副斯斯语与，医公克副斯语与！"[1] 他从勤于政事、巩固边防、改革经济、待人友善、德才兼备等方面高度评价了李星沅波澜壮阔的一生，评介中肯、言之有据，论析相当精当，毫无空泛之感。熊少牧虽为李星沅的好友，但对李星沅的评价还是比较客观真实的，无穿凿附会之感，无强辩武断之处。

再如王柏心对李星沅的评价，"国家有重臣焉，非禄位宠眷之为重也。彼其器闳远，其量深沈，其才识明济果毅，既足以包纳众智仔肩巨任，又加之忠实恳款之诚。坚凝镇定之度，非名誉谤毁所能动。当夫班政议令。群言臆决之秋，独执奏再三反复辨析。或说虽美而行多窒，则谓必不可施；或时有弊而法无病，则谓必不可改。……近代方镇中，当此无愧者，则有湘阴李文恭云。公起南方孤生，少食贫，羁游幕府。既壮，乃登上第珥。笔词垣受宣宗特达之知，不十年超居节镇，天下以为奇遇。方公弦诵环堵时，未自知必任天下之重也。其于百度庶政，亦非素习。……财赋日以耗，军政日以

---

① 熊少牧：《李文恭公奏议序》，载于李星沅：《李文恭公遗集》，第7-8页。

堕。宫廷方夙夜综核，求所以熙绩省成者，公于是慨然推奉上意，整肃宪度，不敢轻变骤更，贻躁率之愆，而亦不为苟且因循之政。凡所设施，协于中正，衡于义理，必上益于国，下无损于民，然后断然行之，历久而无悔。如挽漕盐、法河工、改折汉回交讧，诸端群议杂糅，是非缪葛，一一精白为上陈之，卒是其言功亦随见。既已，辞荣乞养矣。……世见公为当时能臣冠，谓由智略过人，机神敏速，不知公之处事，审而思，虑深专精。竭能以事主，不欺其志，仰报非常之知遇，绝不涉近名避怨之迹。此无它，器量才识超出群流，将之以忠实恳款之诚，持之以坚凝镇定之度。凡见诸事功与言论，皆是也。嗟乎，此其所以足重者也"①。王柏心根据其事功高度评价了李星沅对历史所作出的杰出贡献，其赞美之辞溢于言表，同时亦实事求是地肯定了他的智谋、胆识和才华。该叙述以事实为依据，以功绩为考量，史论结合，叙中有论，论中有叙，基本上做到立论公允、客观公正、不偏不倚，无歌功颂德之词、无矫揉造作之意。

李星沅作为清朝道光时期的一位杰出人物，既是嘉道年间经世致用思想的积极鼓吹者和推行者，也是一位敢于改革时弊的封疆大吏，更是一位迈向近代化的里程碑式的人物。在中西文化急剧碰撞、权力冲突和利益博弈异常活跃，在国家危亡和民族灾难极为深重的岁月中，他始终坚持以国家与民族利益为重，在政治立场上坚持爱国反对卖国、在经济上坚持改革反对保守，表现出一位经世致用思想家的铮铮铁骨。然而，长期以来"左倾"错误思想的影响像一根无形的绳索束缚着广大史学工作者的手脚，使众多史学家侧重对政治人物的研究，而忽视对经济人物的研究。同时，在一定时期，由于"左倾"思想的作怪，对地主阶级人物只能立足于狠批和全盘否定，不能给予实事求是的分析和评价。李星沅作为封建士大夫，官至两江总督，在"左倾"思想盛行的时代里，对于这样一位历史人物，研究者为了避免不必要的是是非非，因而停滞不前、望而却步，是可以理解的。因此，到目前为止，对于李星沅的研究成果甚少，的确是史学界的一件憾事。

既如此，那么我们应如何评价历史人物李星沅呢？根据历史唯物主义的观点，我们在评价历史人物的同时，应实事求是、一分为二，具体问题具体分析，分清主流与支流的关系、正确处理主观愿望与客观效果的关系，以及道德评价与历史评估的关系。

李星沅宦海一生，仕途顺畅，1832 年考中进士，选翰林院庶吉士，散馆授编修，在北京过了两年清苦的生活，接着四年连续执掌文衡，"任四川

---

① 王伯心：《叙》，载于李星沅：《李文恭公遗集》，上海古籍出版社 2002 年版，第 5 - 6 页。

乡试正考官、会试同考官，旋放广东学政"。此时，李星沅好友林则徐曾赠诗赞曰："三持文柄，九能该。"（《林则徐诗钞》一书中，收有多首赠李星沅之诗）之后授陕西汉中知府，旋升河南督粮道，此后平步青云，历任陕西、四川臬司，江苏臬藩两司，继而官至陕西巡抚、江苏巡抚、云贵总督、两江总督，成为统治一方的封疆大吏。1850 年广西发生民变，清政府对开缺回籍养病的李星沅重新加以起用，任命他为钦差大臣，前往广西加以镇压，足见清政府对他的重视。此时，他的政治生涯已达到了最高峰。纵观李星沅一生，主要有以下四个方面值得肯定。

一、为官清廉

清道光朝以来，风雨飘摇、沉疴已久，贪污腐败现象丛生，上至王公大臣，下至知县差役，大都贪污腐化、吏治不修，上仿下效，假公济公、损人利己、损国肥私、敲诈勒索、横征暴敛，搜刮民财，欺压百姓、无恶不作，整个社会充满着腐臭的铜臭味。李星沅为官清廉、清正廉洁，不随波逐流，"出淤泥而不染，濯清莲而不妖"，他从不与贪官为伍，趋炎附势，从不与他们同流合污，始终保持着良好的职业操守，清清白白做人，老老实实、勤勤恳恳做事，扎扎实实为民办事，无接受馈赠贿赂之行为，无侵吞公款之表现，无以权谋私、中饱私囊之现象，堪称道光一朝清官之表率。李星沅在任广东学政时，曾禁革卷费、册费、考费以及各项陋规及学政考试陋规，不接受其他官员的馈赠行贿，而备受道光皇帝的关注，成为他日后扶摇直上的契机，他赴汉中知府任前入觐，道光皇帝即云："尔在广东学政办事认真，操守好。"① 对李星沅为官清廉给予了很高的评价。道光二十五年四月十一日（1845）李星沅任陕西巡抚，当时成都将军廉敬因事在陕西暂时停留，离去时，李星沅为他送别，"良久乃至，略有不豫色，然闻郑梦翁（藩司郑祖琛）馈二百，岂奢望于我耶？"② 可以看出李星沅对馈赠行贿的行为极为愤慨，充分体现出李星沅的清正廉洁。1849 年李星沅开缺回籍养病，行前将两淮盐商的 2 万两汇票及各下属的馈赠璧谢退还，理由是"十二年外吏，从未收到任及程礼，何敢以此渝晚节也？"③ 这反映了李星沅的清正廉洁，也正是李星沅的为官之道。在另一个方面，李星沅对官场的腐败现象极为不满，看不惯他们的所作所为，如河南南阳县幕友秦友松揽大权，以权谋私，

---

①　李概:《李文恭公行述》，清同治四年（1865）刻本，第 10 - 12 页。
②　袁英光、童浩整理:《李星沅日记》，中华书局 1987 年版，第 603 页。
③　袁英光、童浩整理:《李星沅日记》，中华书局 1987 年版，第 781 页。

收受贿赂，"惟幕客秦友松颇揽权，有廿金批准、五十金批提、百金批专差守提之说"，李星沅对此非常愤慨，十分恼火，批评他"其不安分可知"①。由此可见，李星沅鄙视贪官，不愿与贪官为伍，保持为官清廉、清正廉洁的官场操守，值得肯定。

二、政绩斐然

近代以降，各种社会矛盾日益激化，社会弊病日益暴露，清王朝的国家机器已经无法继续正常运转。在鸦片战争炮火的冲击下，清朝统治危机进一步加剧，社会矛盾尤为尖锐。但晚清政府，上至皇帝、官员，下至平民、百姓，对当时的国际形势缺乏基本的了解。尽管当时个别精英人物对西方有了一些难能可贵的了解，也提出了一些富有建设性的看法，但对世界形势知之甚少，仍沉浸在天朝上国的迷梦之中而不知自拔。第一次鸦片战争虽然迫使中国开放了沿海的几个通商口岸，却没能对这些地区之外的广大省份产生明显的影响，中国大多数地区依然在按部就班、墨守成规地沿着以前的轨迹运行着。

在民族危机日趋严重的情况下，一些忧国忧民的官员希望通过自己的努力来帮助清王朝摆脱危机。整顿经济便是他们挽救清王朝命运的当务之急。这一时期，在赋税、盐政、漕运、河工等方面所出现的各种弊病，已为当时经世致用派官员所重视。这些问题早在乾隆后期就已经开始显露端倪，进入嘉道时期，更是呈爆发态势。作为道光朝后期一名重要的封疆大吏，李星沅对此时的各种危机也是忧心忡忡，并尽心竭力、不遗余力地进行了整顿。

出自陶澍门下的他，对盐、漕、河的诸多弊病皆十分熟悉。在李星沅担任陕西巡抚、江苏巡抚和两江总督期间，进行了一系列经济上的整顿。在货币政策上，他主张进行币制改革，稳定金融，反对在陕西仿铸普尔钱、在江苏铸造银饼，还建议通过适当搭放制钱来改变"银贵钱贱"的局面。在盐务上，李星沅在淮南加大了打击私盐的力度，并针对不同地区和不同种类的私盐分别采取有针对性的措施。同时，他通过删并官件和裁撤冗员来减轻商业成本，还对盐务章程作出了较大的调整，以促进淮南纲盐的运销。在漕政问题上，李星沅尽心尽力、绞尽脑汁，采取各种措施以实现漕运的畅通。另外，李星沅还赞同通过谨慎的手段和各方的协同努力来控制浮费，反对南漕改折以避免引起新的弊病。他对海运也持较为积极的态度，并参与了清代第

---

① 袁英光、童浩整理：《李星沅日记》，中华书局1987年版，第7页。

二次大规模的漕粮海运。在河工问题上，李星沅主持了一些重大水利工程，通过尽量裁减河工浮费来实现节省经费的目的，并重视对施工质量的检查，还重点整饬了河员的奢侈腐化的社会风气。在整顿官库上，他认真清查官库，强调抽查的重要性，并且规范收支和慎重出纳。在赈灾问题上，李星沅重视及时发赈优抚和稳定粮价，以维持广大灾民的生计。李星沅重视整肃社会治安，严厉打击赌博、娼妓等不正当行为，严禁贩卖人口、惩罚恶棍，剿灭盗匪，为社会经济的发展创造了较好的社会环境。李星沅关注民生，以民为本，清理了大量积案冤狱，使大量冤案得以平反昭雪，还百姓一个公道，赢得了民心，在人们心中树立了较好的口碑。李星沅在担任云贵总督期间，加强了民族团结，有利于西南地区的稳定和百姓的安居乐业。另外，李星沅在担任四川乡试正考官、会试同考官以及广东学政期间，大力发展教育，鼓励兴办义学，严肃考纪考风、禁止考生舞弊行为，对违纪考生给予了严肃处理，为广大考生创造了公平、公正的考试环境，有利于国家选拔优秀人才，有利于推动社会教育事业的发展。综上所述，李星沅的上述举措在一定程度上促进了晚清社会经济的恢复和发展，缓和了社会矛盾，稳定了民心，对打击民族分裂势力，促进了多民族国家的团结，对巩固清朝的统治作出了重要贡献。这在同一时期的督抚中，他是较为尽心尽职的一个，可以说是道光朝一代名臣、功臣，这一点是值得肯定的。

三、勤于政事

办事认真、部署周密，这是李星沅勤于政事的具体表现。李星沅在处理政务问题时，总是考虑各方面的因素，进行周密细致的部署。在未做好充分准备之前，绝不轻举妄动。例如李星沅在担任云贵总督期间，厉行保甲、督促训练、举办团练、设置哨卡，制订了周密的计划，短期内迅速地化解了回汉民族矛盾，避免了大规模地流血冲突，减少了社会震荡，防止了民族分裂，加强了民族团结，为统一的多民族国家的巩固和发展做出了重要贡献。正因为如此，李星沅受到了道光帝的表彰，被加赐太子太保衔，赏戴花翎。李星沅在担任两江总督期间，为了筹建外海水师，组建一支能征善战的威武之师，他总是身体力行，亲力亲为，亲临哨所巡查、亲赴现场督促操练、亲往营区指导设防，亲自过问营房修筑及军装订制事宜，其办事之认真便可略见一斑了。这些皆是其勤于政事的突出表现。

严格检查，经常督促，这是李星沅勤于政事的又一表现。李星沅为官19年，处处小心、谨慎从事，办事预先部署，中间督促、事后检查，环环相扣，力求做到滴水不漏。如在验收河工过程中，他总是亲自参加、严格检查，认真验收，对不符合工程质量要求的工段，要求坚决返工，决不手下留情。这样既保证了工程符合质量标准，又确保了工程能经受得起洪水和时间的考验，发挥了积极的作用。从李星沅的日记中我们可以看出，他天天与政事打交道，无休息之时间，甚至在患病休养期间，也从未间断过。

四、关心民众

天灾人祸不可避免，能否积极地赈济灾民则是衡量官员是否关心民众的试金石和重要标尺。李星沅在担任陕西巡抚、江苏巡抚、两江总督期间，关心民瘼，十分重视灾荒的治理，灾荒发生前，他积极兴修水利，防灾备荒；添仓积谷，厉兵秣马，备预不虞。灾荒发生后，他发动官员慷慨捐输，筹措救灾资金；亲赴灾区，了解灾情；派员查赈勘灾，确保了救济的公平、公正；实施开仓放粮、发放银两、采购粮食、蠲缓赋税等急赈措施，使嗷嗷待哺、命悬一线的灾民得到及时救济，以解燃眉之急；践行收容灾民、掩埋尸体、防治疫疾、及时疏散、补种杂粮等善后处置措施，有利于安抚人心、稳定社会，为灾民重建家园创造了条件。一言以蔽之，李星沅在担任督抚期间，赈灾救民，可谓殚精竭虑，不遗余力。从中，我们可以看到他以民为本、关心民瘼的身影。

李星沅出生在一个并不富裕的书香家庭，经历了生活的重重磨难，对百姓的疾苦深为同情。1849 年李星沅因病卸任回湘后，定居在省城长沙柑子园公馆，但仍不忘家乡父老，心系故乡黎民，扶危济困、济物救世，行善积德、多行善举、造福桑梓。1850 年李星沅在家乡长沙创办保节堂，以赈济为己任，救死扶伤，济万民于水火，赈灾民于倒悬，为百姓力排万难，耗尽心血而殊不言困，实属可敬可佩。1850 年李星沅在家乡长沙柑子园家附近创办湖南省保节堂。"专心办理社会慈善事业，如同善堂之施舍棺木，育婴堂之救养女婴，恤无告堂之分发孤寡粮兼善堂之搬运灵柩，同仁小补堂之施放药品，义渡局之捐献渡船，诸如此类之善举，李星沅先生均尽力为之，故省城人民赞誉他为'李善人'。"① 由上可知，李星沅的赈灾济民的善举深受百姓称颂，善名远播，有口皆碑。

李星沅本着己饥己溺、民胞物与的人道主义立场，以民间疾苦为怀，以乐善好施、博施济众为荣，推行仁义，倾心公益，主动担当社会责任，急公好义，尽其所能，舍施济世。李星沅带病在长沙柑子园公馆的花园——芋园

---

① 刘志盛：《长沙市北区部分工商业及社会救济慈善事业史略》，《长沙市北区文史资料》（第2辑），第 78－79 页。

休养期间，"为了解决省城募妇之生计，独立创办了保节堂，个人自捐田租1200 石，房屋数栋，每名妇女按月发给励节粮，曾救活了不少孤儿寡妇。咸丰元年（1851）李星沅逝世后，其夫人及子女继续接办至 1892 年"①。由此可见，李星沅关心民瘼，对民众疾苦深表同情，宅心仁慈、慷慨捐资、扶贫济世、救危解困、乐善好施，其"李善人"之名早已声名远播，誉驰遐迩，深受百姓称道。

经济基础决定上层建筑，社会存在决定社会意识，一定时期的思想文化是一定时期政治经济上的反映。作为封建士大夫和地主阶级改革家，李星沅的思想和社会实践不可能跳出封建社会的藩篱和窠臼，时代和阶级的局限性使其思想难免具有落后性。他是站在统治阶级的立场上，虽然抨击时弊，却未能找出产生弊政的根源，没有从根本上触及封建专制制度。透过李星沅的思想及社会实践，我们也可以明显感受到，李星沅的政治经济思想与鸦片战争之前有所改变，但仍没有本质上的差异。

简言之，作为道光时期的封疆大吏，李星沅虽在思想上和实践上迈出近代化的重要一步，但他仍然是运用传统的社会思想和手段来对日益困顿的清代经济进行整顿。包括他在内的一些有才干，有抱负的官员，尽管在整顿经济上付出了不少的努力，但都无法让清王朝日益衰败的经济能够有所起色。统治上的严重腐朽和制度上的弊病百出，让这些官员们一筹莫展、不知所措。只有通过调整制度、革新思想、转变体制，使之尽快与近代化相适应，才能有效解决当时中国的经济困境。但话说回来，从当时的时代环境来看，李星沅仍是中国近代史上一位杰出的地主阶级政治家、改革家。

知人必先论世，只有把历史人物及其活动置于特定的时代环境与社会环境中加以实事求是地综合考察，才可得出较为准确的价值判断。这正如革命导师列宁所言，"判断历史的功绩，不是根据历史活动家没有提供现代所需求的东西，而是根据他们比其前辈提供了新的东西"②。这句至理名言为我们评判历史人物提供了一条可供参照的基准。李星沅勤劳务实、操劳公务、关心民瘼、有所作为，不愧为封建时代一位杰出的地主阶级政治家，也是一位与时俱进、敢于创新的改革家。但李星沅作为封建大吏也残酷地镇压了云南回民起义和太平天国运动，给他的一生蒙上了一层阴影。但究其一生而言，其功绩远大于其过错，因而其历史地位是值得肯定的。

---

①　刘志盛：《长沙市北区部分工商业及社会救济慈善事业史略》，《长沙市北区文史资料》（第2 辑），第 78－79 页。

②　列宁：《列宁选集》（卷 2），人民出版社 1955 年版，第 150 页。

附录一
高华李氏派词

　　从来族大丁繁，恃乎衍派。派以别尊卑，而使昭穆无或紊；即以联族姓，而使恩谊无或乖。所系岂浅鲜哉。吾族生枝以上派次昭昭，星联以下旧只十有六派。今复依式倍续，合为八语。俾后之人，因世易派，依派取名，无重复，无犯讳，固数百年遵行而不过者。即考试捐纳人名，虽有异名，谱牒总无异派。庶几世世相承，同归画一。尊卑缘派而分，族姓缘派而萃，以是用光于家，诚未有艾也。

派　语

肇基德厚　思佐景期

胜应可贤　逢发生枝

星联辅相　运启文章

士培英俊　治进纯良

家修廷献　恩锡名扬

齐承祖泽　永耀南方

附录二
李氏家范十二条

1. **惇孝弟**

父生母鞠　天地深恩　兄友弟恭　人伦至乐　奉盘餐於椿堂上蓂於花萼楼中　无论富贵穷通　各有当尽之分　举凡常变生死　宜致无已之情　养志用劳　在及时以修子职　分多润寡　当轻财而笃友　于庶一本之地　无亏即百行之原以裕

2. **崇节义**

穷达原有命　存节当贞固　事物每随境　共义为权衡　富贵几时　惟砥砺廉隅　方能名留千古　聪明绝世必完全名节　节能品重千秋　是以在男儿则孝子忠臣　在闺阁则贤媛节妇　圣朝尚隆其褒奖　族中宜共为推尊

3. **守国法**

圣朝设法　以防奸邪　官司治民　应严审办　倘素行不谨　斯法网难逃　衙役差来　速令如火　家资荡产　求赎无门　重则斩绞军流　例无宽宥　轻则笞杖责罚　案难涂销与其忘身及亲　后悔无济何如　守分如命　思患预防

4. **遵家训**

家法之严　甚於律令　父兄之教　切於官司　倘任子弟为非　伊谁之咎　如或朝廷按律　家长难逃　与其受辱公庭　终身之耻难雪　曷若恪遵家训　一生之善可风　教者固宜谆谆　听者甚毋藐藐　庶几同归　良善不致有玷祖宗

5. **端品行**

品贵同玉之精　行则耻瓦之裂　一言笑不敢不谨　一举动不敢不严　正大之人　乡邻共敬　奸邪之士　神鬼必诛　当师先正法言绳趋矩步　岂可一朝失足　亏体辱亲

6. **习诗书**

子弟无论贤愚　皆当使就家塾　境遇无分贫富　总宜使习斯文　盖正风

化　端赖师儒　化愚顽不外礼义　凡八岁幼子　知识日开　迨十五成童　高下迴判　宜及时以造就　毋舍业以嬉游　如才果迈群将及第登科　足许门闾光大　或文难出众　即课孙训子　能令礼教常兴

7. 勤本业

士农工商　各有正业　朝野上下　原无闲人　苦读勤耕　正好身家之计通功易事　莫辞肩担之劳　果能执业甚专　何患有谋不遂　大则兴家创业后人享受无穷　小则积少成多　终身衣禄可靠

8. 尚节俭

天地生财　菁华日献　祖宗创业　积累维艰　奢则不免逾分以伤财　俭则方能守礼以惜福　布衣粗食　人安旧代儒风　茅屋土阶　世守先人礼教器具勿趋时尚　闺闱戒作艳妆　婚嫁良辰　用费须宜有度　岁时佳节　待宾不必太丰　务遵常制　以教家庶　留有余以待后

9. 延宗桃

箕裘克绍　是赖后人　堂构维新　当绵先泽　故不孝莫大於无后　有子方可承宗　倘有妻而嗣乏　纳妾为宜　或因贫而娶难　幼妇早抱且也　应继爱继　由我亲房　疏房有人　立继无移　将产全付　后生育子　照股均发惟期昭穆相当　切勿宗支淆乱　亦必年纪相称　庶几大小分明

10. 省坟墓

先人之体魄　盖藏千秋　后人之吉凶　动关百世　勒碑便於记认　砌墓恐其崩颓　当夫清明大寒之时　礼当携幼拜扫　值此前三后七之日　吉可动土修培　取新泥磊石以加封　遇荆棘树根而斩割　勿信时师术数屡改迁　但防宵小觊觎　暗中侵占

11. 慎丧祭

事莫大於送终　礼莫要於追远　临丧不谨　他时抱恨也徒然　奉祭不诚先代幽灵终不格　须称有无以尽孝　亦随时物以荐馨　附于身　附于棺在在将以诚信　履春霜　履秋露　时时思奉祖先　惟礼节之无违　斯孝道之克尽

12. 和族邻

聚族同宗　朝夕相见　望衡对宇　彼此相资　毋因人陋而生憎　勿以已异而生傲　岁时伏腊　须通往来　丧祭冠昏　宜勤吊庆　济贫穷　周孤苦量力施行　救灾厄　解忿争　随时保恤　且也　广置义庄　捐立义塾　事关美举　心切玉成　如斯谊笃族邻　自尔情同骨肉

附录三
家规二十四条

1. 戒乖违骨肉

立爱自亲始　立敬自长始　此人伦急务　亦天性固然　倘处庭帏　则菽水不供　莫效乌私之报　处昆季则阋墙起衅　致令雁序多乖　一本之亲　视同秦越　一家之内　时见参商　斯为禽兽不如　定是神人共怒　重者捆送官司　定无生理　轻者禀知族长随到宗祠　责二百　斥改前非

2. 戒亏欠国税

凿井耕田　长安乐利　祈寒暑雨　必代经营　尺缣皆属天恩　斗粟均生王土　以下奉上　先公后私　自有正供　斯为通义　倘有意抗违　任情迟缓　将有司迫奏销之限追比严胥役　受鞭打之伤　诛求盆肆　国法固难宽　家教岂容少恕　责六十　压令完清

3. 戒忍心溺女

戒杀放生　仁者恩周庶汇　忍俗残及亲生　若谓养女更操心　岂生男不劳母力　若谓多女每难嫁　岂有女终老娘家　若谓溺迫于穷　前此何以不富　若谓溺因无子　后此必终无儿　乌呼　身从何来　匪母何以有我　子当甫育择妇已劳厥心　今日之女　异日之母也　今日生女之母　当年未溺之女也　我之子若孙　未溺之女所出也　子若孙之妇　他人未溺之女也　想前思后　推己例人　忍使呱呱弱息　永恨覆盆也哉　语云不育女者　其家必绝　况堂设育婴　收养婴赤　凡溺女者　以故杀子孙论　纵不畏冥诛　独不畏显戮乎　生路多端　曲全有术　或待娶媳人家　抱为幼妇　或送育婴堂内　与以生机　好歹听他命招　恶孽莫由我作　如违家戒　立告官司

4. 戒同姓为婚

从来父母之心　必为子熟计久远　独於婚姻之事　虽同姓不避嫌疑　揆其意盖以赐姓本甚多　故至今　类以不宗为无碍　岂知娶妻必告理合　上闻

诸祖宗　买妾不知事宜　预为之卜筮　古有明训　国无宽条　倘漫尔合好联姻　竟居然其牢同色　名为甥舅　窃恐伯叔之班配作夫妻　或居娣妹之列称呼举姓东札　书姻　名分有乖　语言不顺　子孙虽贵　封诰难邀　未来切宜同戒　如违公议严罚　冬至日　同姓归　不准登入丁谱

5. 戒盗葬盗卖

先人宅兆　卜於山邱　后裔贤愚　关於风水　合葬虽云礼在　可否须要凭公管业各有据存　是非不容妄动　倘宗族未经踏验　辄盗葬而强扦　公私不照章程　敢盗卖而强砍　此等不孝之辈　断无获福之时　有碍祖茔　子孙失庇徒贪已利　神鬼必诛谋泄则阻　不使行事　成则责令改易　如其人执拗事或经官　永不许入祠奉祖

6. 戒异姓窜宗

后嗣之艰　端由乎命　立继之法　当得其中　应继爱继　有调远族近族可择属在一本无难　起后承先　倘非同宗　必至饱饥附　少小虽情依膝下长大　即衅起堂前又或气盛才骄　邻里必多外侮　如其粟陈贯朽　亲疏或垂涎　且其为为聪明才俊之儒　欲留则归宗有例　即使为耕桑树艺之辈　欲去则已产带空　从此血食终虚俎豆长悬於旧阁　方知精神枉费　教养徒付诸波流责四十　罚银二两入祠　将异姓子退去　如抚堂子　有堂票者入谱　於载子名　下书名某小注　抚堂子系载谱末

7. 戒毁污家庙

祖宗庙宇　神所凭依　俎豆衣冠　理宜肃静　欲祈幽灵之感格　须严平日之毁污　缺漏即宜修培　污垢须剔去　不许住居家眷　不许牧放牲禽　不许园圃菜蔬　裁当庭院许衣服器物晒入厅堂　凡诸谑戏等情　时嘱看司阻止不并该经管查明　毁坏者　压令补赔　污秽者　分别责罚

8. 戒侵蚀公项

凡积公项　务在同心　以培坟茔　则先灵修系　以供祭祀　则大礼攸关以备创修　则有必兴之举　以防外患　则有不时之需　账未楚　须限期迫清用有名　必当场较算倘权在掌握　遇事以酒食为先　计在身家见利　则祖宗不顾义举　因之而废人心因之不齐　岂知暗骗明瞒　神鬼及时有报　试看吞公背祖　世人几个能昌　查出如数追还　责二十　将经管革退

9. 戒嫁娶生妻

夫义妇顺　乃能宜室宜家　阳倡阴随　务在同心同德　无如人情浇薄辄将妻室离开　或因反目伤和　便作水难收覆　或因食贫短计　便思货可居

奇　活割生离　不详莫甚　忍心逆理　其害无穷　又或误听作媒之人　致娶有夫之妇　徒计妇容美丽　不顾是非　岂知天理昭彰　切顾族人　同慎庶免

10. 戒转房干法

配匹之际　伦理攸关　幼即于归　长当水矢　即或所夭　不幸未合卺而变生亦当淮理以行　待孤帏之计　决乃或兄故辄收兄嫂　弟亡辄配弟妻　此乃村俗人家　不识诗书礼义　漫曰妇贤难得　暗与圆成　岂知伦纪有乖　大伤风化　事经告发　性命不留　情既审详　媒证同罪　族中虽无此事　后人永当为戒　倘查出有此　立即责惩　革谱永不准入祠

11. 戒内外无别

男正位乎外　女正位乎内　古来教家之模　道以修身为要　庭帏整肃虽至亲密友不敢擅入闺房　家长尊严　即仆御侍僮　何敢妄为谑浪　倘或男女无别　伦常有乖幽独之中　行同禽兽　大廷之地　貌为正人　下累子孙上辱宗祖　既不体面　成何家风　查出属实　命将男妇　立即定夺　不许从宽

12. 戒游行懒惰

勤苦便多生计　懒惰即是败机　祖宗积累维艰　视同乌有　身家事业不顾　习於燕安　因之逸则慆淫遂至　情多纵肆　贪图酒食　征逐於里巷之间懒事耕桑　放荡於形骸之外　迨资财即尽　饥饿难堪　斯廉耻不存　奸盗难免　务先惩其懒惰　乃可进於善良

13. 戒贪诱牌赌

牌赌一事　殃咎百端　一人迷途　便沉苦海　虽至亲对局　必暗设戈予即好友同场亦俨如仇敌　即天良之丧尽　亦变故之旋生　通宵门户不关　盗贼或多乘间　每日主宾莫辨　女必至逾闲　良贱混淆　成何体统　输赢顷刻总是祸根　衣裳典尽止留身　亲朋谁惜　田宅卖完犹负债　天涯何归　迨其计屈势穷　不免亡身殒命　妻子饮恨　父母含羞　岂知赌博之禁　国法最严轻则杖一百　枷两月　害切肌肤　重则徒三年　流三千　长别乡井　利即无有　祸更难言　犯者　罚钱壹千　无钱者　责四十　引诱窝藏者　加倍责罚

14. 戒吸食洋烟

生死寿夭　虽有天命　嗜欲攻取　最损精神　即令时切提防　惧多鸩毒况复近添刀斧　贪食鸦烟　祸起外洋　毒流中国　取精於土　埋煞英雄　厥管曰枪　利于锋刃　床头举托　时挑送命之汤　账里开灯　楼照催魂之鬼神色以烟薰而变　精髓以火煅而销　肩耸泣垂　亏父母之遗体　横眠对卧

见亲友而何颜　元气潜亡　黄泉不远　生理既绝　白骨徒存　咎重谁归　情愚可悯　事关性命　立即责惩　叱令服药自戒

15. 戒结交匪类

友谊敦朋比当　戒不慎诸始　难保其终　奸邪引诱甚多　耳目濡染最易始则相投如漆　尔我无分　继乃徒恶若流　往来不绝　花街柳巷　辄携手以同行　酒肆牌场乃倾心而共　家产渐覆　廉耻全亡　本属良民　攸成匪类更有无因而至　凭空而来　诘其姓名　是非难辩　详其言语　远近莫分　此非逃脱之犯人　即是远来之盗贼　误为投合　必累身家　倘或停留　定罗法网　责三十后　将来之人逐去

16. 戒肆行盗贼

贫富无常　须当努力　饥寒难迫　莫作穿窬　或终日游闲　生理必绝因之甘心偷窃　廉耻不存　昼伏夜行　令人莫知踪迹　成群结党　见利即起凯觎　始则祸起于微　继则祸成其大　乡邻共恨　远近交羞　岂知除盗安良家法不宽于国法　防微杜渐　一端必虑及百端　初犯事小者　责六十　教诫再犯　赃重者　责四十　送官　其父兄愿领归严惩者　立即执交　无许宽纵

17. 戒冒犯尊长

诗礼之家　子弟无不恂谨　桑梓之地　尊卑岂可混淆　倘或恃厥才能以下犯上　逞其刚暴以卑尊　言词之出少谦和　觞豆之间　无礼让须虑事由渐起祸　将不止一端　勿谓过可情原　罚当俟其再犯　责三十　外再让赔服

18. 戒刁唆词讼

和邻睦族　排难解纷　此乃与物之诚　足见存心之厚　乃或售私愤　或计肥囊　屡作主唆暗地辄藏有剑　惯工讼笔　伤人更利於刀　致使构怨成仇百年莫释　不顾倾家荡产　两造俱伤　甚或入室操戈　兄弟视为秦越　争能负气　费财浪若泥沙　为害无穷　伊谁之咎　查出责六十　得贿者　立即追还

19. 戒凌虐卑幼

尊长之前　子弟固宜尽礼　子弟之事　尊长亦宜尽情　待以慈良　无苛刻念　临以尊敬　无怠慢心　遇有是非　立为处断　事当尝罚　断不偏徇如斯恩义两全　始免家庭起衅　倘或以大压小　以长凌卑　许卑幼鸣族理论从公罚落

20. 戒轻生尤赖

事情原有是非　乡党岂无月旦　无如蛮不知理　动辄牵牛掘墦　蠢不通情　公然拚命服毒　种种尤赖　处处拖连　或误听主唆　藉影图索　或自知情伪　散泼抵捱　始则昧诈为能　继且性命难保　平时固宜训诫　临事尤当阻拦　遇强掘强　牵毙本人赔服　遇轻生致使者　本家安理　此等刁风，虽有理者　概以非理处断

21. 戒倡邀戏班

采茶等戏　国法所诛　唱到一方　害贻四境　锣鼓乡彻　吐出满腔淫词　生旦歌来　做成百般恶态　迷惑子侄　变为邪人　引诱闺帏　弄出魂事　试问谁无体面　公然甘入糊涂　且也　盗贼乘间而来　器物被窃　宾客闻风而至　酒饭难偿　荒废时功　败坏风俗　往来见者耻笑　有人徒知　逞己性情　银钱不惜　当想散场时候　趣味何曾　违者罚钱壹串入公

22. 戒学习邪术

伦常日用之道　智愚共由诞妄　无稽之谈　圣贤同戒　况当太平盛世　岂容邪说愚人　第恐近处游民吓信　偶惑遐方　幻术夥通学法　匪同医者行方　引诱食斋　不比善人供佛　一经查出　立送官司　断不容留　致累族众　更有操习拳技习惯

23. 戒舍为僧道

修短原关乎命　转移岂由於人　世有俯顾　儿童每多染病　辄谓舍为僧道　可以逃生　不知寿果可延　和尚未闻百年不死　病虽难去　医士岂少三折之方　乃削发以绝其人伦　空生世上　割肉而委诸寺刹　祸及宗祧　童子胡知欲奋飞而不得　昊天不吊　叹我罪之伊何　罚其父母　赎归还俗

24. 戒充当隶卒

择术不可不慎　谋生须要有方　使不顾先代家声　甘充隶卒　不重父母遗体　屈辱公庭　奴仆维甘　犬马自效　荣固无矣　利何有焉　徒使身家不清　子孙难以应考　即或赀财渐裕　朝廷禁不捐名　不慎诸先　徒悔於后　叱令还农　责五十　不准入家庙祭祀　劝善规过　书固有明文矣　兹特就其日用常行者　定为家范十二条　取最宜惩戒者　为家规二十四条　词虽涉於浅近　训实本於义方　一切责罚　禀诸家长　凡我族人　世守勿替　自无难承先启后矣

十六派孙　李光藻慎撰

附录四
李星沅年表

嘉庆二年　1797 年　李星沅诞生

六月十四日酉时李星沅出生于湖南湘阴高华冲青龙嘴。

嘉庆三年　1798 年　李星沅 1 岁

嘉庆四年　1799 年　李星沅 2 岁

李星沅的大弟弟李星溶出生。

嘉庆五年　1800 年　李星沅 3 岁

嘉庆六年　1801 年　李星沅 4 岁

嘉庆七年　1802 年　李星沅 5 岁

父亲李畴教李星沅识字读书，开始接受启蒙教育。

嘉庆八年　1803 年　李星沅 6 岁

父亲李畴教李星沅识字读书，接受启蒙教育。

嘉庆九年　1804 年　李星沅 7 岁

李星沅的二弟李星渔出生，李星沅父亲李畴朝考一等一名，获嘉庆甲子科优贡，担任武英殿校录议叙教职，桂东县训导。父亲李畴教李星沅识字读书，接受启蒙教育。

嘉庆十年　1805 年　李星沅 8 岁

李星沅在私塾读书。

嘉庆十一年　1806 年　李星沅 9 岁

李星沅在私塾读书。

嘉庆十二年　1807 年　李星沅 10 岁

李星沅在私塾读书。

嘉庆十三年　1808 年　李星沅 11 岁

李星沅在私塾读书。

嘉庆十四年　1809 年　李星沅 12 岁

李星沅参加童子试。

嘉庆十五年　1810 年　李星沅 13 岁

李星沅在私塾读书，霞岭公倡修二届李氏家谱。

嘉庆十六年　1811 年　李星沅 14 岁

李星沅在私塾读书。

嘉庆十七年　1812 年　李星沅 15 岁

李星沅在私塾读书。

嘉庆十八年　1813 年　李星沅 16 岁

李星沅在私塾读书。

嘉庆十九年　1814 年　李星沅 17 岁

其父亲李畴突然逝世，给李星沅并不富裕的家庭一沉重打击，从此家道中落。

嘉庆二十年　1815 年　李星沅 18 岁

李星沅父亲逝世后，靠其母亲做手工来维持生计。由于家境贫寒，李星沅不得不借读于小庙水月林寺。

嘉庆二十一年　1816 年　李星沅 19 岁

嘉庆二十二年　1817 年　李星沅 20 岁

李星沅参加郡试，获第一名，并为陶澍所聘入幕，入陶幕 8 年，职掌书记，拜陶澍为师，并执师生礼。

嘉庆二十三年　1818 年　李星沅 21 岁

李星沅在陶澍幕府职掌书记，帮助陶澍就整顿盐政、改良漕运、倡行海运等方面提出了一些建设性的建议，为李星沅日后执政积累了经验。

嘉庆二十四年　1819 年　李星沅 22 岁

李星沅在陶澍幕府职掌书记，为陶澍处理一些日常事务。

嘉庆二十五年　1820 年　李星沅 23 岁

李星沅在陶澍幕府职掌书记，为陶澍处理一些日常事务，并与郭汪灿之女郭润玉结为夫妻。

道光元年　1821 年　李星沅 24 岁

李星沅在陶澍幕府职掌书记，其长子李杭出生。

道光二年　1822 年　李星沅 25 岁

李星沅在陶澍幕府职掌书记，为陶澍处理一些日常事务。

道光三年　1823 年　李星沅 26 岁

李星沅在陶澍幕府职掌书记，为陶澍处理一些日常事务。

道光四年　1824 年　李星沅 27 岁

李星沅在陶澍幕府职掌书记，为陶澍处理一些日常事务。

道光五年　1825 年　李星沅 28 岁

李星沅参加科举考试，考中举人，被湖南布政使裕泰礼聘入幕，入裕幕 6 年，拜裕泰为师，执掌书记，并成为终生密友。

道光六年　1826 年　李星沅 29 岁

在裕泰幕府执掌书记，并担任裕泰儿子之家庭教师，并带其长子李杭一起授学。

道光七年　1827 年　李星沅 30 岁

在裕泰幕府执掌书记，并担任裕泰儿子之家庭教师，并带其长子李杭一起授学。

其三子李桓出生。

道光八年　1828 年　李星沅 31 岁

在裕泰幕府执掌书记，并担任裕泰儿子之家庭教师，并带其长子李杭一起授学。

道光九年　1829 年　李星沅 32 岁

在裕泰幕府执掌书记，并担任裕泰儿子之家庭教师，并带其长子李杭一起授学。

道光十年　1830 年　李星沅 33 岁

在裕泰幕府执掌书记，并担任裕泰儿子之家庭教师，并带其长子李杭一起授学。

道光十一年　1831 年　李星沅 34 岁

在裕泰幕府执掌书记，并担任裕泰儿子之家庭教师，并带其长子李杭一起授学。

道光十二年　1832 年　李星沅 35 岁

在陶澍、裕泰的鼓励与帮助下，李星沅考中进士，授翰林院庶吉士，从此离开了裕泰幕府。

道光十三年　1833 年　李星沅 36 岁

李星沅授翰林院编修，其长子李杭随父同赴京师。

道光十四年　1834 年　李星沅 37 岁

李星沅授四川乡试正考官。

道光十五年　1835 年　李星沅 38 岁

李星沅担任广东学政。

道光十六年　1836 年　李星沅 39 岁

李星沅担任广东学政，主管广东教育事业，狠抓考纪考风，兴办学校，大力发展教育。

道光十七年　1837 年　李星沅 40 岁

李星沅担任广东学政，主管广东教育事业。在担任学政期间，狠抓考纪考风，兴办学校，大力发展文化教育，为广东近代教育事业的发展作出了重要贡献。

道光十八年　1838 年　李星沅 41 岁

李星沅原配夫人郭润玉病逝，同年李星沅出任陕西汉中知府、河南粮监道。

道光十九年　1839 年　李星沅 42 岁

李星沅任河南粮监道，平稳粮价，打击投机倒把，稳定河南粮食市场。

道光二十年　1840 年　李星沅 43 岁

李星沅四子李榛出生，同年李星沅任陕西按察使，支持林则徐严禁鸦片，并在陕西大力禁烟，取得了较大的成绩。不久，李星沅又出任四川按察使，捐银五百两按翰林院品位改造李氏祠堂。

道光二十一年　1841 年　李星沅 44 岁

李星沅担任江西按察使，不久后又出任江西布政使。

道光二十二年　1842 年　李星沅 45 岁

1842 年春李星沅任江苏布政使，参与鸦片战争后期的江宁、吴淞保卫战，同年冬李星沅被道光帝擢升为陕西巡抚。

道光二十三年　1843 年　李星沅 46 岁

李星沅继续担任陕西巡抚，同年李星沅长子李杭乡试中举。

道光二十四年　1844 年　李星沅 47 岁

李星沅继续担任陕西巡抚，打击盗匪、整肃治安、整治吏治，促进了陕西社会的发展。同年，其长子李杭高中进士，授翰林院庶吉士。

道光二十五年　1845 年　李星沅 48 岁

李星沅调任江苏巡抚，改革漕运、清理积案冤狱、整饬社会治安，促进了江苏社会经济的恢复和发展。

道光二十六年　1846 年　李星沅 49 岁

李星沅被道光帝擢升为云贵总督，兼云南巡抚，在处理缅宁、云州回民起义，运筹帷幄、统筹兼顾，区分良莠、剿抚得当，在两个月之内迅速地平息了云南回民起义，因征剿有功，被道光帝授予兵部尚书，加赐太子太保衔，赏戴花翎。

道光二十七年　1847 年　李星沅 50 岁

李星沅被调任两江总督，兼署河道总督，与江苏巡抚陆建瀛联名上奏，筹建外海水师，并提出了许多建设性的意见，为绘制我国近代海防的大致蓝图奠定了坚实的思想基础。

道光二十八年　1848 年　李星沅 51 岁

李星沅担任两江总督，办理苏淞太等地的漕粮海运，拒绝与俄国商船通商，整顿盐政、改良漕运、倡行海运。同年，李星沅长子李杭英年早逝，对其打击很大。

道光二十九年　1849 年　李星沅 52 岁

李星沅继续担任两江总督，当时淮阳一带发生严重水灾，李星沅关注百姓、以民为本，鼓励捐输，筹措救灾资金，赈济灾民。因长期奔波劳累，肝病复发，遂向道光帝请求辞去两江总督职务，奏准开缺带太子太保衔回籍。

道光三十年　1850 年　李星沅 53 岁

李星沅五子李梡出生，同年李星沅在湖南长沙老家芋园休养。是年冬，广西发生民变，农民起义爆发，清廷重新起用疾病缠身、曾一度成功地镇压云南回民起义的李星沅为钦差大臣，以接替从新疆返回、途中病逝的林则徐，前往广西督剿太平军。

咸丰元年　1851 年　李星沅 54 岁

李星沅在广西武宣前线因肝病复发病逝于军中，享年 54 岁。

附录五
李星沅家庭成员表

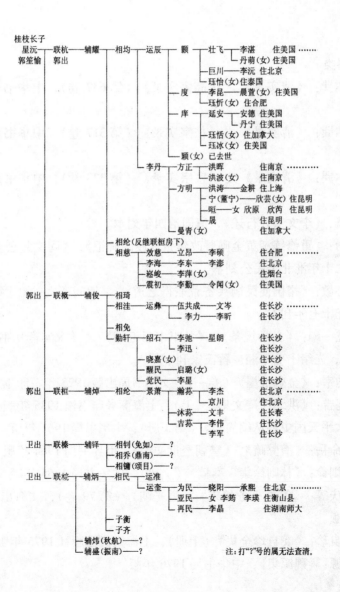

注:打"?"号的属无法查清。

参考文献

一、史料类

[1] 赵尔巽：《清实录》之《高宗实录》（第 637 卷），中华书局 1976 年版。

[2] 赵尔巽：《清实录》之《仁宗实录》（第 317 卷），中华书局 1976 年版。

[3] 赵尔巽：《清实录》之《宣宗实录》（第 323 卷），中华书局 1976 年版。

[4] 李概：《李文恭公行述》，清同治四年刻本。

[5] 陶澍：《重修练湖黄金闸暨改建张官渡闸碑记》，《陶文毅公全集》，道光二十年淮北士民公刻本。

[6] 王心敬：《裕国便民饷兵备荒兼得之道》，《切问斋文钞》（第 17 卷），道光十七年刊本。

[7] 沈乾一编：《义学规条》，《丛书书目汇编》之《求实斋丛书》（第 20 卷），光绪十七年湘乡蒋氏家刊本。

[8] 黄钧宰：《金壶浪墨》（卷一），文明书局出版 1923 年石印本。

[9] 洪亮吉：《洪北江诗文集》（上），上海商务印书馆 1935 年版。

[10] 《太平天国史料丛编简辑》（第 3 册），中华书局 1961 年版。

[11] 王命岳：《漕弊疏》，《皇朝经世文编》，世界书局 1964 年版。

[12] 林则徐：《林则徐集·奏稿》（上册），中华书局 1965 年版。

[13] 文庆等：《筹办夷务始末》（道光朝）（第 79 卷），文海出版社 1970 年版。

[14] 龚自珍：《龚自珍全集》（上册），上海人民出版社 1975 年版。

[15] 魏源：《魏源集》，中华书局 1976 年版。

［16］赵尔巽主编：《清史稿·食货志》，中华书局 1977 年版。

［17］康有为：《康有为政论集》（上册），中华书局 1981 年版。

［18］王庆云：《石渠余纪》，北京古籍出版社 1985 年版。

［19］刘志盛：《长沙市北区部分工商业及社会救济慈善事业史略》，《长沙市北区文史资料》（第 2 辑）。

［20］袁英光、童浩整理：《李星沅日记》，中华书局 1987 年版。

［21］俞炳坤主编、中国第一历史档案馆编：《清政府镇压太平天国档案史料》（第 1 册），社会科学文献出版社 1992 年版。

［22］包世臣：《包世臣全集》，黄山书社 1993 年版。

［23］陶澍：《陶澍集》（上），岳麓书社 1998 年版。

［24］李星沅：《李文恭公遗集》，上海古籍出版社 2002 年版。

［25］钱仲联撰、魏中林整理：《钱仲联讲论清诗》，苏州大学出版社 2004 年版。

［26］李星沅撰、王继平点校：《李星沅集》，岳麓书社 2013 年版。

二、著作类

［1］中国史学会主编：《中国近代史资料丛刊　太平天国》（第 1 册），神州国光社 1952 年版。

［2］列宁：《列宁选集》（第 2 卷），人民出版社 1955 年版。

［3］太平天国金田起义三结合编写组编：《太平天国金田起义》，人民出版社 1957 年版。

［4］邓云特：《中国救荒史》，三联书店 1958 年版。

［5］马克思：《中国革命和欧洲革命》，《马克思、恩格斯、列宁、斯大林军事文选》，中国人民解放军军事科学院 1975 年版。

［6］简又文：《太平天国全史》，猛进书屋 1962 年版。

［7］萧一山：《清代通史》（二），台湾商务印书馆 1972 年版。

［8］列宁：《我们运动的迫切任务》，《列宁全集》第 4 卷，人民出版社 1972 年版。

［9］鲁迅：《中国人失掉了自信力吗》，《且介亭杂文》，人民文学出版社 1973 年版。

［10］［德］克劳塞维茨著：《战争论》（第一卷），中国人民解放军军事科学院译，商务印书馆出版 1982 年版。

［11］普列汉诺夫：《普列汉诺夫哲学著作选》（第 2 卷），三联书店 1982 年

版。

[12] ［美］托马斯·F. 奥戴、珍妮特奥阿维德著：《宗教社会学》，刘润忠译，中国社会科学出版社 1990 年版。

[13] 陶用舒：《陶澍评传》，湖南师范大学出版社 1995 年版。

[14] 来新夏：《林则徐年谱新编》，南开大学出版社 1997 年版。

[15] 唐德刚：《晚清七十年》，台湾远流出版事业股份有限公司出版 1998 年版。

[16] 郭成康：《18 世纪的中国与世界》，辽海出版社 1999 年版。

[17] 中国史学会编：《回民起义（一）》，上海人民出版社 2000 年版。

[18] 重庆市教育委员会编：《重庆教育志》，重庆出版社 2002 年版。

[19] 周秋光、曾桂林《中国慈善简史》，人民出版社 2005 年版。

[20] ［日］中川忠英编著：《清俗纪闻》，方克、孙玄龄译，中华书局 2006 年 9 月第 1 版。

[21] 五修家谱编辑委员会编：《湖南省汨罗市高华冲李氏家谱》（未出版），2008 年 12 月版。

[22] 袁祖亮、朱凤祥编：《中国灾害通史》（清代卷），郑州大学出版社 2009 年版。

[23] 李崧峻：《长沙芋园翰墨珍闻》，作家出版社 2009 年 5 月版。

三、杂志类

[1] 董汝舟：《中国农村经济的破产》，载于《东方杂志》第 29 卷第 7 号。

[2] 徐绍孟：《迷信之害》，载于《松林文萃》1934 年第 4 期。

[3] 李次珊：《中国水灾问题》，载于《复旦土木工程学会会刊》1936 年第 6 期。

[4] 张铁铮：《中国的仓储制度》，载于《国民经济建设》1937 年第 2 卷第 2 期。

四、论文类

[1] 小田：《庙会界说》，载于《史学月刊》2000 年第 3 期。

[2] 张宪平：《家谱演变及其道德教化功能述略》，载于《中共山西省委党校省直分校学报》2005 年第 3 期。

[3] 赵轶峰：《论海瑞的浩然正气》，载于《社会科学辑刊》2014 年第 2 期。

[4] 许莉：《陶澍致李星沅信札考释》，载于《文献季刊》2010 年第 3 期。